ŒUVRES
COMPLÈTES
DE MARMONTEL.
TOME XIII.

ÉLÉMENTS DE LITTÉRATURE.

DEUXIÈME VOLUME.

DE L'IMPRIMERIE DE FIRMIN DIDOT,
IMPRIMEUR DU ROI, DE L'INSTITUT ET DE LA MARINE,
RUE JACOB, N° 24.

ŒUVRES

COMPLÈTES

DE MARMONTEL,

DE L'ACADÉMIE FRANÇAISE.

NOUVELLE ÉDITION

ORNÉE DE TRENTE-HUIT GRAVURES.

TOME XIII.

A PARIS,

CHEZ VERDIÈRE, LIBRAIRE-ÉDITEUR,

QUAI DES AUGUSTINS, N° 25.

1818.

ÉLÉMENTS
DE LITTÉRATURE.

D.

DACTYLE. L'un des pieds de la poésie métrique, composé d'une syllabe longue et de deux brèves, comme dans ce mot cārmĭnĕ.

Les vers français les plus nombreux sont ceux où le rhythme du *dactyle* est le plus fréquemment employé. Les poëtes qui composent dans le genre épique, où il importe sur-tout de donner aux vers la cadence la plus marquée, doivent avoir l'attention d'y faire entrer le *dactyle* le plus souvent qu'il est possible. Les anciens nous en ont donné l'exemple, puisque dans le vers asclépiade, qui répond à notre vers de douze syllabes, ils se sont fait une règle invariable d'employer trois fois le *dactyle*, au second pied, avant l'hémistiche, et aux deux pieds qui terminent le vers.

Sūblīmī fĕrĭăm sīdĕră vērtĭcĕ.

Il est vrai que dans notre langue les *dactyles* sont rares; mais les *dactyles* renversés, les *anapestes*, ⏑⏑—, y sont fréquents; et la rapidité en est la même, avec moins de légèreté : car le *dactyle* appuie sur la première syllabe et coule sur les deux dernières; au lieu que l'*anapeste*, après avoir passé rapidement les deux premières, a la dernière pour appui. Ainsi, le *dactyle* s'élance, et l'*anapeste* se précipite. Mais ce renversement lui-même est favorable à la poésie héroïque; et le vers asclépiade pur, c'est-à-dire avec trois *dactyles*, n'aurait peut-être pas assez de gravité pour l'épopée et pour la tragédie. L'avantage de l'*anapeste* sur le *dactyle* est le même, à cet égard, que celui de l'*iambe* sur le *chorée*. *Voyez* Nombre.

Déclamation oratoire. *Chaque mouvement de l'ame*, dit Cicéron, *a son expression naturelle dans les traits du visage, dans le geste, et dans la voix.*

Ces signes nous sont communs avec d'autres animaux : ils ont même été le seul langage de l'homme, avant qu'il eût attaché ses idées à des sons articulés, et il y revient encore dès que la parole lui manque ou ne peut lui suffire, comme on le voit dans les muets, dans les enfants, dans ceux qui parlent difficilement une langue, ou dont l'imagination vive, ou l'impatiente sensibilité répugne à la lenteur des tours et à la faiblesse des termes. De ces signes naturels réduits en règle, on a composé l'art de la *déclamation*.

Quelqu'un a dit que la *décence* de la *déclamation* oratoire n'a lieu *que dans le genre tempéré*, et que *dans le genre pathétique, l'accord le plus parfait* de l'action avec la parole *est l'impulsion et non pas la décence*. Cependant le célèbre comédien Roscius disait, en parlant de la *déclamation* tragique, *Caput artis decere;* et il ajoutait, que cela seul ne pouvait s'enseigner; *et tamen unum id esse quod tradi arte non possit*. De Orat.

On a dit aussi, *que l'essentiel du discours consiste dans les choses*, et que l'orateur ferait d'inutiles efforts pour donner, par sa *déclamation*, de l'énergie à des paroles qui n'en ont point. Cependant Démosthène, interrogé sur les parties essentielles à l'orateur, disait que la première était l'action, la seconde l'action, la troisième l'action; et Cicéron confirme, en la citant, cette réponse de Démosthène.

On a dit encore que, lorsque l'orateur attend le plus grand effet *de la voix et du geste, pour l'obtenir il manque à la décence*. Mais Cicéron, plus scrupuleux sur la *décence* qu'orateur ne le fut jamais, ne laissait pas de reconnaître que sans l'action le grand orateur n'était compté pour rien, et qu'avec elle un orateur médiocre était souvent mis au-dessus des hommes les plus éloquents : *Actio in dicendo una dominatur : sine hac summus orator esse in numero nullo potest; mediocris, hac instructus, summos sæpè superare.* De Orat.

Et ce n'est pas seulement l'opinion de l'un de ses interlocuteurs, c'est la sienne; car il répète, en parlant lui-même à Brutus : *Ut jam non sine causâ Demosthenes tribuerit, et primas, et secundas, et tertias partes actioni. Si enim eloquentia nulla sine hac, hæc autem, sine eloquentiâ, tanta est; certè plurimum in dicendo potest.* Orat.

L'écrivain que je réfute ici a fait consister la *décence* dans un maintien tranquille et composé. Mais s'il avait fréquenté le théâtre, il aurait vu que, dans les passions les plus violentes, l'action, la déclamation, le geste, l'accent de la voix, l'expression du visage, ont leur mesure, leur choix, leur accord, leur *décence* : Phèdre dans son délire, Hermione dans ses emportements, Camille dans ses imprécations, Clytemnestre et Mérope dans leur douleur et leur effroi, Oreste même dans ses fureurs, observent la *décence;* et il n'y a rien dans leur action, dans l'altération des traits de leur visage, dans les accents de leur voix, qui démente la dignité, les bienséances de leur état. Or être noblement et décemment égaré, furieux, désespéré, c'est là le difficile; et c'est là ce que Roscius appelait le point capital de la *déclamation* théâtrale : *Caput artis.*

Combien cette règle n'est-elle pas plus rigoureuse encore et plus indispensable à l'égard de l'art oratoire? Aussi est-il prescrit à l'orateur de ne rien dire qu'avec *décence*, lors même qu'il veut émouvoir : *Nihil nisi ita ut deceat, et uti omnes moveat ita delectet.* De Orat.

Quant aux convenances de l'action, elles sont les mêmes que celles du langage. Il est certain que si une action véhémente est déplacée, elle est non-seulement inutile, mais ridicule : il faut donc qu'elle soit d'accord avec le sentiment qui doit animer l'orateur. Mais le sentiment, la passion, le mouvement de l'ame a deux expressions : l'une, celle de la parole, et l'autre, celle de l'action. Or il arrive très-souvent que l'expression de la parole est faible, et celle de l'action pleine de force et de chaleur; en sorte que lorsqu'on vient à lire ce dont on a été violemment ému, on a peine à le reconnaître, parce que l'action n'y est plus. Le théâtre, la chaire, le barreau nous en fournissent mille exemples.

C'est ce que Cicéron, et avant lui, Démosthène, avait observé. Crassus, dans le dialogue de Cicéron sur l'orateur, rappelle le pathétique de C. Gracchus, lorsqu'après que son frère eut été massacré, il disait, en parlant au peuple, *Quo me miser conferam? quo me vertam? In capitolium ne? at fratris sanguine redundat. An domum? matrem ut miseram lamentantemque videam et abjectam.* Il dit ces paroles, ajoute Crassus, avec des yeux, un geste si touchants, que ses ennemis ne pouvaient retenir leurs larmes; et il demande pourquoi les orateurs, qui sont les acteurs de la vérité même, ont abandonné ces moyens aux histrions, qui n'en sont que les imitateurs. La vérité sans doute, ajoute-t-il, l'emporte sur l'imitation; et si elle savait, pour se suffire, profiter de ses avantages, on n'aurait plus besoin de l'art. Mais parce que l'émotion de l'ame, lorsqu'elle est violente, nuit à l'action qui la doit exprimer, par le trouble qu'elle y répand; il faut de l'art pour démêler tous ces traits qui dans la nature sont obscurcis et confondus, et pour n'en prendre que ce qu'il y a de plus saillant et de plus sensible. Il observe que chaque mouvement de l'ame a une physionomie, un son de voix, un geste qui lui est propre; et que dans l'homme l'attitude, les mouvements du corps, les traits de la figure, l'organe de la voix, sont comme les cordes d'un instrument, qui rendent tel ou tel accord, selon le caractère de la passion qui les remue.

L'accent, dit-il, de la colère est perçant, rapide, et concis. Celui de la commisération et de la tristesse profonde est plein, flexible, entrecoupé, plaintif. (Remarquons qu'il est *plein;* et que ce mot serve de leçon aux comédiens et aux orateurs qui donnent à la plainte un accent grêle, un cri aigu, qui ne déchire que l'oreille.) L'accent de la crainte est faible, tremblant, étouffé. Celui de la violence est fort et véhément, et d'une intensité pressante et menaçante. Celui de la volupté s'exhale avec effusion ; il est doux, il est tendre, tantôt brillant de joie, tantôt abattu de langueur. Celui de l'affliction, quand la pitié ne l'amollit point, a un certain caractère de gravité, et une continuité de sons monotones et soutenus avec lenteur.

Or, ajoute Crassus, le geste doit se conformer à tous ces accents de la voix ; et ce ne sont pas les mots, mais la chose et la totalité du sentiment et de la pensée, que l'action doit exprimer.

Quant à l'expression du visage, c'est là que tout se réunit. *Sed in ore sunt omnia. In eo autem ipso dominatus est omnis oculorum.... Animi enim est omnis actio ; et imago animi vultus est, indices oculi..... Quare oculorum est magna moderatio : nam oris non est nimium mutanda species, ne aut ad ineptias aut ad pravitatem aliquam deferamur. Oculi sunt, quorum tum intentione, tum remissione, tum conjectu, tum hilaritate, motus animorum significemus aptè cum genere ipso orationis. Est enim actio quasi sermo corporis, quo magis menti congruens esse debet. Oculos autem natura nobis, ut equo et leoni setas, caudam, aures, ad motus animorum declarandos dedit. Quare in hac nostrá actione secundum vocem vultus valet ; is autem oculis gubernatur.* De Orat.

Ce beau passage de Cicéron me rappelle ce que j'ai entendu dire d'un prédicateur jésuite, appelé Teinturier, médiocre quant à l'élocution, mais qui faisait plus d'effet en chaire que les hommes les plus éloquents. *Tant que j'aurai mes yeux*, disait-il, *je ne les crains pas.*

A l'égard de la voix, Cicéron observe encore que chaque voix a son *medium*, et que c'est dans ce ton moyen que l'orateur doit commencer, pour s'élever ensuite ou s'abaisser selon que le demandent l'accent de la nature et celui de la langue. Ceux qui n'ont pas l'oreille assez juste pour reprendre leur ton moyen, ne trouvent plus dans l'élévation ou l'abaissement de la voix le même espace à parcourir; et c'est là tout simplement à quoi servait la flûte qu'employait l'orateur Gracchus.

J'ajouterai que chaque voix a aussi son étendue naturelle ou acquise, et, dans le haut comme dans le bas, une certaine échelle de tons au-delà desquels elle est forcée. Ainsi l'orateur doit connaître les facultés de son organe, et s'appliquer avec un soin extrême à ne donner jamais à sa *déclamation* des tons qui dans le bas seraient sourds, rauques, étouffés, ou qui dans le haut seraient grêles et glapissants à force d'être aigus. Quant à l'attitude et aux mouvements du corps, Cicéron en dit peu de chose qui nous convienne : *Status erectus et celsus... nulla mollitia cervicum, nullæ argutiæ digitorum... trunco magis toto se ipse moderans, et virili laterum flexione, brachii projectione in contentionibus, contractione in remissis*. Orat. Et en effet, il est difficile de prescrire autre chose à l'orateur à l'égard du geste.

si ce n'est de le modérer, et de se souvenir que, dans les mouvements même les plus passionnés, il n'est pas un comédien.

Dans l'hypothèse théâtrale, l'acteur est le personnage même qui est malheureux, souffrant, tourmenté de telle passion : l'orateur au contraire n'est le plus souvent que l'ami, le confident, le témoin, le solliciteur, le défenseur de celui qui souffre. Alors il doit y avoir entre sa *déclamation* et celle de l'acteur la même différence que la nature a mise entre pâtir et compâtir : or on sent bien que la compassion est une passion affaiblie : ce n'est qu'un reflet de douleur. Celui qui fera la peinture d'une situation cruelle et désolante, l'exprimera des plus vives couleurs : l'expression de la parole n'a pour lui d'autres bornes que celles de la vérité, que celles même de la vraisemblance. Mais quant à la *déclamation*, elle doit se réduire, dans l'orateur, à ce qu'un tiers peut éprouver d'un malheur qui n'est pas le sien.

Supposé même que l'orateur plaide sa propre cause, ou qu'en parlant pour un autre que lui, il ne laisse pas d'exprimer la passion qui lui est propre, comme l'indignation, la pitié, la douleur; encore ne doit-il pas se livrer aux mêmes mouvements que l'acteur de théâtre. Son premier soin doit être de conserver, soit dans la tribune, soit dans la chaire, soit au barreau, son caractère de dignité, de bienséance, d'organe de la vérité, d'homme qui ne vient pas seulement émouvoir ou son auditoire ou son juge, mais l'instruire et lui présenter l'honnête, l'utile, ou le juste. Il faut donc que dans les mouvements même les plus passionnés, on s'aperçoive qu'il se possède dans toute son intégrité. C'est ce qu'on voit dans les péroraisons de Cicéron, où la douleur même qui lui arrache des larmes est décente et majestueuse : c'est ce qu'on voit dans les invectives de Démosthène, où, après une apostrophe soudaine, rapide et violente, il reprend de sang-froid le fil de son récit ou la chaîne de son raisonnement, semblable au sanglier qui d'un coup de défense éventre un dogue et poursuit son chemin. Un orateur qui s'abandonne et qui s'égare, comme on en voit souvent, perd ses droits à la confiance : car on n'en doit aucune au désordre des passions.

C'est peut-être une raison pour nous de ne pas regretter l'espace de la tribune ancienne, et celui des chaires d'Italie. On voit par un mot de Cicéron que les orateurs de son temps abusaient quelquefois de la liberté de leurs mouvements : *Rarus incessus,* recommandait-il, *nec ita longus, excursio moderata, eaque rara.* Orat.

On dit que les prédicateurs d'Italie auraient souvent besoin de la même leçon. En France, la forme de nos chaires, et la situation de nos avocats au barreau, ne laissent que l'action du buste : c'en est assez pour les orateurs éloquents, et c'en est beaucoup trop encore pour les mauvais *déclamateurs*.

———

Déclamation. (*Rhétorique.*) Ce mot se prend en mauvaise part, pour exprimer une fausse éloquence : chez les Grecs, c'était l'art des sophistes; il consistait sur-tout dans une dialectique subtile et captieuse, et s'exerçait à faire que le faux parût vrai, que le vrai parût faux, que le bien parût mal, que ce qui était juste et louable parût injuste et criminel, *et vice versâ*; c'était la charlatanerie de la logique et de la morale. Qu'un sophiste proposât une chose facile à persuader, on se moquait de lui avec quelque raison. A celui qui voulait faire l'éloge d'Hercule on demandait : *Qui est-ce qui le blâme?* Mais que le même homme se vantât de prouver ce jour-là une chose, et le lendemain le contraire; les Athéniens, ce *peuple écouteur*, allaient en foule à son école. La sagesse de Socrate fut l'écueil de la vanité des sophistes : il opposa à leur *déclamation* une dialectique plus saine et aussi subtile que la leur. Il les attirait de piége en piége jusqu'à les réduire à l'absurde; et son plus grand crime peut-être fut de les avoir confondus; d'avoir appris aux Athéniens, long-temps séduits par des paroles, le digne usage de la raison, l'art de douter, et de s'appliquer à connaître ce qu'il importait de savoir, le vrai, le bien, le beau moral, le juste, l'honnête et l'utile.

Chez les Romains, la *déclamation* n'était pas sophistique, mais pathétique; et au lieu de séduire l'esprit et la raison, c'était l'ame qu'elle essayait d'intéresser et d'émouvoir. Ce n'est pas que dans des ouvrages de morale, comme les *Paradoxes* de Cicéron et son *Traité sur la vieillesse*, on n'employât, comme chez les Grecs, une dialectique très-déliée, à rendre populaires des vérités subtiles, et souvent opposées aux préjugés reçus; c'était même ainsi que Caton avait coutume d'opiner dans le sénat sur des questions épineuses : mais cette subtilité était celle de la bonne foi ingénieuse et éloquente; c'était, quoi qu'en eût dit Aristophane, la dialectique de Socrate, et non pas celle des charlatans dont Socrate s'était joué.

La *déclamation* était à Rome l'apprentissage des orateurs; et d'abord rien de plus utile. Mais quand le goût, dans tous les genres, se corrompit, l'éloquence éprouva la révolution générale. Pétrone nous donne une idée de cette école d'éloquence, et des sujets sur lesquels les jeunes orateurs s'exerçaient dans son temps : *J'ai reçu ces plaies pour la défense de la liberté publique; j'ai perdu cet œil en combattant pour vous: donnez-moi un guide pour me mener vers mes enfants, car mes jambes affaiblies ne peuvent plus me soutenir.* Ces *déclamations*, qui semblaient si ridicules à Pétrone, pouvaient, selon Perrault, avoir leur utilité. « Comme il faut rompre, dit-il, le corps des jeunes gens par les exercices violents du manége, pour leur apprendre à bien manier un cheval dans une marche ordinaire, ou dans un carrousel; il ne faut pas moins rompre, en quelque sorte, l'esprit des jeunes orateurs, par des sujets extraordinaires et plus grands que nature, qui les obligent à faire des efforts d'imagination, et qui leur donnent la facilité de traiter ensuite des sujets communs et ordinaires : car rien ne dispose davantage à bien faire ce qui est aisé, que l'habitude à faire les choses difficiles. » Ce raisonnement de Perrault est lui-même un sophisme : car un jeune dessinateur, qui n'aurait jamais copié que des modèles d'académie dans des attitudes contraintes et des mouvements convulsifs, serait très-loin de savoir modeler ou peindre la Vénus pudique, ou l'Apollon, ou le Gladiateur mourant; et quand il s'agit de passer de la nature forcée à la nature simple et naïve, c'est abuser des mots que de dire, *qui peut le plus peut le moins*. Dans tous les arts, en éloquence et en poésie, comme en peinture, l'exagération est *le moins;* et *le plus,* c'est la vérité, la convenance, la décence: c'est cette ligne dont parle Horace, au-delà et en-deçà de laquelle rien ne peut être bien.

Il est donc vrai qu'à Rome la *déclamation* corrompit l'éloquence; il est encore vrai qu'elle l'aurait décréditée quand même elle ne l'aurait pas corrompue. Elle la corrompit en ce que l'orateur, exercé à des mouvements extraordinaires, les employait à tous propos pour user de ses avantages : il accommodait son sujet à son éloquence, au lieu de proportionner son éloquence à son sujet. Mais cet exercice de l'art oratoire tendait sur-tout à le décréditer; car un peuple accoutumé à ce jeu des *déclamations*, où il savait bien que rien n'était sincère, devait aller entendre ses orateurs comme autant de comédiens habiles à lui en imposer et à l'émouvoir par artifice : ce qui devait naturellement lui ôter cette confiance sérieuse qui seule dispose et conduit à une pleine persuasion.

Nos avocats ont long-temps imité les *déclamateurs* : c'est le grand défaut de le Maître, et ce qui corrompt dans ses plaidoyers le don de la vraie éloquence. Jusqu'à Patru et à Pélisson, les avocats eurent le défaut de le Maître, et n'en eurent pas le talent. *Les Plaideurs* de Racine furent pour le barreau une utile et forte leçon; et le ridicule attaché à la fausse éloquence en préserva du moins ceux qui, nés avec une raison droite et ferme, une sensibilité profonde, et le don naturel de la parole, se sentirent doués du vrai talent de l'orateur.

Le goût de la *déclamation* n'est pourtant pas encore absolument banni de l'éloquence moderne; et l'éducation des colléges ne fait que le perpétuer. Rien de plus ridicule dans nos livres de rhétorique, que les formules d'éloquence qu'on

y donne sous le nom d'*amplification*, de *chrie*, etc.;
et les exercices qu'on y fait faire aux jeunes gens
ressemblent fort à ceux dont se moque Pétrone.
Il y aurait, je crois, pour former des orateurs,
une méthode plus raisonnable à suivre, que de
faire *déclamer* des enfants sur des sujets bizarres, ou absolument étrangers aux mœurs et aux
affaires d'à-présent : ce serait de prendre, parmi
nos causes célèbres, celles qui ont été plaidées
avec le plus d'éloquence, et de n'en donner aux
jeunes gens que les matériaux, c'est-à-dire les
faits, les circonstances, et les moyens, en leur
laissant le soin de les ranger, de les disposer à
leur gré, de les enchaîner l'un à l'autre, d'y mêler, en les exposant, les couleurs et les mouvements d'une éloquence naturelle, et de prêter à
la vérité toutes les forces de la raison. Ce travail
achevé, on n'aurait plus qu'à mettre sous les
yeux du jeune homme la même cause plaidée
éloquemment par un homme célèbre; et la comparaison qu'il ferait lui-même de son plaidoyer
avec celui d'un Cochin, d'un le Normand, d'un
de Gènes, serait pour lui la meilleure leçon : au
lieu que le thême d'un régent de collége, donné
pour modèle à ses écoliers, est bien souvent
d'aussi mauvais goût, de plus mauvais goût que
le leur. *Voyez* RHÉTORIQUE.

Déclamation se prend aussi en mauvaise part
dans l'éloquence poétique. Ce sont encore des
moyens forcés qu'on emploie pour émouvoir, ou

un pathétique qui n'est point à sa place : c'est le vice le plus commun de la haute poésie, et sur-tout du genre tragique. Il vient communément de ce que le poëte n'oublie pas assez que l'action a des spectateurs : car toutes les fois que, malgré la faiblesse de son sujet, on veut exciter de grands mouvements dans l'auditoire, on force la nature, et on donne dans la *déclamation*. Si au contraire on pouvait se persuader que les personnages en action seront seuls, on ne leur ferait dire que ce qu'ils auraient dit eux-mêmes, d'après leur caractère et leur situation. Il n'y aurait alors rien de recherché, rien d'exagéré, rien de forcément amené dans leurs descriptions, dans leurs récits, dans leurs peintures, dans l'expression de leurs sentiments, dans les mouvements de leur éloquence; en un mot, il n'y aurait plus de *déclamation*.

Mais lorsqu'on sent du vide ou de la faiblesse dans son sujet, et qu'on se représente une multitude attentive, et impatiente d'être émue, on veut tâcher de la remuer par une véhémence, une force, et une chaleur artificielle; et comme tout cela porte à faux, l'ame des spectateurs s'y refuse : tout paraît animé sur la scène; et dans l'amphithéâtre tout est tranquille et froid.

Le style, dit Plutarque, *doit être comme le feu, léger ou véhément, selon la matière. Telle est la chose, telle doit être la parole*, disait Cléomène roi de Sparte. Voilà les règles de l'éloquence; et tout ce qui s'en éloigne est de la *déclamation*.

Déclamation théâtrale. La *déclamation* naturelle donna naissance à la musique, la musique à la poésie; la musique et la poésie, à leur tour, firent un art de la *déclamation*.

Les accents de la joie, de l'amour, et de la douleur, sont les premiers traits que la musique s'est proposé de peindre. L'oreille lui a demandé l'harmonie, la mesure, et le mouvement; la musique a obéi à l'oreille : d'où la mélopée. Pour donner à la musique plus d'expression et de vérité, on a voulu articuler les sons employés dans la mélodie, c'est-à-dire parler en chantant; mais la musique avait une mesure et un mouvement réglés; elle a donc exigé des mots adaptés aux mêmes nombres : d'où l'art des vers. Les nombres donnés par la musique et observés par la poésie, invitaient la voix à les marquer : d'où l'art *rhythmique*. Le geste a suivi naturellement l'expression et le mouvement de la voix : d'où l'art *hypocritique*, ou l'action théâtrale, que les Grecs appelaient *Orchesis* : les Latins, *Saltatio;* et que nous avons pris pour la danse.

C'est là qu'en était la *déclamation,* lorsqu'Eschyle fit passer la tragédie du chariot de Thespis sur les théâtres d'Athènes. La tragédie, dans sa naissance, n'était qu'une espèce de chœur, où l'on chantait des dithyrambes à la louange de Bacchus; et par conséquent la *déclamation* tragique fut d'abord un chant musical. Pour délasser le chœur, on introduisit sur la scène un personnage qui parlait dans les repos. Eschyle lui donna des interlocuteurs; le dialogue devint la pièce, et le chœur forma l'intermède. Quelle fut dès lors la *déclamation théâtrale?* Les savants sont divisés sur ce point de littérature.

Ils conviennent tous que la musique était employée dans la tragédie; mais l'employait-on seulement dans les chœurs, l'employait-on même dans le dialogue? Dacier ne fait pas difficulté de dire : *C'était un assaisonnement de l'intermède et non de toute la pièce; cela leur aurait paru monstrueux.* L'abbé du Bos convient que la *déclamation tragique* n'était point un chant, attendu qu'elle était réduite aux moindres intervalles de la voix; mais il prétend que le dialogue lui-même avait cela de commun avec les chœurs, qu'il était soumis à la mesure et au mouvement, et que la modulation en était notée. L'abbé Vatri va plus loin : il veut que l'ancienne *déclamation* fût un chant proprement dit. L'éloignement des temps, l'ignorance où nous sommes sur la prononciation des langues anciennes, et l'ambiguité des termes dans les auteurs qui en ont écrit, fait naître parmi nos savants cette dispute difficile à terminer, mais heureusement plus curieuse qu'intéressante. En effet, que l'immensité des théâtres, chez les Grecs et chez les Romains, ait borné leur *déclamation théâtrale* aux grands intervalles de la voix, ou qu'ils aient eu l'art d'y rendre sensibles dans le lointain les moindres inflexions de l'organe et les nuances les plus délicates de la prononciation; que dans la première supposition ils aient asservi leur *déclamation* aux règles du chant; ou que dans la seconde ils aient conservé au théâtre l'expression libre et naturelle de la parole; les temps, les lieux, les hommes, les langues, tout est changé au point que l'exemple des anciens, dans cette partie, n'est plus d'aucune autorité pour nous.

A l'égard de l'action sur les théâtres de Rome et d'Athènes, l'expressoin du visage était interdite aux comédiens par l'usage des masques; et quel charme de moins dans leur *déclamation!* Pour concevoir comment un usage qui nous paraît si choquant dans le genre noble et pathétique, a pu jamais s'établir chez les anciens, il faut supposer qu'à la faveur de l'étendue de leurs théâtres, la dissonance monstrueuse de ces traits fixes et inanimés avec une action vive et une succession rapide de sentiments souvent opposés, échappait aux yeux des spectateurs. On ne peut pas dire la même chose du défaut de proportion qui résultait de l'exhaussement du cothurne; car le lointain, qui rapproche les extrémités, ne rend que plus frappante la difformité de l'ensemble. Il fallait donc que l'acteur fût enfermé dans une espèce de statue colossale, qu'il faisait mouvoir comme par ressorts; et dans cette supposition comment concevoir une action libre et naturelle? Cependant il est à présumer que les anciens avaient porté le geste au plus haut degré d'expression, puisque les Romains trouvèrent à se consoler de la perte d'Ésopus et de Roscius dans le jeu muet de Pylade et de Bathille, et que ceux-ci firent chasser de Rome les acteurs de Pacuvius et de Térence ; singularité qu'expliquera celui qui concevra mieux que moi comment une Hécube, une Polyxène, une Iphigénie sous le masque d'un pantomime, sans l'éloquence de la parole, pouvait faire quelque illusion.

Nous ne savons pas, dira-t-on, ce que faisaient ces pantomimes; cela peut être; mais nous savons ce qu'ils ne faisaient pas. Nous sommes très-sûrs, par exemple, que dans le défi de Pylade et d'Hylas, l'acteur qui triompha dans le rôle d'Agamemnon, quelque talent qu'on lui suppose, était bien loin de l'expression naturelle de ces trois vers de Racine :

> Heureux qui, satisfait de son humble fortune,
> Libre du joug superbe où je suis attaché,
> Vit dans l'état obscur où les dieux l'ont caché !

Ainsi, loin de justifier l'espèce de fureur qui se répandit dans Rome, du temps d'Auguste, pour le spectacle des pantomimes, nous la regardons comme une de ces manies bizarres qui naissent communément de la satiété des bonnes choses : maladies contagieuses qui altèrent les esprits, corrompent le goût, et anéantissent les vrais talents. *Voyez* PANTOMIME.

On entend dire souvent qu'il n'y a guère dans les arts que des beautés de convention; c'est le moyen de tout confondre; mais, dans les arts d'imitation, la première règle est de ressembler; et cette convention est absurde et barbare, qui tend à corrompre ou à mutiler dans la peinture les beautés de l'original.

Telle était la *déclamation* chez les Romains, lorsque la ruine de l'empire entraîna celle des théâtres. Mais après que la barbarie eut extirpé toute espèce d'habitude, et que la nature se fut reposée dans une longue stérilité; elle reparut telle que du temps de Thespis, dans sa simplicité grossière, et du moins avec l'avantage d'une sorte de vérité. C'est ici qu'il faut prendre dans son origine la différence de notre *déclamation* avec celle des anciens.

Lors de la renaissance des lettres en Europe, la musique y était peu connue : le rhythme n'avait pas même de nom dans les langues modernes; les vers ne différaient de la prose que par la quantité numérique des syllabes divisées également, et par cette consonnance des finales que nous avons appelée *rime*, invention gothique, dont l'esprit et l'oreille n'ont pas laissé de se faire un plaisir. Mais heureusement pour la poésie dramatique, la rime, qui rend nos vers si monotones, ne fit qu'en marquer les divisions, sans leur donner ni cadence ni mètre. Ainsi la nature fit parmi nous ce que l'art d'Eschyle avait tâché de faire chez les Athéniens, en donnant à la tragédie un vers aussi approchant qu'il était possible de la prosodie libre et variée du langage familier. Les oreilles n'étaient point accoutumées au charme de l'harmonie, et l'on n'exigea du poëte, ni des flûtes pour soutenir la *déclamation*, ni des chœurs pour servir d'intermèdes. Nos salles de spectacle avaient peu d'étendue : on n'eut donc besoin, ni de masques pour grossir les traits et la voix, ni du cothurne exhaussé pour suppléer aux dégradations du lointain. Les acteurs parurent sur la scène dans leurs proportions naturelles; leur jeu fut aussi simple que les vers qu'ils déclamaient; et faute d'art, ils nous indiquèrent cette vérité qui en est le comble.

Nous disons qu'ils nous l'indiquèrent, car ils en étaient eux-mêmes bien éloignés. Plus leur *déclamation* était simple, moins elle était noble et digne; or c'est de l'assemblage de ces qualités que résulte l'imitation parfaite de la belle nature. Mais ce milieu est difficile à saisir; et pour éviter la bassesse, on se jeta dans l'emphase. Le merveilleux séduit et entraîne la multitude; on se plut à croire que les héros devaient chanter en parlant; on n'avait vu jusqu'alors sur la scène qu'un naturel inculte et bas, on applaudit avec transport à un artifice brillant et noble.

Une *déclamation* applaudie ne pouvait manquer d'être imitée ; et comme les excès vont toujours en croissant, l'art ne fit que s'éloigner de plus en plus de la nature, jusqu'à ce qu'un homme extraordinaire osa tout-à-coup l'y ramener : ce fut Baron, l'élève de Molière, et l'instituteur de la belle *déclamation*. C'est son exemple qui va fonder nos principes ; et nous n'avons qu'une réponse à faire aux partisans de la *déclamation* emphatique : *Baron parlait en déclamant*, ou plutôt *en récitant*, pour parler le langage de Baron lui-même : car il était blessé du seul mot de *déclamation*. Il imaginait avec chaleur, il concevait avec finesse, il se pénétrait de tout. L'enthousiasme de son art montait les ressorts de son ame au ton des sentiments qu'il avait à exprimer. Il paraissait ; on oubliait l'acteur et le poëte : la beauté majestueuse de son action et de ses traits répandait l'illusion et l'intérêt. Il parlait ; c'était Mithridate ou César ; ni ton, ni geste, ni mouvement qui ne fût celui de la nature. Quelquefois familier, mais toujours vrai, il pensait qu'un roi, dans son cabinet, ne devait point être ce qu'on appelle un *héros de théâtre*.

La *déclamation* de Baron causa une surprise mêlée de ravissement : on reconnut la perfection de l'art, la simplicité et la noblesse réunies ; un jeu tranquille sans froideur ; un jeu véhément, impétueux avec décence ; des nuances infinies, sans que l'intention de les marquer se fît sentir. Ce prodige fit oublier tout ce qui l'avait précédé, et fut le digne modèle de tout ce qui devait le suivre.

Bientôt on vit s'élever Beaubourg, dont le jeu, moins correct et plus heurté, ne laissait pas d'avoir une vérité fière et mâle. Suivant l'idée qui nous reste de ces deux acteurs, Baron était fait pour les rôles d'Auguste et de Mithridate; Beaubourg, pour ceux de Rhadamiste et d'Atrée. Dans la mort de Pompée, Baron jouant César entrait chez Ptolomée comme dans sa salle d'audience, entouré d'une foule de courtisans qu'il accueillait d'un mot, d'un coup d'œil, d'un signe de tête. Beaubourg, dans la même scène, s'avançait avec la hauteur d'un maître au milieu de ses esclaves, parmi lesquels il semblait compter les spectateurs eux-mêmes, à qui son regard faisait baisser les yeux.

Je passe sous silence les lamentations mélodieuses de mademoiselle Duclos, pour rappeler le langage simple, touchant, et noble de mademoiselle le Couvreur, supérieure peut-être à Baron lui-même, en ce qu'il n'eut qu'à suivre la nature, et qu'elle eut à la corriger. Sa voix n'était point harmonieuse, elle sut la rendre pathétique : sa taille n'avait rien de majestueux, elle l'ennoblit par les décences; ses yeux s'embellissaient par les larmes, et ses traits par l'expression la plus vive du sentiment : son ame lui tint lieu de tout.

On vit alors ce que la scène tragique a jamais

réuni de plus parfait, les ouvrages de Corneille et de Racine représentés par des acteurs dignes d'eux. En suivant les progrès et les vicissitudes de la *déclamation théâtrale*, j'essaie de donner une idée des talents qu'elle a signalés, convaincu que les principes de l'art ne sont jamais mieux sentis que par l'étude des modèles. Corneille et Racine nous restent; Baron et la le Couvreur ne sont plus; leurs leçons n'étaient écrites que dans le souvenir de leurs admirateurs; leur exemple s'est évanoui avec eux.

Nous ne nous arrêterons point à la *déclamation* comique; personne ne doute qu'elle ne doive être la peinture fidèle du ton et de l'extérieur des personnages dont la comédie imite les mœurs. Tout le talent consiste dans le naturel; et tout l'exercice, dans l'usage du monde; or le naturel ne peut s'enseigner, et les mœurs de la société ne s'étudient point dans les livres. Cependant je dois faire ici une observation qui m'a échappé en parlant de la tragédie, et qui est commune aux deux genres. C'est que, par la même raison qu'un tableau destiné à être vu de loin doit être peint à grandes touches, le ton du théâtre doit être plus haut, le langage plus soutenu, la prononciation plus marquée que dans la société, où l'on se communique de plus près; mais toujours dans les proportions de la perspective, c'est-à-dire de manière que l'expression de la voix soit réduite au degré de la nature, lorsqu'elle parvient à l'oreille des spectateurs. Voilà, dans l'un et l'autre genre, la seule exagération qui soit permise : tout ce qui l'excède est vicieux.

On ne peut voir ce que la *déclamation* a été, sans pressentir ce qu'elle doit être. Le but de tous les arts est d'intéresser par l'illusion : dans la tragédie, l'intention du poëte est de la produire ; l'attente du spectateur est de l'éprouver ; l'emploi du comédien est de remplir l'intention du poëte et l'attente du spectateur. Or le seul moyen de produire et d'entretenir l'illusion, c'est de ressembler à ce qu'on imite. Quelle est donc la réflexion que doit faire le comédien en entrant sur la scène ? La même qu'a dû faire le poëte en prenant la plume. *Qui va parler ? quel est son rang ? quelle est sa situation ? quel est son caractère ? comment s'exprimerait-il s'il paraissait lui-même ? Achille et Agamemnon se braveraient-ils en cadence ?* On peut m'opposer qu'ils ne se braveraient pas en vers, et je l'avouerai sans peine. Cependant, me dira-t-on, les Grecs ont cru devoir embellir la tragédie par le nombre et l'harmonie des vers ; pourquoi, si l'on a donné dans tous les temps au style dramatique une cadence marquée, vouloir la bannir de la *déclamation ?* Qu'il me soit permis de répondre, qu'à la vérité priver le style héroïque du nombre et de l'harmonie, ce serait dépouiller la nature de ses grâces les plus touchantes ; mais que pour l'embellir, il faut prendre ses ornements en elle-même, et que l'un de ses ornements est la variété. Les grands écrivains l'ont bien senti, lorsqu'ils ont pris soin de varier le nombre et la cadence du vers héroïque; et voyez de combien de manières Racine l'a coupé pour le rendre plus naturel. Il n'est aucune espèce de nombre qui n'ait sa place dans le langage de la nature; il n'en est aucun dont elle garde servilement la périodique uniformité. La monotonie est donc vicieuse dans le style du poëte, comme dans la *déclamation* de l'acteur; et le premier qui a introduit des interlocuteurs sur la scène tragique, Eschyle lui-même, pensait comme moi; puisqu'obligé de céder au goût des Athéniens pour les vers, il n'a employé que le plus simple et le moins cadencé de tous, afin de se rapprocher, autant qu'il lui était possible, de cette prose naturelle dont il s'éloignait à regret. Voudrais-je pour cela bannir aujourd'hui les vers du dialogue? Non, puisque l'habitude nous ayant rendus insensibles à ce défaut de vraisemblance, on peut joindre le plaisir de voir une pensée, un sentiment, ou une image artistement enchâssée dans les bornes d'un vers harmonieux, à l'avantage de donner pour aide à la mémoire un point fixe dans la rime, et de lui marquer dans la mesure un espace déterminé. *Voyez* Vers.

Remontons au principe de l'illusion. Le héros disparaît de la scène, dès qu'on y aperçoit le comédien ou le poëte. Cependant, comme le poëte fait penser et dire au personnage qu'il emploie, non ce qu'il a dit et pensé, mais ce qu'il a dû penser et dire, c'est à l'acteur à l'exprimer comme le personnage eût dû faire. C'est là le choix de la belle nature, et le point important et difficile de l'art de la *déclamation*. La noblesse et la dignité sont les décences du théâtre héroïque; leurs extrêmes sont l'emphase et la familiarité : écueils communs à la *déclamation* et au style, et entre lesquels marchent également le poëte et le comédien. Le guide qu'ils doivent prendre dans ce détroit de l'art, c'est une idée juste de la belle nature. Il reste à savoir dans quelles sources le comédien doit la puiser.

La première est l'éducation. Baron avait coutume de dire qu'*un comédien devrait avoir été nourri sur les genoux des reines* : expression peu mesurée, mais bien sentie.

La seconde serait l'exemple d'un acteur consommé; mais ces modèles sont rares, et l'on néglige trop la tradition, qui seule pourrait les perpétuer. On sait, par exemple, avec quelle finesse d'intelligence et de sentiment Baron, dans le début de Mithridate avec ses deux fils, marquait son amour pour Xipharès et sa haine contre Pharnace. On sait que dans ces vers :

> Princes, quelques raisons que vous me puissiez dire,
> Votre devoir ici n'a point dû vous conduire,
> Ni vous faire quitter, en de si grands besoins,
> Vous le Pont, vous Colchos, confiés à vos soins;

il disait à Pharnace, *Vous le Pont*, avec la hauteur d'un maître et la froide sévérité d'un juge; et à Xipharès, *Vous Colchos*, avec l'expression d'un reproche sensible et d'une surprise mêlée d'estime, telle qu'un père tendre la témoigne à un fils dont la vertu n'a pas rempli son attente. On sait que dans ce vers de Pyrrhus à Andromaque :

Madame, en l'embrassant, songez à le sauver;

le même acteur employait, au lieu de la menace, l'expression pathétique de l'intérêt et de la pitié; et qu'au geste touchant dont il accompagnait ces mots, *en l'embrassant*, il semblait tenir Astyanax entre ses mains, et le présenter à sa mère. On sait que dans ce vers de Sévère à Félix :

Servez bien votre Dieu, servez votre monarque.

Il permettait l'un, et ordonnait l'autre, avec les gradations convenables au caractère d'un favori de Décie, qui n'était pas intolérant. Ces exemples, et une infinité d'autres qui nous ont été transmis par des amateurs éclairés de la belle *déclamation*, devraient être sans cesse présents à ceux qui courent la même carrière; mais la plupart négligent de s'en instruire, avec autant de confiance que s'ils étaient par eux-mêmes en état d'y suppléer.

La troisième (mais celle-ci regarde l'action, dont nous parlerons dans la suite), c'est l'étude des monuments de l'antiquité. Celui qui se distingue le plus aujourd'hui dans la partie de l'action théâtrale, et qui soutient le mieux par sa figure l'illusion du merveilleux sur notre scène lyrique, M. Chassé, doit la fierté de ses attitudes, la noblesse de son geste, et le bon goût de ses vêtements, aux chefs-d'œuvre de sculpture et de peinture qu'il a savamment observés. (Il y a longtemps que ceci est écrit.)

La quatrième enfin, la plus féconde et la plus négligée, c'est l'étude des originaux, et l'on n'en voit guère que dans les livres. Le monde est l'école d'un comédien, théâtre immense, où tous les états, toutes les passions, tous les caractères, sont en jeu. Mais comme la plupart de ces modèles manquent de noblesse et de correction, l'imitateur peut s'y méprendre, s'il n'est d'ailleurs éclairé dans son choix. Il ne suffit donc pas qu'il peigne d'après nature, il faut encore que l'étude approfondie des belles proportions et des grands principes du dessin l'ait mis en état de la corriger.

L'étude de l'histoire et des ouvrages d'imagination est pour lui ce qu'elle est pour le peintre et pour le sculpteur. Que l'artiste qui voudra peindre Didon mourante, et l'actrice qui voudra la représenter, prennent leçon dans Virgile.

Illa, graves oculos conata attollere, rursùs
Deficit.........................
Ter sese attollens, cubitoque innixa levavit,

Ter revoluta toro est : oculisque errantibus alto
Quæsivit cœlo lucem, ingemuitque repertâ.

Dans *la Pharsale*, Afranius, lieutenant de Pompée, voyant son armée périr par la soif, demande à parler à César; il paraît devant lui, mais comment?

. . . . *Servata precanti*
Majestas, non fracta malis; interque priorem
Fortunam, casusque novos, gerit omnia victi,
Sed ducis, et veniam securo pectore poscit.

Quelle image et quelle leçon pour un acteur intelligent !

Lorsque j'ai parlé du rôle de Didon à la célèbre Saint-Huberti, je n'ai fait que lui traduire les endroits de Virgile où l'action est si vivement peinte : elle en a été profondément émue; et à ce trait sublime, *et pallida morte futurâ*, j'ai vu son visage pâlir.

Les livres ne présentent point de modèles aux yeux; mais ils en offrent à l'esprit : ils donnent le ton à l'imagination et au sentiment; et l'imagination et le sentiment le donnent aux organes.

On a vu des exemples d'une belle *déclamation* sans étude, et même, dit-on, sans esprit. Oui, sans doute, si l'on entend par esprit la vivacité d'une conception légère, qui se repose sur les riens, et qui voltige sur les choses. Cette sorte d'esprit n'est pas plus nécessaire pour jouer le rôle d'Ariane, qu'il ne l'a été pour composer les fables de La Fontaine et les tragédies de Corneille.

Il n'en est pas de même du bon esprit : c'est par lui seul que le talent d'un acteur s'étend et se plie à différents caractères. Celui qui n'a que du sentiment ne joue bien que son propre rôle; celui qui joint à l'ame l'intelligence, l'imagination et l'étude, s'affecte et se pénètre de tous les caractères qu'il doit imiter, jamais le même, et toujours ressemblant : ainsi l'ame, l'imagination, l'intelligence, et l'étude, doivent concourir à former un excellent comédien. C'est par le défaut de cet accord, que l'un s'emporte où il devrait se posséder, que l'autre raisonne où il devrait sentir : plus de couleur propre au caractère, plus de vérité, plus d'illusion, et par conséquent plus d'intérêt.

Il est d'autres causes d'une *déclamation* défectueuse : il en est de la part de l'acteur, de la part du poëte, de la part du public lui-même.

L'acteur à qui la nature a refusé les avantages de la figure et de l'organe veut y suppléer à force d'art; mais quels sont les moyens qu'il emploie ? Les traits de son visage manquent de noblesse; il les charge d'une expression convulsive; sa voix est sourde ou faible; il la force pour éclater : ses positions naturelles n'ont rien de grand; il se met à la torture, et semble, par une gesticulation outrée, vouloir se couvrir de ses bras. Nous dirons à cet acteur, quelques applaudissements qu'il arrache au public : Vous voulez corriger la nature, et vous la rendez monstrueuse : vous sentez vivement; parlez de même, et ne forcez rien : que votre visage soit muet; on sera moins blessé de son silence que de ses contorsions : les yeux pourront vous censurer; mais les cœurs vous applaudiront, et vous arracherez des larmes à vos critiques.

A l'égard de la voix, il en faut moins qu'on ne pense pour être entendu dans nos salles de spectacle; et il est peu de situations au théâtre où l'on soit obligé d'éclater : dans les plus violentes même, qui ne sent l'avantage qu'a sur les cris et les éclats l'expression d'une voix entrecoupée par les sanglots, ou étouffée par la passion? On raconte d'une actrice célèbre, qu'un jour sa voix s'éteignit dans la déclaration de Phèdre : elle eut l'art d'en profiter; on n'entendit plus que les accents d'une ame épuisée de sentiment. On prit cet accident pour l'effort de la passion, comme en effet il pouvait l'être; et jamais cette scène admirable n'a fait sur les spectateurs une si violente impression. Mais dans cette actrice, tout ce que la beauté a de plus touchant suppléait à la faiblesse de l'organe. Le jeu retenu demande une vive expression dans les yeux et dans les traits, et nous ne balançons point à bannir du théâtre celui à qui la nature a refusé tous ces secours à-la-fois. Une voix ingrate, des yeux muets, et des traits inanimés, ne laissent aucun espoir au talent intérieur de se manifester au-dehors.

Quelles ressources au contraire n'a point sur la scène tragique celui qui joint une voix flexible, sonore, et touchante, à une figure expressive et majestueuse? et qu'il connaît peu ses intérêts, lorsqu'il emploie un art mal entendu à profaner en lui la noble simplicité de la nature!

Qu'on ne confonde pas ici une *déclamation* simple avec une *déclamation* froide : souvent elle n'est froide que pour n'être pas simple; et plus elle est simple, plus elle est susceptible de chaleur : elle ne fait point sonner les mots, mais elle fait sentir les choses; elle n'analyse point la passion, mais elle la peint dans toute sa force.

Quand les passions sont à leur comble, le jeu le plus véhément est le plus vrai : c'est là qu'il est beau de ne plus se posséder ni se connaître. Mais les décences? les décences exigent que l'emportement soit noble, et n'empêchent pas qu'il ne soit excessif. Vous voulez qu'Hercule soit maître de lui dans ses fureurs! n'entendez-vous pas qu'il ordonne à son fils d'aller assassiner sa mère? Quelle modération attendez-vous d'Orosmane? Il est prince, dites-vous : il est bien autre chose; il est amant, et il tue Zaïre. Hécube, Clytemnestre, Mérope, Déjanire, sont filles et femmes de héros : oui; mais elles sont mères, et l'on veut égorger leurs enfants. Applaudissez à l'actrice (mademoiselle Dumesnil) qui oublie son rang, qui vous oublie, et qui s'oublie elle-même dans ces situations effroyables; et laissez dire aux ames de glace qu'elle devrait se posséder. Ovide a dit que l'amour se rencontrait rarement avec la majesté. Il en est ainsi de toutes les grandes passions : bien entendu que dans leurs accès même, les bienséances soient observées; et quant à leurs gradations, la règle de l'acteur est celle du poëte : c'est au style à suivre la marche du sentiment; c'est à la *déclamation* à suivre la marche du style, retenue et contrainte, violente et impétueuse comme lui.

Une vaine délicatesse nous porte quelquefois à rire de ce qui fait frémir nos voisins, et de ce qui pénétrait les Athéniens de terreur ou de pitié; c'est que la vigueur de l'ame et la chaleur de l'imagination ne sont pas au même degré dans le caractère de tous les peuples. Il n'en est pas moins vrai qu'en nous la réflexion du moins suppléerait au sentiment, et qu'on s'habituerait ici comme ailleurs à la plus vive expression de la nature, si le goût méprisable des parodies n'y disposait l'esprit à chercher le ridicule à côté du sublime : de là cette crainte malheureuse qui abat et refroidit le talent de nos acteurs. *Voyez* PARODIE.

Il est dans le public une autre espèce d'hommes qu'affecte machinalement l'excès d'une *déclamation* outrée. C'est en faveur de ceux-ci que les poëtes eux-mêmes excitent souvent les comédiens à charger le geste et à forcer l'expression, surtout dans les morceaux froids et faibles, dans lesquels, au défaut des choses, ils veulent qu'on enfle les mots; c'est une observation dont les acteurs peuvent profiter, pour éviter le piége où les poëtes les attirent. On peut diviser en trois classes ce qu'on appelle les *beaux vers* : dans les uns, la beauté dominante est dans l'expression; dans les autres, elle est dans la pensée : on conçoit que de ces deux beautés réunies se forme l'espèce de vers la plus parfaite et la plus rare. La beauté du fond ne demande, pour être sentie, que le naturel de la prononciation; la forme, pour éclater et se soutenir par elle-même, a besoin d'une *déclamation* mélodieuse et sonnante. Le poëte dont les vers réuniront ces deux beautés, n'exigera point de l'acteur le fard d'un débit pompeux; il appréhendera au contraire que l'art ne défigure ce naturel qui lui a tant coûté. Mais celui qui sentira dans ses vers la faiblesse de la pensée ou de l'expression, ou de l'une et de l'autre, ne manquera pas d'exciter le comédien à les déguiser par le prestige de la *déclamation*: le comédien, pour être applaudi, se prêtera aisément à l'artifice du poëte; il ne voit pas qu'on fait de lui un charlatan, pour en imposer à la multitude.

Cependant, même parmi la foule, il est d'excellents juges dans l'expression du sentiment. Un grand prince souhaitait à Corneille un parterre composé de ministres d'état; Corneille en demandait un composé de marchands de la rue Saint-Denis. Il entendait par-là des esprits droits et des ames sensibles, sans préjugés, sans prétentions. C'est d'un spectateur de cette classe que, dans une de nos provinces méridionales, l'actrice qui joue le rôle d'Ariane avec tant d'ame et de vérité (mademoiselle Clairon), reçut un jour cet applaudissement si sincère et si juste. Dans la scène où Ariane cherche avec sa confidente quelle peut être sa rivale, à ce vers :

Est-ce Mégiste, Églé, qui les rend infidèles?

l'actrice vit un homme qui, les yeux en larmes, se penchait vers elle, et lui criait d'une voix étouffée : *C'est Phèdre, c'est Phèdre.* C'est bien là le cri de la nature qui applaudit à la perfection de l'art.

Le défaut d'analogie dans les pensées, de liaison dans le style, de nuances dans les sentiments, peut entraîner insensiblement un acteur hors de la *déclamation* naturelle. C'est une réflexion que nous avons faite, en voyant que les belles scènes de Corneille étaient constamment celles que l'on *déclamait* avec le plus de simplicité. Rien n'est plus difficile que d'être naturel dans un rôle qui ne l'est pas.

Comme le geste suit la parole, ce que j'ai dit de l'une peut s'appliquer à l'autre; la violence de la passion exige beaucoup de gestes, et comporte même les plus expressifs. Si l'on demande comment ces derniers sont susceptibles de noblesse, qu'on jette les yeux sur les *forces* du Guide, sur le *Pætus* antique, sur le *Laocoon*, etc. Les grands peintres ne feront pas cette difficulté. *Les règles défendent*, disait Baron, *de lever les bras au-dessus de la tête; mais si la passion les y porte, ils seront bien : la passion en sait plus que les règles.* Il est des tableaux dont l'imagination est émue, et dont les yeux seraient blessés; mais le vice est dans le choix de l'objet, non dans la force de l'expression. Tout ce qui serait beau en peinture, doit être beau sur le théâtre. Et que ne peut-on y exprimer le désespoir de la sœur de Didon, tel qu'il est peint dans *l'Énéide!* Encore une fois, de combien de plaisirs ne nous prive point une vaine délicatesse? Les Athéniens, plus sensibles et presque aussi polis que nous, voyaient sans dégoût Philoctète pansant sa blessure, et Pylade essuyant l'écume des lèvres de son ami étendu sur le sable. Mais après s'être plaint de ne pouvoir pas tout oser, il n'en faut pas moins se conformer aux mœurs et s'attacher aux bienséances : *Caput artis decere.*

L'abattement de la douleur permet peu de gestes; la réflexion profonde n'en veut aucun; le sentiment demande une action simple comme lui; l'indignation, le mépris, la fierté, la menace, la fureur concentrée n'ont besoin que de l'expression des yeux et du visage; un regard, un mouvement de tête, voilà leur action naturelle; le geste ne ferait que l'affaiblir. Que ceux qui reprochent à un acteur de négliger le geste dans les rôles pathétiques de père, ou dans les rôles majestueux de rois, apprennent que la dignité n'a point ce qu'ils appellent des *bras*. Auguste tendait simplement la main à Cinna, en lui disant : *soyons amis*. Et dans cette réponse,

Connaissez-vous César pour lui parler ainsi?

César doit à peine laisser tomber un regard sur Ptolomée.

Ceux-là sur-tout ont besoin de peu de gestes, dont les yeux et les traits sont susceptibles d'une expression vive et touchante. L'expression des yeux et du visage est l'ame de la *déclamation* : c'est là que les passions vont se peindre en caractères de feu; c'est de là que partent ces traits qui nous pénètrent, lorsque nous entendons dans *Iphigénie*,

Vous y serez, ma fille.

dans *Andromaque*,

Je ne t'ai point aimé, cruel! qu'ai-je donc fait?

dans *Atrée*,

Reconnais-tu ce sang? etc.

Mais ce n'est ni dans les yeux seulement, ni seulement dans les traits, que le sentiment doit se peindre : son expression résulte de leur harmonie; et les fils qui les font mouvoir tiennent tous au siége de l'ame. Lorsqu'Alvarez vient annoncer à Zamore et à Alzire l'arrêt qui les a condamnés, cet arrêt funeste est écrit sur le front du vieillard, dans ses regards abattus, dans ses pas chancelants : on frémit avant de l'entendre. Lorsque Ariane lit le billet de Thésée, les caractères de la main du perfide se répètent comme dans un miroir sur le visage pâlissant de son amante, dans ses yeux fixes et remplis de larmes, dans le tremblement de sa main. Les anciens n'avaient pas l'idée de ce degré d'expression; et tel est parmi nous l'avantage des théâtres peu vastes et du visage nu. Le jeu mixte et le jeu muet devaient être encore plus incompatibles avec les masques. Mais il faut avouer aussi que la plupart de nos acteurs ont trop négligé cette partie, l'une des plus essentielles de la *déclamation*.

Nous appelons *Jeu mixte* ou *composé*, l'expression d'un sentiment modifié par les circonstances, ou de plusieurs sentiments réunis. Dans le premier sens, tout jeu de théâtre est un jeu mixte; car dans l'expression du sentiment doivent se fondre, à chaque trait, les nuances du caractère et de la situation du personnage : ainsi la férocité de Rhadamiste doit se peindre même dans l'expression de son amour; ainsi Pyrrhus doit mêler le ton du dépit et de la rage à l'expression tendre de ces paroles d'Andromaque, qu'il a entendues et qu'il répète en frémissant :

C'est Hector......................
Voilà ses yeux, sa bouche, et déja son audace;
C'est lui-même; c'est toi, cher époux, que j'embrasse.

Rien de plus varié dans les détails que le monologue de Camille au quatrième acte des *Horaces*; mais sa douleur est un sentiment continu qui doit être comme le fond de ce tableau. Et c'est là que triomphe l'actrice qui joue ce rôle avec autant de vérité que de noblesse, d'intelligence que de chaleur (c'était la sublime Clairon). Le comédien a donc toujours au moins trois expressions à réunir, celle du sentiment, celle du caractère, et celle de la situation : règle peu connue, et encore moins observée.

Lorsque deux ou plusieurs sentiments agitent une ame, ils doivent se peindre en même temps dans les traits du visage et dans les accents de la voix, même à travers les efforts qu'on fait pour les dissimuler. Orosmane jaloux veut s'expliquer avec Zaïre; il désire et craint l'aveu qu'il exige; le secret qu'il cherche l'épouvante, et il brûle de le découvrir : il éprouve de bonne foi tous ces mouvements confus, il doit les exprimer de même. La crainte, la fierté, la pudeur, le dépit, retiennent quelquefois la passion, mais sans la cacher; tout doit trahir un cœur sensible. Et quel art ne demandent point ces demi-teintes, ces nuances d'un sentiment, répandues sur l'expression d'un sentiment contraire, sur-tout dans les scènes de dissimulation, où le poëte a supposé que ces nuances ne seraient aperçues que des spectateurs, et qu'elles échapperaient à la pénétration des personnages intéressés ! Telle est la dissimulation d'Atalide avec Roxane, de Cléopâtre avec Antiochus, de Néron avec Agrippine. Plus les personnages sont difficiles à séduire par leur caractère et leur situation, plus la dissimulation doit être profonde, et plus par conséquent la nuance de fausseté est difficile à ménager. Dans ce vers de Cléopâtre :

C'en est fait, je me rends, et ma colère expire.

dans ce vers de Néron :

Avec Britannicus je me réconcilie.

l'expression ne doit pas être celle de la vérité, car le mensonge ne saurait y atteindre; mais combien ne doit-elle pas en approcher ? En même temps que le spectateur s'aperçoit que Cléopâtre et Néron dissimulent, il doit trouver vraisemblable qu'Antiochus et Agrippine ne s'en aperçoivent pas; et ce milieu à saisir est peut-être le dernier effort de l'art de la *déclamation*. Laisser voir la feinte au spectateur, c'est à quoi tout comédien peut réussir; ne la laisser voir qu'au spectateur, c'est ce que les plus consommés n'ont pas toujours le talent de faire.

De tout ce que nous venons de dire, il est aisé de se former une juste idée du jeu muet. Il n'est point de scène, soit tragique, soit comique, où cette espèce d'action ne doive entrer dans les silences. Tout personnage introduit dans une scène doit y être intéressé; tout ce qui l'intéresse doit l'émouvoir; tout ce qui l'émeut doit se peindre dans ses traits et dans ses attitudes : c'est le principe du jeu muet; et il n'est personne qui ne soit choqué de la négligence de ces acteurs, qu'on voit, insensibles et sourds dès qu'ils cessent de parler, parcourir le spectacle d'un œil indifférent et distrait, en attendant que leur tour vienne de prendre la parole.

En évitant cet excès de froideur dans les silences du dialogue, on peut tomber dans l'excès opposé. Il est un degré où les passions sont muettes: *ingentes stupent.* Dans tout autre cas, il n'est pas naturel d'écouter en silence un discours dont on est violemment ému, à moins que la crainte, le respect, ou telle autre cause ne nous retienne. Le jeu muet doit donc être une expression contrainte et un mouvement réprimé. Le personnage qui s'abandonnerait à l'action, devrait, par la même raison, se hâter de prendre la parole : ainsi, quand la disposition du dialogue l'oblige à se taire, on doit entrevoir dans l'expression muette et retenue de ses sentiments, la raison qui lui ferme la bouche.

Une circonstance plus critique est celle où le poëte fait taire l'acteur à contre-temps. On ne sait que trop combien l'ambition des beaux vers a nui à la vérité du dialogue. (*Voyez* DIALOGUE).

Souvent un personnage qui ne demanderait, en suivant la nature, qu'à couper la parole à son interlocuteur, se voit condamné au silence, uniquement pour laisser achever une tirade brillante. Quel est pour lors le parti que doit prendre l'acteur que le poëte tient à la gêne? S'il exprime par son jeu la violence qu'on lui fait, il rend plus sensible encore ce défaut du dialogue, et son impatience se communique au spectateur; s'il dissimule cette impatience, il joue faux, en se possédant où il devrait s'abandonner. Quoi qu'il arrive, il n'y a point à balancer; il faut que l'acteur soit vrai, même au péril du poëte.

Dans une circonstance pareille, l'actrice qui joue *Pénélope* (mademoiselle Clairon) a eu l'art de faire, d'un défaut de vraisemblance insoutenable à la lecture, un tableau théâtral de la plus grande beauté. Ulysse parle à Pénélope sous le nom d'un étranger. Le poëte, pour filer la reconnaissance, a obligé l'actrice à ne pas lever les yeux sur son interlocuteur. Mais à mesure qu'elle entend cette voix, les gradations de la surprise, de l'espérance, et de la joie, se peignent sur son visage avec tant de vivacité et de naturel; le saisissement qui la rend immobile tient le spectateur lui-même dans une telle suspension, que la contrainte de l'art devient l'expression de la nature. Mais les auteurs ne doivent pas compter sur ces coups de force, et le plus sûr est de ne pas mettre les acteurs dans le cas de les corriger.

Encore un mot sur le jeu muet dans les silences de l'action, partie essentielle et souvent négligée de l'imitation théâtrale. La nature a des situations et des mouvements que toute l'énergie des langues ne ferait qu'affaiblir, dans lesquels la parole retarde l'action et rend l'expression traînante et lâche. Les peintres, dans ces situations, devraient servir de modèles aux poëtes et aux comédiens. L'*Agamemnon* de Timanthe, le *Saint Bruno en oraison* de le Sueur, le *Lazare* de Rembrant, la *descente de croix*, du Carrache, sont des morceaux sublimes dans ce genre. Ces grands maîtres ont laissé imaginer et sentir au spectateur ce qu'ils n'auraient pu qu'énerver, s'ils avaient tenté de le rendre, Homère et Virgile avaient donné l'exemple aux peintres. Ajax rencontre Ulysse aux enfers, Didon y rencontre Énée; Ajax et Didon n'expriment leur indignation que par le silence. Il est vrai que l'indignation est une passion taciturne; mais elles ont toutes des moments où le silence est leur expression la plus énergique et la plus vraie.

Les acteurs ne manquent pas de se plaindre que les poëtes ne donnent point lieu à ces silences éloquents, qu'ils veulent tout dire, et ne laissent rien à l'action : les poëtes gémissent de leur côté, de ne pouvoir se reposer sur l'intelligence et le talent de leurs acteurs, pour l'expression des réticences; et en général, les uns et les autres ont raison. Mais l'acteur qui sent vivement, trouve encore dans l'expression du poëte assez de vides à remplir.

Baron, dans le rôle d'Ulysse, était quatre minutes à parcourir en silence tous les changements qui frappaient sa vue, en entrant dans son palais.

Phèdre apprend que Thésée est vivant. Racine s'est bien gardé d'occuper par des paroles le premier moment de cette situation.

> Mon époux est vivant, OEnone, c'est assez.
> J'ai fait l'indigne aveu d'un amour qui l'outrage;
> Il vit; je ne veux pas en savoir davantage.

C'est au silence à peindre l'horreur dont elle est saisie à cette nouvelle, et le reste de la scène n'en est que le développement.

Phèdre apprend de la bouche de Thésée qu'Hippolyte aime Aricie. Qu'il me soit permis de le dire : si le poëte avait pu compter sur le jeu muet de l'actrice, il aurait retranché ce monologue.

> Il sort : quelle nouvelle a frappé mon oreille? etc.

et n'aurait fait dire à Phèdre que ce vers, après un long silence.

> Et je me chargerais du soin de le défendre!

Nos voisins sont plus hardis, et par conséquent plus grands que nous dans cette partie. On voit, sur le théâtre de Londres, Barnweld, chargé de pesantes chaînes, se rouler avec son ami sur le pavé de la prison, étroitement serrés l'un dans les bras de l'autre : leurs larmes, leurs sanglots, leurs embrassements sont l'expression de leur douleur.

Mais dans cette partie, comme dans toutes les autres, pour encourager et les auteurs et les acteurs à chercher les grands effets, et à risquer ce qui peut les produire, il faut un public sérieux, éclairé, sensible, et qui porte au théâtre de Cinna un autre esprit qu'à ceux d'*Arlequin et de Gille*.

La manière de s'habiller au théâtre contribue plus qu'on ne pense à la vérité et à l'énergie de l'action. *Voyez l'article suivant.*

DÉCORATION. Parmi les *décorations* théâtrales, les unes sont de décence, et les autres de pur ornement. Les *décorations* de pur ornement sont arbitraires, et n'ont pour règles que le goût. On peut en puiser les principes généraux dans l'étude de l'architecture, de la perspective, du dessin, etc. Je me contenterai d'observer ici que la *décoration* la plus capable de charmer les yeux, devient triste et effrayante pour l'imagination, dès qu'elle met les acteurs en danger : ce qui devrait bannir de notre théâtre lyrique ces vols si mal exécutés, dans lesquels, à la place de Mercure ou de l'amour, on ne voit qu'un malheureux suspendu à une corde, et dont la situation fait trembler tous ceux qu'elle ne fait pas rire.

Les *décorations* de décence sont une imitation de la belle nature, comme doit l'être l'action dont elles retracent le lieu. Un homme célèbre en ce genre en a donné au théâtre lyrique, qui seront long-temps gravées dans le souvenir des connaisseurs. De ce nombre était le péristyle du palais de Ninus, dans lequel, aux plus belles proportions et à la perspective la plus savante, le peintre avait ajouté un coup de génie bien digne d'être rappelé.

Après avoir employé presque toute la hauteur du théâtre à élever son premier ordre d'architecture, il avait laissé voir aux yeux la naissance d'un second ordre qui semblait se perdre dans le cintre, et que l'imagination achevait : ce qui prêtait à ce péristyle une élévation fictive, double de l'espace donné. C'est dans tous les arts un grand principe, que de laisser l'imagination en liberté : on perd toujours à lui circonscrire un espace : de là vient que les idées générales, n'ayant point de limites déterminées, sont les sources les plus fécondes du sublime.

Le théâtre de la tragédie, où les décences doivent être bien plus rigoureusement observées qu'à celui de l'Opéra, les a trop négligées dans la partie des *décoration*s. Le poëte a beau vouloir transporter les spectateurs dans le lieu de l'action; ce que les yeux voient, dément à chaque instant ce que l'imagination se peint. Cinna rend compte à Émilie de sa conjuration, dans le même salon où va délibérer Auguste; et dans le premier acte de Brutus, deux valets de théâtre viennent enlever l'autel de Mars pour débarrasser la scène. Le manque de *décorations* entraîne l'impossibilité des changements, et celle-ci borne les auteurs à la plus rigoureuse unité de lieu : règle gênante, qui leur interdit un grand nombre de beaux sujets, ou les oblige à les mutiler. (Des changements heureux sont arrivés depuis ces observations.)

Il est bien étrange qu'on soit obligé d'aller chercher au théâtre de la farce italienne un modèle de *décoration* tragique. Il n'est pas moins vrai que la prison de Sigismond en est un qu'on aurait dû suivre. N'est-il pas ridicule que, dans les tableaux les plus vrais et les plus touchants des passions et des malheurs des hommes, on voie un captif ou un coupable avec des liens d'un fer blanc léger et poli? Qu'on se représente Électre dans son premier monologue, traînant de véritables chaînes dont elle serait accablée : quelle différence dans l'illusion et dans l'intérêt! Au lieu du faible artifice dont le poëte s'est servi dans *le Comte d'Essex* pour retenir ce prisonnier dans le palais de la reine, supposons que la facilité des changements de *décoration* lui eût permis de l'enfermer dans un cachot; quelle force le seul aspect du lieu ne donnerait-il pas au contraste de sa situation présente avec sa fortune passée? On se plaint que nos tragédies sont plus en discours qu'en action : le peu de ressources qu'a le poëte du côté du spectacle, en est en partie la cause. La parole est souvent une expression faible et lente; mais il faut bien se résoudre à faire passer par les oreilles ce qu'on ne peut offrir aux yeux.

Ce défaut de nos spectacles ne doit pas être imputé aux comédiens, non plus que le mélange indécent des spectateurs avec les acteurs, dont on s'est plaint tant de fois. Corneille, Racine, et leurs rivaux n'attirent pas assez le vulgaire, cette partie si nombreuse du public, pour fournir à leurs acteurs de quoi les représenter dignement : la ville elle seule pourrait donner à ce théâtre toute la pompe qu'il doit avoir, si les magistrats voulaient bien envisager les spectacles publics comme une branche de la police et du commerce.

Mais la partie des *décorations* qui dépend des acteurs eux-mêmes, c'est la décence des vêtements. Il s'est introduit à cet égard un usage aussi difficile à concevoir qu'à détruire. Tantôt c'est Gustave qui sort des cavernes de Dalécarlie avec un habit bleu-céleste à parements d'hermine; tantôt c'est Pharasmane qui, vêtu d'un habit de brocard d'or, dit à l'ambassadeur de Rome :

> La nature marâtre, en ces affreux climats,
> Ne produit, au lieu d'or, que du fer, des soldats.

De quoi donc faut-il que Gustave et Pharasmane soient vêtus? L'un de peau, l'autre de fer.

Comment les habillerait un grand peintre? Il faut donner, dit-on, quelque chose aux mœurs du temps. Il fallait donc aussi que Lebrun frisât Porus et mit des gants à Alexandre? C'est au spectateur à se déplacer, non au spectacle; et c'est la réflexion que tous les acteurs devraient faire à chaque rôle qu'ils vont jouer : on ne verrait point paraître César en perruque carrée, ni Ulysse sortir tout poudré du milieu des flots. Ce dernier exemple nous conduit à une remarque qui peut être utile. Le poëte ne doit jamais présenter des situations que l'acteur ne saurait rendre, telle que celle d'un héros mouillé. Quinault a imaginé un tableau sublime dans Isis, en voulant que la furie tirât Io par les cheveux hors de la mer : mais ce tableau ne doit avoir qu'un instant : il devient ridicule si l'œil s'y repose; et la scène qui le suit immédiatement le rend impraticable au théâtre.

Aux reproches que nous faisons aux comédiens sur l'indécence de leurs vêtements, ils peuvent opposer l'usage établi, et le danger d'innover, aux yeux d'un public qui condamne sans entendre et qui rit avant de raisonner. Nous savons que ces excuses ne sont que trop bien fondées, nous savons de plus que nos réflexions ne produiront aucun fruit. Mais notre ambition ne va point jusqu'à prétendre à corriger notre siècle; il nous suffit d'apprendre à la postérité, si cet ouvrage peut y parvenir, ce qu'auront pensé dans ce même siècle ceux qui, dans les choses d'art et de goût, ne sont d'aucun siècle ni d'aucun pays.

Lorsque je parlais ainsi dans l'*Encyclopédie*, j'étais injuste en n'osant espérer les changements que je désirais aux *décorations* théâtrales; mais je dois dire pour mon excuse, qu'il n'y avait alors aucune apparence à la révolution qui arriva quelque temps après.

Le plus difficile et le plus nécessaire était de dégager le théâtre de cette foule de spectateurs qui l'inondaient, et qui laissaient à peine aux acteurs l'étroit espace qui séparait les deux balcons de l'avant-scène. On a peine à concevoir aujourd'hui que *Mérope, Iphigénie, Sémiramis,* aient été jouées comme au centre d'un bataillon de spectateurs debout, qui remplissaient le fond du théâtre, et qui obstruaient les coulisses, au point que les acteurs n'entraient et ne sortaient qu'à travers cette foule, qu'ils perçaient difficilement. Rien de plus contraire à la pompe et à l'illusion de la scène : aussi l'ombre de Ninus, écartant une troupe de petits-maîtres pour se montrer, ne fut-elle d'abord qu'un objet de plaisanterie; et la plus théâtrale de nos tragédies, *Sémiramis,* tomba. Mais l'habitude et l'intérêt des comédiens perpétuaient un abus si barbare; et il subsisterait peut-être encore, si M. le comte de Lauraguais, par une libéralité dont les arts et les lettres doivent conserver la mémoire, n'avait déterminé les comédiens à renoncer au bénéfice de ce surcroît de spectateurs.

Le théâtre une fois libre, avec un peu de soin, de dépense et de goût dans les nouvelles *décorations*, il fut aisé de rendre la scène plus décente.

Mais le changement des habits était un article important : il exigeait des frais considérables ; on n'osait pas même y penser ; lorsque la célèbre Clairon, qui avait le droit de donner l'exemple, fit la première le sacrifice de ses riches vêtements de théâtre ; et dans Idamé, dans Roxane, dans Didon, dans Électre, enfin dans tous ses rôles, prit le costume du pays et du temps. Ce changement fut applaudi comme il devait l'être ; et dès-lors tous les acteurs furent forcés de se vêtir sur ce modèle : plus de paniers pour les dames grecques et romaines, plus de chapeaux à grands panaches pour Mithridate et pour Auguste, plus de tonnelets aux cuirasses, plus de manchettes, plus de gants à frange, plus de perruques volumineuses pour les héros de l'antiquité. Chacun parut en habit convenable ; et notre grande actrice eut la gloire d'avoir mis la première, sur la scène tragique française, de la décence et de la vérité.

Mais un autre exemple qu'elle donna, et qui ne fut pas imité de même, ce fut de réformer la déclamation, en même temps que les habits. Jusque-là elle avait eu trop de déférence pour un ancien système de déclamation emphatique, où l'on prenait l'enflure pour de la dignité. En se voyant réellement vêtue comme Idamé, comme Roxane, comme Didon, Électre, Aménaïde, elle parut se demander à elle-même de quel ton elles avaient parlé; et sans déroger à la noblesse de ses rôles, elle sut rendre la déclamation tragique à-la-fois majestueuse et naturelle, évitant d'un côté l'emphase, de l'autre la familiarité; aussi éloignée du ton bourgeois que du ton ampoulé; sans aucune affectation et sans aucune négligence; sans rien outrer et sans rien affaiblir; d'un accord parfait dans l'action de son geste et de son visage, d'une justesse inaltérable, d'une sûreté infaillible à saisir toutes les nuances de l'expression dans des variétés infinies et des degrés inappréciables; si accomplie enfin, que tout ce que l'envie a pu lui reprocher, a été de n'avoir laissé dans l'art aucune des incorrections qui appartiennent à la nature : reproche qu'on ne s'était pas encore avisé de faire aux sculpteurs qui nous ont donné l'Antinoüs et l'Apollon.

DÉFINITION. La *définition* oratoire est un vaste champ pour l'éloquence. C'est par elle que se discutent presque toutes les questions de droit; car lorsqu'on est d'accord sur l'existence du fait et sur sa cause, il ne s'agit plus que d'examiner quelle en est la nature, et d'en déterminer la qualité relativement à la loi.

Clodius a été tué par les esclaves de *Milon*; mais est-ce là un meurtre prémédité et volontaire, ou seulement le cas de la défense personnelle ? Le fait est convenu. La qualité du fait est la question qui s'agite.

Muréna s'est rendu agréable au peuple; mais ce qu'il a fait pour lui plaire, est-ce le crime de corruption ? Est-ce là *briguer les suffrages?* C'est ce qui reste à décider.

Ce fut à Rome une cause célèbre que celle que plaida *Carbon* pour la défense de *L. Optimius*, accusé, après son consulat, du meurtre de *C. Gracchus.* L'action était notoire; mais lorsqu'il s'agissait du salut de la république, le consul, en vertu d'un décret du sénat, n'avait-il pas eu droit d'ordonner qu'on fît main basse sur un séditieux? ou, dans ce péril même, devait-il respecter la loi qui protégeait tout citoyen qu'elle n'avait pas condamné? *Licueritne, ex senatûsconsulto, servandæ reipublicæ causá?* C'était là le point contesté. Il s'agissait de *définir* le droit de la sûreté de l'état, et ce que le consul appelait le danger, le salut de la république; de savoir jusqu'où s'étendait l'autorité du sénat, et le devoir du consul lui-même entre un décret du sénat et la loi.

Une cause non moins fameuse fut celle du tribun *C. Norbanus*, plaidée par Antoine. Ce tribun était accusé d'avoir excité une sédition contre *Servilius Cœpio*, lequel, après s'être laissé battre par les Cimbres et chasser de son camp, avait perdu dans sa déroute le reste de l'armée romaine. L'orateur soutenait, non-seulement que dans la douleur et l'indignation où était le peuple, la sédition avait été si violente, qu'il n'avait pas été possible au tribun de la réprimer; mais que toutes les séditions n'étaient pas punissables, qu'il y en avait de légitimes, et que celle-ci était du nombre. Ainsi la cause du tribun devenait la cause du peuple. C'est cet endroit du plaidoyer d'Antoine, que l'orateur Crassus, dans le dialogue de Cicéron, vantait comme un prodige d'éloquence : *Potuit hic locus, tam anceps, tam inauditus, tam lubricus, tam novus, sine quâdam incredibili vi ac facultate dicendi tractari!* (De Orat.)

Antoine va lui-même expliquer comment la cause fut plaidée. « Ni *Servilius* (son adversaire) ni moi, dit-il, ne nous attachâmes à *définir*, à la manière des philosophes, *lucidè, breviterque;* nous expliquâmes l'un et l'autre le plus amplement qu'il nous fut possible ce que c'était que porter atteinte à la majesté publique. » (Car c'était le crime en question.) *Quantum uterque nostrûm potuit, omni copiâ dicendi dilatavit quid esset majestatem minuere.*

Après avoir touché légèrement et en peu de mots la loi *majestatis*, il environna sa *définition*, si j'ose m'exprimer ainsi, d'ouvrages extérieurs qu'il fallait forcer pour arriver au corps de la place. *Omnium seditionum genera, vitia, pericula collegi, eamque orationem ex omni reipublicæ nostræ temporum varietate repetivi; conclusique ita ut dicerem, etsi omnes molestæ semper seditiones fuissent, justas tamen fuisse nonnullas et propè necessarias...... Neque reges ex hâc civitate exegi, neque tribunos plebis creari, neque plebicitis toties consularem potestatem minui, neque provocationem, patronam illam civitatis ac vindicem libertatis, populo romano dari sine nobilium dissensione potuisse* (1).

Alors il ajouta, que si tant de séditions avaient été permises pour le salut de la république, il ne fallait pas faire un crime au tribun Norbanus d'un soulèvement qui n'avait eu qu'une trop juste cause. De-là les mouvements d'indignation et de douleur qu'il réveilla dans l'ame de tous les citoyens à qui la défaite de Cæpion avait coûté la

---

(1) « J'accumulai, dit-il, tous les genres de séditions, et leurs vices et leurs périls, et je tirai mes inductions de tous les temps divers de notre république : d'où je conclus que quoique toute espèce de sédition fût toujours affligeante, cependant il y en avait eu, et en assez grand nombre, qui avaient été justes et presque nécessaires ; et qu'il n'aurait été possible ni de chasser les rois, ni de créer les tribuns, ni de modérer la puissance des consuls par les décrets du peuple, comme on avait fait tant de fois, ni d'établir ce droit d'appel, la sauve-garde des citoyens et le vengeur de la liberté, sans se résoudre à voir quelque dissension entre le peuple et la noblesse. »

perte de leurs enfants et de leurs proches; de-là cette révolution dans l'auditoire et dans les juges, que les supplications, la douleur, et les larmes d'un orateur pénétré lui-même, achevèrent de décider. *Voyez* PATHÉTIQUE.

En éloquence, *définir* c'est donc amplifier, accumuler les traits, les exemples, les circonstances, qui caractérisent la chose, la présenter du côté favorable à l'opinion qu'on en veut donner, et animer le tableau qu'on en fait, non-seulement des couleurs les plus vives, mais de tout ce que le mélange des ombres et de la lumière peut ajouter à leur éclat. *Voyez* AMPLIFICATION.

Je ne dis pas qu'une *définition* rigoureuse ne soit quelquefois un moyen tranchant; mais il faut pour cela qu'elle soit évidemment juste et inattaquable dans tous les points. Encore a-t-elle, par sa brièveté même, l'inconvénient d'échapper aux juges, si on ne prend pas soin de l'appuyer, au moins pour lui donner le temps de se graver dans les esprits. *In sensum et in mentem judicis intrare non potest : antè enim præterlabitur quàm percepta est.* (De Orat.)

Au reste, tous les genres d'éloquence n'exigent pas les mêmes précautions que le plaidoyer, où l'agresseur et le défenseur doivent être sans cesse en garde, et frapper et parer presque d'un même temps. Ainsi la *définition*, qui dans le genre judiciaire est le centre de l'action, et qu'il faut munir de tous côtés de toutes les forces de l'éloquence, est moins critique et moins périlleuse dans le genre de l'éloge ou de la délibération ; mais lors même qu'elle n'est pas le centre d'une place forte, elle est au moins le frontispice ou le vestibule d'un palais ou d'un temple; et l'éloquence y doit réunir la pompe et la solidité.

Dans l'oraison pour Marcellus, Cicéron, en parlant à César de ses devoirs, après avoir défini la gloire : *Gloria est illustris ac pervagata multorum et magnorum, vel in suos, vel in patriam, vel in omne genus hominum fama meritorum* (1), développe ainsi sa *définition* en l'appliquant à César lui-même. *Nec verò hæc tua vita ducenda est, quæ corpore et spiritu continetur. Illa, inquam, illa vita est tua, quæ vigebit memoriâ sæculorum omnium, quam posteritas alet, quam ipsa æternitas semper tuebitur* (2). Voilà pour l'étendue et la perpétuité ; voici pour la solidité et la pureté de la gloire. *Obstupescent posteri certè imperia, provincias, Rhenum, Oceanum, Nilum, pugnas innumerabiles, incredibiles victorias, monumenta, munera, triumphos audientes*

---

(1) « La gloire est une renommée éclatante et répandue au loin, pour de grands et nombreux services qu'on a rendus aux siens, à sa patrie, ou à l'humanité. »

(2) « N'appelle pas ta vie le souffle qui t'anime. Ta vie est celle qui sera florissante dans la mémoire de tous les siècles, que la postérité prendra soin de nourrir, que l'éternité même prendra soin de défendre. »

et legentes tuos. Sed nisi hæc urbs stabilita tuis consiliis et institutis erit, vagabitur modò nomen tuum longè atque latè; sedem quidem stabilem et domicilium certum non habebit (1). Voilà ce qui s'appelle *définir* magnifiquement.

Nos orateurs modernes ont connu l'art de rendre les *définitions* éloquentes. Je vais en citer deux exemples, pris tous les deux de cette oraison funèbre de *Turenne*, qui fait la gloire de Fléchier. Voici comment il *définit* la valeur véritable, celle de son héros.

« N'entendez pas par ce mot (de *valeur*) une hardiesse vaine, indiscrète, emportée, qui cherche le danger pour le danger même, qui s'expose sans fruit, et qui n'a pour but que la réputation et les vains applaudissements des hommes. Je parle d'une hardiesse sage et réglée, qui s'anime à la vue des ennemis, qui dans le péril même pourvoit à tout, prend tous ses avantages; mais qui se mesure avec ses forces; qui entreprend les choses difficiles, et ne tente pas les

---

(1) « La postérité sera frappée d'étonnement sans doute, en lisant ou en entendant raconter de toi des empires soumis, des provinces conquises, le Rhin, l'Océan, le Nil asservis, des batailles sans nombre, d'incroyables victoires, les monuments, les titres, les triomphes, qui attesteront ta gloire. Mais si cette ville n'est rétablie par tes conseils et par tes sages institutions, ton nom sera bientôt comme errant et vagabond dans l'univers, sans avoir de demeure stable ni de domicile assuré. »

impossibles; qui n'abandonne rien au hasard de ce qui peut être conduit par la prudence; capable enfin de tout oser quand le conseil est inutile, et prête à mourir dans la victoire, ou à survivre à son malheur en accomplissant ses devoirs. »

L'autre *définition* est celle d'une armée.

« Qu'est-ce qu'une armée? dit l'orateur. C'est un corps animé d'une infinité de passions différentes, qu'un homme habile fait mouvoir pour la défense de sa patrie : c'est une troupe d'hommes armés qui suivent aveuglément les ordres d'un général dont ils ne connaissent pas les intentions : c'est une multitude d'ames, pour la plupart viles et mercenaires, qui, sans songer à leur propre réputation, travaillent à celle des rois et des conquérants : c'est un assemblage confus de libertins qu'il faut assujétir à l'obéissance; de lâches qu'il faut mener au combat; de téméraires qu'il faut retenir; d'impatients qu'il faut accoutumer à la constance. »

Avec moins de développement et d'étendue, le poëte ne laisse pas de *définir* le plus souvent à la manière de l'orateur.

> L'ambassadeur d'un roi m'est toujours redoutable.
> Ce n'est qu'un ennemi, sous un titre honorable,
> Qui vient, rempli d'orgueil ou de dextérité,
> Insulter ou trahir avec impunité. (VOLTAIRE.)

> Quels traits me présentent vos fastes,
> Impitoyables conquérants?
> Des vœux outrés, des projets vastes,

> Des rois vaincus par des tyrans ;
> Des murs que la flamme ravage,
> Un vainqueur fumant de carnage,
> Un peuple au fer abandonné ;
> Des mères pâles et sanglantes,
> Arrachant leurs filles tremblantes
> Des bras d'un soldat effréné. (Rousseau.)

Ce dernier tableau de la strophe est précisément ce que Quintilien a oublié dans la description beaucoup plus ample qu'il a faite du saccagement d'une ville.

En fait de *définitions* poétiques, rien n'est au-dessus de celle de la constance de l'homme juste, telle qu'Horace l'a donnée :

> *Justum et tenacem propositi virum,*
> *Non civium ardor prava jubentium,*
>   *Non vultus instantis tyranni*
>   *Mente quatit solidâ ; neque Auster,*
> *Dux inquieti turbidus Adriæ ;*
> *Nec fulminantis magna Jovis manus.*
>   *Si fractus illabatur orbis,*
>   *Impavidum ferient ruinæ.*

Les poëtes eux-mêmes *définissent* assez souvent à la manière des philosophes, quant à l'exactitude et à la précision ; mais en images ou en sentiment, avec la langue poétique.

> Ce vieillard, qui, d'un vol agile,
> Fuit toujours sans être arrêté,
> Le Temps, cette image mobile
> De l'immobile éternité. (Rousseau.)

Qu'un ami véritable est une douce chose !
Il cherche vos besoins au fond de votre cœur;
    Il vous épargne la pudeur
    De les lui découvrir vous-même :
    Un songe, un rien, tout lui fait peur,
    Quand il s'agit de ce qu'il aime. (La Fontaine.)

Et qui jamais *définira* mieux la mort du sage, que le même poëte l'a fait en un vers?

    Rien ne trouble sa fin; c'est le soir d'un beau jour.

La plupart des *définitions* poétiques ne sont que des descriptions : les poëtes en sont pleins, singulièrement Ovide et La Fontaine, le premier dans ses métamorphoses, le second dans ses fables; et l'on a peine à concevoir, en lisant notre fabuliste, que d'une langue assez peu favorable aux peintures physiques, il ait tiré cette multitude de traits fins, délicats, et justes, dont il a formé ses *définitions*. On en verra dans une seule fable deux exemples inimitables; car le pinceau de La Fontaine est malheureusement perdu.

    Un souriceau tout jeune, et qui n'avait rien vu,
        Fut presque pris au dépourvu.
    Voici comme il conta l'aventure à sa mère.
    J'avais franchi les monts qui bornent cet état,
        Et trottais comme un jeune rat
        Qui cherche à se donner carrière :
    Lorsque deux animaux m'ont arrêté les yeux;
        L'un doux, bénin et gracieux;
    Et l'autre turbulent et plein d'inquiétude.
        Il a la voix perçante et rude,

> Sur la tête un morceau de chair,
> Une sorte de bras dont il s'élève en l'air
> Comme pour prendre sa volée,
> La queue en panache étalée.

Qui ne reconnaît pas le coq?

> Sans lui j'aurais fait connaissance
> Avec cet animal qui m'a semblé si doux.
> Il est velouté comme nous,
> Marqueté, longue queue, une humble contenance,
> Un modeste regard, et pourtant l'œil luisant.
> Je le crois fort sympathisant
> Avec messieurs les rats; car il a les oreilles
> En figure aux nôtres pareilles.

Le chat peut-il être mieux peint?

Le caractère de la *définition* poétique, ainsi que de la *définition* oratoire, est de ne peindre son objet que dans son rapport avec l'intention de l'orateur ou du poète : de-là vient que de la même chose il peut y avoir plusieurs *définitions* différentes, et dont chacune aura sa vérité et sa justesse relative. Vingt dessinateurs placés autour du modèle font vingt figures différentes; le même paysage produira différents tableaux, selon les points de vue et les aspects que les peintres auront choisis; la diversité des situations morales produit la même variété dans les *définitions* oratoires ou poétiques; au lieu que la *définition* philosophique doit être entière et invariable, c'est-à-dire embrasser la totalité de l'objet, au moins dans son essence, en présenter l'idée et complète et distincte, lui ressembler dans tous les points, et ne ressembler qu'à lui seul. Le philosophe n'a point de situation particulière et momentanée ; il tourne autour de la nature.

Enfin, soit en poésie, soit en éloquence, un mérite essentiel de la *définition*, c'est l'à-propos. Tout ce qui d'un seul mot se fait concevoir nettement, pleinement, et sans équivoque, n'a pas besoin d'être *défini*. Ce n'est qu'à éclaircir, à développer, ou à circonscrire une idée, que l'on doit employer la *définition*; et il en est de cette partie de l'art d'écrire, comme de toutes les autres : pour avoir sa beauté réelle, et pour satisfaire à-la-fois le goût et la raison, elle doit contribuer à la solidité de l'édifice dont elle est l'ornement : bien entendu que, selon le genre, elle peut tenir plus ou moins du luxe ou de l'utilité; car il en est de l'éloquence et de la poésie comme de l'architecture : tel genre est plus restreint au nécessaire, tel autre accorde plus à la magnificence et à la décoration.

A l'égard des *définitions* philosophiques, elles sont d'un usage d'autant plus fréquent dans les choses même les plus familières, que les hommes ne sont jamais en contradiction que pour n'avoir pas *défini*, ou pour avoir mal *défini*. L'erreur n'est guère que dans les termes. Ce que j'assure d'un objet, je l'assure de l'idée que j'y attache : ce que vous niez de ce même objet, vous le niez de l'idée que vous y appliquez. Nous ne sommes donc opposés de sentiments qu'en apparence, puisque nous parlons de deux choses différentes sous un même nom. Quand vous lirez clairement dans mon idée, quand je lirai clairement dans la vôtre, vous affirmerez ce que j'affirme, je nierai ce que vous niez; et cette conciliation des idées ne s'opère qu'au moyen des *définitions*.

Il y en a qui donnent à penser; il y en a d'autres qui en épargnent la peine. Du nombre des premières sont celles-ci, qu'Aristote nous a données. *Le juste est l'utile en commun. La prudence est la vertu de la raison, dirigée au bonheur. La volupté est le seul bien que l'on désire pour luimême. Un bien d'opinion est celui dont on ne ferait aucun cas s'il fallait l'avoir en secret.*

Du nombre des dernières sont celles-ci, du même philosophe. *La tyrannie est une monarchie sans limites. La magnanimité est une bienfaisance qui veut agir en grand. La mélancolie est à-la-fois douleur et volupté : douleur, dans le regret; volupté, dans le souvenir.*

Or on sent bien que celles qui demandent de la méditation, ne sont pas du genre oratoire. Tout y doit être facile à saisir et à pénétrer d'un coup-d'œil. L'auditeur n'a le temps ni d'hésiter, ni de réfléchir. La pensée, en volant comme la parole, doit jeter sa lumière, et laisser son impression. Ceci peut distinguer l'éloquence parlée, de l'éloquence écrite.

Délibératif. Les anciens n'étaient pas contents de leur division de l'éloquence en trois genres. Ils devaient être encore moins satisfaits des noms qu'ils y avaient attachés. Ils appelaient *délibératif* un genre où l'orateur prouvait de toutes ses forces qu'il n'y avait point à *délibérer*. Ils appelaient *démonstratif* un genre où la louange et la satire exagéraient tout, et ne *démontraient* rien, que la faveur ou que la haine. Ils appelaient *judiciaire* un genre qui ne tendait qu'à *démontrer*, et ne faisait que soumettre l'affaire à la *délibétion* des juges. On voit par-là combien ces trois genres étaient peu distincts l'un de l'autre.

Les anciens avaient cependant plus de moyens que nous de distinguer les différents usages de la parole. Avec une ou deux syllabes ajoutées à leur verbe *loqui*, parler, ils disaient : parler ensemble et en particulier, *colloqui*; parler de loin, parler haut, *eloqui*; parler à quelqu'un, ou à une assemblée particulière, *alloqui*; parler alternativement et en controverse, *interloqui*; parler à une multitude dont on était environné, *circumloqui*. Ils auraient donc pu appeler *elocutio* l'éloquence vague, sans auditoire et sans objet présent, comme celle des philosophes; *allocutio*, celle qui s'adressait à une personne, ou à un auditoire peu nombreux, comme à César ou au sénat; *circumlocutio*, celle qui s'adressait à tout un peuple; *collocutio*, l'éloquence de la scène ou du dialogue; et *interlocutio*, l'éloquence du plaidoyer.

Au lieu de ces distinctions, que la langue leur suggérait, ils en ont fait qui ne sont point exactes. Ils ont d'abord distingué l'éloquence des *questions* et celle des *causes*, et ils en ont fait deux genres, l'*indéfini* et le *fini*; quoique celui-ci, dans leur sens, soit aussi inséparable du premier que le ruisseau l'est de sa source. Ils ont abandonné l'*indéfini* aux sophistes et aux rhéteurs, et ont subdivisé le *fini* comme nous venons de le voir. L'usage a prévalu; et Cicéron lui-même, en adoptant cette division, assigne à chacun des trois genres son caractère et son objet. *In judiciis, æquitas; in deliberationibus, utilitas; in laudandis aut vituperandis hominibus, dignitas* : et ailleurs il ennoblit encore le genre *délibératif*, en lui donnant pour objet l'honnête aussi-bien que l'utile.

Le *délibératif* est donc ce genre d'éloquence où il s'agit de faire prendre à un peuple, à une assemblée, une résolution; de déterminer la volonté publique pour le dessein qu'on lui propose, ou de la détourner du dessein qu'elle a pris.

Observons bien que ce n'est pas l'orateur qui *délibère*, comme le mot semble le dire : rien n'est plus positif, rien n'est plus décidé que l'avis personnel de Démosthène dans *les Philippiques*, et que l'avis de Cicéron dans *les Catilinaires* ou dans l'oraison pour la loi *Manilia*. Mais c'est à l'assemblée à *délibérer* d'après l'avis de l'orateur; et ce que disait à Solon le scythe Anacharsis en parlant d'Athènes, n'est que trop souvent vrai par tout pays : *Les sages parlent, et les fous décident.*

Si c'est dans un sénat, dans un conseil que l'on harangue, il faut parler en peu de mots, avec une dignité simple, d'un ton grave et sentencieux, en marquant à cette assemblée une confiance modeste pour l'opinion qu'on lui propose; mais plus de confiance encore en elle-même pour ses lumières et pour ses vertus.

Le ton impérieux y serait déplacé; le langage des passions, les grands mouvements de l'éloquence y sont rarement en usage; la douleur même et l'indignation y doivent être concentrées sans violence et sans éclat.

Les chanteurs italiens (qu'on me permette la comparaison) distinguent trois caractères de voix; et le seul qui soit pathétique, ils l'appellent *voce di petto*. C'est avec cette voix, et ce langage qui lui est analogue, qu'un orateur passionné doit opiner dans un sénat, ou dans un conseil souverain. La voix *de gorge* et la voix *de tête* y font du bruit, et rien de plus. *Suadere aliquid aut dissuadere, gravissimæ mihi videtur esse personæ : nam et sapientis est consilium explicare suum de maximis rebus; et honesti et diserti, ut mente pro-*

videre, auctoritate probare, oratione persuadere possit. Atque hæc in senatu minore apparatu agenda sunt. Sapiens enim est consilium; multisque aliis dicendi relinquendus locus. Vitanda etiam ingenii ostentationis suspicio. (De Orat. l. 2.)

On sent combien serait éloigné du caractère de cette éloquence l'enthousiasme d'un jeune écervelé, qui dans les délibérations d'un corps ne porterait qu'une ame pétulante, une imagination fougueuse, un esprit faux, une ignorance présomptueuse, une langue sans frein, une résolution impudente de se faire craindre et payer.

Le champ vaste et libre de l'éloquence, du genre *délibératif*, c'est ce que les Romains appelaient *concio*, la harangue adressée au peuple. *Concio capit omnem vim orationis.* Elle doit être imposante et variée : *gravitatem varietatemque desiderat.* Ou il s'agit de mener les hommes par le devoir; et alors c'est dans les principes de l'honnête et du juste qu'elle puise ses forces; ou il s'agit de les déterminer par l'intérêt; et leurs passions sont alors les ressorts qu'elle fait mouvoir. *Quæ verò referuntur ad agendum, aut in officii disceptatione versantur;.... cui loco omnis virtutum et vitiorum est silva subjecta : aut in animorum aliquâ permotione aut gignendâ, aut sedandâ, tollendâve tractantur. Huic generi subjectæ sunt cohortationes, objurgationes, consolationes, miserationes, omnisque ad omnem animi motum et impulsio, et, si ita res feret, mitigatio.* (De Orat. l. 3.)

L'honneur, la gloire, la vertu, l'orgueil national, les principes de l'équité, ceux du droit naturel sur-tout, peuvent beaucoup sur l'esprit des peuples; et souvent on les détermine en leur présentant vivement ce qu'il y a de juste, d'honnête, de noble, de louable, de vertueux à faire : souvent on les détourne d'une résolution en leur montrant qu'elle est criminelle et honteuse. Mais avouons qu'il est encore plus sûr de faire parler l'utilité publique, sur-tout, dit Cicéron, lorsqu'il est à craindre qu'en négligeant ses avantages, le peuple ne risque aussi de perdre son honneur ou sa dignité. *In suadendo nihil est optabilius quam dignitas... Nemo est enim, præsertim in tam clará civitate, quin putet expetendam maximè dignitatem : sed vincit utilitas plerumque, quum subest ille timor, eá neglectá, ne dignitatem quidem posse retineri.* (De Orat. l. 2.)

Lorsque l'utilité publique et la dignité sont d'accord, l'éloquence populaire a tous ses avantages; et c'étaient les deux grands moyens de Démosthène en excitant les Athéniens à s'opposer à l'ambition de Philippe. Mais souvent elles sont contraires; et l'orateur fait valoir l'une ou l'autre, selon l'impulsion qu'il veut donner aux esprits. D'un côté, richesse, puissance, accroissement de force, succès où la fortune fera trouver la gloire en subjuguant l'opinion, si en ne consultant que la raison d'état, on se détermine par elle; et au contraire, imprudence ou faiblesse de sacrifier le bien public, et de vouloir aux dépens de l'état se montrer juste ou généreux. De l'autre côté, tout ce qui recommande les actions honnêtes et louables, sera employé par l'orateur : *Qui ad dignitatem impellit, majorum exempla, quæ erunt vel cum periculo gloriosa, colliget; posteritatis immortalem memoriam augebit; utilitatem ex laude nasci defendet, semperque eam cum dignitate esse conjunctam.* (De Orat l. 2.)

A dire vrai, Cicéron fait ici le rôle de Machiavel; et l'un enseigne en éloquence, ainsi que l'autre en politique, à réussir *per fas et nefas.* Mais pour traiter ainsi les affaires publiques, l'orateur doit avoir acquis une connaissance profonde et du passé et du présent, et par l'un et l'autre, un regard pénétrant et prolongé dans l'avenir. Du passé, les exemples et les autorités, monuments de l'expérience; du présent, la constitution de l'état, sa situation actuelle, ses relations, ses intérêts, ses principes de droit public, ses facultés et ses ressources; de l'avenir, les précautions, les espérances et les craintes, les risques, les difficultés, les obstacles et les périls, l'importance et la conséquence des bons et des mauvais succès, les mouvements de la politique et ceux de la fortune à calculer et à prévoir, les intérêts à concilier, les révolutions à craindre et du dedans et du dehors; en un mot, la balance des événements à tenir dans ses mains et à faire pencher, du moins pour le moment, vers le parti qu'on se propose : tel est l'office de l'orateur : l'impossible ou le nécessaire sont ses moyens les plus tranchants. *Inciditur enim omnis jam deliberatio, si intelligitur non posse fieri, aut si necessitas affertur.* (De Orat. l. 2.)

Mais ce qui était vrai à Rome, et ce qui l'est peut-être encore chez tous les peuples éclairés, c'est que ce genre d'éloquence politique est celui de tous qui demande le plus, et la connaissance des hommes, et les grands talents de l'orateur, et sa dignité personnelle : « Quand il s'agit, dit Cicéron, de donner un conseil sur la chose publique, c'est d'abord et principalement la chose publique qu'il faut connaître; mais pour persuader une assemblée de citoyens, il faut connaître aussi les mœurs de la cité; et comme ces mœurs changent souvent, il faut savoir aussi changer de ton et de langage. Enfin, eu égard à la dignité d'un grand peuple, à la gravité de la cause publique, et aux mouvements d'une multitude assemblée, c'est là sur-tout que l'éloquence doit déployer ce qu'elle a de plus élevé, de plus éclatant, *grandius et illustrius;* c'est là qu'elle doit rassembler ce qu'elle a de plus propre à remuer et à dominer les esprits. » *Aut in spem, aut in metum, aut ad cupiditatem, aut ad gloriam concitandos; sæpe etiam à temeritate, iracundiâ, spe, injuriâ, invidiâ, crudelitate revocandos.* (De Orat. l. 2.)

« Quel détroit, quelle mer pensez-vous, dit-il

encore, qui soit plus orageuse que l'assemblée du peuple? Non, l'une, dans son flux et son reflux, n'a pas plus de flottements, de trouble et d'agitation, que l'autre, dans ses suffrages, n'a d'inconstance, de tumulte, et de révolutions diverses. Souvent il ne faut qu'un jour ou qu'une nuit pour donner une nouvelle face aux affaires; quelquefois même la moindre nouvelle, le moindre bruit qui se répand, est un vent subit qui change les esprits et qui renverse les délibérations. »

Et cependant c'est là que l'orateur se sent naturellement élever au plus haut genre d'éloquence par la grandeur de son théâtre. *Fit autem ut, quia maxima quasi oratori scena videtur concio, naturâ ipsâ ad ornatius dicendi genus excitetur.* (De Orat. l. 2.) « Sans une multitude d'auditeurs, ajoute Cicéron, un orateur ne peut être éloquent.» Mais il recommande de prendre garde à ne pas exciter dans l'assemblée du peuple des acclamations fâcheuses, comme il arrive quand l'orateur fait quelque faute remarquable : *Si asperè, si arroganter, si turpiter, si sordidè, si quoquo animi vitio dictum esse aliquid videatur; aut hominum offensione vel invidiâ... aut res si displicet; aut si est in aliquo motu suæ cupiditatis aut metus multitudo.* Et à ces causes d'impatience et de rumeur parmi le peuple, il applique, selon les circonstances, le remède qui leur convient : *Tum objurgatio, si est auctoritas; tum admonitio, quasi lenior objurgatio; tum promissio si audierint, pro-*

baturos; tum deprecatio, quod est infimum, sed nonnunquam utile. (De Orat. l. 2.) Une plaisanterie vive et prompte, un bon mot, qui, sans manquer de dignité, a de la grâce et de l'enjouement, est quelquefois, dit-il, d'un excellent usage dans l'éloquence populaire. *Nihil enim tam facilè quam multitudo, à tristitiâ et sæpe ab acerbitate, commodè, ac breviter, et acutè, et hilarè dicto, deducitur.* (De Orat. l. 2.)

Au reste, la grande règle, et peut-être l'unique règle de l'éloquence populaire, est de s'accommoder au naturel, au génie, au goût du peuple à qui l'on parle; et c'est ce que Démosthène et Cicéron me semblent avoir l'un et l'autre merveilleusement observé.

Le peuple athénien était plus délicat et plus sensible que le peuple romain aux charmes de l'élocution; ses écoles et son théâtre, la poésie et la musique, la culture de tous les arts l'avaient poli jusqu'à l'excès; et quoi qu'on lui dît, il fallait lui parler avec élégance. L'orateur même, qui, comme il arrivait souvent à Démosthène, était obligé de monter sur le champ dans la tribune, et d'y parler à l'improviste et d'abondance, avait à ménager des oreilles que Cicéron appelle *teretes et religiosas.* Un mot dur aurait tout gâté.

Le peuple romain était plus occupé des choses, et moins curieux des paroles, quoiqu'il le fût beaucoup plus encore qu'il n'appartenait à un peuple uniquement politique et guerrier. Mais il était fier, épineux, difficile sur tout ce qui touchait son orgueil, et par conséquent très-sensible aux bienséances du langage; vu que les bienséances ne sont que des égards. Ce qu'il fallait respecter surtout, c'était l'opinion qu'il avait de lui-même. Indigne d'être libre, depuis qu'il se laissait corrompre, il n'en était que plus jaloux de cette idée de liberté qu'il portait dans ses assemblées. A des factieux mercenaires qui ne demandaient qu'à se vendre, et que les grands achetaient à vil prix, il fallait parler de liberté, de dignité, de majesté publique; à ceux qui avaient laissé massacrer les deux Gracques, et Sylla mourir dans son lit, il fallait parler comme aux Romains du temps de Publicola; et si l'éloquence romaine n'eût pas été adulatrice, ce n'eût pas été l'éloquence.

Le peuple d'Athènes était vain, mais d'une vanité dont il riait lui-même. *Voyez* SATIRE. Il était léger, mais docile; d'une imagination vive, mais mobile comme le sable, où les impressions se gravent aisément et s'effacent de même; et sur le théâtre et dans la tribune, il trouvait bon, comme un enfant aimable, mais incorrigible, qu'on lui reprochât ses défauts.

Aristophane et Démosthène auraient été mal reçus à Rome; et Cicéron, à qui l'on reprochait d'être flatteur et de manquer de nerf, n'était que ce qu'il fallait être pour persuader les Romains. Il savait mieux qu'un autre employer à propos la véhémence et l'énergie; mais ce n'était jamais au peuple que l'invective s'adressait. Ce qu'il a répété souvent, que *Rome n'était pas la république de Platon*, est l'excuse de sa mollesse. Il pratiquait cette maxime qu'il nous a lui-même tracée, d'imiter la prudence d'un médecin habile : *Sicut medico diligenti, priusquam conetur ægro adhibere medicinam, non solum morbus ejus cui mederi volet, sed etiam consuetudo valentis et natura corporis cognoscenda est : sic equidem quum aggredior ancipitem causam et gravem, ad animos judicum pertractandos, omni mente in eâ cogitatione curáque versor, ut odorer quam sagacissimè possim, quid sentiant, quid existiment, quid exspectent, quid velint, quo deduci oratione facillimè posse videantur.* (De Orat. l. 2.)

Démosthène connaissait de même son auditoire, et le ménageait moins. Il reprochait au peuple d'Athènes d'aimer la flatterie et de se laisser prendre aux adulations de ses orateurs corrompus; de se laisser amuser, endormir par leur manége et par leurs mensonges; d'oublier du matin au soir les avis les plus importants; de se plaire à entendre calomnier ceux qui l'avaient le mieux servi; de s'amuser dans les places publiques à écouter les nouvellistes, tandis que son honneur, sa liberté, sa gloire, son salut, demandaient les plus promptes résolutions. « Ne voulez-vous jamais, leur dit-il, faire autre chose que d'aller par la ville vous demander les uns aux autres : *Que dit-on de nouveau?* Que peut-on vous apprendre de plus nouveau que ce que vous voyez? Un homme de Macédoine se rend maître des Athéniens, et fait la loi à toute la Grèce. *Philippe est-il mort?* dira l'un; *Non*, répondra l'autre, *il n'est que malade.* Eh! que vous importe, Athéniens, que Philippe vive ou qu'il meure? Quand le Ciel vous en aurait délivrés, vous vous feriez bientôt vous-mêmes un autre Philippe. »

« Athéniens, leur dit-il ailleurs, il ne dépend pas de vos orateurs de vous rendre bons ou mauvais, mais il dépend de vous de rendre bons ou mauvais vos orateurs; car aucun d'eux ne s'avisera de vous donner de mauvais conseils, s'il n'est pas sûr de trouver parmi vous des auditeurs qui l'applaudissent. »

Ces peuples étaient l'un et l'autre sensibles aux grands intérêts du bien public et de la gloire; et ils avaient tous les deux un caractère d'héroïsme prompt et facile à s'exalter : plus moral pourtant dans Athènes, plus généreux et plus humain, tenant plus, pour me faire entendre, de la sensibilité pure et de la bonté naturelle; plus politique dans les Romains, et tenant plus du despotisme et de l'esprit de domination.

Le peuple romain était naturellement féroce; il fallait l'adoucir, l'apprivoiser; une éloquence insinuante et persuasive était celle qui lui convenait : ce fut l'éloquence de Cicéron. Le peuple d'Athènes était sensible et doux, mais léger, distrait, dissipé : il fallait le fixer, l'assujétir, le dominer par une éloquence pressante, vigoureuse et rapide, pleine de force et de chaleur : ce fut celle de Démosthène. Je ne parle pas de la différence des sujets, qui devait influer encore sur le génie et la manière de l'orateur : mais j'ose dire que l'un et l'autre étaient à leur place; et je ne doute point que Démosthène à Rome n'eût tâché d'être Cicéron, et que dans Athènes Cicéron n'eût tâché d'être Démosthène.

Il le fut par la véhémence dans la seconde de ses *Philippiques*. On sait qu'il appelait ainsi ses harangues contre Marc-Antoine, par allusion à celles de Démosthène contre Philippe; et en effet il y plaidait de même la cause de la liberté, mais devant un sénat qui n'en était plus digne, et qui n'avait plus ni cœur ni tête en état de la soutenir. Ce nom de *Philippiques* fut de mauvais augure. Rome avait encore plus dégénéré qu'Athènes; et un zèle mal secondé coûta la vie à l'un comme à l'autre orateur.

On voit par-là que c'est dans le moment critique où les républiques se corrompent, qu'on y a besoin de l'éloquence : plus tôt, la vertu se suffit et n'attend pas qu'on la harangue; plus tard, l'esprit de faction, la cupidité, la frayeur, l'intérêt, n'entendent plus rien. L. Brutus, qui chassa les Tarquins, ne dit qu'un mot, et Rome fut libre. M. Brutus, l'assassin de César, fit une harangue élégante et faible, qu'il n'eut pas l'assurance d'aller prononcer à Rome; et Cicéron lui-même eut beau dans sa vieillesse rappeler toute sa vigueur; le remède arrivait quand la maladie était mortelle. Rome, au lieu du meilleur des rois qu'elle avait dans César, se donna trois tyrans.

Mais à l'égard de nos temps modernes, quels peuvent être et l'office et le lieu de l'éloquence populaire? Quel est le pays de l'Europe où, lorsqu'il s'agit de la paix, de la guerre, de l'élection d'un magistrat, du choix d'un général d'armée, etc., un citoyen ait le droit qu'il avait à Rome, de demander au peuple une audience, et de lui dire son avis? Quelle est la cité où, à chaque événement public et important, le peuple et le sénat s'assemblent, comme dans Athènes; où la tribune soit ouverte à qui veut y monter, et où l'on entend un héraut demander à haute voix : *Quel citoyen au-dessus de cinquante ans veut haranguer le peuple? et qui des autres citoyens veut parler à son tour?* (Eschine, contre Ctésiphon.)

Dans les communes d'Angleterre on voit une ombre de cette liberté. Je dis une ombre; parce que l'assemblée n'est pas celle du peuple, mais celle de ses députés; et la différence est énorme : car s'il est possible d'abuser tout un peuple par la séduction, il est possible aussi de l'éclairer par l'éloquence; mais sur des députés gagnés par d'autres voies, l'éloquence ne peut plus rien; et ce qui doit décourager l'orateur anglais, c'est de savoir que les voix sont comptées, et que souvent la *délibération* est prise avant qu'il ait ouvert la bouche.

Ce qui ressemble le plus aujourd'hui à l'éloquence populaire des anciens, c'est l'éloquence de la chaire : car l'auditoire est ce peuple libre à qui l'on donne à *délibérer*, non pas sur l'intérêt public et politique, mais sur l'intérêt personnel que la nature et la religion ont attaché, pour tous les hommes, à la pratique du devoir et à l'amour de la vertu. On peut voir à l'*article* ÉLOQUENCE DE LA CHAIRE, que, du côté des passions, elle n'a pas les mêmes ressorts à émouvoir que l'éloquence de la tribune; mais en revanche elle a cet avantage, que le prédicateur est dispensé par son caractère de tout ménagement, de tout respect humain, qu'il tient l'orgueil, les vices, les passions de l'auditoire comme enchaînés autour de lui; qu'une nation est à ses pieds, et qu'il peut la traiter comme un seul pénitent qui viendrait à genoux implorer le ministre des miséricordes et des vengeances. Voilà tout ce qui reste au monde de l'éloquence populaire ; voilà dans quelles mains est remise la cause de l'humanité, sinon dans ses rapports avec la politique, au moins dans ses rapports avec les mœurs. C'est un bienfait de la religion bien précieux et bien signalé. Puisse la dédaigneuse frivolité de notre siècle ne pas décourager les hommes appelés par leur zèle et par leurs talents au ministère de la parole! puisse la sagesse des gouvernements y attacher une estime égale au bien qu'il fait aux mœurs publiques, lorsqu'il est dignement rempli! puissent-ils aussi quelquefois permettre à la philosophie d'être éloquente, en rappelant aux hommes leurs droits, leurs devoirs réciproques, et leurs intérêts les plus chers!

DÉLICATESSE. Comme il y a deux sortes de perception, il y a deux sortes de sagacité, celle de l'esprit et celle de l'ame. A la sagacité de l'esprit appartient la finesse : à la sagacité de l'ame appartient la *délicatesse* du sentiment et de l'expression. Ni les nuances les plus légères, ni les traits les plus fugitifs, ni les rapports les plus imperceptibles, rien n'échappe à une sensibilité *délicate* : tout l'intéresse dans son objet.

Ainsi la *délicatesse* de l'expression consiste à imiter celle du sentiment, ou à la ménager : ce sont là ses deux caractères.

Pour imiter la *délicatesse* du sentiment, il suffit que l'expression soit naïve et simple : les tendres alarmes de l'amour, les doux reproches de l'amitié, les inquiétudes timides de l'innocence et de la pudeur donnent lieu naturellement à une expression *délicate* : c'est l'image du sentiment dans son ingénuité pure; il n'y a ni voile, ni détour. Tel est le caractère de ce vers de Marot :

<blockquote>Je l'aime tant que je n'ose l'aimer.</blockquote>

Les fables de La Fontaine sont remplies de traits

pareils. Celle des deux pigeons, celle des deux amis, sont des modèles précieux de cette *délicatesse* de perception dont un cœur sensible est l'organe.

> Un songe, un rien, tout lui fait peur,
> Quand il s'agit de ce qu'il aime.

Mais si la *délicatesse* de l'expression a pour objet de ménager la *délicatesse* du sentiment, soit en nous-mêmes, soit dans les autres; c'est alors que l'expression doit être ou détournée ou demi-obscure : l'on désire d'être entendu, et l'on craint de se faire entendre : ainsi l'expression est pour la pensée, ou plutôt pour le sentiment, un voile léger et trompeur, qui rassure l'ame et qui la trahit. Un modèle rare de cette sorte de *délicatesse*, est la réponse de cette seconde femme à son mari qui ne cessait de lui faire l'éloge de la première : *Hélas, monsieur, qui la regrette plus que moi!* Didon a tout fait pour Énée, elle voudrait qu'il s'en souvînt; mais elle craint de l'offenser en lui rappelant ses bienfaits. Voici tout ce qu'elle en ose dire :

> *Si benè quid de te merui, fuit aut tibi quidquam*
> *Dulce meum.*

Racine est plein de traits du même caractère.

ARICIE, *à Ismène.*

> Et tu crois que pour moi plus humain que son père,
> Hippolyte rendra ma chaîne plus légère,
> Qu'il plaindra mes malheurs?

La même, à Hippolyte.

N'était-ce pas assez de ne me point haïr ?

Et PHÈDRE, *au même.*

Quand vous me haïriez, je ne m'en plaindrais pas.

Et ATALIDE, *à Zaïre.*

Ainsi, de toutes parts, les plaisirs et la joie
M'abandonnent, Zaïre, et marchent sur leurs pas.
J'ai fait ce que j'ai dû; je ne m'en repens pas.

Madame Deshoulières dit en parlant à la verdure.

Si je viens vous presser de couvrir ce bocage,
Ce n'est que pour cacher aux regards des jaloux
Les pleurs que je répands pour un berger volage.
Ah! je n'aurai jamais d'autre besoin de vous.

Dans aucun de ces exemples la bouche ne dit que ce que le cœur sent; mais l'expression le laisse entrevoir; et en cela la finesse et la *délicatesse* se ressemblent. Mais la finesse n'a d'autre intérêt que celui de la malice ou de la vanité : son motif est le soin de briller et de plaire : au lieu que la *délicatesse* a l'intérêt de la modestie, de la pudeur, de la fierté, de la grandeur d'ame : car la générosité, l'héroïsme ont leur *délicatesse* comme la pudeur. Le mot de Didon que j'ai cité :

Si benè quid de te merui.....

est le reproche d'une ame généreuse. *Vous êtes roi, vous m'aimez, et je pars,* est le reproche d'une ame sensible et fière. Le mot de Louis XIV à Villeroy, après la bataille de Ramillies : *Monsieur le maréchal, on n'est plus heureux à notre âge*, est un modèle de *délicatesse* et de magnanimité.

Comme la *délicatesse* ménage la pudeur dans les aveux qui lui échappent, et la sensibilité dans les reproches qu'elle fait; elle ménage aussi la modestie dans les éloges qu'elle donne.

De nos jours une grande reine demandait à un homme qu'elle voyait pour la première fois, s'il croyait, comme on le disait, que la princesse de..... fût la plus belle personne du monde. Il lui répondit : *Madame, je le croyais hier*.

On demandait à Pyrrhus roi d'Épire, quel était le meilleur joueur de flûte de son royaume. *Polyperchon*, répondit-il, *est le meilleur de mes généraux*. Quoi de plus digne, et en même temps de plus *délicat* que cette réponse?

Monseigneur, vous avez travaillé dix ans à vous rendre inutile, disait Fontenelle au cardinal Dubois. Ce trait de louange, si *délicat* et si déplacé, avait aussi tant de finesse, que les libraires de Hollande le prirent pour une bévue de l'imprimeur de Paris, et mirent, *à vous rendre utile*.

La *délicatesse* n'est jamais si flatteuse, que lorsqu'elle est un mouvement de sensibilité échappé sans réflexion : l'on en voit un exemple dans ces mots d'un officier qui tremblait en parlant à Louis XIV, et qui, s'en étant aperçu, lui dit avec chaleur : *Au moins, sire, ne croyez pas que je tremble de même devant vos ennemis.*

Mais la *délicatesse* de l'expression dans le rapport de l'écrivain avec le lecteur, est un artifice comme la finesse. Celle-ci consiste à exercer la sagacité de l'esprit, celle-là consiste à exercer la sensibilité de l'ame : et il en résulte deux sortes de plaisirs; l'un d'apercevoir dans l'écrivain cette faculté précieuse; l'autre, de se dire à soi-même qu'on en est doué comme lui, puisqu'on saisit ce qu'il exprime, et qu'on le sent comme il l'a senti.

Rien de plus ingénieux que le naturel de cette épigramme de l'Anthologie si bien traduite par Voltaire : *Laïs déposant son miroir dans le temple de Vénus* :

Je le donne à Vénus, puisqu'elle est toujours belle.
  Il redouble trop mes ennuis.
Je ne saurais me voir dans ce miroir fidèle,
 Ni telle que j'étais, ni telle que je suis.

Mais il y aurait eu, ce me semble, plus de *délicatesse* à ne faire dire à Laïs que ce premier vers :

Je le donne à Vénus, puisqu'elle est toujours belle.

Il faut avouer cependant qu'une expression trop délicate court le risque de n'être pas sentie, et pour frapper la multitude, il faut des traits plus prononcés.

Quelqu'un disait à Voltaire, que dans la tragédie de *Rome sauvée*, lorsque César raconte au sénat la défaite de Catilina, il y aurait eu dans sa modestie, plus de *délicatesse* à ne pas ajouter ce vers :

>Permettez que César ne parle point de lui.

Vous auriez raison, dit Voltaire à l'homme de lettres qui lui faisait cette observation, si je n'avais écrit que pour des hommes tels que vous.

La *délicatesse* est toujours bien reçue à la place de la finesse ; mais la finesse à la place de la *délicatesse*, manque de naturel et refroidit le style : c'est le défaut dominant d'Ovide. Ce qui intéresse l'ame nous est plus cher que ce qui aiguise l'esprit : aussi permettons-nous volontiers que l'on sente au lieu de penser ; mais nous ne permettons pas de même de penser au lieu de sentir.

DÉMONSTRATIF. Genre d'éloquence qui a pour objet la louange ou le blâme.

Parmi les sources de la louange et de l'invective, que les rhéteurs ont indiquées, il en est où la justice et la raison nous défendent de puiser. On peut, en louant un homme recommandable, rappeler la gloire et les vertus de ses aïeux ; mais il est ridicule d'en tirer pour lui un éloge. L'on peut et l'on doit démasquer l'artifice et la scélératesse des méchants, lorsqu'on est chargé par état de défendre contre eux la faiblesse et l'innocence; mais ce sont eux-mêmes, non leur famille, que l'on est en droit d'attaquer; et il est absurde et barbare de reprocher aux enfants les malheurs, les vices, ou les crimes des pères. Le reproche d'une naissance obscure ne prouve que la bassesse de celui qui le fait. L'éloge tiré des richesses, ou le blâme fondé sur la pauvreté, sont également faux et lâches. Les noms, le crédit, les dignités exigent le mérite, et ne le donnent pas. En un mot, pour louer ou blâmer justement quelqu'un, il faut le prendre en lui-même, et le dépouiller de tout ce qui n'est pas lui.

C'est ainsi que chez les sages Égyptiens les morts étaient jugés, et qu'un examen solennel de la vie discernait les bons des méchants. Chez les Grecs, disciples et héritiers de la sagesse des Égyptiens, la louange et le blâme, moins tardifs et bien plus utiles, n'attendaient pas la mort de l'homme vertueux, ou du méchant, pour éclater. Il y avait des éloges funèbres pour les guerriers qui avaient mérité la reconnaissance de la patrie en combattant et en mourant pour elle; et c'était moins un tribut pour les morts qu'une leçon pour les vivants. Mais pour le citoyen qui s'était signalé par quelque service éclatant, par des bienfaits envers l'État, par des vertus et des talents utiles et recommandables, il y avait, de son vivant même, des éloges et des couronnes; il y en avait pour des républiques qui s'étaient montrées secourables et généreuses; et dans des fêtes solennelles, les députés des peuples de la Grèce venaient offrir l'hommage de leur reconnaissance au peuple bienfaiteur qui les avait servis. On voit des exemples de l'un et de l'autre usage dans la harangue de Démosthène pour la couronne. C'est un monument remarquable dans les fastes de l'antiquité, que le décret des peuples de Bysance et de Périnthe à la gloire d'Athènes, qui les avait sauvés lorsque Philippe assiégeait leurs murailles. Par ce décret, il était accordé aux Athéniens la liberté de s'établir dans les états de Périnthe et de Bysance, et d'y jouir de toutes les prérogatives de citoyens; de plus, dans l'une et l'autre ville, une place distinguée dans les spectacles, le droit de séance dans le corps du sénat et dans les assemblées du peuple, à côté des pontifes, avec entière exemption d'impôts et d'autres charges de l'état : enfin il était ordonné que sur le port on érigerait trois statues de seize coudées chacune, qui représenteraient le peuple d'Athènes couronné par le peuple de Bysance et par le peuple de Périnthe; qu'on lui enverrait des présents aux quatre jeux solennels de la Grèce, et qu'on y proclamerait *la couronne* que ces deux villes avaient décernée au peuple d'Athènes; *en sorte que la même cérémonie apprit à tous les Grecs, et la magnanimité des Athéniens et la reconnaissance des Périnthiens et des Bysantins* : ce sont les termes du décret.

Pour la même cause, le peuple de la Chersonnèse décernait au peuple et au sénat d'Athènes une couronne d'or de soixante talents, et faisait dresser deux autels, l'un à la déesse de la reconnaissance, et l'autre au peuple athénien.

Cette manière de louer les actions généreuses avait son éloquence. Il faut avouer cependant que ce ne fut que lorsque la vertu se ralentit parmi les Grecs, qu'on y attacha l'aiguillon de la louange personnelle, cet aiguillon de gloire ; et que des honneurs qui d'abord étaient réservés au mérite, bientôt moins rares et enfin prodigués, perdirent beaucoup de leur prix. C'est ce qui donna lieu à ce bel endroit de la harangue d'Eschine contre Ctésiphon, ou plutôt contre Démosthène.

« A votre avis, Athéniens, lequel des deux vous paraît un plus grand personnage, ou de Thémistocle, par qui vous remportâtes sur les Perses la victoire navale de Salamine, ou de Démosthène, qui a fui dans la bataille de Chéronée? Lequel doit l'emporter, ou de Miltiade, vainqueur des barbares à Marathon, ou de ce misérable harangueur? Le préférez-vous aux fameux chefs qui ramenèrent de Phyle nos citoyens fugitifs? le placez-vous au-dessus d'Aristide, surnommé *le juste*, surnom si différent de celui qui caractérise Démosthène? Moi, j'en atteste tous les habitants de l'olympe, je ne crois nullement permis de mêler dans un même discours le souvenir de cette bête féroce avec la mémoire de ces héros. Or que Démosthène, dans sa belle harangue qu'il prépare, nous indique où et quand on décerna jamais à quelqu'un de ces héros une seule couronne? Est-ce donc qu'alors le peuple d'Athènes avait l'ame ingrate? Non, mais magnanime. Et ces grands hommes, à qui la patrie n'accorda point cette espèce d'honneur, n'en étaient que plus dignes d'elle : car ils ne croyaient point que leur gloire dût se perpétuer dans des décrets, mais bien s'éterniser dans la mémoire des citoyens qui leur devaient de la reconnaissance; mémoire où, depuis ce temps-là jusqu'à ce jour, ils jouissent d'une constante immortalité... Une troupe de citoyens avaient triomphé des Mèdes au bord du Strymon. Leurs chefs demandèrent une récompense, et le peuple leur en accorda une grande dans l'opinion de ce temps-là : il ordonna que dans la galerie des statues on leur en élevât trois, à condition pourtant de n'y point graver leurs noms, afin que l'inscription parût appartenir en propre, non aux généraux, mais au peuple. » De ces trois inscriptions, en voici une qui donne l'idée des deux autres.

« Athènes, par ce monument,
A d'illustres guerriers veut éternellement
Consacrer sa reconnaissance.
Enfants de ces héros, voulez-vous mériter
Une semblable récompense?
Vous n'avez qu'à les imiter. »

« De-là transportez-vous, ajoute l'orateur,

dans la galerie des peintures : car c'est dans ce lieu même, où vous vous assemblez fréquemment, que l'on a déposé les monuments de toutes les actions mémorables. Dans ce lieu un tableau vous retrace la bataille de Marathon. Mais quel est le général qui commandait dans cette fameuse journée? Je m'assure qu'à cette question, tous unanimement et comme à l'envi vous répondez, *Miltiade*. Nulle inscription toutefois ne le nomme : pourquoi cela? est-ce qu'il ne demanda pas cette récompense? Oui, certainement il la demanda, mais le peuple ne la lui accorda point, et, pour toute grâce, il voulut bien qu'au lieu d'une inscription qui nommât le vainqueur, il occupât dans le tableau la première place, et fût représenté dans l'attitude d'un chef qui exhorte le soldat à faire son devoir..... Dans ce temps-là, ajoute-t-il enfin, on décernait une couronne, non d'or, mais d'olivier. Car alors une couronne d'olivier était précieuse; au lieu que maintenant on méprise même une couronne d'or. »

Démosthène, dans sa harangue *sur le gouvernement de la république*, reproche lui-même aux Athéniens de son temps de dire qu'un tel général a gagné telle bataille; au lieu que du temps de Miltiade et de Thémistocle, on disait : *Le peuple d'Athènes a gagné la bataille de Marathon; Le peuple d'Athènes a remporté la victoire de Salamine.*

A Rome, on observe de même que, dans les

temps où les grandes vertus étaient le plus communes, les honneurs publiquement rendus aux citoyens étaient plus rares. On croit même assez communément que jusqu'au temps de Cicéron il n'y eut point d'éloges prononcés en l'honneur des vivants, et presque pas en l'honneur des morts. Cependant je vois dans Plutarque (vie de Camille) que les dames romaines s'étant dépouillées de leurs joyaux d'or pour en faire l'urne vouée à Apollon, le sénat, voulant récompenser et honorer dignement leur magnanimité, ordonna qu'*après leur mort on ferait leur oraison funèbre, comme on faisait celle des grands personnages.* Quoi qu'il en soit, les orateurs romains parlaient assez légèrement de ce genre d'écrire en usage parmi les Grecs : *Laudationes scriptitaverunt.* Les louanges qui se mêlaient dans leurs plaidoyers avaient la brièveté simple et nue d'un témoignage : *Nostræ laudationes, quibus in foro utimur, testimonii brevitatem habent nudam atque inornatam :* et à l'égard de celles qu'on donnait aux morts dans les devoirs funèbres, on ne croyait pas que ce fût le lieu de faire briller l'éloquence : une piété triste dictait cette harangue, où l'éloquence, dit Cicéron, n'avait point à se déployer : *quæ ad orationis laudem minimè accommodata est.* (De Orat. l. 2.)

Mais Cicéron donna lui-même, soit dans ses plaidoyers, soit dans des harangues particulières, les modèles les plus parfaits de l'art de louer grandement. Il fit presque en même temps le panégyrique de Caton et la félicitation à César, *pro Marcello*, qui est le chef-d'œuvre des harangues. Dans deux traits de conduite si opposés en apparence, on a peine, au premier coup-d'œil, à reconnaître le même homme. J'ose dire pourtant que l'oraison pour Marcellus n'est pas d'un homme indigne d'avoir loué Caton. L'on voit, par les lettres de Cicéron, que dans l'éloge de Caton il avait mis de la prudence; il mit du courage dans celui de César, mais le courage le plus adroit. Saisissons en passant l'esprit de cette harangue éloquente. En parlant de l'art oratoire, on peut se permettre d'effacer la seule tache qui reste à la mémoire de Cicéron, et de prouver ce qu'il dit de lui-même : *Servivi cum aliquâ dignitate.* (Ad Atticum.)

Après la défaite de Scipion en Afrique, il n'y avait pour un citoyen d'importance que trois partis à prendre : ou de mourir comme Caton; ou de s'exiler soi-même dans quelque coin du monde, comme avait fait Marcellus à Mytilène, et d'y vivre obscur, s'il plaisait au vainqueur; ou de s'accommoder au temps, et de tâcher encore d'être utile à sa patrie, en se ménageant, avec décence et avec dignité, la bienveillance de César : c'est là ce que fit Cicéron. Il fallait pour cela tenir un milieu juste entre l'austérité d'un philosophe et la bassesse d'un courtisan; être républicain, mais l'être avec prudence; croire, ou supposer à César la volonté de n'être lui-même que le premier des citoyens; et l'encourager par des louanges, puisque la force n'avait pu l'y réduire, à mettre le comble à sa gloire, en accordant à sa patrie le bienfait de la liberté.

L'exemple récent des proscriptions de Marius et de Sylla, ne justifiait que trop, dans les mœurs de Rome, la conduite opposée à celle de César envers ses ennemis, c'est-à-dire l'abus de la force et de la victoire. Souverain par le droit des armes, si légitime aux yeux des Romains, César fut magnanime à ses périls; et dans peu sa mort prouva bien le mérite de sa clémence.

Ce fut cette clémence que Cicéron loua dans l'oraison pour Marcellus.

« Il faut, écrivait-il à ses amis, nous contenter de ce qu'on voudra bien nous accorder comme une grâce. Celui qui n'a pu se soumettre à cette nécessité, a dû choisir la mort... Puisqu'avec tout mon courage et toute ma philosophie, j'ai cru que le meilleur parti était de vivre, il faut bien que j'aime celui de qui je tiens cette vie, que j'ai préférée à la mort. »

En louant donc César de s'être vaincu lui-même, et en élevant cette victoire au-dessus de celles qu'il avait remportées sur les nations, il ne le flatte point; il ne dit que des faits dont l'univers était rempli. Mais en l'exhortant à ne pas négliger le soin de sa vie, et en lui reprochant le mépris qu'il en fait, il lui montre l'usage qu'il en doit faire. C'est là le but de sa harangue; c'est là que la louange la plus éloquente assaisonne et déguise la plus courageuse leçon.

« De tes ennemis, lui dit-il, les plus opiniâtres ont quitté la vie, les autres te la doivent, et sont devenus tes amis. Cependant les ténèbres du cœur humain sont si profondes, les replis en sont si cachés, que nous devons te donner des soupçons pour exciter ta vigilance. » (Ce passage est bien remarquable.) *Sed tamen quum in animis hominum tantœ latebræ sint et tanti recessus, augeamus sanè suspicionem tuam; simul enim augebimus diligentiam.* « C'est à toi, ajoute-t-il, et à toi seul de relever tout ce qu'a renversé la guerre, de rétablir les tribunaux, de rappeler la bonne foi, de réprimer les passions, de rendre nombreuse et florissante une génération nouvelle, de réunir et de lier ensemble, par de sévères lois, tout ce que nous voyons dissous et dispersé... C'est à toi de guérir toutes les plaies de la guerre; et nul autre que toi n'est capable de les fermer. J'entends à regret, ajoute-t-il, ces paroles si mémorables qui ne t'échappent que trop souvent : *J'ai assez vécu pour la nature et pour la gloire.* Assez pour la nature, cela peut être; assez pour la gloire, je le veux encore; mais certainement trop peu pour la patrie; et c'est là le plus important. Tu es encore si loin, à son égard, d'avoir consommé tes travaux, que tu n'as pas même jeté les fondements du bonheur public que tu médites. C'est à la fin de ce grand ouvrage que tu placeras le terme de ta vie, si tu consultes, je ne dis pas seulement ton amour pour la république, mais ton équité naturelle. Et que serait-ce si pour la gloire même, dont tu es si avide tout sage que tu es, tu n'avais pas assez vécu? Quoi! diras-tu, n'ai-je donc pas acquis assez de gloire? Assurément c'en serait assez pour un autre et pour plusieurs autres ensemble, mais pour toi seul, ce n'est pas assez : et si le fruit de tes travaux immortels se réduisait à laisser la république dans l'état où nous la voyons, considère, César, que tu mériterais plus d'admiration que de gloire; car la gloire est une renommée acquise par les services éclatants qu'on a rendus aux siens, à sa patrie, ou à l'humanité entière. Ce qui te reste à faire est donc de travailler à donner à la république une constitution durable, et à jouir toi-même de la tranquillité et du repos que tu lui auras assuré. Alors, après avoir payé à la patrie ce que tu lui dois, et après avoir rempli le vœu de la nature, rassasié de la vie, tu diras, si tu veux, que tu as assez vécu. » C'est le développement de ce devoir, imposé à César, d'employer le reste de sa vie à rétablir la république; c'est là, dis-je, ce qui forme la partie essentielle de la harangue de Cicéron; et jamais la magnificence et l'adresse de l'éloquence n'ont été à un plus haut point.

Dès que Cicéron reconnut que César voulait

dominer, il prit le parti de la retraite et du silence. *Semiliberi saltem simus*, écrivait-il à Atticus, *quod assequemur et tacendo et latendo;* et il finit par présager et par souhaiter même la perte de César : *Corruat iste necesse est... id spero vivis nobis fore.* Cicéron était sénateur; et le sénat était un roi que César avait détrôné.

La louange était, comme on vient de le voir, la fonction la plus rare de l'orateur dans les anciennes républiques; et au contraire, l'accusation, le reproche, le blâme, était l'un de ses emplois les plus fréquents.

A Athènes, les magistrats rendaient leurs comptes en public; et le héraut du tribunal des comptes demandait à haute voix : *Quelqu'un veut-il proposer quelque chef d'accusation ?* Les généraux d'armée, tous les hommes publics, étaient soumis à l'inspection et à l'accusation publique. Tout citoyen doué du don de l'éloquence était un homme redoutable pour qui faisait mal son devoir. Il en était de même à Rome. L'ambitieux qui briguait les charges, l'administrateur infidèle qui s'enrichissait aux dépens du public, le proconsul ou le préteur qui exerçait dans sa province des violences, des concussions, et des rapines, était traduit en jugement par tel des citoyens qui voulait l'accuser. Il ne faut donc pas s'étonner si l'éloquence y était si fort en recommandation. C'était l'arme offensive et défensive de l'honneur, de la fortune, de la vie des citoyens. Toutes les causes criminelles se plaidaient. Cicéron avait passé sa vie à attaquer ou à défendre; mais les trois hommes qu'il poursuivit avec le plus d'ardeur furent Verrès, Catilina, et Marc-Antoine.

L'abus de la louange était l'adulation. L'abus de l'accusation juridique était la calomnie ou la diffamation gratuite : j'appelle *gratuite* celle qui ne portait pas sur une infraction des lois. Les orateurs faisaient cette distinction, et ne l'observaient pas. Les harangues d'Eschine et de Démosthène, l'un contre l'autre, sont remplies des injures les plus atroces. Les *Philippiques* de Cicéron ne sont pas exemptes de ce défaut. On voit pourtant que chez les Grecs, plus délicats en toute autre chose et plus polis que les Romains, l'invective était plus grossière, par la raison sans doute que les Romains, plus sérieux et plus sévères dans leurs mœurs, voulaient aussi plus de décence. Ils sont blessés, dit Cicéron, *si turpiter, si sordidè, si quoquo animi vitio dictum esse aliquid videatur*. Le peuple d'Athènes, plus enclin à écouter la médisance, et plus malin par vanité, n'exigeait pas tant de respect. Son premier mouvement était d'applaudir à la calomnie; son mouvement de réflexion était de détester et de punir le calomniateur.

Lorsqu'il n'y eut plus de liberté pour Rome, et qu'il y restait encore quelque éloquence, la louange y fut prostituée, et l'accusation interdite ou changée en délation.

Dans l'un des meilleurs ouvrages de littérature dont notre siècle ait droit de s'honorer (je parle de l'*Essai* de M. Thomas *sur les Éloges*), on peut voir quel abus monstrueux on fit de la louange et de l'apologie. *L'éloge funèbre de Tibère fut prononcé par Caligula ; Claude fut loué par Néron ;* et ce tigre eut le courage de vouloir justifier en plein sénat le meurtre de sa mère. Dans des temps plus heureux, *l'éloge funèbre d'Antonin fut prononcé dans la tribune par Marc-Aurèle : c'était la vertu qui louait la vertu ; c'était le maître du monde, qui faisait à l'univers le serment d'être humain et juste, en célébrant la justice et l'humanité sur la tombe d'un grand homme.* (Essai sur les Éloges.)

Cicéron, en louant Pompée et César, avait donné, quoique bon citoyen, un exemple très-dangereux, qui fut suivi par des esclaves. La flatterie, sous les empereurs, fut proportionnée à la bassesse d'un peuple avili, et à l'orgueil de ses tyrans : les plus féroces furent les plus loués. Le panégyrique de Trajan fut une sorte d'expiation des turpitudes de l'éloquence. La philosophie y recommanda la vertu à la vertu même, et pour l'encourager à se ressembler toujours, lui présenta le miroir : il est à croire que Trajan n'y jeta qu'un coup d'œil modeste. Il se fût pourtant plus honoré, si, en imposant silence au consul, il lui eût dit, comme un autre empereur, *Niger,* dit depuis à un panégyriste qui venait le louer en face : *Orateur, faites-nous l'éloge de quelque grand homme qui ne soit plus : pour moi, vivant, je veux être aimé; et loué quand je serai mort.* (Essai sur les Éloges.)

La servitude, et, après elle, l'ignorance et la barbarie, avaient étouffé l'éloquence : la religion la ranima; et le genre dont nous parlons, celui de la louange et du blâme, ayant reparu dans la chaire, y reprit enfin la décence, la dignité, l'éclat qu'il avait eus dans la tribune, et plus de majesté encore. *Voyez* ORAISON FUNÈBRE.

Mais l'éloquence politique, celle qui, dans les tribunaux d'Athènes et de Rome, avait exercé la censure de l'administration publique, cette fille du patriotisme et de la liberté, cette éloquence gardienne et protectrice du bien public, ne reparut presque jamais.

DÉNOUEMENT. C'est le point où aboutit et se résout une intrigue épique ou dramatique.

Le *dénouement* de l'épopée est un événement qui tranche le fil de l'action, par la cessation des périls et des obstacles, ou par la consommation du malheur. La cessation de la colère d'Achille fait le *dénouement* de *l'Iliade*; la mort de Pompée, celui de *la Pharsale*; la mort de Turnus, celui de *l'Énéide. Voyez* ÉPOPÉE.

Le *dénouement* de la tragédie est souvent le même que celui du poëme épique, mais communément amené avec plus d'art. Tantôt l'événement qui doit terminer l'action semble la nouer lui-même : voyez *Alzire*. Tantôt il vient tout-à-coup renverser la situation des personnages, et rompre à-la-fois tous les nœuds de l'action : voyez *Mithridate*. Cet événement s'annonce quelquefois comme le terme du malheur, et il en devient le comble : voyez *Inès*. Quelquefois il semble en être le comble, et il en devient le terme : voyez *Iphigénie*. Le *dénouement* le plus parfait est celui où l'action, long-temps balancée dans cette alternative, tient l'ame des spectateurs incertaine et flottante jusqu'à son achèvement : tel est celui de *Rodogune*. Il est des tragédies dont l'intrigue se résout comme d'elle-même, par une suite de sentiments qui amènent la dernière révolution sans le secours d'aucun incident : tel est *Cinna*.

L'art du *dénouement* consiste à le préparer sans l'annoncer. Le préparer, c'est disposer l'action de manière que ce qui le précède le produise. *Il y a*, dit Aristote, *une grande différence entre des incidents qui naissent les uns des autres, et des incidents qui viennent simplement les uns après les autres.* Ce passage lumineux renferme tout l'art d'amener le *dénouement*. Mais c'est peu qu'il soit amené, il faut encore qu'il soit imprévu, au moins lorsqu'il doit être heureux. L'intérêt ne se soutient que par l'incertitude : c'est par elle que l'ame est suspendue entre la crainte et l'espérance ; et c'est de leur mélange que se nourrit l'intérêt. Or plus d'espérance ni de crainte, dès qu'un *dénouement* heureux est prévu. Ainsi, même dans les sujets connus, le *dénouement* doit être caché s'il est heureux; c'est-à-dire que, quelque prévenu qu'on soit de la manière dont se terminera la pièce, il faut que la marche de l'action en écarte la réminiscence, au point que l'impression de ce qu'on voit ne permette pas de réfléchir à ce qu'on sait : telle est la force de l'illusion. C'est par-là que les spectateurs sensibles pleurent vingt fois à la même tragédie : plaisir que ne goûtent jamais les vains raisonneurs et les froids critiques.

Le *dénouement*, pour être imprévu, doit donc être le passage d'un état incertain à un état déterminé. La fortune des personnages intéressés dans l'intrigue, est, durant le cours de l'action, comme un vaisseau battu par la tempête : ou le vaisseau fait naufrage, ou il arrive au port : voilà le *dénouement*.

Le choix qu'Aristote semble laisser au poëte d'amener la péripétie ou nécessairement ou vraisemblablement ne doit pas être pris pour règle. Un *dénouement* qui n'est que vraisemblable n'en exclut aucun de possible, et entretient l'incertitude en les laissant tous imaginer. Un *dénouement* nécessaire ne peut laisser prévoir que lui; et l'on ne doit pas espérer qu'un succès infaillible, ou qu'un revers inévitable échappe aux yeux des spectateurs. Plus ils se livrent à l'action, et plus leur attention se dirige vers le terme où elle aboutit : or le terme prévu, l'action est finie. D'où vient que le *dénouement* de *Rodogune* est si beau? C'est qu'il était aussi vraisemblable qu'Antiochus fût empoisonné, qu'il l'est que Cléopâtre s'empoisonne. D'où vient que celui de *Britannicus* a nui au succès de cette belle tragédie? C'est qu'en prévoyant le malheur de Britannicus et le crime de Néron, on ne voit aucune ressource à l'un, ni aucun obstacle à l'autre ; ce qui ne serait pas (qu'on nous permette cette réflexion), si la belle scène de Burrhus venait après celle de Narcisse.

Le *dénouement* doit-il être affligeant, ou peut-il être consolant? Nouvelles difficultés, nouvelles contradictions. Aristote semble donner une préférence exclusive au *dénouement* funeste; et pour cela il exclut de la tragédie les caractères absolument vertueux et absolument coupables. Il n'admet que des personnages coupables ou vertueux à demi, et qui soient punis, à la fin, de quelque crime involontaire : d'où il conclut que le *dénouement* doit être malheureux. Socrate et Platon voulaient au contraire que la tragédie se conformât aux lois, c'est-à-dire qu'on vît sur le théâtre l'innocence en opposition avec le crime; que l'une fût vengée, et que l'autre fût puni. *Ut bono bonè, malo malè sit.*

Aristote divise les *fables* en *simples, qui finissent sans reconnaissance et sans péripétie,* ou changement de fortune; et en *implexes, qui ont la pé-*

ripétie, ou la reconnaissance, ou toutes les deux à-la-fois.

Dans la fable simple, le personnage intéressant continue d'être malheureux jusqu'à la fin, et le *dénouement* met le comble à son infortune. Il ne laisse pas d'y avoir, dans ces fables, des moments où la fortune semble changer de face; et ces demi-révolutions produisent des alternatives d'espérance et de crainte très-pathétiques. C'est l'avantage des passions de rendre par leur flux et reflux l'action indécise et flottante; mais dans les sujets où la fatalité domine, ce balancement est plus difficile; aussi est-il rare chez les anciens.

Dans la fable implexe, le sort des personnages change au *dénouement* par une révolution qu'on appelle *péripétie;* et cette révolution se fait de trois manières : 1° de la prospérité au malheur; 2° du malheur à la prospérité, et dans ces deux cas elle est simple; 3° de l'un à l'autre de ces deux états, en même temps et en sens contraire : alors la révolution est double; et celle-ci peut encore s'opérer de deux façons, ou par le malheur des méchants et le succès des bons, ou par le malheur des bons et le succès des méchants.

Si les personnages opposés dans l'action étaient tous deux bons, ou tous deux méchants; dans le premier cas, nulle moralité, et un partage d'intérêt qui ne laisserait rien désirer ni rien craindre; dans le second, nul intérêt et presque nulle moralité; puisque de la révolution qui rendrait l'un heureux et l'autre malheureux, il n'y aurait rien à conclure. Ainsi cette combinaison doit être exclue du théâtre.

Un *dénouement* où, après avoir tremblé pour les bons, on les verrait succomber aux méchants, serait pathétique, mais révoltant. Il y en a de grands exemples au théâtre; mais les larmes qu'ils font répandre sont amères; et la douleur dont ils déchirent l'ame n'est pas de celles qu'on se plaît à sentir.

Le *dénouement* qui, sans être funeste à l'innocence, serait heureux pour le crime, quoique moins odieux que le précédent, est encore plus mauvais, parce qu'il n'est point pathétique.

Un *dénouement* terrible à-la-fois et touchant est celui où, par l'ascendant de la fatalité et sans l'entremise du crime, l'innocence, la bonté succombe, soit qu'elle vienne d'être heureuse, soit que de calamité en calamité elle arrive à l'événement qui en est le comble. Mais cette espèce de fable n'a aucune moralité.

Un *dénouement* moins tragique, mais consolant après une action terrible, c'est lorsque l'innocence, long-temps menacée et persécutée, soit par le sort, soit par les hommes, sort triomphante du danger ou du malheur où elle a gémi; et la joie que cette révolution cause est encore plus vive, si en même temps que l'innocence triomphe on voit le crime succomber.

De toutes ces espèces de *dénouements*, on voit

cependant qu'il n'en est aucun qui ne manque ou de pathétique ou de moralité ; et ce n'est qu'en pallier le vice que d'attribuer les uns à la tragédie pathétique, les autres à la tragédie morale ; car il n'y a point deux sortes de tragédie ; et la même, pour être parfaite, doit être morale et pathétique. Or c'est ce qu'on obtenait difficilement du système ancien, et ce qui résulte tout naturellement du système moderne. L'homme malheureux par des causes qui lui sont étrangères n'est d'aucun exemple ; l'homme malheureux par son crime n'est point intéressant ; et quant aux fautes involontaires qu'Aristote a imaginées pour tenir le milieu entre le crime et l'innocence, elles déguisent faiblement l'iniquité des malheurs tragiques. Mais l'homme entraîné dans le malheur par une passion qui l'égare et qui se concilie avec un fond de bonté naturelle, est un exemple à-la-fois terrible, touchant, et moral ; il inspire la crainte sans donner de l'horreur ; il excite la compassion sans révolter contre la destinée : pour faire frémir et pleurer, il n'a pas besoin d'être en butte au crime ; son ennemi, son tyran, son bourreau est dans le fond de son cœur ; et lorsque la passion le tourmente, l'égare, et l'entraîne enfin dans un abyme de calamités, plus le tableau est terrible et touchant, plus l'exemple en est salutaire. Tel est l'avantage du système moderne sur l'ancien, à l'égard du *dénouement* funeste. D'un autre côté, une passion compatible avec la bonté naturelle, et dont l'égarement fait l'excuse, n'est pas odieuse dans ses excès, comme la méchanceté, qui de sang-froid médite et consomme le crime. L'homme peut donc sortir de l'abyme où l'entraîne sa passion, par un *dénouement* heureux, sans que l'impunité, sans que le bonheur même soit odieux et révoltant; au contraire, après l'avoir vu longtemps souffrir et avoir souffert avec lui, le spectateur respire, soulagé par sa délivrance; et ce mouvement de joie est délicieux, après de longues alternatives de crainte, d'espérance et de compassion. Ainsi, dans le système des passions humaines, ces deux sortes de *dénouements*, malheureux et heureux, ont chacun leur avantage : l'un d'être plus pathétique; et l'autre, plus consolant : ajoutons que celui-ci même a sa moralité; car la révolution du malheur au bonheur n'arrive qu'au moment où le danger est extrême, et qu'on a eu tout le temps d'en frémir; et par l'évidence de ce danger, la passion qui en est la cause a fait son impression de crainte.

Lorsqu'on reprochait à Euripide d'avoir mis sur le théâtre un méchant, un impie comme Ixion, il répondait : *Aussi ne l'ai-je jamais laissé sortir que je ne l'aie attaché et cloué, bras et jambes, à une roue.* C'est en effet ainsi qu'il faut traiter sur la scène les caractères odieux; mais ceux qui sont plus dignes de pitié que de haine peuvent obtenir grâce aux yeux des spectateurs;

et lors même qu'un passion funeste les a rendus coupables, la tragédie peut être à leur égard moins rigoureuse que la loi.

Enfin, par la nature même des sujets anciens, l'incident qui produisait la révolution décisive venait presque toujours du dehors; au lieu que dans la constitution de la tragédie moderne, toute l'action naissant du fond des caractères et du combat des passions, c'est communément leur dernier effort et l'événement qui en résulte qui produit le *dénouement*, soit qu'il arrive selon l'attente ou contre l'attente des spectateurs; et je n'ai pas besoin de dire que celui-ci est préférable. *Voyez* Révolution.

Un défaut capital, dont les anciens ont donné l'exemple, et que les modernes ont trop imité, c'est la langueur du *dénouement*. Ce défaut vient d'une mauvaise distribution de la fable en cinq actes, dont le premier est destiné à l'exposition, les trois suivants au nœud de l'intrigue, et le dernier au *dénouement*. Suivant cette division, le fort du péril est au quatrième acte; et l'on est obligé, pour remplir le cinquième, de *dénouer* l'intrigue lentement et par degré; ce qui ne peut manquer de rendre la fin traînante et froide; car l'intérêt diminue dès qu'il cesse de croître. Mais la promptitude du *dénouement* ne doit pas nuire à sa vraisemblance, ni sa vraisemblance à son incertitude; conditions aussi faciles à remplir séparément, que difficiles à concilier.

C'est au moyen de la péripétie ou révolution, que le *dénouement* est amené.

Or de toutes les péripéties, la reconnaissance est la plus favorable au *dénouement*, en ce qu'elle y répand tout-à-coup la lumière, et renverse en un instant la situation des personnages et l'attente des spectateurs : aussi a-t-elle été pour les anciens une source féconde de situations intéressantes et de tableaux pathétiques. *Voyez* RECONNAISSANCE.

Aux moyens naturels d'amener le *dénouement* se joint la *machine* ou le merveilleux; ressource dont il ne faut pas abuser, mais qu'on ne doit pas s'interdire. Le merveilleux peut avoir sa vraisemblance dans les mœurs de la pièce et dans la disposition des esprits. Il est deux espèces de vraisemblance; l'une de réflexion et de raisonnement, l'autre de sentiment et d'illusion. Un événement naturel est susceptible de l'une et de l'autre; il n'en est pas toujours ainsi d'un événement merveilleux. Mais l'imagination exaltée ne raisonne point; seulement il faut prendre soin qu'elle soit vivement préoccupée du merveilleux employé dans la fable; et pour cela même, une action où doit entrer le merveilleux demande plus d'élévation dans le style et dans les mœurs, qu'une action toute naturelle. Il faut que le spectateur, enlevé par la grandeur du sujet, attende et souhaite l'entremise des dieux dans des périls ou des malheurs qui méritent leur assistance. Tel est le sujet de *Sémiramis*, où le murmure de la justice et de la vengeance céleste se fait entendre dès la première scène.

Nec deus intersit, nisi dignus vindice nodus.

C'est ainsi que Corneille a préparé la conversion de Pauline; et il n'est personne qui ne dise avec Polyeucte :

Elle a trop de vertus, pour n'être pas chrétienne.

On ne s'intéresse pas de même à la conversion de Félix. Corneille, de son aveu, ne savait que faire de ce personnage : il en a fait un chrétien. Ainsi tout sujet tragique n'est pas susceptible de merveilleux; il n'y a que ceux dont la religion est la base, et dont l'intérêt tient, pour ainsi dire, au ciel et à la terre, qui comportent ce moyen : tel est celui de *Polyeucte*, que je viens de citer; tel est celui d'*Athalie*, où les prophéties de Joad sont dans la vraisemblance, quoique peut-être un peu hors d'œuvre; tel est celui d'*Œdipe*, dont le premier mobile est un oracle.

Dans ceux-là, l'entremise des dieux n'est point étrangère à l'action; et je ne pense pas qu'on doive s'attacher à ce principe d'Aristote : *Si l'on se sert d'une machine, il faut que ce soit toujours hors de l'action de la tragédie.* Mais il ajoute, *ou pour expliquer les choses qui sont arrivées auparavant, et qu'il n'est pas possible que l'homme sache; ou pour avertir de celles qui arriveront dans la suite, et dont il est nécessaire qu'on soit instruit.* Et en ceci peut-être a-t-il raison, quoique l'auteur de *Sémiramis* soit d'un avis opposé au sien. *Je voudrais sur-tout*, dit celui-ci, *que l'intervention de ces êtres surnaturels ne parût pas absolument nécessaire;* et c'est ainsi que l'ombre de Ninus vient arrêter le mariage incestueux de Sémiramis avec Ninias, tandis que la lettre déposée dans les mains du grand-prêtre aurait suffi pour empêcher l'inceste. Malheureusement la lettre de Ninus est nécessaire pour la reconnaissance; et elle y produit un si grand effet, qu'il n'est point de raison qui n'ait dû céder au besoin qu'en avait le poëte. Il ne m'appartient pas de prononcer entre ces deux avis; cependant il me semble que plus le prodige a paru nécessaire pour révéler un crime ou pour en empêcher un autre, plus il est vraisemblable que le Ciel l'ait permis. Si, par un moyen naturel, la même révolution avait pu s'opérer, à quoi bon le prodige ? Ce ne serait qu'un jeu de théâtre, d'autant plus évident qu'il serait superflu.

La tragédie n'étant qu'un apologue, devrait finir par un trait frappant et lumineux qui en serait la moralité; et je ne crains point d'en donner pour exemple cette conclusion d'une tragédie moderne, où Hécube expirante dit ces beaux vers:

Je me meurs. Rois, tremblez. Ma peine est légitime.
J'ai chéri la vertu, mais j'ai souffert le crime.

Il est bien étrange qu'au théâtre on ait supprimé cette moralité de la *Sémiramis :*

Par ce terrible exemple, apprenez tous, du moins,
Que les crimes cachés ont les dieux pour témoins.
Plus le coupable est grand, plus grand est le supplice.
Rois, tremblez sur le trône, et craignez leur justice.

Le *dénouement* de la comédie n'est, pour l'ordinaire, qu'un éclaircissement qui dévoile une ruse, qui fait cesser une méprise, qui détrompe les dupes, qui démasque les fripons, et qui achève de mettre le ridicule en évidence. Comme l'amour est introduit dans presque toutes les intrigues comiques, et que la comédie doit finir gaiement, on est convenu de la terminer par le mariage; mais dans les comédies de caractère, le mariage est plutôt l'achèvement que le *dénouement* de l'action; quelquefois même elle s'en passe. Voyez *le Misanthrope*.

Le *dénouement* de la comédie a cela de commun avec celui de la tragédie, qu'il doit être préparé de même, naître du fond du sujet et de l'enchaînement des situations. Il a cela de particulier, qu'il n'a pas toujours besoin d'être imprévu : souvent même il n'est comique qu'autant qu'il est annoncé. Dans la tragédie, c'est le spectateur qu'il faut séduire; dans la comédie, c'est le personnage qu'il faut tromper; et l'un ne rit des méprises de l'autre, qu'autant qu'il n'en est pas de moitié. Ainsi, lorsque Molière fait tendre à Georges Dandin le piége qui amène le *dénouement*, il nous met de la confidence. Dans le comique attendrissant, le *dénouement* doit être imprévu comme celui de la tragédie, et pour la même raison. On y emploie aussi la reconnaissance; bien entendu pourtant que le changement qu'elle cause est toujours heureux dans ce genre de comédie, au lieu que dans la tragédie il est souvent malheureux.

La reconnaissance a cet avantage, soit dans le comique de caractère, soit dans le comique de situation, qu'avant que d'arriver, elle laisse un champ libre aux méprises, sources de la bonne plaisanterie, comme l'incertitude est la source de l'intérêt.

Le grand mérite du *dénouement* comique est d'achever le tableau du ridicule par un coup de force, que la surprise rend plus vif et plus piquant, ou par une situation qui achève de rendre méprisable et risible le vice que l'on a joué : le *dénouement* de *l'École des maris* en est le plus parfait modèle; celui de *Georges Dandin* et celui des *Précieuses ridicules* sont encore du meilleur comique; et quant à l'effet moral, celui du *Malade imaginaire* est supérieur à tous. Nul poëte comique, dans aucun temps, n'a été comparable à Molière, même dans cette partie que l'on regarde comme son côté faible. Il est vrai cependant que dans la composition si profondément réfléchie de ses intrigues, il paraît quelquefois s'être peu occupé du *dénouement*; mais Aristophane, Térence, et Plaute, s'en occupaient encore moins; et l'importance qu'on y attache est une idée de nos pédants modernes.

Le jésuite Rapin, qui faisait peu de cas de Molière, disait : *Il est aisé de lier une intrigue, c'est l'ouvrage de l'imagination; mais le dénouement est l'ouvrage tout pur du jugement.* Ah! père Rapin, donnez-nous-en donc des intrigues comiques bien liées; c'est ce qui nous manque; et les dénouera qui pourra.

Lorsque le *dénouement* comique est adroit et bien amené, c'est une beauté de plus sans doute, et une beauté d'autant plus précieuse, qu'elle couronne toutes les autres. Mais Molière a pensé comme les anciens, qu'après avoir instruit et amusé pendant deux heures; qu'après avoir bien châtié ou le vice ou le ridicule, en exposant l'un et l'autre au mépris et à la risée des spectateurs; la façon plus ou moins adroite et naturelle de terminer l'action comique, n'en devait pas décider le succès; et qu'un père, un oncle, tombé des nues à la fin de la comédie de *l'Avare* ou de *l'École des femmes*, suffirait pour la dénouer. Il faut, s'il est possible, faire mieux que Molière dans cette partie, ou plutôt faire comme lui lorsqu'il a fait mieux que personne, mais ne pas attacher au tour d'adresse d'un *dénouement* comique, un mérite comparable à celui de l'intrigue ou du *Tartuffe* ou de *l'Avare. Voyez* INTRIGUE, RÉVOLUTION.

DESCRIPTIF. Ce qu'on appelle aujourd'hui en poésie le genre *descriptif*, n'était pas connu des anciens. C'est une invention moderne, que n'approuvent guère, à ce qu'il me semble, ni la raison, ni le goût.

Dans l'épopée, en racontant, il est naturel que le poëte *décrive*. Le lieu, le temps, les circonstances qui accompagnent l'action, et les accidents qui s'y mêlent, sont autant de sujets de *descriptions*; et comme le poëte est peintre, son récit n'est lui-même qu'une *description* variée. L'action de l'épopée n'est qu'un vaste tableau.

Dans le poëme didactique, les préceptes ou les conseils roulent sur des objets qu'il faut exposer, définir, analyser; or, en poésie, exposer, définir, analyser, c'est *décrire* ou peindre : la raison même du poëte est presque toujours colorée par son imagination; sa plume est un pinceau. *Voyez* DESCRIPTION.

La poésie dramatique elle-même donne lieu aux *descriptions*, toutes les fois que l'acteur qui parle est vivement ému de l'objet qui l'occupe, et qu'il veut le rendre sensible et comme présent à l'esprit de l'interlocuteur.

Enfin dans tous les genres analogues à ces trois genres primitifs, dans l'élégie, l'ode, l'idylle, l'épître même, la *description* peut trouver place. Mais qu'un poëme sans objet, sans dessein, soit une suite de *descriptions* que rien n'amène; que le poëte, en regardant autour de lui, *décrive* tout ce qui se présente, pour le seul plaisir de *décrire*; s'il ne se lasse pas lui-même, il peut être assuré de lasser bientôt ses lecteurs.

L'imitation poétique est l'art de faire avec plus d'agrément ce qui se fait dans la nature. Or il arrive à tous les hommes de *décrire* en parlant, pour rendre plus sensibles les objets qui les intéressent ; et la *description* est liée avec un récit qui l'amène, avec une intention d'instruire ou de persuader, avec un intérêt qui lui sert de motif. Mais ce qui n'arrive à personne, dans aucune situation, c'est de *décrire* pour *décrire*, et de *décrire* encore après avoir *décrit*, en passant d'un objet à l'autre, sans autre cause que la mobilité du regard et de la pensée ; et comme en nous disant : « Vous venez de voir la tempête ; vous allez voir le calme et la sérénité. »

Qu'on demande aux poëtes didactiques quel est leur dessein : l'un répondra : C'est de détruire la superstition, et de tout expliquer dans la nature par le mouvement des atômes ; l'autre : C'est d'inspirer de l'estime et du goût pour les travaux rustiques, et de les ennoblir en les développant ; l'autre : C'est de faire aimer la campagne à cette foule oisive et ennuyée des riches habitants des villes ; l'autre : C'est de graver plus nettement dans les esprits les leçons de l'art que j'enseigne, etc. Mais qu'on demande au poëte *descriptif*, à l'auteur, par exemple, *des plaisirs de l'imagination*, quel est le but qu'il se propose, il répondra : C'est de rêver, et de vous *décrire* mes songes. Or un volume de rêves ne saurait être intéressant. Que si vous voulez parcourir le vaste champ de l'imagination, parlez-nous de ses influences : vous aurez des vérités morales et politiques à faire entendre; vos tableaux en seront le développement. Vous aurez *décrit* pour instruire ; et, comme Pope, vous n'aurez fait qu'animer la raison et que colorer la pensée.

Toute composition raisonnable doit former un ensemble, un tout, dont les parties soient liées, dont le milieu réponde au commencement, et la fin au milieu : c'est le précepte d'Aristote et d'Horace. Or dans le poëme *descriptif*, nul ensemble, nul ordre, nulle correspondance : il y a des beautés, je le crois, mais des beautés qui se détruisent par leur succession monotone, ou leur discordant assemblage. Chacune de ces *descriptions* plairait si elle était seule; elle ressemblerait du moins à un tableau de paysage. Mais cent *descriptions* de suite ne ressemblent qu'à un rouleau où les études de Vernet seraient collées l'une à l'autre. Et en effet, un poëme *descriptif* ne peut être considéré que comme le recueil des études d'un poëte qui exerce ses crayons, et qui se prépare à jeter dans un ouvrage régulier et complet les richesses et les beautés d'un style pittoresque et harmonieux.

Description. Boileau a dit : *Virgile peint, et le Tasse décrit.* Certes, décrire comme le Tasse, c'est mériter le nom de peintre.

En poésie et en éloquence la *description* ne se borne pas à caractériser son objet; elle en présente le tableau dans ses détails les plus intéressants et avec les couleurs les plus vives. Si la *description* ne met pas son objet comme sous les yeux, elle n'est ni oratoire, ni poétique: les bons historiens eux-mêmes, comme Tite-Live et Tacite, en ont fait des tableaux vivants; et soit qu'on parle du combat des Horaces ou du convoi de Germanicus, on dira qu'il est peint, comme on dira qu'il est décrit.

Mais les *descriptions* du poëte seront encore plus animées; et comme il est plus libre dans sa composition, c'est sur-tout à lui de choisir l'objet, le point de vue, le moment favorable, les traits les plus intéressants, et les contrastes qui peuvent rendre son objet plus sensible encore.

Le choix de l'objet doit se régler sur l'intention du poëte. Le tableau doit-il être gracieux ou sombre, pathétique ou riant? Cela dépend de la place qu'il lui destine, et de l'effet qu'il en attend.

Omnia consiliis prævisa animoque volenti. (Vida.)

Le point de vue est relatif de l'objet au spectateur: l'aspect de l'un, la situation de l'autre, concourent à rendre la *description* plus ou moins intéressante; mais ce qu'il est important de remarquer, c'est que, toutes les fois qu'elle a des auditeurs en scène, le lecteur se met à leur place, et c'est de-là qu'il voit le tableau. Lorsque Cinna répète à Émilie ce qu'il a dit aux conjurés pour les animer à la perte d'Auguste, nous nous mettons, pour l'écouter, à la place d'Émilie; au lieu que, s'il vient à *décrire* les horreurs des proscriptions :

> Je les peins dans le meurtre à l'envi triomphants;
> Rome entière noyée au sang de ses enfants;
> Les uns assassinés dans les places publiques,
> Les autres dans le sein de leurs dieux domestiques;
> Le méchant par le prix au crime encouragé;
> Le mari par sa femme en son lit égorgé;
> Le fils tout dégouttant du meurtre de son père,
> Et sa tête à la main demandant son salaire;

ce n'est plus à la place d'Émilie que nous sommes, c'est à la place des conjurés.

Tous les grands poëtes ont senti l'avantage de donner à leurs *descriptions* des témoins qu'elles intéressent, bien sûrs que l'émotion qui règne sur la scène se répand dans l'amphithéâtre, et que mille ames n'en font qu'une quand l'intérêt les réunit.

Mais, abstraction faite de cette émotion réfléchie, le point de vue direct de l'objet à nous, est plus ou moins favorable à la poésie, comme à la peinture, selon qu'il répond plus ou moins à l'effet qu'elle veut produire. Un poëte fait-il l'éloge d'un guerrier? il le voit, comme Hermione voit Pyrrhus,

> Intrépide et par-tout suivi de la victoire.

il oublie que son héros est un homme, et que ce sont des hommes qu'il fait égorger. Sa valeur, son activité, son audace, le don de prévoir, de disposer, de maîtriser seul les événements, l'influence d'une grande ame sur des milliers d'ames vulgaires qu'elle remplit de son ardeur : voilà ce qui le frappe. Mais veut-il lui reprocher ses triomphes? tout change de face, et l'on voit

>Des murs que la flamme ravage ;
>Des vainqueurs fumants de carnage ;
>Un peuple au fer abandonné ;
>Des mères pâles et sanglantes,
>Arrachant leurs filles tremblantes
>Des bras d'un soldat effréné.   (ROUSSEAU.)

Ainsi cette Hermione, qui dans Pyrrhus admirait un héros intrépide, un vainqueur plein de charmes, n'y voit bientôt qu'un meurtrier impitoyable, et même lâche dans sa fureur.

>Du vieux père d'Hector la valeur abattue,
>Aux pieds de sa famille expirante à sa vue,
>Tandis que dans son sein votre bras enfoncé
>Cherche un reste de sang que l'âge avait glacé ;
>Dans des ruisseaux de sang Troie ardente plongée ;
>De votre propre main Polyxène égorgée,
>Aux yeux de tous les Grecs indignés contre vous :
>Que peut-on refuser à ces généreux coups?

Ce changement de face dans l'objet que l'on peint, dépend sur-tout du moment que l'on choisit et des détails que l'on emploie. Comme presque toute la nature est mobile, et que tout y est composé, l'imitation peut varier à l'infini dans les détails; et c'est une étude assez curieuse que celle des tableaux divers qu'un même sujet a produits, imité par des mains savantes. Que l'on compare les assauts, les batailles, les combats singuliers, *décrits* par les plus grands poëtes anciens et modernes; avec combien d'intelligence et de génie chacun d'eux a varié ce fond commun, par des circonstances tirées des lieux, des temps, et des personnes! Combien, par la seule nouveauté des armes, l'assaut des faubourgs de Paris diffère de l'attaque des murs de Jérusalem, et de celle du camp des Grecs!

Indépendamment de ces variations que les arts et les mœurs ont produites, les aspects de la nature, ses phénomènes, ses accidents diffèrent d'eux-mêmes par des circonstances qui se combinent à l'infini, et se prêtent mutuellement plus de force par leurs contrastes.

Les contrastes ont le double avantage de varier et d'animer la *description*. Non-seulement deux tableaux opposés de ton et de couleur se font valoir l'un l'autre; mais dans le même tableau, ce mélange d'ombre et de lumière détache les objets et les relève avec plus d'éclat.

Combien, dans la peinture que fait le Tasse de la sécheresse brûlante qui consume le camp de Godefroi, le tourment de la soif et la pitié qu'il inspire, s'accroissent par le souvenir des ruisseaux, des claires fontaines dont on avait quitté les bords délicieux!

Un exemple de l'effet des contrastes, après lequel il ne faut rien citer, c'est celui des enfants de Médée caressant leur mère qui va les égorger, et souriant au poignard levé sur leur sein ; c'est le sublime dans le terrible.

Mais il faut observer dans le contraste des images, que le mélange en soit harmonieux. Il en est de ces gradations comme de celles du son, de la lumière, et des couleurs : rien n'est terminé, tout se communique, tout participe de ce qui l'approche. Un accord n'est si doux à l'oreille, l'arc-en-ciel n'est si doux à la vue, que parce que les sons et les couleurs s'allient par un doux mélange.

La poésie a donc ses accords ainsi que la musique ; et ses reflets ainsi que la peinture. Tout ce qui tranche est dur et sec. Mais jusqu'à quel point les objets opposés doivent-ils se ressentir l'un de l'autre ? L'influence est-elle réciproque, et dans quelle proportion ? Voilà ce qu'il n'est pas facile de déterminer ; et cependant la nature l'indique. Il y a, dans tous les tableaux que la poésie nous présente, l'objet dominant auquel tout est soumis : c'est celui dont l'influence doit être la plus sensible, comme dans un tableau l'objet le plus coloré, le plus brillant, est celui qui communique le plus de sa couleur à ce qui l'environne. Ainsi, lorsque le gracieux ou l'enjoué contraste avec le grave ou le pathétique, le gracieux ne doit pas être aussi fleuri, ni l'enjoué aussi plaisant, que s'il était seul et comme en liberté. La douleur permet tout au plus de sourire. Que Virgile compare un jeune guerrier expirant à une fleur qui vient de tomber sous le tranchant de la charrue, il ne dit de la fleur que ce qui est analogue à la pitié que le jeune homme inspire : *languescit moriens*. Dans les *descriptions* des grands poëtes, on peut voir qu'en opposant des images riantes à des tableaux douloureux, ils n'ont pris des unes que les traits qui s'accordaient avec les autres, c'est-à-dire ce qui s'en retrace naturellement à l'esprit d'un homme qui souffre les maux opposés à ces biens.

De même dans un tableau où domine la joie, les choses les plus tristes en doivent prendre une teinte légère. C'est ainsi que les poëtes lyriques, dans leurs chansons voluptueuses, parlent gaiement des peines de l'amour, des revers de la fortune, des approches de la mort. Mais où le contraste est le plus difficile à concilier avec l'harmonie, c'est du pathétique au plaisant. Dans *l'Enfant prodigue*, la gaieté de Jasmin a cette teinte que je désire ; elle est d'accord avec la tristesse noble du jeune Euphémon, et avec le ton général de cette pièce si touchante. Je ne dis pas la même chose de Croupillac et de Rondon.

Dans le contraste, l'objet dominant est soumis lui-même aux lois de l'harmonie, c'est-à-dire, par exemple, que pour soutenir le contraste d'une gaieté douce et riante, le pathétique doit être modéré. Hector sourit en voyant Astyanax effrayé de son casque : mais quoi qu'en dise Homère, il n'est pas naturel qu'Andromaque ait souri. L'attendrissement d'Hector est compatible avec le sentiment qui le fait sourire; au lieu que le cœur d'Andromaque est trop ému pour se faire un plaisir de la frayeur de son enfant. Les amours peuvent se jouer avec la massue d'Hercule, tandis que ce héros soupire aux pieds d'Omphale; mais ni sa mort, ni son apothéose ne comportent rien de pareil. Ainsi le sujet principal doit lui-même se concilier avec les contrastes qu'on lui oppose; ou plutôt on ne doit lui opposer que les contrastes qu'il peut souffrir.

La *description* est à l'épopée ce que la décoration et la pantomime sont à la tragédie. Il faut donc que le poëte se demande à lui-même : Si l'action que je raconte se passait sur un théâtre qu'il me fût libre d'agrandir et de disposer d'après nature, comment serait-il le plus avantageux de le décorer, pour l'intérêt et l'illusion du spectacle? Le plan idéal qu'il s'en fera lui-même, sera le modèle de sa *description*; et s'il a bien vu le tableau de l'action en la *décrivant*, en la lisant on le verra de même.

Il en est des personnages comme du lieu de la scène; toutes les fois que leurs vêtements, leur attitude, leurs gestes, leur expression, soit dans les traits du visage, soit dans les accents de la voix, intéressent l'action que le poëte veut peindre, il doit nous les rendre présents. Lorsque Vénus se montre aux yeux d'Énée, Virgile nous la fait voir comme si elle était sur la scène. Il fait voir de même Camille lorsqu'elle s'avance au combat.

> *Ut regius ostro*
> *Velet honos leves humeros ; ut fibula crinem*
> *Auro internectat ; lyciam ut gerat ipsa pharetram ,*
> *Et pastoralem præfixâ cuspide myrtum.*

On voit un bel exemple de la pantomime exprimée par le poëte dans la dispute d'Ajax et d'Ulysse pour les armes d'Achille. (*Métam. l.* 13.) Si les deux personnages étaient sur la scène, ils ne nous seraient pas plus présents. Mais le modèle le plus sublime de l'action théâtrale exprimée dans le récit du poëte, c'est la peinture de la mort de Didon :

> *Illa , graves oculos conata attollere , rursùs*
> *Deficit : infixum stridet sub pectore vulnus.*
> *Ter sese attollens cubitoque adnixa levavit,*
> *Ter revoluta toro est ; oculisque errantibus alto*
> *Quæsivit cœlo lucem , ingemuitque repertam.*

Le talent distinctif du poëte épique étant celui d'exposer l'action qu'il raconte, son génie consiste à inventer des tableaux avantageux à peindre, et son goût à ne peindre de ces tableaux que ce qu'il est intéressant d'y voir. Homère peint plus en détail, c'est le talent du poëte, dit le Tasse : Virgile peint à plus grandes touches, c'est le talent du poëte héroïque; et c'est en quoi le style de l'épopée diffère de celui de l'ode, laquelle, n'ayant que de petits tableaux, les finit avec plus de soin.

J'ai dit que le contraste des tableaux, en variant les plaisirs de l'ame, les rendait plus vifs, plus touchants : c'est ainsi qu'après avoir traversé des déserts affreux, l'imagination n'en est que plus sensible à la peinture du palais d'Armide. C'est ainsi qu'au sortir des enfers, où Milton vient de nous mener, nous respirons avec volupté l'air pur du jardin de délices. Que le poëte se ménage donc avec soin des passages du clair à l'obscur, du gracieux au terrible; mais que cette variété soit harmonieuse, et qu'elle ne prenne jamais rien sur l'analogie du lieu de la scène avec l'action qui doit s'y passer. Ce n'est point un riant ombrage qu'Achille doit chercher pour pleurer la mort de Patrocle; mais le rivage aride et solitaire d'une mer en silence, ou dont les mugissements répondent à sa douleur.

On ne sait pas assez combien l'imagination ajoute quelquefois au pathétique de la chose; et c'est un avantage inestimable de l'épopée que de pouvoir donner un nouveau fond à chaque tableau qu'elle peint. Mais une règle bien essentielle, et dont j'exhorte les poëtes à ne jamais s'écarter, c'est de réserver les peintures détaillées pour les moments de calme et de relâche : dans ceux où l'action est vive et rapide, on ne peut trop se hâter de peindre à grandes touches ce qui est de spectacle et de décoration. Je n'en citerai qu'un exemple. Le lever de l'aurore, la flotte d'Énée voguant à pleines voiles, le port de Carthage vide et désert, Didon, qui du haut de son palais voit ce spectacle, et qui, dans sa douleur, s'arrache les cheveux et se meurtrit le sein; tout cela est exprimé dans l'Énéide en moins de cinq vers :

> *Regina è speculis ut primùm albescere lucem*
> *Vidit, et æquatis classem procedere velis,*
> *Littoraque et vacuos sensit sine remige portus;*
> *Terque quaterque manu pectus percussa decorum,*
> *Flaventesque abscissa comas : Proh Juppiter! ibit*
> *Hic, ait, et nostris illuserit advena regnis!*

On sent que Virgile était impatient de faire parler Didon, et de lui céder le théâtre. C'est ainsi que le poëte doit en user toutes les fois que l'action le presse de faire place à ses acteurs; et c'est là ce qui fait que le style même du poëte est plus ou moins grave, plus ou moins orné dans l'épopée, selon que la situation des choses lui permet ou lui interdit les détails.

En général, si la *description* est peu importante, touchez légèrement; si elle est essentielle, appuyez davantage; mais choisissez les traits les plus intéressants. Le défaut du cinquième livre de *l'Énéide* est d'être aussi détaillé que le second. L'exemple du même défaut, joint à la plus grande beauté, se fait sentir dans le récit de Théramène. Celui de l'assemblée des conjurés dans Cinna, et de la rencontre des deux armées dans les Horaces, sont des modèles du récit dramatique. *Voyez* Narration, Esquisse.

Autant le poëte est prodigue de *descriptions*, autant l'orateur doit en être sobre. Sa règle, à lui, est que non-seulement la *description* soit un moyen de sa cause, mais que chaque trait qu'il y emploie serve à fortifier ce moyen. Tout ce qui dans la *description* oratoire n'intéresse que l'imagination, est superflu et vicieux. Un modèle de ce genre est la *description* du supplice de Gavius dans la cinquième des Verrines.

Devise. Trait de caractère, exprimé en peu de mots, quelquefois seuls, mais le plus souvent accompagnés d'une figure allégorique.

La *devise* est une invention de la chevalerie. Ce fut d'abord la marque distinctive de l'armure des chevaliers; et c'était sur leur écu ou sur leur cuirasse que leur *devise* était tracée. Le comte Thésoro l'appelle *la philosophie du gentilhomme, la métaphore militaire, le langage des héros.*

En France, en Espagne, en Italie, elle brilla dans les tournois, dans les réjouissances publiques, dans les pompes funèbres. Elle fut l'ornement des fêtes de la cour de Louis XIV, et l'expression des trois sentiments qui animaient et qui distinguaient cette cour, la vertu guerrière, la galanterie, et le culte pour le monarque. Dans ces fêtes, la *devise* de Louis XIV était le soleil, avec ces mots : *Nec cesso, nec erro*, légende plus intelligible que le *nec pluribus impar;* et les *devises* des courtisans répondaient à celle du roi.

C'était, par exemple, le miroir ardent exposé au soleil, avec ces mots, *ardeo ubi aspicior*, devise du duc de Sulli; ou avec ceux-ci, *Tua munera jacto*, *devise* du duc de Vivonne : celle du duc de Beaufort, amiral de France, était la lune avec ces mots : *Soli paret, et imperat undis*. Quand ce n'était pas au soleil, c'était à Jupiter que les *devises* faisaient allusion, comme celle de Maximilien de Béthune, grand-maître de l'artillerie, l'aigle portant la foudre, *Quo jussa Jovis;* et celle de Monsieur, une bombe, *Alter post fulmina terror*.

Mais parmi ces *devises* que la flatterie, ou plutôt l'enthousiasme, avait dictées, il y en avait où l'audace guerrière se montrait seule, avec l'amour de la gloire qui l'animait. La *devise* des mousquetaires était une bombe en l'air, avec ces mots, *Quo ruit et lethum;* celle des chevau-légers, des fusées volantes, *Celeres ardore*. Le comte d'Iliers avait aussi une fusée pour symbole, avec cette fière légende, *Poco duri, purche m'inalzi;* le comte du Plessis avait de même pour *devise* une fusée, avec ces mots, *Ardorem lux magna sequetur;* le comte de Saint-Paul un soleil levant dissipant les nuages, *Nec dum omnis sese explicat ardor;* et rien de tout cela ne paraissait étrange, parce qu'au moins cette jactance était un engagement pris d'en justifier la hauteur. Dans cet esprit, il était permis à un militaire de se représenter, lui et ses enfants, sous l'emblème de l'aigle et de ses aiglons, au milieu des nuages, avec ces mots, qui étaient le vœu et la leçon de la famille, *Nec fulmina terrent.*

Quand la valeur militaire est exaltée, il semble que l'orgueil lui sied bien. On n'est pas choqué de voir pour *devise* au prince Eugène, un aigle, avec ces mots, *Natus ad sublimia;* ni au maréchal d'Albret le même symbole, avec ces mots, *Animos expertus Jupiter;* ni au maréchal de Bassompierre, un phare au milieu des étoiles, avec ces paroles superbes, *Quod nequeunt tot sidera, præsto.* Il est à croire cependant que ces *devises* étaient des louanges qu'on leur donnait sans leur aveu.

Il en était de même des *devises* qui dans les fêtes et les réjouissances publiques décoraient les arcs de triomphe, les colonnes, les pyramides.

Telle fut la *devise* que Quinault inventa pour la duchesse régente de Savoie, un arc-en-ciel au milieu des nuages, *Inter nubila fulget.* Telle fut celle de la reine mère de Louis XIV, comparée à la flamme d'une torche exposée au vent, *Agitata crescit.*

La *devise* du cardinal de Richelieu, l'aigle planant dans l'air, et au-dessous, des serpents qui se dressaient contre elle, avec ces mots, *Non deserit alta;* celle-là, dis-je, était d'une fierté convenable à un grand ministre : mais celle où il était peint sous l'image d'un coq qui chante devant le lion, avec ces mots relatifs à l'Espagne, *Debellat voce leones*, ou ceux-ci, *Formido rapacis*, ou ceux-ci, *Vox non purpura terret*, me semble passer la mesure. Le temps favorable aux *devises* fut un temps de succès et d'enthousiasme, où l'on avait le courage, la franchise, la hardiesse de parler bien de soi, résolu de faire encore mieux : jusqu'au surintendant des finances qui osait prendre pour *devise* un chien de chasse, avec ces mots, *Abstinet inventis.*

On est devenu plus modeste; bientôt peut-être on le sera trop. Lorsque la politesse aura tout applati et le luxe tout énervé, et qu'à force de médiocrité on sera obligé d'être humble sous peine d'être ridicule, on n'osera plus prendre une *devise*, de peur d'engager sa parole : les armoiries seront sans caractères comme les ames; et si l'on porte encore un symbole honorable, ce sera celui de ses aïeux.

La galanterie qui, parmi nous, a pris naissance avec la chevalerie, et qui dégénère avec elle, eut comme elle aussi ses *devises*. Mais les *devises* amoureuses tenaient presque toutes du bel-esprit plus que du sentiment. Un amant malheureux prenait pour image un alambic sur le fourneau, avec ces paroles, *De mon feu mes larmes*; ou un papillon qui se brûle, avec ces mots, *Me quod urit insequor*; et telles semblables fadaises. J'en excepte pourtant l'image de la tourterelle, *Uni servo fidem*; et ce symbole d'une jeune veuve, un oranger dépouillé de ses fleurs, de ses fruits, et de son feuillage, avec ces mots touchants,

Que peut m'ôter encore ou la terre ou le ciel?

Dans la *devise*, on distingue *le corps* et *l'ame*: *le corps*, c'est la figure; *l'ame*, ce sont les mots.

Les qualités essentielles à la *devise*, du côté du *corps*, sont que l'image en soit très-simple, très-distincte; et si elle n'est pas d'un caractère noble, que du moins elle n'ait rien de bas ni de choquant. L'image doit être simple, afin de pouvoir être dessinée d'un trait dans un petit espace, et pour ne rien présenter à l'imagination de confus et d'embarrassant. La seule difficulté de dessiner la figure humaine l'aurait fait exclure de la *devise*; mais un autre motif de cette exclusion, c'est que d'homme à homme le rapport n'est pas assez imprévu, l'allusion assez piquante. Ceci pourtant n'est pas une règle sans exception; et la *devise* de Philippe II après l'abdication de Charles-Quint, Hercule soutenant le Ciel, avec ces mots, *Ut quiescat Atlas*, me semble encore assez ingénieuse, quoique Bouhours n'en trouve pas le rapport assez éloigné.

L'image doit être distincte, afin que, sans beaucoup d'art et sans le secours des couleurs, l'objet en soit reconnaissable. Cette règle, dictée par le bon sens, a été pourtant fort négligée. Par exemple, quoi de plus insensé que de prendre pour la figure d'une *devise* le feu caché sous la cendre? De l'or dans le creuset n'est guère plus sensible, quoique Bouhours nous l'ait donné pour une *devise* spirituelle. Il en est de même de la pierre d'amiante, d'un voile trempé dans de l'esprit-de-vin, d'un zéphir volant sur les fleurs, tous objets que le pinceau même le plus délicat aurait bien de la peine à rendre, et que les collecteurs de *devises* ne laissent pas d'accumuler sans choix.

L'image doit être noble, ou du moins agréable à l'imagination; et cette règle exclut tous les objets auxquels l'opinion attache l'idée de bassesse. Ainsi, pour exprimer l'amour, une marmite qui bout sur le feu, avec ces mots, *Je me consume en dedans*, est une *devise* de mauvais goût. A plus forte raison les objets dégoûtants sont-ils exclus de la *devise*.

Les règles de la *devise*, du côté de l'*ame*, sont que l'inscription soit brève et juste.

L'inscription doit être brève, en sorte que, sans présenter un sens complet, elle supplée uniquement à ce qui manque de précision au rapport qu'on veut indiquer. Encore l'image et les mots ensemble ne doivent-ils pas exprimer la pensée assez complètement pour qu'il n'en reste rien à deviner; et sans avoir l'obscurité de l'énigme, la *devise* doit conserver un caractère de finesse, qui flatte la vanité de celui qui en saisit le sens.

Bouhours n'y pensait pas, quand il a demandé que le mot de la *devise*, pour être plus mystérieux et n'être pas intelligible au peuple, fût dans une langue étrangère. Il a oublié que dans une fête publique, sur le frontispice d'un palais ou d'un temple, sur un obélisque, un trophée, un tombeau, un monument quelconque, c'est pour la multitude que la *devise* est faite. Son voile doit être transparent; et une langue inconnue au peuple serait pour lui un voile impénétrable.

Il est bien vrai que la difficulté d'exprimer en très-peu de mots la pensée de la *devise* dans une langue un peu diffuse, a fait passer en usage ce que Bouhours donne pour règle : mais l'usage n'est pas plus raisonnable que la règle; et il en arrive que le peuple, en lisant sur l'une des portes de sa ville, *Abundantia parta*, croit qu'on a voulu dire, *l'abondance est partie*.

L'inscription doit être juste, et dans l'acception des termes, et dans son double rapport au deux objets de la comparaison : car toute métaphore est une comparaison plus ou moins exprimée, et la *devise* est une métaphore.

Ainsi l'allusion de la *devise* ne doit pas être un jeu de mots, comme dans celle de Marc-Antoine Colonne après la bataille de Lépante, une colonne au-dessous d'un croissant, avec ces mots : *Ne impleat orbem.*

Il y aurait pourtant, ce me semble, un peu trop de rigueur à ne pas admettre cette *devise* d'un duc d'*Albe*, dans une course de taureaux, où il était en rivalité avec les *Fonseques* qui avaient des *Étoiles* pour armoiries : *Al parecer de l'Alva s'ascondan las Estrellas.*

Quant au rapport réel de la *devise* avec les deux objets qu'elle compare, Bouhours ne le trouve pas juste dans la *devise* du grand-maître de l'artillerie, *Quo jussa Jovis* : ces mots, dit-il, ne conviennent pas au grand-maître comme à l'aigle. Bouhours se trompe, à mon avis : jamais peut-être métaphore ne fut plus juste ni plus sublime.

Mais ce qui est de mauvais goût, c'est ce qu'un autre jésuite, le père Ménétrier, nous donne pour modèles de la *devise* et de l'emblême. Quoi de plus puéril en effet que de prendre pour emblême de *la foi* la *corde* d'un instrument, et en abusant de l'équivoque du mot latin *fides*, de représenter un amour pinçant un luth qui n'a qu'une corde, avec ces mots, *Sola fides, nulla fides ?* Ce qui signifie, à l'égard du luth, que *n'avoir qu'une corde, c'est n'avoir point de corde;* et à l'égard de la foi, que *c'est n'en avoir point que d'en avoir sans les autres vertus.* Pour mieux sentir le ridicule de cet abus des mots, on n'a qu'à mêler les deux sens; on trouvera que *c'est n'avoir point de foi, que de n'avoir qu'une corde;* et que *c'est n'avoir point de corde que de n'avoir que de la foi.* C'est encore pis, lorsque, pour exprimer le mystère de la trinité, on a pris l'image du miroir concave et du feu qu'il allume avec les rayons du soleil, avec ces mots, *Ab utroque procedit :* car ici la fausse application de l'image est une hérésie.

Bouhours veut que le symbole de la *devise* soit pris dans la nature; et il se trompe encore, en donnant cette règle comme exclusive. Mais lorsque le symbole est pris dans le merveilleux, ce doit être dans un merveilleux analogue. Le jour de la fête de saint Jean-Baptiste, à Gênes, les jésuites, pour la *devise* du précurseur, avaient fait peindre le phare de Gênes, avec cette légende, *Dum Cynthius abfuit, arsit.* Le *Cynthius* est là une sottise de collége; car Apollon et Jean ne sont pas de la même langue; et c'est le cas de dire que *l'un est de la fable, et l'autre est de la bible.*

La justesse et la propriété de la *devise* consistent à prendre pour moyen de comparaison, 1° une qualité commune au symbole et à son objet; en sorte que dans la louange, même hyperbolique, il y ait au moins un air de ressemblance : 2° une qualité qui leur soit propre, et qui les distingue; car si le symbole ne marquait pas dans son objet un caractère particulier, ce ne serait plus qu'un emblême, c'est-à-dire l'expression figurée d'une pensée, d'une sentence, d'une maxime générale sans aucun objet décidé.

Il y a cependant des *devises* qui ne diffèrent des emblêmes ou des symboles génériques que lorsqu'elles sont appliquées à un objet individuel. Par exemple, la poule défendant ses petits, avec ces mots, *Sgombra amor ogni paura*, est le symbole de l'amour maternel, et devient, par l'application, l'image de celle qui la prend pour *devise*.

L'aigle portant la foudre à son bec, avec ces mots, *Fulmen ab ore*, symbole de la haute éloquence, sera la *devise* de Démosthène. Le symbole de l'ambition, la foudre au milieu des ruines, avec ces mots, *Fecisse ruiná gaudet iter*, devient une *devise* au pied de la statue de César. Celui du génie, une flamme avec ces mots, *Summa petit*, sera la *devise* de Corneille, mise à la tête de ses ouvrages. Le symbole de la vertu militaire, l'image du coq, avec ces mots, *Et vigil et pugnax*, vigilance et courage, sera la *devise* de Turenne.

Ainsi l'on voit que ce n'est pas une propriété individuelle, mais une convenance peu commune, qui est nécessaire à la *devise;* car lorsque c'est une louange, pour peu qu'elle convienne à son objet, on peut se reposer sur l'amour-propre du soin d'en saisir l'allusion; et si la *devise* est satirique, on peut compter de même sur la sagacité de la malignité publique. Parmi les *devises* satiriques, la plus ingénieuse, à mon avis, est celle d'un homme que la faveur a élevé, l'image d'un verre avec ces mots, *Ex halitu forma.* Mais qui voudra s'y reconnaître? Dans l'un et l'autre genre, la meilleure *devise* serait celle dont tout le monde ferait la même application.

Quoique la *devise* soit communément personnelle, ou comme personnelle, c'est-à-dire appliquée à une collection de personnes animées du même esprit et considérées comme n'en faisant qu'une; il y a aussi des *devises* de choses, comme celle de la mine de poudre, *Ex obice vires;* comme celle du canon, maxime remarquable du cardinal de Richelieu, *Ultima ratio regum;* ou comme celle qu'on lisait sur les canons de Chantilli, *C'est fait de la valeur.* Des *devises* de choses, la plus heureuse peut-être est celle de l'imprimerie, où l'invention de cet art, si fécond en querelles d'opinion, est exprimée par l'image de Cadmus semant les dents du dragon, avec ces mots, *Semence de discorde.*

Dans les divers exemples que je viens de citer, on voit que les *devises* les plus curieuses sont celles qui parlent en même temps aux yeux et à l'esprit, c'est-à-dire qui réunissent une figure et des paroles qui en indiquent la relation. Mais, n'en déplaise à Bouhours, cette réunion n'est pas indispensable; et réciproquement la figure et la légende de la *devise* peuvent se passer l'une de l'autre. La *devise* de Tancrède, dans la tragédie de ce nom, n'a pas besoin de symbole :

Conservez ma *devise*, elle est chère à mon cœur :
Les mots en sont sacrés ; c'est *l'amour et l'honneur.*

La *devise* de la cornette blanche, *Donec victoria tingat*, ne demande pas d'autre *corps* que le drapeau où elle est écrite. Dans les armoiries ou sur la tombe d'un magistrat, la figure de l'équerre ou celle de l'aplomb, symbole de la rectitude, n'aurait pas besoin de légende. Le cachet de Pompée n'en avait point ; l'image du lion tenant une épée était parlante.

Les *devises* ne sont plus guère en usage que sur les médailles et les jetons. Les médailles sont bonnes à constater les faits et les époques. Les jetons ne sont bons à rien, qu'à servir de signes numériques à certains jeux, et à marquer, durant la partie, les alternatives de la perte et du gain. Parmi les vieux jetons qui roulent pêle-mêle sur les tables de jeu, il y en avait un qui représentait un vaisseau les voiles déployées, avec ces mots, *Nescit moras*. Or il advint qu'un M. de Moras fut ministre de la marine, à laquelle il n'entendait rien : alors le vieux jeton, *Nescit moras*, fut remarqué ; et tout le monde, jusqu'aux femmes, croyait entendre ce latin.

Dialogue *philosophique* ou *littéraire*. C'est un grand bien que de s'amuser ; c'en est un plus grand de s'instruire. La lecture, qui réunit ces deux avantages, ressemble à un fruit délicieux et nourrissant à-la-fois. Telle est la perfection du *dialogue* philosophique ou littéraire. Il n'est personne qui, après avoir lu ceux des *dialogues* de Platon où se peint l'ame de Socrate, ne se sente plus de respect et plus d'amour pour la vertu : il n'est personne qui, après avoir lu les *dialogues* de Cicéron sur l'art oratoire, n'ait de l'éloquence une idée plus haute, plus étendue, plus lumineuse, et plus féconde. Ainsi le *dialogue*, quand il n'est pas oiseux, a pour objet un résultat, ou de sentiment, ou d'idée. Celui qui n'est qu'un jeu d'esprit, un choc d'opinions, d'où jaillissent des étincelles, mais qui ne laisse à la fin qu'incertitude et obscurité, n'est pas ce qu'on doit appeler le *dialogue* philosophique, c'est le *dialogue* sophistique.

Il n'y a rien de plus aisé que de soutenir des paradoxes par des sophismes, que de donner à des choses éloignées et dissemblables une apparence de rapport, et de paraître ainsi rapprocher les extrêmes et assimiler les contraires. Mais cette manière de rendre l'esprit subtil, est une manière encore plus sûre de le rendre faux et louche. L'art de bien décocher la flèche, c'est d'atteindre le but. Or ici le but est la vérité; et la vérité n'est qu'un point. Quand j'aurai vu les deux archers vider leurs carquois sans y atteindre, que dirai-je de leur adresse et de leur force à tirer en l'air? Que m'aura laissé le *dialogue* le plus subtil, le plus alambiqué? Le doute, ou de fausses lueurs; ce qui est encore pis que le doute : car le doute est du moins un commencement de sagesse. Mais celui-ci serait le doute méthodique, le doute qui, en me plaçant dans le point d'ambiguïté, me laisserait une raison libre, et lui montrerait les deux routes : au lieu que le *dialogue* sophistique cherche à capter ma persuasion; et c'est toujours du côté le plus faux, que l'écrivain, pour briller davantage, s'efforce de montrer le plus de vraisemblance : ainsi, tout son esprit s'emploie à dérouter le mien.

Mais qui ne sait pas que dans notre faible entendement rien n'est trop clair ni trop bien assuré, et qu'au moyen du vague des notions communes et de l'équivoque des mots, il est facile à un beau parleur de tout brouiller et de tout obscurcir?

Le difficile, je le répète, c'est de démêler, de classer, de circonscrire nos idées, en leur donnant toute leur étendue, d'en saisir les justes rapports, de tirer ainsi du chaos les éléments de la science, et d'y répandre la lumière. C'est à quoi le *dialogue* philosophique est utilement employé: parce qu'à mesure qu'il forme des nuages, il les dissipe; qu'à chaque pas il ne présente une nouvelle difficulté qu'afin de l'applanir lui-même; et que son but est la solution de toutes celles que l'ignorance, l'habitude, l'opinion, opposent à la vérité. Si le *dialogue* n'a pas ce mérite, il n'a plus que celui du sophisme, plus ou moins captieux, et du faux bel esprit, trop admiré par la sottise.

La beauté du *dialogue* philosophique résulte de l'importance du sujet, et du poids que les raisons donnent aux opinions opposées. Si pourtant le *dialogue* est moins une dispute qu'une leçon, l'un des deux interlocuteurs peut être ignorant; mais il doit l'être avec esprit : son erreur ne doit pas être lourde, ni sa curiosité niaise. *Les mondes* de Fontenelle sont un modèle dans ce genre. Il y a peut-être un peu de manière; mais cette manière ingénieuse n'est ni celle de Pluche ni celle de Bouhours.

Les leçons en *dialogues* ont deux grands avantages, l'attrait et la clarté; mais elles ont un défaut, la longueur. Il serait donc à souhaiter que l'on réservât cette forme d'instruction pour les sujets naturellement épineux et confus, qui exigent des développements, et dans lesquels l'intelligence et la raison veulent être conduites, à travers des difficultés successivement résolues, du doute à la persuasion, de l'obscurité à l'évidence. L'histoire, toute en *dialogue*, serait trop délayée; mais des *dialogues* sur certains traits d'histoire, assez problématiques pour être discutés, assez intéressants pour être approfondis, pourraient être un ouvrage utile. Un modèle en ce genre est le *dialogue* de Sylla et de Neucrate. On désirerait seulement que le philosophe y traitât le proscripteur avec moins de respect. Tous les grands hommes ont eu leur faible : celui de Montesquieu, en écrivant sur les Romains, fut d'être un peu trop sénateur.

<hr />

Dialogue Poétique. Quoique toute espèce de *dialogue* soit une scène, il ne s'ensuit pas que tout *dialogue* soit dramatique. Aristote a rangé dans la classe des poésies épiques les *dialogues* de Platon ; sur quoi Dacier se fait cette difficulté : « Ces *dialogues* ne ressemblent-ils pas plutôt au poëme dramatique qu'au poëme épique ? Non, sans doute, répond Dacier lui-même. » Et dans un autre endroit, oubliant sa décision et celle d'Aristote, il nous assure que les *dialogues* de Platon sont des *dialogues* purement dramatiques. Si l'on s'entendait bien soi-même, on ne se contredirait pas.

Le *dialogue* épique ou dramatique a pour objet une action ; le *dialogue* philosophique a pour objet une vérité. Ceux des *dialogues* de Platon qui ne font que développer la doctrine de Socrate, sont des *dialogues* philosophiques ; ceux qui contiennent son histoire, depuis son apologie jusqu'à sa mort, sont mêlés d'épique et de dramatique.

Il y a une sorte de *dialogue* dramatique où l'on imite une situation plutôt qu'une action de la vie : il commence où l'on veut, dure tant qu'on veut, finit quand on veut : c'est du mouvement sans progression, et par conséquent le moins intéressant de tous les *dialogues*. Telles sont les églogues en général, et particulièrement celles de Virgile, admirables d'ailleurs par la naïveté du sentiment et le coloris des images.

Non-seulement le *dialogue* en est sans objet, mais il est aussi quelquefois sans suite. On peut dire, en faveur de ces pastorales, qu'un *dialogue*, sans suite peint mieux un entretien de bergers; mais l'art, en imitant la nature, a pour but d'occuper agréablement l'esprit en intéressant l'ame : or ni l'ame, ni l'esprit ne peut s'accommoder de ces propos alternatifs, qui, détachés l'un de l'autre, ne se terminent à rien. Qu'on se rappelle l'entretien de Mélibée avec Tityre, dans la première des bucoliques de Virgile.

Mél. *Tityre, vous jouissez d'un plein repos.*

Tit. *C'est un dieu qui me l'a procuré.*

Mél. *Quel est ce dieu bienfaisant?*

Tit. *Insensé, je comparais Rome à notre petite ville.*

Mél. *Et quel motif si pressant vous a conduit à Rome?*

Tit. *Le désir de la liberté*, etc.

On ne peut se dissimuler que Tityre ne répond point à cette question de Mélibée : Quel est ce dieu? C'est là qu'il devrait dire : *Je l'ai vu à Rome, ce jeune héros pour qui nos autels fument douze fois l'an.*

Mél. *A Rome! et qui vous y a conduit?*

Tit. *Le désir de la liberté.*

L'on avouera que ce *dialogue* serait plus dans l'ordre de nos idées, et n'en serait pas moins dans le naturel et la naïveté d'un berger.

Mais c'est sur-tout dans la poésie dramatique que le *dialogue* doit tendre à son but. Un personnage qui, dans une situation intéressante, s'arrête à dire de belles choses qui ne vont point au fait, ressemble à une mère qui, cherchant son fils dans les campagnes, s'amuserait à cueillir des fleurs.

Cette règle, qui n'a point d'exception réelle, en a quelques-unes en apparence : il est des scènes où ce que dit l'un des personnages n'est pas ce qui occupe l'autre : celui-ci, plein de son objet, ou ne répond point, ou ne répond qu'à son idée. On flatte Armide sur sa beauté, sur sa jeunesse, sur le pouvoir de ses enchantements; rien de tout cela ne dissipe la rêverie où elle est plongée. On lui parle de ses triomphes et des captifs qu'elle a faits : ce mot seul touche à l'endroit sensible de son ame; sa passion se réveille et rompt le silence :

Je ne triomphe pas du plus vaillant de tous.

Mérope entend, sans l'écouter, tout ce qu'on lui dit de ses prospérités et de sa gloire. Elle avait un fils, elle l'a perdu, elle l'attend; ce sentiment seul l'intéresse.

Quoi, Narbas ne vient point! reverrai-je mon fils?

Il est des situations où l'un des personnages détourne exprès le cours du *dialogue*, soit crainte, ménagement, ou dissimulation ; mais alors même le *dialogue* tend à son but, quoiqu'il semble s'en écarter. Toutefois il ne prend ces détours que dans des situations modérées : quand la passion devient impétueuse et rapide, les replis du *dialogue* ne sont plus dans la nature. Un ruisseau serpente, un torrent se précipite. Aussi voit-on quelquefois la passion retenue, comme dans la déclaration de Phèdre, s'efforcer de prendre un détour ; mais tout-à-coup rompant sa digue, s'abandonner à son emportement.

> Ah ! cruel, tu m'as trop entendue ;
> Je t'en ai dit assez pour te tirer d'erreur.
> Eh bien ! connais donc Phèdre et toute sa fureur.

Une des qualités essentielles du *dialogue*, c'est d'être coupé à propos ; hors des situations dont je viens de parler, où le respect, la crainte, la pudeur retiennent la passion et lui imposent silence, hors de là, dis-je, le *dialogue* est vicieux dès que la réplique se fait attendre ; défaut que les plus grands maîtres n'ont pas toujours évité. Corneille a donné en même temps l'exemple et la leçon de l'attention qu'on doit à la vérité du *dialogue*. Dans la scène d'Auguste avec Cinna, Auguste va convaincre de trahison et d'ingratitude un jeune homme fier et bouillant, que le seul respect ne saurait contraindre ; il a donc fallu préparer le silence de Cinna par l'ordre le plus imposant; cependant, malgré la loi que lui fait Auguste de tenir sa langue captive, dès qu'il arrive à ce vers,

Cinna, tu t'en souviens et veux m'assassiner;

Cinna s'échappe et va répondre : mouvement naturel et vrai, que le grand peintre des passions n'a pas manqué de saisir. C'est ainsi que la réplique doit partir sur le trait qui la sollicite. Les récapitulations ne sont placées que dans les délibérations et les conférences politiques, c'est-à-dire dans les moments où l'ame doit se posséder.

On peut distinguer, par rapport au *dialogue*, quatre formes de scènes. Dans la première, les interlocuteurs s'abandonnent aux mouvements de leur ame, sans autre motif que de l'épancher; ces scènes-là ne conviennent qu'à la violence de la passion; dans tout autre cas elles doivent être bannies du théâtre, comme froides et superflues. (*Voyez* ÉLOQUENCE POÉTIQUE.) Dans la seconde, les interlocuteurs ont un dessein commun qu'ils concertent ensemble, ou des secrets intéressants qu'ils se communiquent : telle est la belle scène d'exposition entre Émilie et Cinna. Cette forme de *dialogue* est froide et lente, à moins qu'elle ne porte sur un intérêt très-pressant. La troisième est celle où l'un des interlocuteurs a un projet ou des sentiments qu'il veut inspirer à l'autre : telle est la scène de Nérestan avec Zaïre.

Comme l'un des personnages n'y est que passif, le *dialogue* ne saurait être ni rapide, ni varié; et ces sortes de scènes ont besoin de beaucoup d'éloquence. Dans la quatrième, les interlocuteurs ont des vues, des sentiments, ou des passions qui se combattent, et c'est la forme la plus favorable au théâtre. Mais il arrive souvent que tous les personnages ne se livrent pas, quoiqu'ils soient tous en action; et alors la scène demande d'autant plus de force et de chaleur dans le style, qu'elle est moins animée par le *dialogue*. Telle est, dans le sentiment, la scène de Burrhus avec Néron; dans la véhémence, celle de Palamède avec Oreste et Électre; dans la politique, celle de Cléopâtre avec ses deux fils; dans la passion, celle de Phèdre avec Hippolyte. Quelquefois aussi tous les interlocuteurs se livrent au mouvement de leur ame, et se combattent à découvert. Voilà, ce semble, la forme de scènes qui doit le plus échauffer l'imagination du poëte, et produire le *dialogue* le plus rapide et le plus animé; cependant on en voit peu d'exemples, même dans nos meilleurs tragiques, si l'on excepte Corneille, qui a poussé la vivacité, la force, et la justesse du *dialogue* au plus haut degré de perfection. L'extrême difficulté de ces belles scènes, vient de ce qu'elles supposent à-la-fois un sujet très-important, des caractères bien contrastés, des sentiments qui se combattent, des intérêts qui se balancent, et assez de ressources dans le poëte pour que l'ame des spectateurs soit tour-à-tour entraînée vers l'un et l'autre parti, par l'éloquence des répliques. On peut citer pour modèle en ce genre, la scène entre Horace et Curiace; celle entre Félix et Pauline; la conférence de Pompée avec Sertorius; enfin plusieurs scènes d'Héraclius et du Cid, et sur-tout celle entre Chimène et Rodrigue, où l'on a relevé, d'après le malheureux Scudéri, quelques jeux trop recherchés dans l'expression, sans dire un mot de la beauté du *dialogue*, de la noblesse, de la chaleur, du naturel des sentiments, qui rendent cette scène une des plus belles et des plus pathétiques du théâtre.

En général, le désir de briller a beaucoup nui au *dialogue* de nos tragédies; on ne peut se résoudre à faire interrompre un personnage auquel il reste encore de belles choses à dire; et le goût est la victime de l'esprit. Cette malheureuse abondance n'était pas connue de Sophocle et d'Euripide; et si les modernes ont quelque chose à leur envier, c'est l'aisance, la précision, et le naturel qui règnent dans leur *dialogue*, dont le défaut, pourtant, sur-tout dans Euripide, est quelquefois d'être trop allongé.

Parmi nos anciens tragiques, Garnier affectait un *dialogue* extrêmement concis, mais symétrique et jouant sur le mot; ce qui est absolument contraire au naturel. Corneille se reproche à lui-même, ainsi qu'à Euripide et à Sénèque, l'affectation d'un *dialogue* trop symétriquement découpé vers par vers.

Dans le comique, Molière est un modèle accompli dans l'art de *dialoguer* comme la nature ; on ne voit pas dans toutes ses pièces un seul exemple d'une réplique hors de propos. Mais autant ce maître des comiques s'attachait à la vérité, autant ses successeurs s'en éloignent. La facilité du public à applaudir les tirades et les portraits, a fait de nos scènes de comédie des galeries d'enluminures. Un amant reproche à sa maîtresse d'être coquette ; elle répond par une définition de la coquetterie. C'est sur le mot qu'on réplique, et non sur la chose : moyen d'allonger tant qu'on veut une scène oisive, où souvent l'intrigue n'a pas fait le plus petit chemin au bout d'un quart-d'heure de conversation.

La répartie sur le mot est quelquefois plaisante, mais ce n'est qu'autant qu'elle va au fait. Qu'un valet, pour appaiser son maître qui menace un homme de lui couper le nez, lui dise :

Que feriez-vous, monsieur, du nez d'un marguillier ?

le mot est lui-même une raison ; la *lune tout entière* de Jodelet est encore plus comique.

Les écarts du *dialogue* viennent communément de la stérilité du fond de la scène, et d'un vice de constitution dans le sujet. Si la disposition en était telle qu'à chaque scène on partît d'un point pour arriver à un point déterminé, en sorte que le *dialogue* ne dût servir qu'au progrès de l'action; chaque réplique serait à la scène ce que la scène est à l'acte, c'est-à-dire un nouveau moyen de nouer ou de dénouer. Mais dans la distribution primitive, on laisse des intervalles vides d'action; ce sont ces vides qu'on veut remplir; et de là les excursions et les lenteurs du *dialogue*. On demande combien d'acteurs on peut faire dialoguer ensemble : Horace dit trois tout au plus; mais rien n'empêche de passer ce nombre, pourvu qu'il n'y ait dans la scène ni confusion, ni longueur. Voyez l'exposition du *Tartuffe*.

DIDACTIQUE. Le but du poëme *didactique* est d'instruire. Son moyen est de plaire; et, s'il le peut, d'intéresser. A cette suite de préceptes mis en beaux vers, on a refusé le nom de poëme, parce qu'il est dénué de fiction, et que la fiction, a-t-on dit, est essentielle à la poésie : à quoi Louis Racine a répondu qu'il y avait une fiction de style, et que ce genre en était susceptible.

Il y a, ce me semble, une façon plus simple de trancher la difficulté; c'est de nier que la fiction soit de l'essence de la poésie.

La poésie est l'art de peindre à l'esprit. Ou la poésie peint les objets sensibles, ou elle peint l'ame elle-même, ou elle peint les idées abstraites qu'elle revêt de forme et de couleur. Ce dernier cas est le seul où la poésie soit obligée de feindre; dans les deux autres elle ne fait qu'imiter. Ce principe incontestable une fois établi, tout discours en vers qui peint, mérite le nom de poëme. Or le poëme *didactique* n'est qu'un tissu de tableaux d'après nature, lorsqu'il remplit sa destination. La froideur est le vice radical de ce genre; il n'est sur-tout rien de plus insoutenable qu'un sujet sublime en lui-même, *didactiquement* traité par un versificateur faible et lâche, qui glace tout ce qu'il touche, qui met de l'esprit où il faut du génie, et qui raisonne au lieu de sentir.

La première règle du poëme *didactique* est de lui donner un fond solide et intéressant.

C'est une chose déplorable de voir dans le poëme de Lucrèce sur la nature, dans l'*Essai sur l'homme* de Pope, tant et de si belle poésie employée à développer le mauvais système d'Épicure et l'optimisme de Léibnitz. Mais heureusement l'un et l'autre poëte a un mérite indépendant de la chimère du philosophe; l'un, d'avoir combattu la superstition; l'autre, d'avoir sondé le cœur humain, et d'avoir ainsi tous les deux consacré en beaux vers des vérités du premier ordre.

Virgile, plus modeste dans le choix de son sujet, semble n'avoir voulu qu'instruire le cultivateur; mais il l'a honoré; et il a élevé à l'agriculture le plus beau monument que le premier des arts agréables pût élever au premier des arts nécessaires.

Deux mille ans après Virgile, un poëte philosophe a voulu inspirer l'amour de la campagne aux tristes habitants des villes, réconcilier avec la nature l'homme livré aux goûts fantastiques du luxe et de la vanité. Il fallait un sage pour former ce dessein, un poëte pour le remplir; et il est rare que dans le même homme se rencontre un pareil accord. C'est cet accord qui assure au poëme des *Saisons* une réputation durable.

Quoique de tous les arts, celui dont les préceptes sont le plus naturellement susceptibles des ornements de la poésie, ce soit la poésie elle-même, Horace n'y a mis cependant qu'une raison saine et solide. En traçant aux Pisons les règles de son art, il a pris le style des lois, un style simple, clair, et précis. Lui qui a monté dans ses odes le ton de la couleur jusqu'au plus haut degré, semble n'avoir voulu répandre dans *l'Art poétique* qu'une lumière pure. Des idées élémentaires, souvent neuves, toujours fécondes, font la richesse de ce bel ouvrage. Jamais poëte n'a renfermé tant de sens en si peu de mots. Aussi tant que la poésie aura du charme pour les hommes, ce code abrégé de ses lois leur sera précieux, et devra sa durée à sa solidité.

Mais, après ce mérite, il en est un que les poëtes,

au moins les poëtes modernes, ne doivent jamais négliger.

Nos langues n'ont pas l'harmonie et la précision des langues anciennes. Notre poésie n'est presque plus de la poésie lorsqu'elle manque de coloris. Horace a dédaigné d'en mettre dans un sujet qui avait lui-même sa couleur, et dont la théorie ne pouvait être aride. Mais Despréaux, à qui Horace et Aristote n'avaient guère laissé de nouvelles choses à dire, et qui dans *l'Art poétique* ne nous a pas donné une idée qui soit de lui, le judicieux Despréaux a senti que la précision, la justesse, l'industrieux mécanisme du vers, ne lui suffiraient pas pour faire lire avec intérêt des préceptes déja connus ; il y a mêlé tout ce que la poésie de détail a d'agrément et d'élégance. Il a suivi Horace et imité Virgile, en homme de goût qu'il était, et en artiste ingénieux. C'est, je crois, la méthode que doivent observer tous nos poëtes *didactiques*; et moins leur sujet aura d'importance et d'intérêt, plus il aura besoin des charmes de l'expression et des ornements accessoires.

Parmi ces ornements, les épisodes sont les plus précieux ; et lorsqu'ils sont intéressants et naturellement placés, ils délassent agréablement le lecteur de la longueur des préceptes. Mais rares, ils se font attendre ; fréquents, ils interrompent trop souvent l'attention. La véritable source des beautés poétiques devrait être le sujet même ; et à cet égard, c'est, par exemple, un heureux sujet de poëme *didactique* que celui de l'*Essai sur la manière de traduire en vers*, par le comte de Roscommon. L'art d'orner la nature dans les jardins, qu'enseigne l'un de nos poëtes, présente aussi une richesse variée et inépuisable; mais dans ce nouveau poëme, qui ne paraît point encore, on trouvera, ainsi que dans le poëme des *Saisons*, d'autres moyens d'animer, d'attendrir, de varier, de rendre intéressante la poésie *didactique*. (Ce poëme a paru.)

On a souvent parlé du coloris de la poésie, on n'a presque jamais parlé de ses mouvements; et c'est là cependant le secret de la rendre affectueuse et pathétique. Le coloris ne plaît qu'à l'imagination; le mouvement de l'ame affecte l'ame; un souvenir que l'objet réveille, une réflexion qu'il amène, un moment de mélancolie où il plonge l'ame du poëte, un regret, un désir, un mouvement de joie, d'attendrissement ou de pitié, un élan d'enthousiasme ou d'indignation, en un mot, tous les sentiments que peut inspirer la nature, que peut déployer l'éloquence, ménagés, placés avec goût, sans que l'art semble s'en mêler, animeront le poëme *didactique*, si le sujet en est intéressant pour l'homme, s'il le touche de près et peut avoir sur lui une sérieuse influence. Tel serait, par exemple, le sujet du commerce ou de la navigation; car il serait à souhaiter que les principes des arts d'une grande importance fussent tous rédigés en vers. C'est ainsi qu'à la naissance des lettres toutes les vérités utiles furent consignées dans la mémoire des hommes. Le poëme *didactique* fut la première leçon écrite, la première école des mœurs, le premier registre des lois. Le ramener à son utilité, à sa dignité primitive, devrait être l'objet de l'émulation des poëtes d'un siècle de lumière.

Aux divers mouvements de l'ame doivent répondre les mouvements de l'élocution poétique : ceux-ci se varient, non-seulement au gré du sentiment, mais de l'image; et le caractère des descriptions, des peintures, comme celui de l'éloquence des passions, décidera du rhythme et de la cadence du vers. Pope en a donné la leçon ; Virgile en a donné l'exemple, et un exemple inimitable.

Enfin plus la marche du poëme *didactique* paraît unie et monotone, plus le poëte doit s'appliquer à le varier dans ses formes, à l'enrichir dans ses détails, à y répandre la chaleur et la vie, et à rendre au moins élégant, rapide, et facile ce qui ne peut être animé.

Mais il me semble qu'un excès opposé à la langueur et à la sécheresse, serait d'y employer le ton et le langage de l'épopée, de l'ode, ou de la tragédie. L'éloquence en doit être du genre tempéré; la poésie, d'un caractère noble, mais sage et modeste, au-dessus de l'épître, au-dessous du poëme inspiré. Dans le *didactique*, le rôle du poëte est celui d'un sage dont on écoute les leçons. Mais la différence du style de l'*Énéide* et de celui des *Géorgiques*, fera sentir ce que je veux dire mieux que je ne puis l'exprimer.

⁕⁕⁕⁕⁕⁕⁕⁕⁕

DIFFUS. Ce mot exprime un défaut du style, et le défaut contraire à la précision. *Prolixe* est le contraire de *pressé*, *lâche* est le contraire de *ferme*, *diffus* est le contraire de *plein* et de *précis*, et non pas de *concis*, qui est le contraire de *périodique*. Le style de Cicéron est *périodique*, et n'est pas *diffus*. Celui de Démosthène a les mêmes développements, quand la pensée le demande. Mais dans les moments où l'énergie, la chaleur, la foule des idées qui se succèdent rapidement sans se lier, exigent le style *concis*, l'orateur latin sait le prendre aussi-bien que l'orateur grec; souvent même il rompt à dessein la chaîne du discours, afin d'en varier la marche : car une longue suite de périodes, nous dit-il lui-même, aurait trop d'uniformité, comme une accumulation de petites phrases coupées serait un style sec et haché, semblable, si j'ose le dire, au langage d'un asthmatique. Ainsi le style *périodique* et le style *concis* forment ensemble un heureux mélange. Mais le style *diffus* est partout un défaut.

Le style *périodique* est *diffus*, lorsque pour remplir le cercle de la période, ou pour en égaliser les membres, on y fait entrer des circonlocutions, des épithètes, des incidentes superflues. Mais lorsque chaque membre de la période est une partie essentielle de la pensée, rendue avec précision, et que les mots n'y occupent que le moins d'espace qu'il est possible; ce style, quoique développé, comme celui de Cicéron, n'est rien moins qu'un style *diffus*.

Le propre de celui-ci est de délayer la pensée dans une foule de paroles, de l'affaiblir en l'étendant; de l'embarrasser dans un amas d'idées accessoires et inutiles; de l'obscurcir, de la brouiller, soit en éloignant les rapports, soit en les rendant équivoques. Ainsi, la lenteur, la faiblesse, et souvent l'ambiguité, l'obscurité, sont les vices attachés au style *diffus*. Horace recommande la brièveté, comme un moyen de rendre le style plus net et plus coulant, et de ne fatiguer ni l'esprit ni l'oreille.

> *Est brevitate opus, ut currat sententia, nec se*
> *Impediat verbis lassas onerantibus aures.*

Dans la discussion et l'analyse, le style *diffus*, au lieu d'éclaircir les idées, y répand de nouveaux nuages : *In re naturaliter obscurâ, qui, in exponendo, plura quam necesse est superfundit, addit tenebras, non adimit densitatem.* (Arist.)

Le style *diffus* est toujours lâche; mais le style est lâche sans être *diffus*, s'il manque de nerf et de ressort. C'est le défaut que César reprochait à l'éloquence de Cicéron; et Cicéron, de son côté, reprochait à celle de Brutus d'avoir plus de douceur et d'élégance que de force. De celle-ci il ne nous reste rien; mais pour celle de Cicéron, nous sommes en état de voir si dans les *Verrines*, les *Catilinaires*, les *Philippiques*; si dans les plaidoyers pour Milon et pour Ligarius, elle manquait de véhémence et d'énergie, et si, pour être élégant et harmonieux dans son style, il en avait moins de vigueur. Si César avait été à la place de Catilina, ou que Cicéron, au péril de sa tête, eût osé l'attaquer de même; je doute que César eût trouvé son éloquence aussi énervée qu'il le disait.

Lorsque l'éloquence doit être tempérée dans ses mouvements, et ne faire que développer le sentiment et la pensée, Cicéron paraît s'occuper de l'arrondissement de ses périodes et de l'harmonie de leur désinence : mais dans les moments où sa douleur, où son indignation éclate, lorsqu'il presse l'accusateur de Ligarius, lorsqu'il expose les violences et les rapines de Verrès, lorsqu'il accumule les crimes, les attentats de Clodius, qu'il dénonce Catilina, qu'il accable Pison, qu'il demande qu'Antoine soit déclaré l'ennemi public, a-t-il ces *esse videatur* qu'on lui reproche dans les écoles? pense-t-il à être élégant? Pour donner, comme lui, à l'élocution oratoire de l'ampleur et de la majesté, il faut, comme lui, être plein de hautes pensées, de sentiments élevés ou profonds. Le style n'est vide et *diffus*, que lorsque la solidité manque au volume, et que l'ampleur n'est que dans les mots. Ce n'est donc pas le style de Cicéron que l'on doit appeler *diffus*, mais bien le style de ses imitateurs, qui, parmi nous, et plus encore en Italie, n'ayant pas son génie et son ame, la riche abondance de ses idées, la plénitude de son savoir, et cette sensibilité plus féconde que son imagination même, ont voulu se donner le faste de son éloquence.

Le style *prolixe* approche du *diffus*; mais ce n'est pourtant pas le même : car tandis que le *diffus* s'étend, comme en superficie, sur des idées accessoires et superflues, le *prolixe* ne fait que se traîner pesamment en longueur, par des milieux qu'il eût fallu franchir, d'induction en induction, de conséquence en conséquence, et fatigue notre pensée en l'assujettissant à une pénible lenteur. Le style de nos procureurs est *prolixe*, celui de nos avocats est *diffus*. Le style des mauvais traducteurs est *diffus*; celui de presque tous les commentateurs est *prolixe*.

On est *diffus* dans les idées comme on l'est dans l'expression; et cela vient de ce qu'on ne sait pas les choisir, les régler, les enchaîner, les circonscrire, et qu'on écrit sans vue et sans dessein. « *C'est chose difficile*, dit Montaigne, *de fermer un propos; et n'est rien où la force d'un cheval se connaisse plus qu'à faire un arrêt rond et net. Entre les pertinents même, j'en vois qui veulent et ne se peuvent défaire de leur course. Cependant qu'ils cherchent le point de clorre le pas, ils s'en vont balivernant et traînant, comme des hommes qui défaillent de faiblesse.* » Aussi les maîtres de l'éloquence ont-ils fait un précepte, non-seulement de *dire ce qu'il faut, comme il le faut, et quand il le faut;* mais *de ne dire que ce qu'il faut.*

<hr/>

DIRECT. Dans l'histoire, on dit qu'un discours est *direct*, qu'une harangue est *directe*, lorsqu'on fait parler le personnage qui est en action. Au contraire on appelle discours indirects, ceux dont l'historien ne rapporte que la substance. Les anciens sont pleins de ces harangues *directes*, pour la plupart imaginées. On peut voir, par exemple, quelle éloquence Tite-Live prête à ces premiers Romains qui, jusqu'au temps de Marius, s'occupaient *plus à bien faire qu'à bien dire*, comme le remarque Salluste. Les modernes sont plus réservés dans l'usage de ces ornements oratoires.

Cependant comme il ne faut pas en être prodigue, il ne faut pas non plus en être trop avare. Il est des circonstances où cette espèce de fiction, sans altérer le fond de la vérité, répand dans la narration beaucoup de force et de chaleur. C'est lorsque le personnage qui prend la parole, ne dit que ce qu'il a dû naturellement penser et dire. Salluste pouvait ne donner qu'un précis des discours de Catilina à ses conjurés : il a mieux aimé le faire parler lui-même ; et cet artifice ne sert qu'à développer, par une peinture plus animée, le caractère et les desseins de cet homme dangereux. L'histoire n'est pas moins le tableau de l'intérieur que de l'extérieur des hommes. C'est dans leur ame qu'un écrivain philosophe cherche la source de leurs actions ; et tout lecteur intelligent sent bien qu'on ne lui donne pas les discours du personnage qu'on lui présente, pour des vérités de fait aussi exactes que la marche d'une armée, ou que les articles d'un traité. Ces discours sont communément le résultat des combinaisons que l'historien a faites sur la situation, les sentiments, les intérêts de celui qui parle ; et ce serait vouloir réduire l'histoire à la sécheresse stérile des gazettes, que de prétendre la dépouiller absolument de ses traits d'éloquence qui l'embellissent sans la déguiser.

Par exemple, qui peut se plaindre que Plutarque ait mis dans la bouche du gaulois Brennus cette réponse aux envoyés de Rome, qui lui demandaient ce que lui avaient fait les Clusiens, pour venir assiéger leur ville ? « Les Clusiens nous font le tort de posséder plus de terres qu'ils n'en peuvent cultiver, et de ne pas nous en faire part, à nous qui sommes étrangers et pauvres, et en très-grand nombre. C'est le même tort que vous avaient fait anciennement les Albains, les

Fidénates et ceux d'Ardée, et que vous ont fait encore tout récemment les Veïens, les Capénates, et la plupart des Falisques et des Volsques, contre lesquels vous marchez avec toutes vos forces. S'ils ne partagent avec vous leur fortune, vous les faites esclaves, vous pillez leurs biens, vous ruinez leurs villes; et en cela, Romains, vous ne faites rien d'étrange ni rien d'injuste; mais vous suivez les plus anciennes de toutes les lois, qui ordonnent que le plus faible obéisse au plus fort, depuis Dieu même jusques aux bêtes brutes, à qui la nature a imprimé ce sentiment, que le fort domine sur le faible. Cessez donc d'avoir tant de pitié des Clusiens assiégés, de peur que votre exemple ne nous apprenne à avoir aussi pitié de tant de peuples que vous avez opprimés. »

Il n'est aucun genre de narration où le discours *direct* ne soit en usage, et il y répand une grâce et une force qui n'appartient qu'à lui. Mais dans le dialogue pressé, il a un inconvénient auquel il serait aussi avantageux que facile de remédier : c'est la répétition fatigante de ces façons de parler, *Lui dis-je, reprit-il, me répondit-elle*, interruptions qui ralentissent la vivacité du dialogue, et rendent le style languissant où il devrait être le plus animé. Quelques anciens, comme Horace, se sont contentés, dans la narration, de ponctuer le dialogue; mais ce n'était point assez pour éviter la confusion. Quelques modernes, comme La Fontaine, ont distingué les répliques par les noms des interlocuteurs ou par la seule ponctuation; mais cet usage ne s'est introduit que dans les récits en vers. Le moyen le plus court et le plus sûr d'éviter en même temps les longueurs et l'équivoque, serait de convenir d'un caractère qui marquerait le changement d'interlocuteur, et qui ne serait jamais employé qu'à cet usage. *Voyez* HARANGUE.

DISTIQUE. On appelle ainsi un couple de vers qui forment ensemble un sens complet.

Il y a des épigrammes, des madrigaux qui se renferment dans un *distique*.

Parve puer, lumen quod habes concede parenti :
Sic tu cœcus amor, sic erit illa Venus.

Extra fortunam est quidquid donatur amicis.
Quas dederis solas semper habebis opes.

Ci gît ma femme. Ah! qu'elle est bien,
Pour son repos et pour le mien!

Les élégies des anciens ne sont qu'une suite de *distiques*; et à l'exception des métamorphoses, c'est la forme qu'Ovide a donnée à tous ses ouvrages.

Quelques-uns de nos poëtes ont écrit en *distiques*; ce sont communément ceux qui ont le moins de chaleur. On dit de Boileau, qu'il commençait par le second vers, afin de s'assurer qu'il serait le plus fort. Il est à craindre que cette manière ne soit fatigante à la longue : elle rend le style lâche et diffus ; car on est souvent obligé d'étendre, et par conséquent d'affaiblir sa pensée, afin de remplir deux vers de ce qui pouvait se dire en un : elle est sur-tout vicieuse dans la poésie dramatique, où le style doit suivre les mouvements de l'ame, et approcher le plus qu'il est possible de la marche libre et variée du langage naturel. En général, la grande manière de versifier c'est de penser en masse, et de remplir chaque vers d'une portion de la pensée, à-peu-près comme un sculpteur prend ses dimensions dans un bloc pour en former les différentes parties d'une figure ou d'un groupe, sans altérer les proportions. C'est la manière de Corneille, de Racine, de Voltaire, et de tous ceux dont les idées ont coulé à pleine source. Les autres ont produit les leurs, pour ainsi dire goutte à goutte ; et leur style est comme un filet d'eau, souvent pure à la vérité, mais qui tarit à chaque instant. *Voyez* Vers.

DITHYRAMBE. Dans un pays où l'on rendait un culte sérieux au dieu du vin, il est assez naturel qu'on lui ait adressé des hymnes, et que dans ces hymnes les poëtes aient imité le délire et l'ivresse : c'était plaire à ce dieu que de lui ressembler ; et si les Grecs eux-mêmes méprisaient les abus de cette poésie extravagante, au moins devaient-ils en approuver l'usage et en applaudir le succès. Mais qu'on ait voulu renouveler cette folie dans des temps et parmi des peuples où Bacchus était une fable, c'est une froide singerie qui n'a jamais dû réussir.

Sans doute le bon goût et le bon sens approuvent que, pour des genres de poésie dont la forme n'est que la parure, et dont la beauté réelle est dans le fond, le poëte se transporte en idée dans des pays et dans des temps dont le culte, les mœurs, les usages n'existent plus, si tout cela est plus favorable au dessein et à l'effet qu'il se propose. Par exemple, il n'est plus d'usage que les poëtes chantent sur la lyre dans une fête ou dans un festin; mais si, pour donner à ses chants un caractère plus auguste ou un air plus voluptueux, le poëte se suppose la lyre à la main et couronné de lauriers comme Alcée, ou de fleurs comme Anacréon, cette fiction sera reçue comme un ornement du tableau. Mais imiter l'ivresse sans autre but que de ressembler à un homme ivre; ne chanter de Bacchus que l'étourdissement et que la fureur qu'il inspire; et faire un poëme rempli de ce délire insensé; à quoi bon? quel en est l'objet? quelle utilité ou quel agrément résulte de cette peinture? Les Latins eux-mêmes, quoique leur culte fût celui des Grecs, ne respectaient pas assez la fureur bachique pour en estimer l'imitation; et de tous les genres de poésie, le *dithyrambe* fut le seul qu'ils dédaignèrent d'imiter. Les Italiens modernes sont moins graves : leur *imagination singeresse et imitatrice*, pour me servir de l'expression de Montaigne, a voulu essayer de tout; ils se sont exercés dans la poésie *dithyrambique*, et pensent y avoir excellé. Mais, à vrai dire, c'est quelque chose de bien facile et de bien peu intéressant que ce qu'ils ont fait dans ce genre. Rien certainement ne ressemble mieux à l'ivresse que le chœur des Bacchantes d'Ange Politien, dans sa fable d'Orphée ; mais quel mérite peut-il y avoir à dire en vers : *Je veux boire. Qui veut boire? La montagne tourne, la tête me tourne. Je chancèle. Je veux dormir,* etc.

La vérité, la ressemblance n'est pas le but de l'imitation, elle n'en est que le moyen ; et s'il n'en résulte aucun plaisir pour l'esprit ou pour l'ame, c'est un badinage insipide, c'est de la peine et du temps perdus.

Nos anciens poëtes du temps de Ronsard, qui faisaient gloire de parler grec en français, ne manquèrent pas d'essayer aussi des *dithyrambes*; mais ni notre langue, ni notre imagination, ni notre goût ne se sont prêtés à cette docte extravagance.

DIVISION. Rien de plus vain que l'affectation de *diviser* un sujet simple, un sujet que l'esprit embrasse, pour ainsi dire, d'un coup-d'œil. Quand l'orateur a bien conçu le sien, et qu'il l'a pénétré dans toute sa profondeur et dans toute son étendue, s'il est obligé d'y chercher une *division*, c'est un signe infaillible qu'il n'en a pas besoin. Les *divisions* nécessaires sont celles qui se présentent naturellement et sans peine; où il n'y a point de masses distinctes, il ne faut point de *division* expresse; il ne faut que de l'ordre, de la méthode, de la progression dans le développement des idées. C'est fatiguer l'esprit de l'auditeur, plutôt que de le soulager, que de lui présenter des *divisions* subtiles qui lui échappent malgré lui; et plus elles sont fugitives, plus elles étaient superflues.

C'est contre cette économie, puérilement recherchée, d'un discours dont le caractère répugne à l'affectation, que Fénélon s'est élevé; c'est de cet arrangement symétrique et curieusement compassé, que la Bruyère a fait sentir le ridicule. Mais autant il y a de petitesse d'esprit à affecter une *division* inutile, autant il y aurait de négligence à laisser confondre les parties d'un sujet vaste et compliqué.

Il faut, dit Platon, *regarder comme un dieu celui qui sait bien définir et bien* diviser. L'un et l'autre en effet demande un esprit qui non-seulement embrasse les objets dans toute leur étendue, mais qui les pénètre à fond dans tous les points; qui non-seulement en conçoive nettement la nature et l'essence, mais qui les voie sous toutes les faces et en saisisse tous les rapports.

Ce n'est donc pas un art futile que Cicéron

nous a prescrit, lorsqu'il a fait de la *division* un des préceptes de sa méthode : *Rectè habita in causâ partitio illustrem et perspicuam totam efficit orationem.* (De Inv. l. 1.)

Il distingue deux sortes de *divisions.* L'une est celle qui sépare de la cause ce qui est convenu, et la réduit à ce qui est en question. Par exemple, s'il s'agissait, dit-il, d'absoudre Oreste du meurtre de sa mère, son défenseur dirait : « Que la mère ait été tuée par le fils, c'est un fait dont je conviens avec mes adversaires; qu'Agamemnon ait été tué par sa femme, c'est encore un fait dont mes adversaires conviennent avec moi. (De Inv. l. 1.) » La controverse ou l'état de la cause se réduit donc alors à savoir si le fils est coupable d'avoir vengé son père, et à quel point il est coupable : c'est à quoi se doit attacher l'attention des juges et l'éloquence de l'orateur. L'autre espèce de décision est celle qui, dans la cause même réduite au point de la question, expose en peu de mots la distinction des choses dont il importe de parler.

La première désigne à l'auditeur l'objet dont il doit s'occuper, et délivre son attention de ce qui ne fait plus de difficulté dans la cause; la seconde lui marque, dans le plan du discours, des points fixes pour appuyer son attention et sa mémoire, et lui trace la route que l'orateur va suivre et va lui faire parcourir avant d'arriver à son but. Les qualités qu'on y exige sont la brièveté, l'intégrité, la simplicité.

1° La *brièveté*. Elle n'admet que les mots nécessaires; aucune circonlocution, aucun ornement étranger. Observons en passant que, contre cette règle, le plus grand nombre de nos prédicateurs affectent de tourner et d'amplifier leur *division*, de manière qu'ils rendent trouble ce qu'il doit y avoir de plus clair; qu'ils rendent vague ou confus ce qu'il doit y avoir de plus précis et de plus simple; et qu'après avoir fait, en écoliers, leur thème de plusieurs façons, ils ne laissent dans les esprits qu'un fatigant amas de synonymes et d'antithèses. Ces *divisions* laborieuses sont communément celles dont j'ai déja parlé, qui, n'étant pas données par la nature, sont le travail futile de l'esprit et de l'art. Celle qui se présente d'elle-même à la réflexion, s'énonce en peu de mots; et comme les points en sont bien marqués, on n'a pas besoin, pour les démêler, d'une analyse métaphysique.

2° L'*intégrité*. Cicéron l'appelle *absolution*, pour exprimer la correspondance complète de la *division* avec l'étendue du sujet et ses parties intégrantes : car il faut bien se garder, dit-il, d'y rien omettre d'essentiel à la cause, et à quoi l'on soit obligé de recourir après l'avoir oublié; ce qui serait dans l'orateur une maladresse honteuse: *Quod vitiosissimum ac turpissimum est.* (De Inv. l. 1.)

On manque à ce précepte, lorsqu'au lieu d'embrasser toute l'idée de son sujet, on n'en présente qu'une face; et c'est ce qui arrive fréquemment dans ce genre d'éloquence philosophique ou religieuse, que les anciens appelaient *indéfini*, et dans lequel on agite, non des causes particulières, mais des questions générales.

« N'est-ce pas, demandais-je à un prédicateur célèbre, n'est-ce pas une heureuse *division* que celle de Cheminais dans son sermon de l'ambition, où il montre qu'*elle ne fait que des esclaves et des tyrans?* » Cette *division*, me dit-il, a le défaut de trop restreindre l'idée du sujet; et je la crois mieux embrassée, si dans le pacte de la fortune avec l'ambitieux, on fait voir *ce qu'elle exige et ce qu'elle donne.* » En effet, dans ce plan je vis la chose tout entière, au lieu que celui de Cheminais n'en présente que deux aspects.

3° La *simplicité*, que Cicéron appelle *paucitas*. Elle consiste à ne prendre pour membres de la *division* que les idées principales et distinctes l'une de l'autre. Si l'orateur, en attaquant un mauvais citoyen, disait de lui : « Je prouverai que, par sa cupidité, son audace, et son avarice, il a fait toute sorte de maux à la république; » la *division* serait vicieuse, puisque l'idée de *cupidité* renferme celle d'*avarice*. C'est la faute la plus commune du vulgaire des orateurs.

Il peut arriver cependant que la *division* manque de simplicité, quoique les parties en soient distinctes; et c'est ce qui arrive fréquemment dans nos sermons, lorsque l'orateur, après avoir *di-*

visé, subdivise, et fait de son discours comme un arbre dont les branches s'épuisent en se ramifiant, et ne poussent qu'un bois sans fruit.

Dans le genre oratoire, il faut se souvenir que rien ne frappe la multitude que les grandes masses; les détails multipliés papillotent aux yeux de l'esprit, se confondent dans la mémoire, et ne font sur l'ame que des impressions légères et fugitives comme eux.

L'abus des *subdivisions* n'en exclut pourtant pas l'usage; et lorsque le développement du sujet les exige, elles sont placées; mais alors même, dit Cicéron, la simplicité consiste à ne pas y admettre de superfluités, comme l'orateur qui dirait : « Ce dont mes adversaires sont accusés, je prouverai qu'ils l'ont pu faire, qu'ils l'ont voulu faire, et qu'ils l'ont fait; car s'il est prouvé qu'ils l'ont fait, le reste devient inutile.

Mais Cicéron lui-même ne semble-t-il pas tomber dans ce défaut, lorsque dans la septième des Philippiques il *divise* ainsi : *Cur pacem nolo? quia turpis est, quia periculosa, quia esse non potest?* Car s'il est prouvé que la paix avec Antoine est impossible, il est superflu de faire voir qu'elle serait honteuse et dangereuse. Lui-même il dit ailleurs que dans le genre délibératif les deux grands moyens sont l'impossibilité ou la nécessité. Mais ces deux moyens ne sont pas toujours bien démontrés, et c'est alors qu'ils ont besoin d'appui.

Voyez le modèle des *subdivisions* dans le sermon de Massillon sur la mort du pécheur et sur celle du juste, sermon que je regarde comme le chef-d'œuvre de l'éloquence de la chaire.

Que la *division* soit complète, précise, et distincte, c'est-à-dire, qu'elle embrasse tout son sujet, qu'elle ne s'étende point au-delà, que les parties qu'elle distingue ne rentrent point l'une dans l'autre, qu'elles soient toutes correspondantes, et comme les branches d'une tige commune partant toutes du même point; ce sont des règles que la philosophie observe comme l'éloquence. Cicéron les étend à toute sorte de composition raisonnée; et il en cite pour exemple la belle exposition de l'Andrienne de Térence, où Cimon dit à son esclave :

Eo pacto et gnati vitam, et consilium meum
Cognoscis, et quid facere in hác re te velim.

En effet, dans l'instruction du vieillard, cette *division* est remplie.

Toutes ces règles sont celles du bon sens; et elles seraient superflues, si ce qu'on appelle le sens commun était moins rare. Mais soit manque de réflexion ou de justesse dans l'esprit, on voit tous les jours ceux qui méprisent les règles, et qui nous disent avec confiance que le talent n'en a pas besoin, prouver par leurs écrits qu'avec le talent même on a tort de les négliger.

Je n'ajouterai plus qu'une observation : c'est

que la *division* la plus ingénieuse, la plus séduisante pour l'orateur, le trompe fort souvent, en ce que l'une des parties est féconde et favorable à l'éloquence, et que l'autre est stérile et ne peut lui fournir que des détails inanimés. Dans une cause où le sujet commande, c'est un mal sans remède. Tout ce que l'orateur peut faire alors, c'est de disposer son sujet de façon que la partie aride et épineuse soit la première et la plus courte; et que celle qui donne lieu à des tableaux frappants, à des mouvements pathétiques, soit la dernière et la plus étendue : c'est ce que Cicéron a observé singulièrement dans son plaidoyer pour Milon.

Cette méthode est d'autant plus facile à pratiquer, que, dans presque toutes les causes, le sujet présente d'abord ce qu'il a de litigieux; et qu'après la discussion, se place, comme de soi-même, ce qu'il a de plus oratoire.

Mais dans un genre d'éloquence où l'orateur est libre de choisir ses sujets, il manque d'art, si l'une des parties est riche et belle aux dépens de l'autre. L'éloquence, comme la poésie, doit aller en croissant, non pas du faible au fort, du mal au bien; mais du bien au mieux, et de l'intéressant au plus intéressant encore. Les commençants, faute de prévoyance, se laissent éblouir par les beautés que leur présente une première partie; et quand ils arrivent à la seconde, leur sujet se trouve épuisé. D'autres comptent sur les ressources de leur seconde partie, pour relever la faiblesse de la première, et pour réchauffer l'auditoire ; il n'est plus temps, l'auditoire est glacé, et son attention rebutée. L'homme habile, en méditant sa *division*, prévoit, pèse, et balance ce que chaque partie de son sujet peut lui donner :

Et quæ
Desperat tractata nitescere posse, relinquit. (Hor.)

Au reste, le plus sûr moyen de trouver aisément des *divisions* heureuses, c'est de concevoir nettement des sujets vastes et féconds.

Cui lecta potenter erit res,
Nec facundia deseret hunc, nec lucidus ordo. (Hor.)

DRAME. On donne aujourd'hui plus particulièrement ce nom à une espèce de tragédie populaire, où l'on représente les événements les plus funestes et les situations les plus misérables de la vie commune.

Tous les genres sont bons, hors le genre ennuyeux.

a dit M. de Voltaire ; et celui-ci peut avoir son intérêt, son utilité, son agrément, sa beauté même. Pour l'intérêt, il est aisé d'y en mettre. L'enfance, la vieillesse, l'infirmité dans l'indigence, la ruine d'une famille honnête, la faim, le désespoir sont des situations très-touchantes ; une grêle, une inondation, un incendie, une femme avec ses enfants prêts à périr ou dans les eaux ou dans les flammes, sont des tableaux très-pathétiques; les hôpitaux, les prisons, et la grève, sont des théâtres de terreur et de compassion si éloquents par eux-mêmes, qu'ils dispensent l'auteur qui les met sous nos yeux, d'employer une autre éloquence. Les malheurs domestiques, les événements de la vie commune ont aussi l'avantage d'être plus près de nous; et, quoiqu'ils nous étonnent moins que les aventures des héros et des rois, ils doivent nous toucher plus vivement : je n'en fais aucun doute; et si le genre le plus intéressant pour le plus grand nombre est le meilleur de tous, le *drame* l'emporte sur la tragédie : Corneille, Racine, Voltaire, ont peu connu le grand art d'émouvoir, et ont été d'autant plus maladroits, qu'avec des sujets populaires et les moyens dont je viens de parler, ils se seraient épargné bien des veilles : le canevas de leur pantomime une fois tracé, l'acteur aurait pu le remplir.

Pourquoi donc ni les Grecs, ni les Latins, ni les Français, jusqu'à nos jours, n'avaient-ils employé des moyens si faciles d'intéresser et d'émouvoir? pourquoi le grand modèle des *dramaturges*, Shakespeare, n'a-t-il pas lui-même pris ses sujets parmi le peuple? et pourquoi a-t-il préféré les crimes et les malheurs des rois? C'est que, dans aucun temps, parmi les peuples éclairés, intéresser et émouvoir n'ont été l'objet du spectacle. Il en est de la bonne poésie comme de l'éloquence : elle intéresse pour instruire, elle émeut pour persuader. Le pathétique est un de ses moyens, et son moyen le plus puissant, mais non pas sa fin ultérieure. Un *drame* qui ne tend ni à instruire ni à corriger, est à l'égard de la tragédie, ce que la farce est à l'égard de la bonne comédie. Telle farce divertit plus la multitude que *le Tartuffe* ou *le Misanthrope*; tel *drame* aussi l'émeut plus vivement que *Cinna*, *Athalie*, et *Zaïre* elle-même : mais, après avoir ri deux cents ans au spectacle de la farce, et pleuré à celui du *drame*, qu'aurions-nous appris de nouveau? *Quæ est autem in hominibus tanta perversitas, ut, inventis frugibus, glande vescantur?* Cic.

On n'a point assemblé les hommes pour leur montrer sur un théâtre ce qui se passe tous les jours autour d'eux, sur-tout parmi la populace. La nature est encore plus vraie et plus touchante que son imitation; et s'il ne s'agissait que de la vérité, les carrefours, les hôpitaux, la grève, seraient des salles de spectacle.

Les Grecs savaient très-bien qu'il y avait au monde des vagabonds et des mendiants, des hommes faibles et opprimés, des malheureux tombés de l'opulence dans la misère et l'esclavage : mais ce qu'ils ne savaient pas assez, ou ce qu'ils pouvaient oublier, c'est que les rois étaient eux-mêmes les jouets de la destinée; que nul degré d'élévation ne mettait l'homme au-dessus des revers; qu'il y avait des calamités pour toutes les conditions; et l'on rapportait du spectacle cette grande leçon de modestie et de constance,

Tout mortel est chargé de sa propre douleur.

Les Grecs savaient qu'il y avait par-tout des hommes imprudents, passionnés, coupables, ou par une erreur volontaire, ou par un mauvais naturel : mais ce qu'il importait de leur apprendre, c'est que dans les rois l'imprudence, la passion, l'erreur, ou la méchanceté, avaient des effets effrayants et des suites épouvantables; et ils se retiraient du spectacle avec cette grande leçon de prudence et de politique,

Du fol orgueil des rois les peuples sont punis.

Le même principe d'utilité morale a dû agir, comme à notre insu, dans la formation du nouveau système tragique : car le bon goût et le bon esprit ne sont qu'un; et plus les hommes sont éclairés, plus leurs plaisirs sont raisonnables. Dans la peinture des dangers et des malheurs où les passions nous engagent, le pathétique n'a donc été que le moyen de l'instruction; et en nous faisant frémir ou pleurer sur le destin de nos semblables, la tragédie a dû nous faire voir par quelle impulsion violente ou par quel attrait insensible l'homme, en proie à ses passions, devient coupable et malheureux. Mais ici les moyens sont les mêmes pour l'héroïque et pour le populaire. Les passions étendent leurs ravages dans tous les états de la vie : l'exemple des dangers et des malheurs qu'elles entraînent peut donc être pris également dans tous les états : le fils de Brutus et Barnewelt sont tous les deux une leçon terrible.

Aussi ne disputons-nous pas au *drame* le mérite qu'il peut avoir, lorsqu'à l'exemple de la tragédie, il placera dans le cœur humain le ressort des événements, le mobile de l'action. Que l'homme y soit malheureux par sa faute, en danger par son imprudence, jouet de sa propre faiblesse, victime de sa passion ; ce genre, avec moins de splendeur, de dignité, d'élévation que la tragédie, ne laissera pas que d'avoir sa bonté poétique et sa bonté morale. Il ne demande point ce génie exalté, qui exagère avec vraisemblance, qui agrandit et embellit tout; mais il demande un esprit juste et pénétrant, un œil observateur, une imagination vive, une sensibilité profonde, l'éloquence du style, et le choix dans l'imitation.

Le mauvais *drame* est donc celui qui roule sur des accidents dont l'homme est la victime sans en être la cause. Une calamité, un malheur domestique, un accident funeste qui vient d'une cause étrangère, ne prouve rien, n'instruit et n'avertit de rien. Le spectateur en est affligé, mais d'une tristesse stérile ; et c'est ce qui la rend pénible : car, à se consulter soi-même, on trouvera que cet intérêt qu'on a pris à un spectacle uniquement funeste, n'est autre chose que le sentiment d'un malheur auquel on ne voit ni préservatif ni remède; et la vérité inutilement affligeante qui nous en reste, et qui nous poursuit quand l'illusion est dissipée, c'est de penser qu'il y a au monde une infinité d'êtres souffrants qui n'ont pas mérité leur sort.

Il est bien vrai que l'auteur a soin de ménager pour le dénouement quelque bel acte de bienfaisance, qui vient tirer du précipice les personnages intéressants. Mais on ne sait que trop que c'est là le roman de la société, et que le reste en est l'histoire.

Il arrive quelquefois que le *drame* nous fait admirer dans le malheur la sérénité, la constance, le courage de la vertu; qu'il nous fait aimer la candeur, la modestie, et la fierté d'une innocence incorruptible. Mais, quoiqu'un exemple si touchant ait son attrait et son utilité, il faut que les hommes qui ont le plus étudié la nature et l'art, n'aient pas jugé ce moyen d'instruire et de corriger assez puissant, puisqu'aucun d'eux n'a cru que l'intérêt de l'admiration, de la bienveillance, et de la pitié pût remplir l'objet du spectacle. Attaquer le vice par la crainte du ridicule et de la honte; le crime, par l'effroi des remords qui l'assiègent et du châtiment qui le suit; les passions, par la peinture des tourments, des dangers, des malheurs qui les accompagnent : voilà les grands effets du théâtre. Sa morale ressemble aux lois qui prescrivent et qui menacent. L'émulation de l'exemple est le plus faible de ses moyens.

Le *drame* ayant donc renoncé au ridicule, que Térence lui-même a cru devoir mêler au pathétique de l'Andrienne, il ne lui reste plus que les moyens de la tragédie, la terreur et la compassion; et l'une et l'autre n'est salutaire, comme on vient de le voir, qu'autant que le malheur est causé, ou par le crime, et le fait détester; ou par la passion, et nous avertit de la craindre. Mais alors le *drame* est bien loin de pouvoir être la ressource d'un homme sans talent, d'un mauvais écrivain, d'un barbouilleur qui se croit peintre.

L'invention d'un sujet pathétique et moral, populaire et décent, ni trivial ni romanesque, et dont la singularité conserve l'air du naturel le plus simple et le plus commun; la conduite d'une action qui doit être d'autant plus vive, qu'elle ne sera soutenue par aucun des prestiges de l'illusion théâtrale, et d'autant plus adroitement nouée et dénouée, que les fils en sont mieux connus, une imitation présentée tout à côté de son modèle, et dont la moindre invraisemblance serait frappante pour tous les yeux; des mœurs bourgeoises ou populaires à peindre sans grossièreté, sans bassesse, et pourtant avec l'air de la vérité; un langage simple et du ton de la chose et des personnages, mais correct, mais facile et pur, naïf, ingénieux, sensible, énergique lorsqu'il doit l'être, jamais forcé, jamais rampant, jamais plus haut que le sujet; des caractères à dessiner, à combiner, à soutenir, où l'innocence, la vertu, la bonté sont ce qu'il y a de plus facile à peindre (car le mélange des vertus et des vices, d'un heureux naturel et d'un mauvais penchant, d'un fond d'honnêteté que la contagion de l'exemple altère et commence à corrompre, un choc de passions contraires ou d'inclinations opposées, sont de bien autres difficultés); voilà ce qui passe les forces du commun des faiseurs de *drame*. Mais ce qui les passe encore plus, c'est l'art de rendre le crime supportable dans un spectacle populaire; car il est là dans toute sa bassesse et avec toute sa noirceur. Il tarde au spectateur de le voir traîner à la Grève; et dès qu'on l'a mis sur la scène, il n'y a pas d'autre moyen décent de l'en faire sortir, que de l'envoyer au gibet.

Ces difficultés réunies ont fait prendre à la foule des *dramaturges* le parti le plus commode de tirer tout leur pathétique des accidents de la vie commune; et leur action, réduite en pantomime, les dispense du soin d'écrire et de la peine de penser.

Leur théorie roule sur deux erreurs; l'une que tout ce qui intéresse est bon pour le théâtre; l'autre, que tout ce qui ressemble à la nature est beau, et que l'imitation la plus fidèle est toujours la meilleure.

Rien de plus intéressant, je l'avoue, que de voir dans une masure une famille honnête, délaissée et réduite aux dernières extrémités de la misère et du désespoir. Vous êtes sûr de déchirer les cœurs, d'arracher des sanglots de tout un auditoire, et de le noyer dans ses larmes, avec les cris de ces enfants qui demandent du pain à leur malheureux père, et avec les larmes d'une mère qui voit son nourrisson, pour qui les sources de la vie ont tari, prêt à expirer dans son sein. Mais quel est le peuple féroce dont un pareil spectacle fera l'amusement? Quel plaisir peut nous faire l'image d'un malheur sans fruit, où l'homme est victime passive, où sa volonté ne peut rien? Affligez-moi, mais pour m'instruire, mais pour m'apprendre à me garantir du malheur dont je suis témoin. Montrez-moi, j'y consens, une famille désolée; mais dont la ruine et le malheur soient causés par un vice, par une passion funeste dont le germe soit dans mon cœur. La liqueur dont vous m'abreuvez est amère; je le veux bien, pourvu qu'elle soit salutaire, et que la leçon me dédommage de ce qu'elle m'a fait souffrir. La douleur que m'aura causée un spectacle affligeant, doit être soulagée par la réflexion; et ce soulagement consiste à pouvoir me dire à moi-même, que l'homme est libre d'éviter le malheur dont je viens de voir la peinture; que le vice, la passion, l'imprudence, la faiblesse qui en est la cause, n'est pas un mal nécessaire;

et que je puis moi-même m'en préserver ou m'en guérir. Mais d'une grêle, d'un incendie, d'un accident funeste qui fait des malheureux, quelle est pour ma pensée la réflexion consolante? et de quoi l'amertume du sentiment que ce spectacle m'a laissé, est-elle le contrepoison?

Un exemple va me faire entendre. Il dépendait de M. de Voltaire de rendre infiniment plus pitoyable et plus touchante la situation de l'enfant prodigue. Il a écarté de la scène précisément tout ce qu'un faiseur de *drame* y aurait mis. Pourquoi cela? parce que dans ses principes et dans son plan, il ne s'agissait pas d'employer un art superflu à rendre intéressantes l'indigence et la faim, mais de tirer le pathétique d'une situation morale, de rendre salutaire l'exemple d'un jeune homme à qui sa facilité, sa faiblesse, et l'attrait du mauvais exemple, ont fait préférer les plaisirs du vice au bonheur que lui offrait un amour vertueux. Ses réflexions, ses regrets, sa douleur, le fond d'honnêteté et de délicatesse qui reste dans ses sentiments, la honte qui l'accable, l'espérance qui le soutient, l'amour que le malheur et le remords ont fait revivre dans son ame, les reproches de la nature, plus amers que ceux de l'amour, l'impatience et la crainte de se voir aux genoux d'un père abandonné et d'une maîtresse outragée; ce tableau de la renaissance de toutes les vertus dans un cœur que le vice a pu souiller, mais n'a pu corrompre; c'est là ce que

M. de Voltaire a cru digne d'être présenté aux yeux des spectateurs; et non pas des objets qu'on ne rencontre que trop souvent sur son passage.

Le mérite du poëte, le charme du spectacle, ne consistent pas seulement à nous offrir des tableaux dont nous soyons émus, mais dont nous nous plaisions à l'être. Le trivial a beau être touchant : « Je ne vais point au spectacle, disait un homme de sens et de goût, pour n'y voir et pour n'y entendre que ce que je vois et ce que j'entends en me mettant à ma fenêtre. » Il y a donc, même pour le pathétique, un choix, un attrait de curiosité, un désir de voir la nature, ou sous de nouveaux points de vue, ou revêtue de formes et de couleurs nouvelles. Des combinaisons d'intérêts, de caractères, et d'incidents, peu communes et pourtant vraisemblables; des nuances de mœurs que ne présente pas la société journalière, ou, dans ce qui s'y passe, des singularités que nous n'aurions pas aperçues et que l'œil du peintre a saisies; un naturel qui n'a rien de vulgaire, soit dans l'expression du vice, soit dans celle de la vertu; enfin cet assemblage de traits épars sur la scène du monde, qui, recueillis et rapprochés, forment un tableau ressemblant, dont rien de semblable n'existe : telle est l'imitation poétique. *Voyez* IMITATION.

Nulle action dans la vie ne serait théâtrale, si on la rendait fidèlement. Il y a toujours des vides, des longueurs, des circonstances superflues, des détails froids et plats, qu'il serait puéril de raconter, et plus puéril de mettre en scène. L'art du conteur est de réduire l'action à ce qu'elle a d'original ou d'intéressant. L'art du poëte *dramatique* est de l'étendre et de l'embellir, d'en élaguer ce qu'elle a de commun, et d'y ajouter ce qui peut la rendre plus singulière et plus piquante, ou plus vive et plus animée. C'est bien par-tout l'air de la vérité, sa ressemblance, mais jamais sa copie. Il en est du langage comme de l'action.

Le poëte qui écrit comme on parle, écrit mal. Sa diction doit être naturelle, mais de ce naturel que le goût rectifie, où il ne laisse rien de froid, de négligé, de diffus, de plat, d'insipide. Le langage même du peuple a sa grâce et son élégance, comme il a sa bassesse et sa grossièreté : il a ses tours ingénieux et vifs, ses expressions pittoresques; et parmi les figures dont il est plein, il en est de très-éloquentes. Il aura donc aussi sa pureté, quand le choix sera fait avec discernement. L'opération du goût, dans l'art d'imiter le langage, ressemble à celle du crible qui sépare le grain pur d'avec la paille et le gravier.

Cette théorie est connue; mais dans le système du *drame*, il paraît qu'on ne l'admet point. L'exacte vérité, la nature elle-même est ce qu'on affecte de rendre; et ce système est très-commode; car il dispense et du goût dans le choix, et du génie dans l'invention, et du don de donner aux choses un tour, une grâce nouvelle. Copier ce qu'on voit, dire ce qu'on entend, et donner pour du naturel l'incorrection, la platitude, l'insipidité du langage, comme l'oiseuse futilité des petits détails pantomimes qui se mêlent à l'action, c'est, dans ce genre, ce qu'on appelle connaître et peindre la nature. Le trivial, le bas, le dégoûtant, tout sera bon, car tout est vrai. Ainsi la farce a profité de la faveur accordée au *drame*; et en effet, la même corruption du goût qui fait approuver l'un, doit faire applaudir l'autre : car si tout ce qui fait frémir ou pleurer est digne de la scène, tout ce qui fait rire en sera digne aussi; et de proche en proche les plaisirs du bas peuple deviendront ceux de tout le monde.

Ce système des faiseurs de *drame* n'est pas encore, il est vrai, celui de nos sculpteurs et de nos peintres; mais il est celui des modeleurs et enlumineurs du boulevard. « Quel est le mérite sublime de la sculpture? vous diront ces grossiers artistes; n'est-ce pas d'imiter si fidèlement la nature que l'image soit prise pour la réalité? Eh bien, placez dans vos jardins ces figures colorées, d'un paysan, d'un soldat, d'un abbé; et si l'on ne s'y méprend pas, nous passerons pour des sculpteurs médiocres. »

On s'y méprendra; et vous serez encore indignes du nom de sculpteur. On ne se méprendra point de même à la Vénus, au Laocoon, à l'Hercule, à l'Antinoüs, à l'Apollon, au Gladiateur antique, ni au Milon du Pujet, ni au Mercure de Pigal; et ce seront toujours les chefs-d'œuvre de l'art. Rendre cruement la vérité commune, est le talent d'un ouvrier; faire mieux que n'a fait la nature elle-même et l'embellir en l'imitant, est l'art réservé au génie.

Cependant s'il fallait en croire quelques spéculateurs modernes, tout, dans les arts, devrait concourir à ce qu'ils appellent l'*effet*, c'est-à-dire à l'illusion et à l'émotion la plus forte; et plus l'illusion serait complète et le spectacle pathétique, plus il nous serait agréable, quelque moyen que l'on eût pris pour nous tromper et pour nous émouvoir.

Cette opinion peut être celle d'un peuple sans délicatesse, qui ne demande qu'à être ému. Mais pour un monde éclairé, cultivé, et doué d'organes sensibles, le plaisir de l'émotion dépend toujours des moyens qu'on y emploie; et s'il n'a éprouvé au spectacle que les angoisses d'un intérêt pénible, sans aucune de ces jouissances de l'esprit et de l'ame que le développement du cœur humain, l'éloquence des passions, les charmes de la poésie, mêlent à l'illusion du théâtre des Racine et des Voltaire, il fera peu de cas d'un *drame*, qui, avec l'imitation et l'expression triviale de la douleur et de la plainte, avec des objets pitoyables, avec des cris, des larmes, des sanglots, l'aura physiquement ému.

La distinction des deux genres paraîtra plus sensible dans les vers que voici.

>Il est un art d'imiter la nature,
>Que de ses dons le génie a doué;
>Il en est un qu'il a désavoué,
>Comme une lourde et grossière imposture.
>L'un, plein de force et de facilité,
>Avec mesure embellit, exagère;
>En imitant, sa main sûre et légère
>Joint la richesse à la simplicité :
>Hardi, mais sage, élégant, mais sévère,
>Et libéral sans prodigalité,
>La grâce noble est son grand caractère.
>
>L'autre, indigent de son stérile fonds,
>Va mendiant les secours qu'il amasse.
>Dans ses sujets, pour les rendre féconds,
>C'est encor peu de charger, il entasse.
>S'il a dessein d'inspirer la pitié,
>Rien à ses yeux n'est assez pitoyable;
>Si la terreur, rien n'est trop effroyable.
>Le tendre amour, la sensible amitié,
>Et la nature encor plus déchirante,
>Et l'innocence, éperdue, expirante,
>Et la vertu dans l'excès du malheur,
>N'ont, à son gré, qu'une faible couleur.
>Sous des haillons il nous peint l'indigence,
>Il fait de sang dégoutter la vengeance,
>Et sur la roue il montre la douleur.
>Le cannibale, avec ses barbaries,
>N'est pas encore un objet assez noir :
>A son spectacle, il faut, pour émouvoir,
>Le parricide entouré de furies.
>Il va fouiller jusque dans les tombeaux,
>Il en revient couvert d'affreux lambeaux;

Et quand d'horreur il voit que l'on frissonne,
Il s'applaudit du plaisir qu'il nous donne.

Voyez Action et Pantomime.

Duo. Il en est du *duo*, du trio, en musique, comme du monologue dans la simple déclamation. Il arrive dans la nature qu'on parle quelquefois seul et à haute voix, soit dans la réflexion tranquille, soit dans la passion; et de-là, par extension, la vraisemblance du monologue. Il arrive aussi quelquefois que deux, trois, quatre personnes, dans la vivacité, parlent toutes ensemble; que les répliques du dialogue, en se pressant, se croisent, se confondent, ou que le mouvement de l'ame des interlocuteurs étant le même, ils disent tous la même chose : c'en est assez pour établir la vraisemblance du *duo*, du trio, du quatuor, etc. Car toutes les fois que l'illusion est agréable, on s'y prête avec complaisance; et tout ce qui est possible, on le suppose vrai.

Heureusement pourtant il se trouve que, plus le *duo* se rapproche de la nature, plus il est susceptible d'expression, d'agrément, et de variété; et qu'à mesure qu'il s'en éloigne, il perd de ses avantages. Dans le *duo* de l'opéra français, tel qu'on l'a fait jusqu'à présent, les deux personnes disent d'un bout à l'autre presque la même chose et parlent sans cesse à-la-fois : c'est là ce qu'il y a de plus éloigné de la vérité, et en même temps de moins agréable. Ce n'est qu'un bruit confus et monotone qui se perd dans le chaos des accompagnements, et dont tout l'agrément se réduit à quelques accords qui ne vont point à l'ame, parce qu'ils manquent d'expression.

Le *duo* italien au contraire est un dialogue concis, rapide, symétriquement composé, et susceptible, comme l'air, d'un dessein régulier et simple. Dans ce dialogue, d'abord les voix se font entendre séparément, et chacun dit ce qu'il doit dire : les ames se répondent, les divers sentiments se contrarient et se combattent; jusques-là tout se passe comme dans la nature. Mais vient un moment où le dialogue est si pressé, qu'il n'y a plus d'alternative, et que des deux côtés les mouvements de l'ame s'échappent à-la-fois : alors les deux voix se rencontrent, et leur accord n'est pas moins un plaisir pour l'ame que pour l'oreille, parce qu'il exprime ou la réunion de deux sentiments unanimes, ou le combat vif et rapide de deux sentiments opposés. Ici l'art prend quelque licence.

Le talent de faciliter, pour le musicien, la marche du *duo*, sur des mouvements analogues et sur un motif continu, ce talent, dis-je, a ses difficultés : il suppose dans le poëte une oreille sensible au nombre, et beaucoup d'habitude à manier la langue et à la plier à son gré. Métastase est encore pour nous le modèle le plus parfait dans l'art d'écrire le *duo* : il s'y est attaché sur-tout à donner aux répliques correspondantes une égalité symétrique ; et ce qui est encore plus essentiel, il a choisi pour le *duo* le moment le plus intéressant et le plus vif du dialogue ; et il y a ménagé les gradations de manière que la chaleur va toujours en croissant. Cette forme de chant, la plus naturelle de toutes, est aussi la plus animée et celle d'où l'on peut tirer les effets les plus surprenants.

Depuis que cet article a été imprimé pour la première fois, la forme italienne du *duo*, du trio, du quatuor, etc., a été reçue avec les plus grands applaudissements sur nos deux théâtres lyriques. J'ai fait faire, à moi seul, soit au théâtre de l'Opéra-Comique, soit à celui de l'Opéra, trente morceaux de ce genre, qui tous, du côté de la musique, ont eu le plus brillant succès ; et les compositeurs m'ont assuré qu'ils n'avaient pas plus de peine à dessiner un *duo*, un trio, un quatuor, sur nos vers français faits avec soin, que s'ils le composaient sur des paroles italiennes. C'était là pourtant, dans l'opinion de ceux qui refusaient une musique à notre langue, la plus grande difficulté. La voilà vaincue, sans qu'il en ait coûté un seul effort gênant pour le musicien, ni aucune altération de l'accent et de la prosodie de la langue française ; car, pour ne répondre que de ce qui m'est connu, j'ose affirmer que dans aucun de ces *duo*, de ces trio, de ces quatuor, que MM. Grétry et Piccini ont bien voulu composer avec moi, il ne se trouve un mot dont l'accent naturel ait été forcé, ni la prosodie altérée.

Cette forme de dialogue aujourd'hui reçue dans le *duo* était si naturellement celle qu'il demandait, que, dès l'invention du poëme lyrique, elle fut sentie et mise en œuvre. On peut le voir dans les paroles de ce *duo* de l'*Hercole amante*, le premier des opéras italiens que le cardinal Mazarin fit jouer sur le théâtre de Paris.

Dejanira. Figlio, tu prigioniero !
Hillus.   Madre, tu discacciata !
Dej.   E vive in sen di padre, un cor si fiero !
Hill.   E vive in cor di marito, alma si ingrata !
Dej.   Figlio, tu prigioniero !
Hill.   Madre, tu discacciata !
Dej.   Non fosse a te crudele,
             E gli perdonerei l'infidelta.
Hill.   Non fosse a te infidele,
             Et lieve trovarei sua crudelta.
Dej. {   S'a te pieta non spero,
Hill. {   Ogni sorte a me fia sempre spietata.
Dej.   Figlio ! figlio !
Hill.   Madre ! madre !
Dej. {   Ogn'hor desti
             A me dell' amor tuo segni piu espressi.
Hill. {   Ah ! voglia il Ciel che questi
             Non sian gli ultimi amplessi !

Métastase lui-même n'a pas un *duo* mieux dessiné ; et ce qui prouve que dès-lors on sentait quel était le genre de poésie le plus favorable à la musique, c'est que dans ce dialogue il n'y a pas un mot qui ne soit l'expression du sentiment. C'est là ce que les poëtes doivent étudier avec le plus de soin, et ce que Rousseau, par exemple, a méconnu dans ses cantates, où le plus souvent les paroles de l'air sont une pensée froide, tandis que l'expression passionnée ou sensible est dans le récit.

Dans l'air comme dans le *duo*, le chant demande ce qu'il y a de plus animé, de plus sensible dans la scène. La raison en est évidente. Le chant est ce qu'il y a de plus varié, de plus accentué dans la musique; l'expression du sentiment ou des affections de l'ame est ce qui, dans toutes les langues, donne le plus de variété et d'accent à l'expression.

E.

École. Une *école* est une pépinière d'hommes que l'on cultive pour les besoins ou les agréments de la société. De cette définition se déduisent naturellement tous les principes de l'institution, de la distribution, de la direction des *écoles*.

Les arts de pure industrie, auxquels l'exemple seul peut servir de leçon, et dont la pratique même est l'étude, n'ont d'autre *école* que l'atelier.

Les arts dont la pratique suppose quelque talent, quelques lumières, quelques facultés précédemment acquises; ceux, par exemple, qui demandent de l'intelligence et du goût, la justesse de l'œil et l'habileté de la main, pour inventer, choisir, exécuter les formes les plus régulières, les dessins les plus élégants, les combinaisons mécaniques les plus simples, les plus solides, de l'effet le plus sûr et le plus désirable, ceux-là ont besoin d'une *école*. Mais dans cette *école* il doit y avoir des classes différentes pour les différents arts : le menuisier, le serrurier, n'est pas obligé de savoir dessiner les mêmes choses que l'orfèvre; chacun des élèves, n'ayant que son objet devant les yeux, n'en sera point distrait, et le saisira mieux et plus vîte.

Il est une éducation nécessaire à tous les états. Dans une société d'hommes libres, où presque tous les engagements se forment par écrit, le laboureur, comme l'artisan, a besoin de se rendre compte de ce qu'il a, de ce qu'il doit, de ce qui lui est dû, de ce qu'il gagne et de ce qu'il dépense, de ce qu'il donne et de ce qu'il reçoit. C'est donc un établissement nécessaire, même dans les villages, que celui d'une *école* où l'on apprenne à lire, à écrire, à calculer, mais rien de plus. J'ai ouï dire que le paysan qui savait lire en était plus insolent; cela signifie peut-être plus éclairé sur ses droits et plus ferme à les soutenir. Mais plus cette instruction sera commune, moins elle aura l'effet qu'on appréhende : c'est un don précieux que celui de la parole; et personne ne s'en glorifie ni ne songe à s'en prévaloir.

C'est une institution digne d'un siècle philosophique et d'une nation policée, que celle des *écoles* pour les enfants aveugles et pour les sourds et muets de naissance. Il est à souhaiter qu'on en réduise les exercices au nécessaire et à l'utile. Ce qu'on y donnerait à la simple curiosité serait du temps perdu et cruellement dérobé à ces jeunes infortunés que l'on se propose d'instruire. Il s'agit de leur procurer les vrais moyens d'exister doucement par l'industrie et le travail; et c'en est bien assez pour leur intelligence, sans la fatiguer vainement.

Les arts qu'on appelle libéraux ne sauraient fleurir sans *écoles*. La peinture, la sculpture, l'architecture, la musique, ont des éléments, des méthodes, des procédés, qu'il faut avoir appris. Ceci n'a pas besoin de preuve.

Dans la Grèce, chaque artiste célèbre tenait *école* dans son atelier : on s'y formait à son exemple, et il y joignait ses leçons.

En Italie, la peinture n'a été si florissante que parce qu'elle a eu des *écoles*; et de tous les peintres fameux qu'elle a produits, le Corrège est le seul qui n'ait pris les leçons et la manière d'aucun maître; mais dans un pays où un art est cultivé avec ardeur, un homme de génie n'a pas besoin de guide : son *école* est par-tout; et instruit par tous les exemples, il ne s'asservit à aucun.

En France, les arts ne prospèrent que par l'institution vraiment royale de leurs *écoles*, soit à Paris, soit au centre de l'Italie. Osons le dire, si on avait donné le même soin à cultiver, à former les talents d'un ordre encore plus élevé que ceux de la peinture, de la sculpture et de l'architecture, la France abonderait en hommes distingués dans tous les états. Les *écoles* de ces trois arts sont des modèles de l'émulation dont on pourrait animer tous les autres. Lorsque le roi de Suède vint à Paris pour la première fois, ce prince, qui voyageait en philosophe et qui observait en homme d'État, en voyant dans les salles de nos académies les chefs-d'œuvre de nos artistes, en parut vivement frappé. « Sire, lui dit le directeur de cette partie de l'administration, votre majesté va voir la source de ces richesses et le berceau de ces talents. » Alors il conduisit le roi de Suède dans un vaste salon, où deux cents jeunes élèves dessinaient autour d'un modèle; et quoique la présence d'un grand roi fût un objet d'étonnement et de distraction bien puissant sur de jeunes têtes, on assure que le profond silence qui régnait dans l'*école* ne fut point troublé, et qu'aucun des jeunes dessinateurs ne leva les yeux, que lorsque le prince daigna demander à voir leurs études.

Il est difficile d'entendre comment l'envie que l'on témoigne d'avoir en France une bonne musique ne fait pas employer, pour cet art, le seul moyen de le favoriser. C'est dans des *écoles* que l'Italie a vu se former et ses chanteurs et ses compositeurs célèbres. L'art y décline depuis que les *écoles* n'ont plus des maîtres comme *Durante* et *Porpora*. A plus forte raison ne s'élevera-t-il jamais dans un pays où, les talents étant presque abandonnés à eux-mêmes, on semble attendre de la nature et du hasard qu'ils fassent naître des musiciens et des chanteurs. (Depuis que cet article a été imprimé pour la première fois, l'*école* de musique a été établie; et le public en voit déja les fruits éclore, et en applaudit les succès.)

Un objet bien plus sérieux et bien plus important, est la culture des arts utiles et des sciences qui leur sont analogues; et à cet égard nous avons plus à nous féliciter qu'aucune nation de l'Europe. Nos *écoles* guerrières ont été ses modèles, et sont encore l'objet de son émulation. Notre *école* de chirurgie est la meilleure qui soit au monde. Celle de médecine fleurit dans plus d'une ville du royaume; cependant on y désire encore plus de sévérité dans l'admission des docteurs. Ce titre, prodigué à des ignorants, est un piége mortel pour la confiance publique, et peuple le monde d'assassins avec un brevet d'impunité.

Paris est plein d'excellents professeurs de chimie, de pharmacie, de botanique; des cours d'histoire naturelle s'y ouvrent tous les ans; et parmi la foule de ceux qui en font un objet de curiosité, il en est assez qui en font une étude plus sérieuse et plus profonde.

Les mécaniques, l'astronomie, les mathématiques en général, sont négligemment enseignées dans les *écoles* publiques; mais l'académie des sciences est comme un sanctuaire où elles se réunissent; et l'ambition d'y entrer ajoute à la lumière qu'elles répandent une chaleur qui la rend féconde.

Qu'il me soit permis de dire un mot de ce qui nous reste à souhaiter.

A Paris, où les humanités sont bonnes, elles seraient encore meilleures, si on y enseignait la langue française avec le même soin que les langues savantes ; si, en cultivant la mémoire, on s'appliquait de même à former le goût ; si l'histoire y faisait une partie des études ; si la littérature moderne s'y mêlait à l'ancienne ; si les régents des hautes classes étaient tous de la même force ; et si, du moins pour la rhétorique, on avait soin de les choisir toujours parmi les gens de lettres, éprouvés et connus par leur goût et par leurs lumières, en attachant à leurs travaux de dignes encouragements. Dans une société d'études, récemment établie sous le nom de *Lycée*, une élite de citoyens de l'un et de l'autre sexe vient de se procurer le précieux avantage d'une seconde éducation dans les lettres et dans quelques-unes des hautes sciences. On voit quel en est le succès : il est dû au choix qu'on a fait des professeurs que l'on s'est donnés, et cet exemple montre où l'on devrait les prendre pour l'éducation publique ; mais au milieu ou vers la fin de la carrière d'un homme de lettres, comment l'engager à vouloir aller se former des élèves ? Comme on engage tous les hommes à vouloir ce qu'on veut bien soi-même, par les deux grands mobiles auxquels rien ne résiste, sur-tout lorsqu'ils sont réunis.

L'éloquence, cet art qui n'a plus, il est vrai, la même influence et le même pouvoir qu'il avait autrefois dans Rome et dans Athènes, mais qui serait encore si nécessaire dans des emplois très-importants, l'éloquence est trop négligée dans nos *écoles* : l'étude du droit l'est encore plus dans l'université de Paris; et non-seulement le droit public n'a point d'*école* où soient obligés d'aller s'instruire les jeunes gens que leur naissance, leur goût, leur caractère, et la trempe de leur esprit, destine aux négociations; mais le droit civil même n'a des *écoles* qu'en apparence. L'abus énorme d'être censé présent, dès qu'en payant on a pris l'*inscription*, fait que le professeur est presque seul dans son *école*; et d'une foule de jeunes gens qui sont réputés étudier sous lui, à peine y en a-t-il un dixième qui soit assidu à l'entendre. Le reste, oisif et vagabond, achète des cahiers écrits, et, quand le temps de l'examen arrive, se fait souffler par un aggrégé la réponse à un petit nombre de questions communiquées. C'est de là cependant que sortent nos avocats et nos juges. Il en est quelques-uns qui, par des conférences et des études particulières, ont le bon esprit de suppléer à cette nullité des études publiques; mais pour le plus grand nombre le temps en est perdu, et l'émulation est anéantie.

Il n'en est pas de même des études de théologie; elles sont suivies dans la faculté de Paris avec une sévère vigilance du côté des maîtres, et autant de chaleur que d'assiduité du côté des étudiants. On les y exerce à parler d'abondance ; c'est les obliger à s'instruire. Ce qu'on appelle *licence* se fait quand l'esprit est formé. Dans la thèse appelée *majeure*, les questions purement scolastiques cèdent la place à des questions d'un ordre supérieur; et cette thèse exige des études variées et approfondies sur des objets d'une utilité et d'une importance réelle. Ainsi l'esprit se trouve habitué à l'exercice et à l'application ; et entre cinquante docteurs d'une érudition pédantesque, il en sort tous les ans au moins un petit nombre, qui, doués d'une raison saine, d'un esprit juste et méthodique, quelquefois d'une ame élevée et du génie des affaires, sont propres à remplir les fonctions qui demandent le plus de sagesse, de lumières et de talents. Qu'on suppose la même vigilance, la même suite, la même activité dans des *écoles* de droit public, de politique et d'administration ; que, pour entrer dans les premiers emplois, on ait à subir, dans ces *écoles*, des examens aussi sévères que dans les *écoles* du génie, de l'artillerie, de la marine et des ponts-et-chaussées ; alors tous les talents d'une utilité importante, également bien cultivés, fourniront avec abondance à tous les besoins de l'État. On ne sera embarrassé du choix que par la foule des hommes de mérite ; mais quand même ce serait trop présumer du génie de la nation, il serait vrai du moins, comme par-tout ailleurs, qu'il faut semer pour recueillir, et imiter les fleuristes de Hollande, qui dans un champ couvert de tulipes communes, s'il y en a seulement quelques-unes de rares, se trouvent richement payés de la culture de leur champ.

Encore un mot sur quelques défauts à corriger dans nos *écoles*. L'esprit de méthode et de suite, l'unité de principes, la liaison et l'accord, nécessaires dans le système d'une instruction progressive, exigerait que le même régent, attaché aux mêmes disciples, les suivît dans tous leurs degrés. Mais si cela n'est pas possible, au moins doit-il y avoir, entre les maîtres qui se succèdent, une grande conformité d'opinion, de goût et de doctrine; ce qu'on ne peut guère attendre que des hommes vivant ensemble sous une même discipline; et l'on trouverait cet avantage à confier l'instruction à des corps, si les corps n'avaient pas eux-mêmes beaucoup d'autres inconvénients.

Dans l'université de Paris on peut se procurer cette unité d'instruction par la facilité qu'on a de choisir de bons maîtres, et singulièrement par la capacité et par la vigilance d'un excellent recteur qui les dirige tous. Mais à cette *école* florissante on reproche encore deux abus : l'un de consumer en vacances presque la moitié de l'année; l'autre d'admettre dans les classes une trop grande inégalité.

Rien de plus commode sans doute que les congés fréquents, mais rien de plus nuisible; et le moindre mal qui s'ensuit est l'évaporation des esprits, la dissipation des idées, l'interruption de leur chaîne, la perte d'un temps précieux.

L'inégalité dont je parle s'est introduite par une fraude qu'on s'est permise imprudemment. Dans le concours des différents colléges pour disputer les prix, chacun ne songe qu'à sa propre gloire; et pour avoir des écoliers plus forts, ou l'on garde des vétérans, ou des colléges des provinces on fait venir des écoliers plus avancés qu'on ne peut l'être dans la classe où ils sont reçus : en sorte que les jeunes gens, qui n'ont fait que suivre de degré en degré le cours de leurs études, quelque application qu'ils y aient mise, et de quelque talent qu'ils soient doués, se sentent faibles, et perdent courage contre des rivaux qui ont sur eux des avantages trop marqués. Il faut absolument que cet abus cesse : sans quoi tous les fruits qu'on a eu lieu d'attendre de l'institution des prix, sont perdus pour l'émulation. (Cet abus a cessé.)

―――――

Églogue. C'est l'imitation des mœurs champêtres dans leur plus agréable simplicité. On peut considérer les bergers dans trois états : ou tels qu'on s'imagine qu'ils ont été dans l'abondance et l'égalité du premier âge, avec l'ingénuité de la nature, la douceur de l'innocence, et la noblesse de la liberté; ou tels qu'ils sont devenus, depuis que l'artifice et la force ont fait des esclaves et des maîtres, réduits à des travaux dégoûtants et pénibles, à des besoins douloureux et grossiers, à des idées basses et tristes; ou tels enfin qu'ils n'ont jamais été, mais tels qu'ils pouvaient être, s'ils avaient conservé assez long-temps leur innocence et leur loisir, pour se polir sans se corrompre, et pour étendre leurs idées sans multiplier leurs besoins. De ces trois états le premier est vraisemblable, le second est réel, le troisième est possible. Dans le premier, le soin des troupeaux, les fleurs, les fruits, le spectacle de la campagne, l'émulation dans les jeux, le charme de la beauté, l'attrait physique de l'amour, partagent toute l'attention et tout l'intérêt des bergers : une imagination riante, mais timide, un sentiment délicat, mais naïf, règnent dans tous leurs discours : rien de réfléchi, rien de raffiné; la nature enfin, mais la nature dans sa fleur : telles sont les mœurs des bergers pris dans l'état d'innocence.

Mais ce genre est peu vaste. Les poëtes, s'y trouvant à l'étroit, se sont répandus, les uns, comme Théocrite, dans l'état de grossièreté et de bassesse; les autres, comme quelques-uns des modernes, dans l'état de culture et de raffinement : les uns et les autres ont manqué d'unité dans le dessein, et ils se sont éloignés de leur but.

L'objet de la poésie pastorale me semble devoir être de présenter aux hommes l'état le plus heureux dont il leur soit permis de jouir, et de les en faire jouir en idée par le charme de l'illusion. Or l'état de grossièreté et de bassesse n'est point cet heureux état. Personne, par exemple, n'est tenté d'envier le sort de deux bergers qui se traitent de voleurs et d'infâmes. (Virg. *Egl.* 3.) D'un autre côté, l'état de raffinement et de culture ne se concilie pas assez dans notre opinion avec l'état d'innocence, pour que le mélange nous en paraisse vraisemblable. Ainsi, plus la poésie pastorale tient de la rusticité ou du raffinement, plus elle s'éloigne de son objet.

Virgile était fait pour l'orner de toutes les grâces de la nature, si, au lieu de mettre ses bergers à sa place, il se fût mis lui-même à la place de ses bergers. Mais comme presque toutes ses *églogues* sont allégoriques, le fond perce à travers le voile et en altère les couleurs. A l'ombre des hêtres on entend parler de calamités publiques, d'usurpation, de servitude : les idées de tranquillité, de liberté, d'innocence, d'égalité, disparaissent; et avec elles s'évanouit cette douce illusion, qui, dans le dessein du poëte, devait faire le charme de ses pastorales.

« Il imagina des dialogues allégoriques entre des bergers, afin de rendre ses pastorales plus intéressantes, » a dit l'un des traducteurs de Virgile. Mais ne confondons pas l'intérêt relatif et passager des allusions, avec l'intérêt essentiel et durable de la chose. Il arrive quelquefois que ce qui a produit l'un pour un temps, nuit dans tous les temps à l'autre. Il ne faut pas douter, par exemple, que la composition de ces tableaux où l'on voit l'enfant Jésus caressant un moine, n'ait été ingénieuse et intéressante pour ceux à qui ces tableaux étaient destinés. Le moine n'en est pas moins ridiculement placé dans ces peintures allégoriques.

Rien de plus délicat, de plus ingénieux, que les *églogues* de quelques-uns de nos poëtes : l'esprit y est employé avec tout l'art qui peut le déguiser. On ne sait ce qui manque à leur style pour être naïf; mais on sent bien qu'il ne l'est pas : cela vient de ce que leurs bergers pensent au lieu de sentir, et analysent au lieu de peindre.

Tout l'esprit de l'*églogue* doit être en sentiments et en images : on ne veut voir dans les bergers que des hommes bien organisés par la nature, et à qui l'art n'ait point appris à composer et à décomposer leurs idées. Ce n'est que par les sens qu'ils sont instruits et affectés; et leur langage doit être comme le miroir où ces impressions se retracent. C'est là le mérite dominant des *églogues* de Virgile.

Ite, meæ, felix quondam pecus, ite, capellæ.
Non ego vos posthac, viridi projectus in antro,
Dumosá pendere procul de rupe videbo (1).

---

(1) « Allez, mes chèvres, allez, troupeau jadis heureux. Je ne vous verrai plus, tranquillement couché dans une grotte de verdure, je ne vous verrai plus loin de moi suspendues au bord d'un rocher buissonneux. »

Fortunate senex, hîc inter flumina nota,
Et fontes sacros, frigus captabis opacum (1).

« Comme on suppose ses acteurs, a dit La Motte en parlant de l'*églogue*, dans cette première ingénuité que l'art et le raffinement n'avaient point encore altérée, ils sont d'autant plus touchants, qu'ils sont plus émus et qu'ils raisonnent moins..... Mais qu'on y prenne garde : rien n'est souvent si ingénieux que le sentiment; non pas qu'il soit jamais recherché, mais parce qu'il supprime tout raisonnement. » Cette réflexion est très-fine et très-séduisante. Essayons d'y démêler le vrai. Le sentiment franchit le milieu des idées ; mais il embrasse des rapports plus ou moins éloignés, suivant qu'ils sont plus ou moins connus : et ceci dépend de la réflexion et de la culture.

> Je viens de la voir : qu'elle est belle!
> Vous ne sauriez trop la punir. (Quinault.)

Ce passage est naturel dans le langage d'un héros; il ne le serait pas dans celui d'un berger.

Un berger ne doit apercevoir que ce qu'aperçoit l'homme le plus simple, sans réflexion et sans effort. Il est éloigné de sa bergère, il voit préparer des jeux, et il s'écrie :

---

(1) « O fortuné vieillard, vivant ici au milieu de ces fleuves célèbres et de ces fontaines sacrées, vous goûterez paisiblement la fraîcheur d'un ombrage épais. »

> Quel jour ! quel triste jour ! et l'on songe à des fêtes !
> (Fontenelle.)

Il croit toucher au moment où de barbares soldats vont arracher ses plants; et il se dit à lui-même.

> *Insere nunc, Melibœe, pyros; pone ordine vites* (1).
> (Virgile.)

La naïveté n'exclut pas la délicatesse : celle-ci consiste dans la sagacité du sentiment, et la nature la donne. Un vif intérêt rend attentif aux plus petites choses;

> Rien n'est indifférent à des cœurs bien épris.
> (Fontenelle.)

Et comme les bergers ne sont guère occupés que d'un objet, ils doivent naturellement s'y intéresser davantage. Ainsi la délicatesse du sentiment est essentielle à la poésie pastorale. Un berger remarque que sa bergère veut qu'il l'aperçoive lorsqu'elle se cache.

> *Et fugit ad salices, et se cupit antè videri* (2).

Il observe l'accueil qu'elle fait à son chien et à celui de son rival.

> L'autre jour sur l'herbette
> Mon chien vint te flatter;

---

(1) « A-présent, Mélibée, va te donner la peine de planter des poiriers et d'aligner des vignes. »

(2) « Elle s'enfuit parmi les saules; et en se cachant elle veut qu'on la voie. »

D'un coup de ta houlette
Tu sus bien l'écarter.
Mais quand le sien, cruelle,
Par hasard suit tes pas,
Par son nom tu l'appelle.
Non, tu ne m'aimes pas.

Combien de circonstances délicatement saisies dans ce reproche ! C'est ainsi que *les bergers doivent développer tout leur cœur et tout leur esprit sur la passion qui les occupe davantage*. Mais la liberté que leur en donne La Motte, ne doit pas s'étendre plus loin.

On demande quel est le degré de sentiment dont l'*églogue* est susceptible, et quelles sont les images dont elle aime à s'embellir.

L'abbé Desfontaines nous dit, en parlant des mœurs pastorales de l'ancien temps : « Le berger n'aimait pas plus sa bergère que ses brebis, ses pâturages, et ses vergers..... et quoiqu'il y eût alors, comme aujourd'hui, des jaloux, des ingrats, des infidèles, tout cela se pratiquait au moins modérément. » Il assure de même ailleurs, « que l'hyperbolique est l'ame de la poésie... que l'amour est fade et doucereux dans la *Bérénice* de Racine..... qu'il ne serait pas moins insipide dans le genre pastoral..... et qu'il ne doit y entrer qu'indirectement et en passant, de peur d'affadir le lecteur. » Tout cela prouve que la nature et l'art étaient pour Desfontaines comme des pays inconnus.

Ce n'est pas ainsi que Fontenelle et que La Motte son disciple ont parlé de la pastorale. « Les hommes, dit le premier, veulent être heureux, et ils voudraient l'être à peu de frais. Il leur faut quelque mouvement, quelque agitation; mais un mouvement et une agitation qui s'ajuste, s'il se peut, avec la sorte de paresse qui les possède; et c'est ce qui se trouve le plus heureusement du monde dans l'amour, pourvu qu'il soit pris d'une certaine façon. Il ne doit pas être ombrageux, jaloux, furieux, désespéré; mais tendre, simple, délicat, fidèle, et, pour se conserver dans cet état, accompagné d'espérance : alors on a le cœur rempli, et non pas troublé, etc. »

« Nous n'avons que faire, dit La Motte, de changer nos idées pour nous mettre à la place des bergers amants... et à la scène et aux habits près, c'est notre portrait même que nous voyons. Le poëte pastoral n'a donc pas de plus sûr moyen de plaire, que de peindre l'amour, ses désirs, ses emportements, et même son désespoir. Car je ne crois pas cet excès opposé à l'*églogue : et quoique ce soit le sentiment de M. de Fontenelle, que je regarderai toujours comme mon maitre, je fais gloire encore d'être son disciple dans la grande leçon d'examiner, et de ne souscrire qu'à ce qu'on voit.* » Nous citons ce dernier trait pour donner aux gens de lettres un exemple de noblesse et d'honnêteté dans la dispute. Examinons à notre tour lequel de ces deux sentiments doit prévaloir.

Que les emportements de l'amour soient dans le caractère des bergers pris dans l'état d'innocence, c'est ce qu'il serait trop long d'approfondir : il faudrait pour cela distinguer les purs mouvements de la nature, des écarts de l'opinion et des raffinements de la vanité. Mais en supposant que l'amour, dans son principe naturel, soit une passion fougueuse et cruelle dans ses accès; n'est-ce pas perdre de vue l'objet de l'*églogue*, que de présenter les bergers dans ces violentes situations? La maladie et la pauvreté affligent les bergers comme le reste des hommes; cependant on écarte ces tristes images de la peinture de leur vie. Pourquoi? parce qu'on se propose de peindre un état heureux. La même raison doit exclure du tableau de la vie champêtre les orages des passions. Si l'on veut peindre des hommes furieux et coupables, pourquoi les chercher dans les hameaux? pourquoi donner le nom d'*églogue* à des scènes de tragédie? Chaque genre a son degré d'intérêt et de pathétique : celui de l'*églogue* ne doit être qu'une douce émotion. Est-ce à dire pour cela qu'on ne doive introduire sur la scène que des bergers heureux et contents? Non : l'amour des bergers a ses inquiétudes; leur ambition a ses revers. Une bergère absente ou infidèle, un loup qui enlève une brebis chérie, sont des objets de tristesse et de douleur pour un berger. Mais dans ses malheurs même on admire la douceur de son état. Qu'il est heureux, dira un courtisan, de ne souhaiter qu'un beau jour! Qu'il est heureux, dira un plaideur, de n'avoir que des loups à craindre! Qu'il est heureux, dira un souverain, de n'avoir que des moutons à garder!

Virgile a un exemple admirable du degré de chaleur auquel peut se porter l'amour, sans altérer la douce simplicité de la poésie pastorale. C'est dommage que cet exemple ne soit pas honnête à citer.

L'amour a toujours été la passion dominante de l'*églogue*, par la raison qu'elle est la plus naturelle aux hommes, et la plus familière aux bergers. Les anciens n'ont peint de l'amour que le physique : sans doute en étudiant la nature, ils n'y ont trouvé rien de plus. Les modernes y ont ajouté tous ces raffinements subtils que la fantaisie des hommes a inventés pour leur supplice; et il est au moins douteux que la poésie ait gagné à ce mélange. Quoi qu'il en soit, la froide galanterie n'aurait dû jamais y prendre la place d'un sentiment naïf et tendre; et je la crois incompatible avec le naturel et l'ingénuité de l'*églogue*. Passons au choix des images.

Tous les objets que la nature peut offrir aux yeux des bergers sont du genre de l'*églogue*. Mais La Motte a raison de dire que, *quoique rien ne plaise que ce qui est naturel, il ne s'ensuit pas que tout ce qui est naturel doive plaire*. Sur le principe déja posé que l'*églogue* est le tableau d'une condition digne d'envie, tous les traits qu'elle présente doivent concourir à former ce tableau. De là vient que les images grossières ou purement rustiques doivent en être bannies; de là vient que les bergers ne doivent pas dire, comme dans Théocrite : *Je hais les renards qui mangent les figues, je hais les escarbots qui mangent les raisins, etc.*; de là vient que les pêcheurs de Sannazar sont d'une invention malheureuse; la vie des pêcheurs n'offre que l'idée du travail, de l'impatience, et de l'ennui. Il n'en est pas de même de la condition des laboureurs : leur vie, quoique pénible, présente l'image de la gaieté, de l'abondance, et du plaisir. Le bonheur n'est incompatible qu'avec un travail ingrat et forcé : la culture des champs, l'espérance des moissons, la récolte des grains, les repas, la retraite, les danses des moissonneurs, présentent des tableaux aussi riants que les troupeaux et les prairies. Ces deux vers de Virgile en sont un exemple :

Thestylis et rapido fessis messoribus æstu,
Allia serpyllumque herbas contundit olentes.

Qu'on introduise avec art sur la scène des bergers et des laboureurs, on verra quel agrément et quelle variété peuvent naître de ce mélange.

Mais quelque art qu'on emploie à embellir et à varier l'*églogue*, sa chaleur douce et tempérée ne peut soutenir long-temps une action intéressante. *Voyez* Pastorale. L'action de l'*églogue*, pour être vive, ne doit avoir qu'un moment. La passion seule peut nourrir un long intérêt : il se refroidit s'il n'augmente. Or l'intérêt ne peut augmenter à un certain point, sans sortir du genre de l'*églogue*, qui de sa nature n'est susceptible ni de terreur, ni de pitié.

Tout poëme sans dessein est un mauvais poëme. La Motte, pour le dessein de l'*églogue*, veut qu'on choisisse d'abord une vérité digne d'intéresser le cœur et de satisfaire l'esprit, et qu'on imagine ensuite une conversation de bergers, ou un événement pastoral où cette vérité se développe. Je tombe d'accord avec lui que, suivant ce dessein, on peut faire une *églogue* excellente, et que ce développement d'une vérité particulière serait un mérite de plus. Cependant il me semble qu'une moralité générale doit suffire au dessein et à l'intérêt de l'*églogue*. Cette moralité consiste à faire sentir l'avantage d'une vie douce, tranquille, et innocente, telle qu'on peut la goûter en se rapprochant de la nature, sur une vie mêlée de trouble, d'amertume, et d'ennuis, telle que l'homme l'éprouve depuis qu'il s'est forgé de vains désirs, des intérêts chimériques, et des besoins factices. C'est ainsi sans doute que Fontenelle a envisagé le dessein moral de l'*églogue*, lorsqu'il en a banni les passions funestes; et si La Motte avait saisi ce principe, il n'eût proposé, ni de peindre dans ce poëme les emportements de l'amour, ni d'en faire aboutir l'action à quelque vérité cachée.

Mais l'*églogue*, en changeant d'objet, ne pourrait-elle pas changer aussi de genre? On ne l'a considérée jusqu'ici que comme le tableau d'une condition digne d'envie; ne pourrait-elle pas être aussi la peinture d'un état digne de pitié? en serait-elle moins utile ou moins intéressante? Elle peindrait d'après nature des mœurs agrestes et de tristes objets; mais ces images, vivement exprimées, n'auraient-elles pas leur beauté, leur pathétique, et sur-tout leur bonté morale? Ceux qui penchent pour ce genre naturel et vrai, se fondent sur ce principe, que tout ce qui est beau en peinture, doit l'être en poésie; et que les paysans de Berghem valent bien les bergers de Pater et les galants de Vateau. Ils en concluent que Colin et Colette, Mathurin et Claudine sont des personnages aussi dignes de l'*églogue*, dans la rusticité de leurs mœurs et la misère de leur état, que Daphnis et Timarète, Aminthe et Licidas, dans leur noble simplicité et dans leur aisance tranquille. Le premier genre sera triste : mais la tristesse et l'agrément ne sont point incompatibles; et la rusticité même a sa noblesse et sa dignité naturelle. Ce genre, dit-on, manquerait de délicatesse et d'élégance. Pourquoi? Les paysans de La Fontaine ne parlent-ils pas le langage de la nature, et ce langage n'a-t-il point une élégante simplicité? Il n'y a qu'une sorte d'objets qui soient absolument bannis de la poésie comme de la peinture : ce sont les objets dégoûtants; et les détails de la vie rustique ne le seraient jamais, si on savait bien les choisir. Qu'une bonne paysanne, reprochant à ses enfants leur lenteur à puiser de l'eau et à allumer du feu pour préparer le repas de leur père, leur dise : « Savez-vous, mes enfants, que, dans ce moment même, votre père, courbé sous le poids du jour, force une terre ingrate à produire de quoi vous nourrir? Vous le verrez revenir ce soir accablé de fatigue; dégouttant de sueur; etc. » cette *églogue* ne sera-t-elle pas aussi touchante que naturelle?

L'*églogue* est un récit, ou un entretien, ou un mélange de l'un et de l'autre : dans tous les cas elle doit être absolue dans son plan, c'est-à-dire ne laisser rien à désirer dans son commencement, dans son milieu, ni dans sa fin : règle contre laquelle pèche toute *églogue* dont les personnages ne savent à quel propos ils commencent, ils continuent, ou ils finissent de parler. *Voyez* Dialogue.

Dans l'*églogue* en récit, ou c'est le poëte, ou c'est l'un de ses bergers qui raconte. Si c'est le poëte, il lui est permis de donner à son style un peu plus d'élégance et d'éclat; mais il n'en doit prendre les ornements que dans les mœurs et les objets champêtres : il ne doit être lui-même que le mieux instruit et le plus ingénieux des bergers. Si c'est un berger qui raconte, le style et le ton de l'*églogue* en récit ne diffèrent en rien du style et du ton de l'*églogue* en dialogue. Dans l'une et l'autre ce doit être un tissu d'images familières, mais choisies, c'est-à-dire ou gracieuses ou touchantes : c'est là ce qui met les pastorales anciennes si fort au-dessus des modernes. Il n'est point de galerie si vaste, qu'un peintre habile ne pût orner avec une seule des *églogues* de Virgile.

C'est une erreur assez généralement répandue, que le style figuré n'est point naturel ; en attendant que j'essaie de la détruire, relativement à la poésie en général (*Voyez* IMAGE), je vais la combattre en peu de mots à l'égard de la poésie champêtre. Non-seulement il est dans la nature que le style des bergers soit figuré, mais il est contre toute vraisemblance qu'il ne le soit pas. Employer le style figuré, c'est, à-peu-près, comme Lucain l'a dit de l'Écriture,

> Donner de la couleur et du corps aux pensées ;

et c'est ce que fait naturellement un berger. Un ruisseau serpente dans la prairie ; le berger ne pénètre point la cause physique de ses détours : mais attribuant au ruisseau un penchant analogue au sien, il se persuade que c'est pour caresser les fleurs et couler plus long-temps autour d'elles, que le ruisseau s'égare et prolonge son cours. Un berger sent épanouir son ame au retour de sa bergère : les termes abstraits lui manquent pour exprimer ce sentiment; il a recours aux images sensibles : l'herbe que ranime la rosée, la nature renaissante au lever du soleil, les fleurs écloses au premier souffle du zéphir, lui prêtent les couleurs les plus vives pour exprimer ce qu'un métaphysicien aurait bien de la peine à rendre. Telle est l'origine du langage figuré, le seul qui convienne à la pastorale, par la raison qu'il est le seul que la nature ait enseigné.

Cependant, autant que des images détachées sont naturelles dans ce style, autant une allégorie continue y paraîtrait artificielle. La comparaison même ne convient à l'*églogue* que lorsqu'elle semble se présenter sans qu'on la cherche, et dans des moments de repos. De là vient que celle-ci manque de naturel, employée comme elle est dans une situation qui ne permet pas de parcourir tous ces rapports.

Nec lacrymis crudelis amor, nec gramina rivis,
Nec cytiso saturantur apes, nec fronde capellæ (1).

Le dialogue est une partie essentielle de l'*églogue* : mais comme il a les mêmes règles dans tous les genres de poésie, *voyez* DIALOGUE.

---

(1) « Ni le cruel amour ne se rassasie de larmes; ni les ruisseaux, de gazon; ni les abeilles, de fleurs; ni les chèvres, de feuillage. » (Je traduis mot à mot ce que je ne saurais rendre avec la grâce du vers latin.)

ÉLÉGANCE. Celle du style suppose la correction, la justesse, la pureté de la diction, c'est-à-dire la fidélité la plus sévère aux règles de la langue, au sens de la pensée, aux lois de l'usage et du goût : mais tout cela contribue à l'*élégance*, et n'y suffit pas. Elle exige encore une liberté noble, un air facile et naturel, qui, sans nuire à la correction, déguise l'étude et la gêne. Le style de Despréaux est correct ; celui de Racine et de Quinault est *élégant*. « L'*élégance* consiste, dit l'auteur des *Synonymes français*, dans un tour de pensée noble et poli, rendu par des expressions châtiées, coulantes, et gracieuses à l'oreille. » Disons mieux : c'est la réunion de toutes les grâces du style ; et c'est par là qu'un ouvrage relu sans cesse, est sans cesse nouveau.

La langueur et la mollesse du style sont les écueils voisins de l'*élégance* ; et parmi ceux qui la recherchent, il en est peu qui les évitent : pour donner de l'aisance à l'expression, ils la rendent faible et diffuse ; leur style est poli, mais efféminé. La première cause de cette faiblesse est dans la manière de concevoir et de sentir. Tout ce qu'on peut exiger de l'*élégance*, c'est de ne pas énerver le sentiment ou la pensée ; mais on ne doit pas s'attendre qu'elle donne de la chaleur ou de la force à ce qui n'en a pas.

Le point essentiel et difficile est de concilier

l'*élégance* avec le naturel. L'*élégance* suppose le choix de l'expression : or le moyen de choisir, quand l'expression naturelle est unique? le moyen d'accorder cette vérité, ce naturel, avec toutes les convenances des mœurs, de l'usage, et du goût; avec ces idées factices de bienséance et de noblesse, qui varient d'un siècle à l'autre, et qui font loi dans tous les temps? comment faire parler naturellement un villageois, un homme du peuple, sans blesser la délicatesse d'un homme poli, cultivé?

C'est là sans doute une des plus grandes difficultés de l'art, et peu d'écrivains ont su la vaincre. Toutefois il y en a deux moyens : le choix des idées et des choses, et le talent de placer les mots. Le style n'est le plus souvent bas et commun que par les idées. Dire comme tout le monde ce que tout le monde a pensé, ce n'est pas la peine d'écrire : vouloir dire des choses communes d'une façon nouvelle et qui n'appartienne qu'à nous, c'est courir le risque d'être précieux, affecté, peu naturel : dire des choses que nous avons tous confusément dans l'ame, mais que personne n'a pris soin encore de démêler, d'exprimer, de placer à propos, les dire dans les termes les plus simples et en apparence les moins recherchés, c'est le moyen d'être à-la-fois naturel et ingénieux.

Le sage est ménager du temps et des paroles.

Qui ne l'eût pas dit comme La Fontaine? Qui n'eût pas dit comme lui,

> Qu'un ami véritable est une douce chose!
> Il cherche vos besoins au fond de votre cœur.

ou plutôt qui l'eût dit avec cette vérité si touchante?

Le moyen le plus sûr d'avoir un style à soi, ce serait de s'exprimer comme la nature; et le poëte que je viens de citer en est la preuve et l'exemple : mais si *le vrai seul est aimable*, il faut avouer qu'il ne l'est pas toujours. Il est donc important de choisir dans la nature des détails dignes de plaire, et dont l'expression naïve et simple n'ait rien de grossier ni de bas : par exemple, tout ce qu'on peint des mœurs des villageois doit être vrai sans être dégoûtant; et il y a moyen de donner à ces détails de la grâce et de la noblesse.

Il en est du moral comme du physique; et si la nature est choisie avec goût, les mots qui doivent l'exprimer seront décents et gracieux comme elle. L'art de placer, d'assortir les mots, de les relever l'un par l'autre, de ménager à celui qui manque de clarté, de couleur, de noblesse, le reflet d'un terme plus noble, plus lumineux, plus coloré; cet art, dis-je, ne peut se prescrire; c'est l'étude et l'exercice qui le donnent, secondés du talent, sans lequel l'exemple est infructueux, et le travail même inutile.

Mais si le sujet présente inévitablement des objets rebutants ou ingrats à décrire, quelle sera, pour être élégant, la ressource de l'écrivain? Fléchier va vous l'apprendre dans la description qu'il fait d'un hôpital. (*Oraison funèbre de la Reine.*) « Voyons-la, dit-il, dans ces hôpitaux où elle pratiquait ses miséricordes publiques; dans ces lieux où se ramassent toutes les infirmités et tous les accidents de la vie humaine; où les gémissements et les plaintes de ceux qui souffrent, remplissent l'ame d'une tristesse importune; où l'odeur qui s'exhale de tant de corps languissants, porte dans le cœur de ceux qui les servent le dégoût et la défaillance; où l'on voit la douleur et la pauvreté exercer à l'envi leur funeste empire; et où l'image de la misère et de la mort entre presque par tous les sens. »

Dans ce tableau, chaque trait présente une image affligeante, un sentiment pénible; et rien n'y est rebutant; et tout y est ennobli par le choix de l'expression.

On demande pourquoi il est des auteurs dont le style a moins vieilli que celui de leurs contemporains; en voici la cause. Il est rare que l'usage retranche d'une langue les termes qui réunissent l'harmonie, le coloris, et la clarté; quoique bizarre dans ses décisions, l'usage ne laisse pas de prendre assez souvent conseil de l'esprit, et sur-tout de l'oreille; on peut donc compter assez sur le pouvoir du sentiment et de la raison, pour garantir qu'à mérite égal, celui des écrivains qui, dans le choix des termes, aura le plus d'égard à la clarté, au coloris, à l'harmonie, sera celui qui vieillira le moins.

Un sort opposé attend ces écrivains qui s'empressent à saisir les mots dès qu'ils viennent d'éclore et avant même qu'ils soient reçus. Ces mots que la Bruyère appelle *aventuriers*, qui font d'abord quelque fortune dans le monde, et qui s'éclipsent au bout de six mois, sont, dans le style comme dans les tableaux, ces couleurs brillantes et fragiles, qui, après nous avoir séduits quelque temps, noircissent et font une tache. Le secret de Pascal est d'avoir bien choisi ses couleurs.

Le dictionnaire d'un écrivain, ce sont les poëtes, les historiens, les orateurs qui ont excellé dans l'art d'écrire. C'est là qu'il doit étudier les finesses, les délicatesses, les richesses de sa langue; non pas à mesure qu'il en a besoin, mais avant de prendre la plume; non pas pour se faire un style des débris de leurs phrases et de leurs vers mutilés, mais pour saisir avec précision le sens des termes et leurs rapports, leur opposition, leur analogie, leur caractère et leurs nuances, l'étendue et les limites des idées qu'on y attache, l'art de les placer, de les combiner, de les faire valoir l'un par l'autre, en un mot, d'en former un tissu où la nature vienne se peindre comme sur la toile, sans que l'art paraisse y avoir mis la main. Pour cela ce n'est pas assez d'une lecture indolente et superficielle, il faut une étude sérieuse et profondément réfléchie. Cette étude serait pénible autant qu'ennuyeuse, si elle était isolée; mais en étudiant les modèles, on étudie tout l'art à-la-fois; et ce qu'il y a de sec et d'abstrait s'apprend sans qu'on s'en aperçoive, dans le temps même qu'on admire ce qu'il y a de plus ravissant.

Je finis cet article par un passage de Cicéron sur le soin que doit prendre et l'orateur et l'écrivain de réunir la force des pensées avec l'élégance du style. *Quemadmodum qui utuntur armis aut palestrâ, non solum sibi vitandi aut feriendi rationem esse habendam putant, sed etiam ut cum venustate moveantur; sic verbis quidem ad aptam compositionem et decentiam, sententiis vero ad gravitatem orationis utatur.* « Le gladiateur et l'athlète ne s'exercent pas seulement à parer et à frapper avec adresse, mais à se mouvoir avec grâce. C'est ainsi que dans le discours il faut s'occuper en même temps à donner du poids aux pensées, de l'agrément et de la décence à l'élocution. »

ÉLÉGIAQUE. Qui appartient à l'élégie. Les anciens écrivaient l'élégie en vers hexamètres et pentamètres, mêlés alternativement; et le pentamètre s'appelait *Élégiaque.*

Arma, gravi numero, violentaque bella parabam
   Edere, materiá conveniente modis.
Par erat inferior versus : risisse Cupido
   Dicitur, atque unum subripuisse pedem.
              (Ovid. Am. lib. 1. el. 1.)

Mais comment cette mesure pouvait-elle peindre également deux affections de l'ame opposées, comme la joie et la tristesse? C'est ce qui est encore sensible pour nos oreilles, malgré l'altération de la prosodie latine dans notre prononciation.

La tristesse et la joie ont cela de commun, que leurs mouvements sont inégaux et fréquemment interrompus; l'une et l'autre suspendent la respiration, coupent la voix, rompent la mesure; l'une s'affaiblit, expire, et tombe; l'autre s'anime, tressaille, et s'élance. Or le pentamètre a cette propriété, que la mesure en est deux fois rompue, car ce vers n'est que l'hexamètre, auquel on a retranché deux demi-pieds, l'un à l'hémistiche, l'autre à la fin du vers; et c'est ce qui a fait dire à Ovide, que l'Amour, en riant, avait dérobé une mesure au vers *élégiaque; unum subripuisse pedem.* Si donc ces deux ruptures du pentamètre peuvent, au gré de l'expression, et comme il est aisé de le sentir, être des chûtes ou des élans, ce vers doit être également docile à peindre les mouvements de la tristesse et de la joie. Mais comme dans la nature les mouvements de l'une et de l'autre ne sont pas aussi fréquemment interrompus que ceux du vers pentamètre, on y a joint, pour les suspendre et les soutenir, la mesure pleine et continue de l'hexamètre; de là le mélange alternatif de ces deux vers dans l'élégie.

Cependant le pathétique en général se peint encore mieux dans le vers ïambe, dont la mesure simple et variée approche de la nature, autant que l'art du vers peut en approcher; et il est vraisemblable que, si l'ïambe n'a pas eu la préférence dans la poésie *élégiaque* comme dans la poésie dramatique, c'est que l'élégie était mise en chant.

Quintilien regarde Tibulle comme le premier des poëtes *élégiaques;* mais il ne parle que du style : *Mihi tersus atque elegans maximè videtur.* Pline le jeune préfère Catulle, sans doute pour des élégies qui ne sont point parvenues jusqu'à nous. Ce que nous connaissons de lui de plus délicat et de plus touchant, ne peut guère être mis que dans la classe des madrigaux. *Voyez* Madrigal. Nous n'avons d'élégies de Catulle, que quelque vers à Ortalus sur la mort de son frère; la chevelure de Bérénice, élégie faible, imitée de Callimaque; une épître à Mallius, où sa douleur, sa reconnaissance, et ses amours sont comme entrelacés de l'histoire de Laodamie, avec assez peu d'art et de goût; enfin l'aventure d'Ariane et de Thésée, épisode enchâssé dans son poëme sur les noces de Thétis, contre toutes les règles de l'ordonnance, des proportions, et du dessein. Tous ces morceaux sont des modèles du style *élégiaque;* mais par le fond des choses, ils ne méritent pas même, à mon avis, que l'on nomme Catulle à côté de Tibulle et de Properce ; aussi l'abbé Souchai ne l'a-t-il pas compté parmi les *élégiaques* latins. (*Mém. de l'acad. des Inscriptions et Belles-Lettres, tome* 7.) Mais il prétend que Tibulle est le seul qui ait connu et exprimé parfaitement le vrai caractère de l'élégie, en quoi je prends la liberté de n'être pas de son avis, plus éloigné encore du sentiment de ceux qui donnent la préférence à Ovide. (*Voyez* ÉLÉGIE.) Le seul avantage qu'Ovide ait sur ses rivaux, est celui de l'invention; car ils n'ont fait le plus souvent qu'imiter les Grecs, tels que Mimnerme et Callimaque. Mais Ovide, quoiqu'inventeur, avait pour guides et pour exemples ses rivaux Tibulle et Properce, qui venaient d'écrire avant lui.

Si l'on demande quel est l'ordre dans lequel ces poëtes se sont succédé, il est marqué dans ces vers d'Ovide. *Trist. lib.* 4. *Eleg.* 10.

> .... *Nec amara Tibullo*
> *Tempus amicitiæ fata dedére meæ.*
> *Successor fuit hic tibi, Galle; Propertius, illi.*
> *Quartus ab his serie temporis ipe fui* (1).

---

(1) « Les sévères destinées ne donnèrent pas à Tibulle le temps de jouir de mon amitié. Gallus lui succéda, et Properce à Gallus. Je suis venu le quatrième. »

Il ne nous reste rien de ce Gallus; mais si c'est le même que le Gallus ami de Properce, il a dû être le plus véhément de tous les poëtes *élégiaques*, comme il a été le plus dur, au jugement de Quintilien.

<hr />

Élégie. Dans sa simplicité touchante et noble, elle réunit tout ce que la poésie a de charmes, l'imagination et le sentiment. C'est cependant, depuis la renaissance des lettres, l'un des genres de poésie qu'on a le plus négligé; on y a même attaché l'idée d'une tristesse fade; soit qu'on ne distingue pas assez la tendresse de la fadeur, soit que les poëtes, sur l'exemple desquels cette opinion s'est établie, aient pris eux-mêmes le style doucereux pour le style tendre.

Il n'est donc pas inutile de développer ici le caractère de l'*élégie*, d'après les modèles de l'antiquité.

Comme les froids législateurs de la poésie n'ont pas jugé l'*élégie* digne de leur sévérité, elle jouit encore de la liberté de son premier âge. Grave ou légère, tendre ou badine, passionnée ou tranquille, riante ou plaintive à son gré, il n'est point de ton, depuis l'héroïque jusqu'au familier, qu'il ne lui soit permis de prendre. Properce y a décrit en passant la formation de l'univers; Tibulle, les tourments du Tartare : l'un et l'autre en ont fait des tableaux dignes tour-à-tour de Raphaël.

du Corrège, et de l'Albane. Ovide ne cesse d'y jouer avec les flèches de l'Amour.

Cependant, pour en déterminer le caractère par quelques traits particuliers, je la diviserai en trois genres, le passionné, le tendre, et le gracieux.

Dans tous les trois elle prend également le ton de la douleur et de la joie; car c'est sur-tout dans l'*élégie* que l'Amour est un enfant qui pour rien s'irrite ou s'appaise, qui pleure et rit en même temps. Par la même raison, le tendre, le passionné, le gracieux, ne sont pas des genres incompatibles dans l'*élégie* amoureuse; mais dans leur mélange il y a des nuances, des passages, des gradations à ménager. Dans la même situation où l'on dit *Torqueor, infelix!* on ne doit pas comparer la rougeur de sa maîtresse convaincue d'infidélité, à *la couleur du ciel, au lever de l'aurore, à l'éclat des roses parmi les lys, etc.* (Ovid. *Amor. lib.* 2. *El.* 5.) Au moment où l'on crie à ses amis : *Enchaînez-moi, je suis un furieux, j'ai battu ma maîtresse,* on ne doit penser *ni aux fureurs d'Oreste, ni à celles d'Ajax.* (Ibid. *lib.* 1. *El.* 7.) Que ces écarts sont bien plus naturels dans Properce! *On m'enlève ce que j'aime,* dit-il à son ami, *et tu me défends les larmes ! Il n'y a d'injures sensibles qu'en amour... C'est par-là qu'ont commencé les guerres, c'est par-là que Troie a péri... Mais pourquoi recourir à l'exemple des Grecs? c'est toi, Romulus, qui nous as donné celui du crime; en enlevant les Sabines, tu appris à tes neveux à nous enlever nos amantes, etc.* (*Liv.* 2. *El.* 7.)

En général, le sentiment domine dans le genre passionné, c'est le caractère de Properce; l'imagination domine dans le gracieux, c'est le caractère d'Ovide. Dans le premier, l'imagination modeste et soumise, ne se joint au sentiment que pour l'embellir, et se cache en l'embellissant, *subsequiturque.* Dans le second, le sentiment humble et docile ne se joint à l'imagination que pour l'animer, et se laisse couvrir des fleurs qu'elle répand à pleines mains. Un coloris trop brillant refroidirait l'un, comme un pathétique trop fort obscurcirait l'autre. La passion rejette la parure des grâces, les grâces sont effrayées de l'air sombre de la passion; mais une émotion douce ne les rend que plus touchantes et plus vives; c'est ainsi qu'elles règnent dans l'*élégie* tendre, et c'est le genre de Tibulle.

C'est pour avoir donné à un sentiment faible le ton du sentiment passionné, que l'*élégie* est devenue fade. Rien n'est plus insipide qu'un désespoir de sang-froid. On a cru que le pathétique était dans les mots; il est dans les tours et dans les mouvements du style. Ce regret de Properce après s'être éloigné de Cinthie,

Nonne fuit meliùs dominæ pervincere mores (1)?

---

(1) « N'eût-il pas mieux valu tâcher de vaincre les caprices de ma maîtresse ? »

ce regret, dis-je, serait froid; mais combien la réflexion l'anime!

Quamvis dura, tamen rara puella fuit (1).

C'est une étude bien intéressante que celle des mouvements de l'ame dans les *élégies* de ce poëte et de Tibulle son rival. *Je veux*, dit Ovide, *que quelque jeune homme, blessé des mêmes traits que moi, reconnaisse dans mes vers tous les signes de sa flamme, et qu'il s'écrie, après un long étonnement: Qui peut avoir appris à ce poëte à si bien peindre mes malheurs?* C'est la règle générale de la poésie pathétique. Ovide la donne; Tibulle et Properce la suivent, et la suivent bien mieux que lui.

Quelques poëtes modernes se sont persuadés que l'*élégie* plaintive n'avait pas besoin d'ornements: non, sans doute, lorsqu'elle est passionnée. Une amante éperdue n'a pas besoin d'être parée pour attendrir en sa faveur; son désordre, son égarement, la pâleur de son visage, les ruisseaux de larmes qui coulent de ses yeux, sont les armes de sa douleur, et c'est avec ces traits que la pitié nous pénètre. Il en est ainsi de l'*élégie* passionnée.

Mais une amante qui n'est qu'affligée doit réunir, pour nous émouvoir, tous les charmes de la beauté, la parure, ou plutôt le négligé des

---

(1) « Malgré toute sa cruauté, Cinthie était une fille rare. »

grâces. Telle doit être l'*élégie* tendre, semblable à Corine au moment de son réveil :

> *Sæpè etiam, nondùm digestis manè capillis,*
> *Purpureo jacuit semisupina thoro;*
> *Tumque fuit neglecta decens.*

Un sentiment tranquille et doux, tel qu'il règne dans l'*élégie* tendre, a besoin d'être nourri sans cesse par une imagination vive et féconde. Qu'on se figure une personne triste et rêveuse, qui se promène dans une campagne, où tout ce qu'elle voit lui rappelle ce qui l'intéresse, et l'y ramène à chaque instant : telle est, dans l'*élégie* tendre, la situation de l'ame, à l'égard de l'imagination. Quels tableaux ne se fait-on pas dans ces douces rêveries ? *Tantôt on croit voyager sur un vaisseau avec ce que l'on aime; on est exposé à la même tempête; on dort sur le même rocher, à l'ombre du même arbre; on se désaltère à la même source; soit à la poupe, soit à la proue du navire, une planche suffit pour deux; on souffre tout avec plaisir; qu'importe que le vent du midi, ou celui du nord, enfle la voile? pourvu qu'on ait les yeux attachés sur son amante, Jupiter embraserait le vaisseau, on ne tremblerait que pour elle.* (Prop. l. 2. Él. 28.) *Tantôt on se peint soi-même expirant : on tient d'une défaillante main la main d'une amante éplorée; elle se précipite sur le lit où l'on va mourir; elle suit son amant jusque sur le bûcher; elle couvre son corps de baisers mêlés de larmes; on voit les jeunes garçons et les jeunes filles revenir de ce spectacle les yeux baissés et mouillés de pleurs; on voit son amante s'arrachant les cheveux et se déchirant les joues; on la conjure d'épargner les mânes de son amant, de modérer son désespoir.* (Tib. l. 1. Él. 2.) C'est ainsi que dans l'*élégie* tendre le sentiment doit être sans cesse animé par les tableaux que l'imagination lui présente. Il n'en est pas de même de l'*élégie* passionnée; l'objet présent y remplit toute l'ame; la passion ne rêve point.

On peut entrevoir quel est le ton du sentiment dans Tibulle et dans Properce, par les extraits que j'en ai donnés, n'ayant pas osé les traduire; mais ce n'est qu'en les lisant dans l'original qu'on peut sentir le charme de leur style: tous deux faciles avec précision, véhéments avec douceur, pleins de naturel, de délicatesse et de grâces. Quintilien regarde Tibulle comme le plus élégant et le plus poli des poëtes élégiaques latins; cependant il avoue que Properce a des partisans qui le préfèrent à Tibulle; et sans l'emploi un peu trop fréquent qu'il fait de son érudition, je serais de ce nombre. A l'égard du reproche que Quintilien fait à Ovide d'être ce qu'il appelle *lascivior*, soit que ce mot-là signifie *moins châtié*; ou *plus diffus*, ou *trop livré à son imagination*, trop amoureux de son bel-esprit, *nimiùm amator ingenii sui*, ou *d'une mollesse trop négligée dans son style* (car on ne saurait l'entendre comme le *lasciva puella* de Virgile, *d'une volupté attrayante*), ce reproche dans tous les sens me semble également fondé. Aussi Ovide n'a-t-il excellé que dans l'*élégie* gracieuse, où les négligences sont plus excusables.

Aux traits dont Ovide s'est peint à lui-même l'*élégie* amoureuse, on peut juger du style et du ton qu'il lui a donnés.

Venit odoratos Elegia *nexa capillos.*
. . . .
Forma decens, vestis tenuissima, cultus amantis.
. . . . *Limis subrisit ocellis.*
Fallor, an in dextrâ myrtea virga fuit (1).

Il y prend quelquefois le ton plaintif; mais ce ton-là même est un badinage.

Croyez qu'il est des dieux sensibles à l'injure.
Après mille serments, Corine se parjure;
En a-t-elle perdu quelqu'un de ses attraits?
Ses yeux sont-ils moins beaux, son teint est-il moins frais?
Ah! ce dieu, s'il en est, sans doute aime les belles;
Et ce qu'il nous défend n'est permis que pour elles.

L'amour, avec ce front riant et cet air léger, peut être aussi ingénieux, aussi brillant que veut le poëte. La parure sied bien à la coquetterie:

----

(1) « L'*Élégie* vint à moi les cheveux parfumés et noués avec grâce. Son air était décent; sa robe, légère; sa parure, celle d'une amante. Elle me regarda d'un œil oblique en souriant. Si je ne me trompe, elle avait à la main un rameau de myrte. »

c'est elle qui peut avoir les cheveux entrelacés de roses. C'est sur le ton galant qu'un amant peut dire :

> Cherche un amant plus doux, plus patient que moi.
> Du tribut de mes vœux ma poupe couronnée
> Brave au port les fureurs de l'onde mutinée.

C'est là que serait placée cette métaphore, si peu naturelle dans une *élégie* sérieuse :

> *Nec procul à metis quas penè tenere videbar,*
> *Curriculo gravis est facta ruina meo* (1).
> (Trist. l. 4. El. 8.)

Tibulle et Properce, rivaux d'Ovide dans l'*élégie* gracieuse, l'ont ornée comme lui de tous les trésors de l'imagination. Dans Tibulle, le portrait d'Apollon qu'il voit en songe ; dans Properce, la peinture des Champs-Élysées ; dans Ovide, le triomphe de l'amour, le chef-d'œuvre de ses *élégies*, sont des tableaux ravissants ; et c'est ainsi que l'*élégie* doit être parée de la main des grâces, toutes les fois qu'elle n'est pas animée par la passion ou attendrie par le sentiment. C'est à quoi les modernes n'ont pas assez réfléchi ; chez eux, le plus souvent l'*élégie* est froide et négligée, et par conséquent plate et ennuyeuse ; car il n'y a que deux moyens de plaire ; c'est d'amuser ou d'émouvoir.

---

(1) « J'ai vu mon char brisé tout près du terme où je semblais atteindre. »

Nous n'avons encore parlé ni des *Héroïdes* d'Ovide, qu'on doit mettre au rang des *élégies* passionnées ; ni de ses *Tristes*, dont son exil est le sujet, et que l'on doit compter parmi les *élégies* tendres.

Sans ce libertinage d'esprit, cette abondance d'imagination qui refroidit presque par-tout le sentiment dans Ovide, ses *Héroïdes* seraient à côté des plus belles *élégies* de Properce et de Tibulle. On est d'abord surpris d'y trouver plus de pathétique et d'intérêt que dans les *Tristes*. En effet, il semble qu'un poëte doit être plus ému et plus capable d'émouvoir en déplorant ses malheurs, qu'en peignant les malheurs d'un personnage imaginaire. Cependant Ovide est plein de chaleur, lorsqu'il soupire, au nom de Pénélope, après le retour d'Ulysse ; il est glacé, lorsqu'il se plaint lui-même des rigueurs de son exil à ses amis et à sa femme. La première raison qui se présente de la faiblesse de ses derniers vers est celle qu'il en donne lui-même :

Da mihi Mæoniden, et tot circumspice casus ;
Ingenium tantis excidet omne malis.

« Qu'on me donne un Homère en butte au même sort ;
« Son génie accablé cédera sous l'effort. »

Mais le malheur, qui émousse l'esprit, qui affaisse l'imagination, et qui énerve les idées, semble devoir attendrir l'ame et remuer le sentiment : or c'est le sentiment qui est la partie faible de ses *élégies*, tandis qu'il est la partie dominante des *Héroïdes*. Pourquoi? parce que la chaleur de son génie était dans son imagination, et qu'il s'est peint les malheurs des autres bien plus vivement qu'il n'a ressenti les siens. Une preuve qu'il les ressentait faiblement, c'est qu'il les a mis en vers :

> Les faibles déplaisirs s'amusent à parler;
> Et quiconque se plaint, cherche à se consoler.

A plus forte raison quiconque se plaint en cadence. Cependant il semble ridicule de prétendre qu'Ovide, exilé de Rome dans les déserts de la Scythie, ne fût point pénétré de son malheur. Qu'on lise, pour s'en convaincre, cette *élégie* où il se compare à Ulysse; que d'esprit, et combien peu d'ame! Osons le dire à l'avantage des lettres : le plaisir de chanter ses malheurs en était le charme; il les oubliait en les racontant; il en eût été accablé, s'il ne les eût pas écrits; et si l'on demande pourquoi il les a peints froidement, c'est parce qu'il se plaisait à les peindre.

Mais lorsqu'il veut exprimer la douleur d'un autre, ce n'est plus dans son ame, c'est dans son imagination qu'il en puise les couleurs : il ne prend plus son modèle en lui-même, mais dans les possibles; ce n'est pas sa manière d'être, mais sa manière de concevoir qui se reproduit dans ses vers; et la contention du travail, qui le dérobait à lui-même, ne fait que lui représenter plus vivement un personnage supposé. Ainsi Ovide est plus Briséis ou Phèdre dans les *Héroïdes*, qu'il n'est Ovide dans les *Tristes*.

Toutefois autant l'imagination dissipe et affaiblit dans le poëte le sentiment de sa situation présente, autant elle approfondit les traces de sa situation passée. La mémoire est la nourrice du génie. Pour peindre le malheur, il n'est pas besoin d'être malheureux, mais il est bon de l'avoir été.

Une comparaison va rendre sensible la raison que je viens de donner de la froideur d'Ovide dans les *Tristes*.

Un peintre affligé se voit dans un miroir; il lui vient dans l'idée de se peindre dans cette situation touchante : doit-il continuer à se regarder dans la glace, ou se peindre de mémoire après s'être vu la première fois? S'il continue de se voir dans la glace, l'attention à bien saisir le caractère de sa douleur, et le désir de le bien rendre, commencent à affaiblir l'expression dans le modèle. Ce n'est rien encore. Il dessine les premiers traits; il voit qu'il prend la ressemblance, il s'en applaudit; le plaisir du succès se glisse dans son ame, se mêle à sa douleur, et en adoucit l'amertume; les mêmes changements s'opèrent sur son visage, et le miroir les lui répète; mais le progrès en est insensible, et il copie sans s'apercevoir qu'à chaque instant ce n'est plus la même figure. Enfin, de nuance en nuance, il se trouve avoir fait le portrait d'un homme content, au lieu du portrait d'un homme affligé. Il veut revenir à sa première idée; il corrige, il retouche, il recherche dans la glace l'expression de la douleur; mais la glace ne lui rend plus qu'une douleur étudiée, qu'il peint froide comme il la voit. N'eût-il pas mieux réussi à la rendre, s'il l'eût copiée d'après un autre, ou si l'imagination et la mémoire lui en avaient rappelé les traits? C'est ainsi qu'Ovide a manqué la nature, en voulant l'imiter d'après lui-même.

Mais, dira-t-on, Properce et Tibulle ont si bien exprimé leur situation présente, même dans la douleur! Oui, sans doute; et c'est le propre du sentiment qui les inspirait, de redoubler par l'attention qu'on donne à le peindre. L'imagination est le siége de l'amour; c'est là que ses désirs s'allument, c'est là que ses regrets s'irritent, et c'est là que les poëtes élégiaques en ont puisé les couleurs. Il n'est donc pas étonnant qu'ils soient plus tendres, à proportion qu'ils s'échauffent davantage l'imagination sur l'objet de leur tendresse; et plus sensibles à son infidélité ou à sa perte, à mesure qu'ils s'en exagèrent le prix. Si Ovide avait été amoureux de sa femme, la sixième *élégie* du premier livre des *Tristes* ne serait pas composée de froids éloges et de vaines comparaisons. La fiction tient lieu aux amants de la réalité; et les plus passionnés n'adorent souvent que leur propre ouvrage, comme le sculpteur de la fable. Il n'en est pas ainsi d'un malheur réel, comme l'exil et l'infortune : le sentiment en est fixe dans l'ame; c'est une douleur que chaque instant, que chaque objet reproduit, et dont l'imagination n'est ni le siége ni la source. Il faut donc, si l'on parle de soi-même, parler d'amour dans l'*élégie* pathétique. On peut bien y faire gémir une mère, une sœur, un ami tendre; mais si l'on est cet ami, cette mère, ou cette sœur, on ne fera point d'*élégie*, ou l'on s'y peindra faiblement.

Les meilleures des *élégies* modernes sont connues sous d'autres titres. Les idylles de madame Deshoulières aux moutons, aux fleurs, sont des modèles de l'*élégie* dans le genre gracieux : les vers de Voltaire sur la mort de mademoiselle Lecouvreur sont un modèle encore plus parfait de l'*élégie* passionnée, et auquel Tibulle et Properce même n'ont peut-être rien à opposer.

On retrouve quelque faible trace de l'*élégie* ancienne dans la quatrième et la sixième des *élégies* de Marot. Dans l'une, en passant au poëte l'allégorie du cœur, si usitée dans ce temps-là, on lui saura gré du sentiment naïf qui règne dans son style.

Son cœur, qu'il a laissé à sa maîtresse, revient à lui, et se plaint d'elle, comme un captif échappé de sa chaîne.

> Or ne se peut la chose plus nier.
> Regarde-moi. Je semble un prisonnier

Qui est sorti d'une prison obscure,
Où l'on n'a eu de lui ne soin ne cure....
Je suis ton cœur qu'elle tient en émoi.
Je suis ton cœur : aie pitié de moi....
Ainsi parlait mon cœur, plein de martyre.
Et je lui dis : Mon cœur, que veux-tu dire?
D'elle tu as voulu être amoureux ;
Et puis te plains que tu es douloureux !
Sais-tu pas bien qu'amour a de coutume
D'entremêler ses plaisirs d'amertume ?...
Refus, oubli, jalousie, et langueur,
Suivent amours : et pour ce donc, mon cœur,
Retourne-t'en.

Dans l'autre, le poëte raconte à sa maîtresse un songe qu'il a fait.

Le plus grand bien qui soit en amitié,
Après le don d'amoureuse pitié,
Est s'entr'écrire, ou se dire de bouche,
Soit bien, soit deuil, tout ce qui au cœur touche...
Partant je veux, ma mie et mon désir,
Que vous ayez votre part d'un plaisir
Qui en dormant l'autre nuit me survint.
   Avis me fut que vers moi tout seul vint
Le dieu d'amours, aussi clair qu'une étoile.
Le corps tout nu, sans drap, linge, ne toile.
Et si avait (afin que l'entendez)
Son arc alors et ses yeux débandés,
Et en sa main celui trait bienheureux
Lequel nous fit l'un de l'autre amoureux.
   En ordre tel s'approche et me va dire :
« Loyal amant, ce que ton cœur desire
« Est assuré : celle qui est tant tienne
« Ne t'a rien dit, pour vrai, qu'elle ne tienne;
« Et, qui plus est, tu es en tel crédit,

« Qu'elle a foi ferme en ce que lui as dit. »
　　Ainsi Amour parloit; et en parlant
M'assura fort. Adonc, en ébranlant
Ses ailes d'or, en l'air s'est envolé;
Et au réveil, je fus tant consolé,
Qu'il me sembla que du plus haut des cieux
Dieu m'envoyoit ce propos gracieux.
　　Lors prins la plume; et par écrit fut mis
Ce songe mien que je vous ai transmis,
Vous suppliant, pour me mettre en grand heur,
Ne faire point le dieu d'amours menteur.

Je me permets de transcrire ici ces deux morceaux, parce qu'ils sont peu connus, et qu'ils font époque dans l'histoire du goût.

La Fontaine, qui se croyait amoureux, a voulu faire des *élégies* tendres : elles sont au-dessous de lui. mais celle qu'il a faite sur la disgrâce de son protecteur, adressée aux nymphes de Vaux, est un modèle de poésie, de sentiment, et d'éloquence. M. Fouquet, du fond de sa prison, inspirait à La Fontaine les vers les plus touchants, tandis qu'il n'inspirait pas même la pitié à ses amis de cour : leçon bien frappante pour les grands, et bien glorieuse pour les lettres.

Du reste, les plus beaux traits de cette *élégie* de La Fontaine sont aussi-bien exprimés dans la première du troisième livres des *Tristes*, et n'y sont pas aussi attendrissants. Pourquoi? parce qu'Ovide parle pour lui, et La Fontaine pour un autre. C'est encore un des priviléges de l'amour, de pouvoir être humble et suppliant sans bassesse; mais ce n'est qu'à lui qu'il appartient de flatter la main qui le frappe. On peut être enfant aux genoux de Corine; mais il faut être homme devant l'empereur.

―――

ÉLOQUENCE. Lorsqu'on l'a définie l'art de persuader, on n'a pensé qu'à l'*éloquence* du barreau et de la tribune : mais, 1º l'*éloquence* était un don avant que d'être un art; et l'art même en serait inutile à qui n'en aurait pas le don. L'*éloquence* artificielle n'est donc que l'*éloquence* naturelle, éclairée et réglée dans l'usage de ses moyens. (*Voyez* RHÉTORIQUE.) 2º Persuader n'est pas toujours l'intention de l'*éloquence* ; et ni celle du théâtre, ni celle de la chaire, n'a essentiellement ni habituellement la persuasion pour objet. Très-souvent elle la suppose, et ne fait que s'en prévaloir.

Pour donner une idée plus étendue et plus complète de l'*éloquence*, je croirais donc pouvoir la définir la faculté d'agir sur les esprits et sur les ames par le moyen de la parole. *Sur les esprits*, c'est le talent d'instruire; *sur les ames*, c'est le talent d'intéresser et d'émouvoir : et de ces deux talents résulte au plus haut point le talent de persuader.

Il est une expression muette, qui par les yeux fait passer à l'ame le sentiment et la pensée; et c'est pour l'orateur un moyen si puissant, que non-seulement il supplée à la faiblesse de la parole, mais que sans la parole il produit quelquefois tous les effets de l'*éloquence* : aussi dit-on, l'*éloquence des yeux*, l'*éloquence des larmes*, l'*éloquence du geste*. (*Voyez* Déclamation.) Mais ici je ne considère que l'*éloquence* de la parole, sans égard même aux accents de la voix, qui lui donnent tant de pouvoir.

Par la parole, une ame agit sur d'autres ames, un esprit sur d'autres esprits. Or l'effet de cette action est de vaincre une résistance; et cette résistance est active ou passive. Si elle n'est que passive, elle est faible; si elle est active, elle est plus ou moins forte, selon le degré d'énergie des mouvements que l'ame ou que l'esprit oppose au mouvement qu'on lui veut imprimer. Expliquons cette mécanique.

Par la résistance passive, j'entends le doute, l'irrésolution de l'esprit, l'indifférence et le repos de l'ame; et par la résistance active, j'entends une prévention, une inclination, une résolution décidée et contraire.

Si l'une ou l'autre résistance est dans l'entendement, et n'est que dans l'entendement, pour la vaincre on n'a pas besoin des grands moyens de l'*éloquence*. J'ignore, je doute, j'hésite, en attendant que l'on m'éclaire et que l'on me décide : c'est la plus faible des résistances, l'équilibre de la raison; et pour le rompre, il suffira de la vérité simple, ou de sa ressemblance : c'est là ce qu'on appelle instruire.

Mais à l'ignorance où je suis se joint le préjugé, l'erreur, le faux savoir, une forte présomption, une opinion établie et affermie par l'habitude. Alors toutes les forces du raisonnement se réuniront pour la vaincre : c'est ce qu'on appelle prouver; et c'est l'ouvrage de la dialectique, qui est comme le nerf de l'*éloquence.*

Au lieu de la prévention, ou avec elle, supposez-moi une langueur, une inertie, une indolence qui se refuse à l'attention que vous me demandez, une répugnance de vanité pour vos leçons et vos lumières; dès-lors l'art de m'apprivoiser, de m'amuser en m'instruisant, de me cacher le dessein de m'instruire, ou de me rendre l'instruction facile, agréable, attrayante, commence à être nécessaire. La vérité simplement énoncée ne suffit pas, il faut l'animer, l'embellir; et comme la résistance à vaincre ne tient pas moins à la mollesse de mon ame qu'à l'indolence de mon esprit, il est besoin que votre langage ait quelque chose de piquant, de séduisant, d'intéressant pour elle. Ici l'on voit que l'*éloquence* peut aider la philosophie de quelques-uns de ses moyens.

Supposons à-présent que ma résistance soit faible ou nulle du côté de l'esprit, mais forte du côté de l'ame. Je fais confusément ce que vous m'allez dire, et je veux croire que c'est le vrai, l'honnête, l'utile, ou le juste. Mais ce vrai répugne à mon ame; mais ce qu'il y a d'honnête est pénible pour moi; mais ce qu'il y a d'utile, ou ne me touche point, ou doit trop me coûter; mais ce qu'il y a de juste est contraire à mes intérêts, à mes affections, à l'inclination qui me domine, à la passion qui m'anime. Ici l'art du dialecticien est peu de chose; car ce n'est plus sur la raison, mais sur l'ame, qu'il faut agir.

Qu'enfin l'ame et l'esprit réunissent leurs forces pour vous résister de concert, et que tous les deux soient aliénés, mon ame par des affections et des inclinations contraires, mon esprit par des préventions et de fortes présomptions : c'est ici bien évidemment la grande lice de l'*éloquence*, car elle y trouve rassemblés tous ses ennemis à-la-fois; et pour distribuer et diriger ses forces, son premier soin sera de connaître les leurs. Rarement elles sont égales : tantôt c'est l'opinion qui décide la volonté, tantôt et plus souvent c'est la volonté qui l'entraîne. Un juge intègre, par exemple, s'il est aliéné, c'est par les apparences : c'est son opinion qu'il s'agit de changer; son inclination la suivra. Mais un peuple ému se soulève : c'est la passion qui l'emporte, c'est elle qu'il faut réfréner.

Le résultat de cette analyse est d'abord que, selon l'effet que veut produire celui qui parle, son élocution doit prendre un caractère analogue à ses vues. S'il ne parle que pour se faire entendre et pour exprimer sa pensée, la correction, la clarté, les bienséances du langage seront les qualités du sien. Si en même temps il veut instruire, et qu'il ait besoin pour cela d'une longue suite d'idées, la méthode lui est nécessaire pour les exposer nettement et dans leur ordre naturel. Si pour instruire il ne lui suffit pas de bien disposer ses idées, et si dans les esprits il a quelque doute à lever, quelques préventions à vaincre, il faut alors que la logique vienne à l'appui de la méthode, et que non-seulement il classe ses idées, mais qu'il sache les enchaîner, les extraire l'une de l'autre, ou les faire aboutir ensemble au même point. Si au lieu d'instruire il veut plaire, ou s'il veut plaire en instruisant, il faut qu'il sacrifie aux grâces, qu'il étudie et recherche avec soin les élégances, les richesses, les agréments de l'expression, et ce qu'il y a de plus séduisant et pour l'esprit et pour l'oreille : enfin s'il se propose d'intéresser et d'émouvoir, de *mettre*, comme dit Plutarque, *la sensibilité en jeu à la place de l'entendement, et la volonté à la place de la raison*, ou bien, comme dit Cicéron, *d'attirer à soi les esprits, de remuer les volontés, de les pousser où bon lui semble, de les ramener d'où il veut* (1); c'est à l'ame qu'il doit parler, c'est par elle qu'il doit soumettre et dominer l'entendement; et pour cela posséder l'art de maîtriser les passions, de se ménager avec

---

(1) *Mentes allicere, voluntates impellere quò velis, undè autem velis deducere.*

elles de secrètes intelligences, de les faire agir à son gré : c'est le grand œuvre de l'*éloquence*; et c'est ce qu'on appelle le talent de persuader.

On voit donc bien comment persuader n'est pas convaincre : et en effet, lorsque la résistance de l'entendement est forcée, l'objet de la conviction est rempli; celui de la persuasion ne l'est pas : souvent même il est loin de l'être. La conviction, qui ne laisse à l'esprit aucune liberté de lui échapper, n'a aucun empire sur l'ame; et la volonté lui résiste encore avec toute sa force, lorsque la raison lui a cédé. Au contraire la persuasion, sans exercer la même violence à l'égard de l'esprit, ôte insensiblement à l'ame toute espèce de résistance. L'une domine à force ouverte, l'autre s'insinue et pénètre par tous les moyens de séduire, d'intéresser et d'émouvoir. Mais l'une domine l'entendement qui est une faculté passive; l'autre gagne, captive, et met en mouvement les facultés de l'ame les plus actives, l'imagination et le sentiment; et avec ces deux grands mobiles elle remue la volonté.

Mais le talent d'agir sur l'ame, qui est le propre de l'*éloquence*, et qui en imprime le caractère à tous les genres d'élocution où il se fait sentir, n'est pas exclusivement réservé à la persuasion. Celle-ci est éminemment le succès de l'art oratoire; et toutes les fois qu'il s'agit d'amener un tribunal ou tout un peuple, non-seulement à penser comme on pense, à s'affecter de ce qu'on sent, mais à vouloir ce que l'on veut, à prendre une résolution ou à renoncer à celle qu'il a prise, à trouver juste et bon ce qu'on propose comme tel, ou à le condamner comme injuste, à le détester comme odieux, à le proscrire comme insensé, comme honteux, comme nuisible; plaire, intéresser, émouvoir, ne sont pour l'orateur que des moyens : son but est au-delà, et il le manque s'il n'obtient pas une pleine persuasion.

Mais combien de fois, dans la chaire, au théâtre, dans des écrits qui émeuvent l'ame, ne voit-on pas éclater l'*éloquence*, sans qu'elle ait cependant rien à persuader?

Qu'auraient à nous persuader Andromaque, Mérope, Hécube? Qu'elles sont malheureuses? Nous le voyons assez; et sans toute cette *éloquence*, l'action pantomime elle seule produirait son illusion. *Voyez* Éloquence poétique.

J'ai fait voir ailleurs que la chaire est une lice comme le barreau, mais que dans ce combat de l'*éloquence* contre les passions humaines, la preuve est bien souvent le plus faible de ses moyens. Il est presque nul dans les harangues; et si dans l'accusation et le blâme il est de première nécessité, ce n'est jamais à la rigueur qu'on l'exige dans la louange. Souvent même il y est superflu. Avant que d'entendre Fléchier faisant l'éloge de Turenne, ou Bossuet faisant l'éloge de Condé, on savait tout d'avance : il ne s'agissait pas de persuader aux Français qu'ils avaient perdu deux grands hommes, mais de développer, d'étendre, d'approfondir l'idée qu'on avait de leur caractère, de leurs exploits, de leurs vertus, par le tableau frappant d'une vie semée de gloire. Dans l'éloge de Marc-Aurèle, il n'y avait de même rien à persuader; et cependant qui peut méconnaître l'*éloquence* dans cet ouvrage?

Dans les sermons, dont l'*éloquence* approche davantage de celle de la tribune antique, combien peu de doutes à éclaircir et de questions à débattre? Tout l'auditoire de Massillon était persuadé d'avance du petit nombre des élus, lorsque, par ce beau mouvement que Voltaire a tant admiré, il excita autour de lui un frémissement si soudain d'étonnement et de frayeur. Chacun savait comme lui que *tout passe, et que Dieu seul est immuable;* et cependant quoi de plus éloquent que l'exposition qu'il a faite de cette grande vérité en ces mots? « Une fatale révolution, que rien n'arrête, entraîne tout dans les abymes de l'éternité; les siècles, les générations, les empires, tout va se perdre dans ce gouffre, tout y entre, et rien n'en sort. Nos ancêtres nous en ont frayé le chemin, et nous allons le frayer dans un moment à ceux qui viennent après nous. Ainsi les âges se renouvellent, ainsi la *figure du monde* change sans cesse, ainsi les morts et les vivants se succèdent et se remplacent continuellement : rien ne demeure, tout change, tout s'use, tout s'éteint. Dieu seul est toujours le même, et ses années ne finissent point; le torrent des âges et des siècles coule devant ses yeux, etc.»

Ces exemples font assez voir que dans ce genre d'*éloquence* il s'agit moins de persuader que d'inspirer et d'émouvoir. *Voyez* CHAIRE, ORAISON FUNÈBRE.

Il n'en est pas de même de l'*éloquence* du barreau et de la tribune, de celle, dis-je, que les rhéteurs et Cicéron lui-même avaient en vue, lorsqu'ils l'ont définie *l'art de persuader*. Celle-ci en effet suppose au moins dans les esprits et dans les ames le doute et l'irrésolution; et le plus souvent un combat d'opinions et d'intérêts où il faut vaincre ou succomber; et c'est là, comme je l'ai dit, le vrai champ clos de l'*éloquence*.

Qu'en effet l'avis qu'on propose soit mis en délibération, ou que la cause que l'on plaide soit débattue et soumise à des juges; loin de supposer les esprits déja persuadés ou enclins à la persuasion, il n'est point de difficultés que l'orateur n'ait à prévoir, et il n'en doit négliger aucune. Il doit sur-tout savoir que la prétention de tout homme qui va juger est d'être impartial et juste, de ne céder qu'à la prépondérance du bon droit et de la raison, et de se croire convaincu lorsqu'il n'est que persuadé. Ce serait donc l'aliéner, que de lui laisser voir qu'on attend de son émotion ce qu'il veut qu'on ne doive qu'aux lumières de son esprit et à l'équité de son ame; et lors même qu'en l'instruisant, on cherche à le gagner, il faut avoir grand soin de déguiser l'appât de l'intérêt qu'on lui présente.

En se plaignant au tribunal où Aristide présidait, un plaideur, pour rendre odieux son adversaire, commença par dire que cet homme-là avait fait dans sa vie beaucoup de mal à Aristide. *Eh! mon ami*, reprit Aristide en l'interrompant, *dis le mal qu'il t'a fait; car c'est ton affaire que je juge, et non pas la mienne.* L'orateur doit s'attendre que tout homme intègre ou qui veut se flatter de l'être, lui répondra comme Aristide, s'il lui laisse entrevoir qu'il veut l'intéresser par des affections personnelles. « Ne paraissons jamais, dit Cicéron, que vouloir instruire et prouver; et que les deux autres moyens (celui de plaire et d'émouvoir) soient répandus dans le plaidoyer comme le sang l'est dans les veines. »

La preuve est donc la partie éminente, et, en apparence du moins, la partie essentielle du plaidoyer et de la délibération. C'est là comme le point d'appui des grands leviers de l'*éloquence*, et c'est par-là qu'elle diffère de la vaine déclamation. *Rien n'est beau que le vrai*, a dit Boileau; disons de même, rien n'est fort que le vrai. Tous les mouvements oratoires, tous les moyens les plus violents d'intéresser et d'émouvoir, sont faibles, à moins qu'ils ne portent sur des motifs sérieux et solides. Avant de s'indigner contre l'iniquité, l'oppression, la violence, il faut avoir prouvé la violence, l'oppression, et l'iniquité;

avant que d'invoquer la vengeance des hommes, la colère du ciel contre la calomnie, il faut avoir confondu le calomniateur; avant que de donner des larmes à d'indignes calamités, il faut avoir montré qu'elles sont accablantes, et qu'elles ne sont pas méritées. En un mot, la plus grande imprudence que puisse commettre l'orateur, c'est de paraître négliger dans ses juges la raison et la bonne foi; c'est d'aller droit à leurs passions, et d'attaquer l'endroit sensible de leur ame avant que d'avoir mis, autant qu'il est possible, leur opinion en sûreté, et leur conscience en repos.

Un peuple n'est pas si sévère, si délicat, si attentif aux moyens qu'on emploie pour le déterminer; mais que dans ses délibérations il soit tranquille, ou qu'il soit ému, ce n'est jamais qu'à l'apparence du vrai, de l'honnête, du juste, ou de l'utile, qu'il veut se rendre; et la passion, même avec lui, doit commencer par se donner l'autorité de la prudence et de l'ascendant de la raison.

Mais si en *éloquence* rien n'est fort que le vrai, et si le vrai ou son apparence résulte de la preuve, comment ai-je donc distingué un genre d'*éloquence* le plus souvent dénué de preuve, et qui ne tend qu'à émouvoir? C'est que la preuve y est supposée, comme elle l'est dans la controverse, à l'égard des faits avoués et des points de droit convenus. Ainsi toute *éloquence* qui ne tendra qu'à émouvoir, aura pour base et pour appui, ou une vérité dont personne ne doute, ou une vraisemblance imposante, ou une illusion à laquelle on est d'accord de se livrer.

L'illusion qui suffit à l'*éloquence* du poëte, ne suffit pas de même à l'*éloquence* de l'orateur. Celle-ci, comme l'autre, est quelquefois un art trompeur et mensonger; mais en se livrant aux prestiges de la poésie, on sait qu'on est trompé, et on consent à l'être, au lieu que par les artifices de l'*éloquence* proprement dite, on est trompé sans le savoir, sans le vouloir, et malgré soi. Il ne s'agit, avec la poésie, que d'un plaisir à se donner; il s'agit, avec l'*éloquence*, d'un parti sérieux à prendre; l'une est un jeu, l'autre une affaire; par l'une on veut donc bien être séduit pour un moment, mais on ne l'est par l'autre qu'autant qu'on l'est à son insu, et qu'on peut croire ne l'être pas. La poésie n'a donc pas besoin d'une pleine persuasion; mais l'*éloquence* la demande. Avec une légère apparence de vérité la poésie obtient ses succès; l'*éloquence* manque les siens dès qu'elle laisse soupçonner le mensonge.

Voilà pourquoi, dans les causes mêmes et dans les délibérations qui se prêtaient le mieux aux mouvements de l'*éloquence* pathétique, les anciens attachaient encore tant d'importance aux moyens de la preuve. Mais ni dans la preuve ils ne perdaient de vue l'avantage d'agir sur l'ame, ni dans le pathétique ils ne cessaient d'agir sur l'esprit et sur la raison. Ils avaient fait du raisonnement un langage plein de chaleur, et de l'*éloquence* pathétique un raisonnement plein de force. Ainsi ces deux moyens se pénétraient l'un l'autre, et ne formaient, comme les solides et les fluides du corps humain, qu'un tout vivant et animé. Ils avaient fait de l'exposition un tableau frappant et rapide, et tout ce que l'imagination a de pouvoir sur l'ame, ils l'y employaient à l'ébranler. Ils avaient fait de la discussion, de la réfutation des moyens opposés, une lutte pressante, où tous les nerfs et tous les muscles de l'*éloquence* étaient tendus, et durant laquelle ni l'adversaire ni le juge n'avait le temps de respirer. Enfin lorsqu'ils semblaient avoir épuisé toute leur force à terrasser leur ennemi, on les voyait se relever avec une vigueur nouvelle; et c'était alors que se déployaient les grands ressorts du pathétique. Avoir instruit, prouvé, réfuté, n'était rien; il fallait émouvoir : *In quo sunt omnia*, dit Cicéron. Mais les caractères du pathétique étaient différents selon les genres. Dans le sublime, il était véhément, fulminant, déchirant. Dans le tempéré, il était doux, insinuant, et modeste avec dignité; dans l'humble, il était timide et suppliant, il faisait parler la prière, il intéressait la pitié, il obtenait de douces larmes. Il mesurait dans tous les trois ses tentatives à ses forces, et ne tirait ses mouvements que du fond même de la cause et des moyens qu'elle lui présentait, évitant, comme des écueils, l'enflure et la déclamation. Dans le genre délibératif, il avait pour moyens le reproche, l'indignation, la menace : *le reproche* d'inaction, d'indolence, de lâcheté; *l'indignation* pour des conseils perfides, honteux, ou funestes; *la menace* des maux ou des périls dont il fallait sauver la république, et auxquels l'exposait l'oubli de ses intérêts les plus chers, de son salut et de sa gloire, etc.

Dans le genre démonstratif pour le blâme et pour la louange, comme dans le judiciaire pour l'accusation et pour la défense personnelle, il avait pour moyens les plus vives peintures des vertus et des crimes, du faible dans l'oppression, de l'innocent dans le malheur, du grand homme persécuté et indignement outragé, de ses bienfaits, de ses services, de sa modeste simplicité, de sa dignité courageuse, de sa constance inaltérable, du bien qu'il aurait fait encore, et qu'il gémissait de n'avoir pas fait aux ingrats qui le poursuivaient; de la foule de gens de bien qui s'intéressaient à son sort, de l'orgueil de ses ennemis, de l'insolence de leur triomphe, de la bassesse de leur jalousie, de la noirceur de leurs complots, de leurs lâches persécutions et du succès qu'ils en espéraient, du funeste exemple que donnait au monde la prospérité des méchants et la disgrâce des gens de bien, etc. Tels étaient les ressorts avec lesquels les orateurs grecs et romains renversaient les opinions, les inclinations, les résolutions d'une multitude assemblée. Aussi faisaient-ils leur étude la plus sérieuse de ces moyens de soulever et de calmer les passions. On peut le voir dans ces livres de Cicéron que je ne cesserai de citer, mais on peut le voir encore mieux dans l'usage qu'il a fait lui-même de ce grand art, comme j'aurai lieu de l'observer plus d'une fois dans le cours de ces *Éléments*. *Voyez* ORATEUR, PATHÉTIQUE, PÉRORAISON.

L'homme *éloquent* n'est donc ni celui qui produit une longue suite d'idées, qui les classe, qui les enchaîne, qui les énonce avec clarté, justesse, et bienséance, ni celui qui les agrandit en les développant, ni encore celui qui les pare des grâces de l'élocution, qui les anime par des figures, qui les colore par des images, et qui, par le charme du nombre, flatte l'oreille en même temps qu'il séduit l'imagination; c'est celui qui possède et met en œuvre tous ces talents, et qui en même temps du côté de l'ame connaît bien le fort et le faible ou du juge ou de l'auditoire; sait toucher à l'endroit sensible, et faire mouvoir à son gré tous les ressorts des passions.

Instruire est la première de ses fonctions, mais elle lui est commune avec le philosophe, l'historien, etc.; et toutes les fois qu'il ne s'agit que d'une vérité de fait ou de spéculation qui n'intéresse que l'entendement et qui ne touche point aux affections de l'ame, quelque sensible et lumineuse qu'en soit l'exposition, quelque ingénieuse et pressante qu'en soit la preuve, ce n'est point là de l'*éloquence*. Répandez-y toutes les fleurs d'une imagination brillante, toutes les grâces de l'esprit, tous les charmes du style, vous serez le plus agréable des rhéteurs, le plus séduisant des sophistes, le plus attrayant des philosophes, vous ne serez pas *éloquent*. Ce n'est qu'autant que la vérité a un côté moral, un intérêt humain, que l'*éloquence* peut s'en saisir et la manier à son gré. Locke et Malebranche auraient été ridicules, s'ils avaient affecté le langage oratoire dans l'analyse des facultés de l'entendement humain, et dans leurs spéculations sur l'origine de nos idées. Les rhéteurs méconnaissaient leur art, lorsqu'ils faisaient pérorer leurs disciples sur la figure de la terre et sur la grandeur du soleil. Nos académies l'ont méconnu de même, lorsque, pour leurs prix d'*éloquence*, elles ont proposé des problèmes de métaphysique, où il n'y avait rien d'intéressant pour l'ame, et qui n'étaient pour l'esprit lui-même qu'un objet de curiosité.

Celui qui veut être éloquent sur une question générale et abstraite, doit donc savoir la passionner, je veux dire la rapprocher de nos affections morales, sous quelque rapport qui intéresse, ou tel homme, ou tels hommes, ou l'homme en général ; alors il en fait une cause, et cette cause est susceptible des mouvements de l'*éloquence*.

Sans cela, tout ce que l'on fait pour l'animer, n'est que de la déclamation.

Tant que l'on n'a recommandé aux femmes de nourrir leurs enfants que comme un usage salutaire, ce précepte, réduit à ses raisons physiques, n'a eu rien de commun avec l'*éloquence*. Rousseau l'a pris du côté moral; il a opposé la nature et les saints devoirs de la maternité à l'opinion, à l'usage, aux prétextes du luxe et de la mollesse; il en a fait un objet sacré, et il est devenu l'avocat de l'enfance et des bonnes mœurs.

Quoi de moins favorable à l'*éloquence* que l'administration économique d'un état? On en a fondé la théorie sur des principes d'humanité, d'équité, de bonne morale; et des calculs ont été *éloquents*. Celui de la durée moyenne de la vie est tristement et froidement aride sous la plume d'un naturaliste. Qu'un homme *éloquent* s'en empare et qu'il en fasse résulter la folie des longues espérances, des projets vastes, des tourments de l'ambition, des anxiétés de l'avarice, des prodigalités d'un temps si court, si précieux; cette vérité de spéculation s'anime et devient pathétique.

Il faut indispensablement des ennemis à l'*éloquence*; et que l'auditeur soit en cause, ou qu'il ne soit que juge entre l'orateur et son antagoniste, on doit toujours par quelque endroit l'intéresser au succès du combat. C'est là le propre de l'*éloquence*. Une opinion sans influence, un préjugé sans passion, n'est pas un adversaire digne d'elle; en passant elle le terrasse. Mais c'est aux affections humaines qu'elle réserve ses grands efforts; plus elles semblent indomptables, plus elle s'applaudit d'avoir à les dompter; on croit voir le chien d'Alexandre qui demeure tranquille et couché sur l'arène tant qu'on ne lui oppose que des animaux ordinaires, et qui se lève et s'anime au combat dès qu'il voit paraître un lion.

L'*éloquence* qui, sur toute chose, doit savoir instruire et prouver, ne se réduit donc pas à ces moyens vulgaires; quelquefois même ils lui sont inutiles; et l'évidence ou du fait ou du droit ne lui laisse rien à prouver. Dans la défense de Ligarius, Cicéron convenait de tout. Mais il fallait fléchir César; il fallait lui faire trouver plus de gloire et plus de plaisir dans l'exercice de sa clémence que dans l'usage de son pouvoir. Que fait l'orateur? Il ne s'arrête pas à prouver à César qu'il est plus beau et plus digne de lui de pardonner que de punir; c'est par l'endroit sensible qu'il l'attaque. *Oter la vie,* lui dit-il, *est un pouvoir que l'homme partage avec les plus féroces et les plus vils des animaux. L'accorder et la conserver, c'est ce qui l'approche des dieux.* Il lui fait l'éloge le plus touchant de la clémence; et c'est à la peinture ravissante et sublime de la plus belle des vertus, que le décret lui tombe de la main.

Il est des causes dont le succès tient uniquement à la preuve ou du fait ou du droit, et dans lesquelles les relations morales, les affections humaines, rien qui touche à l'ame du juge ou de l'auditeur ne saurait influer; celles-là sont évidemment inaccessibles à l'*éloquence;* ce n'est que de la plaidoirie.

Supposez, par exemple, que la querelle de Clodius et de Milon se fût passée entre deux hommes du commun; tout se fût réduit à savoir lequel des deux avait attaqué l'autre, et lui avait tendu des embûches; alors sans doute l'adresse et la vigueur du raisonnement eût été le talent nécessaire à la cause, mais il n'eût fallu pour cela qu'un habile dialecticien; et ce n'est qu'autant que Milon a été jusque-là un citoyen recommandable, et Clodius un scélérat, que le génie de l'orateur, après avoir épuisé les ressources du raisonnement dans la preuve, a pu déployer avec *éloquence* les grands ressorts de l'émotion.

Par la même raison, de deux causes contraires, l'une doit être naturellement plus que l'autre avantageuse à l'*éloquence;* et il s'en faut bien que ce soit toujours celle dont le bon droit est le plus apparent, et pour laquelle tous les esprits sont d'abord le mieux disposés. Contre l'évidence absolue il n'y a peut-être point d'*éloquence;* mais pour l'évidence absolue il y en aurait encore moins. C'est au milieu du doute et des difficultés que l'art de l'orateur s'exerce et se signale; et son grand avantage est d'avoir de grands obstacles à surmonter. Le difficile, qui n'est pas impossible, est le beau champ de l'*éloquence*.

Ainsi, dans les questions problématiques, ce n'est pas toujours l'avantage de la vérité qu'elle cherche, mais l'avantage de l'intérêt.

Que les sciences et les lettres aient fait du bien à l'humanité, celui qui le soutient n'a presque rien d'intéressant à dire; une amplification froide, et quelques beaux développements sont tout ce qu'il en peut tirer; et avec une élocution brillante, il n'y sera qu'un bon rhétoricien. Au contraire, que l'on soutienne que les sciences et les lettres ont été nuisibles au genre humain; il n'y a qu'un sophisme à tourner, à manier avec adresse, pour donner le change aux esprits, et pour faire de ce paradoxe une thèse très-*éloquente*. On y rappellera tous les temps où les lettres et les sciences ont fleuri; et comme ces temps sont aussi des temps d'opulence et de luxe, d'ambition et d'avarice, de mollesse et de corruption, ce rapport de coexistence jettera la confusion entre les effets et les causes; on attribuera au progrès des lumières les suites naturelles de la prospérité; et tous les maux que les richesses, l'oisiveté, l'orgueil, la cupidité ont produits, on les fera retomber sur les lettres; on déguisera la misère et l'abrutissement de l'homme sauvage; on dissimulera la férocité, l'atrocité de l'homme barbare; et défenseur de la nature dans son état de liberté, d'égalité, d'indépendance, on aura mis l'*éloquence* aux prises avec toutes les passions qu'engendre la société. Voilà comment d'une question un homme adroit fait une cause, et nous distrait des vices de la preuve par l'intérêt dont il anime des sophismes ingénieux.

Entre le froid raisonnement et les mouvements pathétiques, il est une *éloquence* douce qu'on appelle insinuation. Ce fut à ce talent de ménager, d'apprivoiser, de se concilier les esprits, que Cicéron dut l'étonnant succès de l'oraison contre la loi agraire; et c'est le genre le plus convenable et le plus nécessaire au barreau moderne; non pas pour séduire les juges, mais pour ne jamais les blesser, ni dans leurs opinions, ni dans leurs sentiments, danger auquel des causes délicates, ou odieuses en apparence, exposeraient souvent un plaideur inconsidéré.

La magistrature est encore parmi nous l'ordre de la société où les mœurs sont les plus sévères; et le public, devant ses tribunaux, prend son esprit et devient lui-même délicat sur les bienséances. Or dans presque toutes les grandes causes les bienséances sont compromises. C'est une femme qui se plaint des duretés, des violences, des désordres de son époux; c'est un fils méconnu ou déshérité par son père; c'est une fille dépouillée ou désavouée par sa mère; c'est un homme faible et obscur que le crédit et la mauvaise foi d'un homme en dignité font périr de misère et réduisent au désespoir. Alors, sans perdre de sa force, l'*éloquence* a besoin de prudence et d'adresse ; et plus l'orateur se réserve de véhémence et de vigueur, pour faire sentir à l'homme injuste, ou à l'homme dénaturé, les cruautés dont il l'accuse, plus il doit se montrer timide, respectueux, craintif, avant que de les révéler ; ce ne doit être que l'excès et la violence du mal qui lui arrachent des plaintes. La modestie d'une épouse, le respect d'un enfant, sa piété, son amour même, doivent tour-à-tour adoucir l'amertume de ses reproches et augmenter celle de ses regrets : sans cesse approfondir la plaie, et sans cesse y verser du baume, tel est l'artifice de cette *éloquence*, qui semble vouloir tout adoucir, et qui ne dissimule rien. *Voy.* INSINUATION.

Cette *éloquence* règne avec moins d'artifice dans tous les écrits vertueux qui ont du charme et de l'intérêt. C'est l'*éloquence* du *Télémaque*. Elle n'a point ces mouvements passionnés, qui sont pour l'orateur comme ses forces de réserve, ses machines pour ébranler et renverser les grands obstacles, ou, comme les appelle Cicéron, ses *torches* pour tout embraser, *dicendi faces*. Mais aussi l'*éloquence* n'a-t-elle pas toujours des boulevards à ruiner, ni un incendie à répandre. Sans exciter dans les esprits ni la terreur, ni la compassion, ni l'indignation, ni la colère, ni la haine, ni l'ardeur du ressentiment, du dépit et de la vengeance, ni les soulèvements de l'orgueil irrité, ni les secrets murmures de l'envie, elle sait nous mener, par des pentes imperceptibles, au but de la persuasion; et cette douce violence qu'elle fait à l'opinion, à l'inclination, à la volonté même, n'en est pas moins inévitable; c'est une plus douce magie, mais dont le charme ôte jusqu'à l'envie de ne pas s'y laisser surprendre, et qui ne laisse ni prévoir, ni craindre ses enchantements. Cette *éloquence*, dont le juge même le plus intègre et le plus sage ne se méfie pas assez, cette *éloquence* des syrènes, contre laquelle il ne faut pas moins que les précautions d'Ulysse, tient au moins la seconde place parmi les talents de l'orateur, et met le genre tempéré bien près du genre pathétique et sublime. L'homme pleinement *éloquent* est donc celui qui non-seulement dans différentes causes, mais dans la même cause, sur le même sujet, selon l'effet qu'il veut produire, sait employer l'un et l'autre moyen, et les employer à propos.

Ainsi lorsqu'on a dit que l'*éloquence* était dans l'ame, on a dit une vérité; mais on ne l'a dite qu'à demi. L'*éloquence* est dans l'ame comme la force du corps est dans les muscles; mais l'adresse et l'agilité sont pour la force des avantages: l'une lui apprend à se déployer habilement, l'autre avec promptitude; et comme l'athlète bien exercé, qui sait prendre ses temps, choisir ses attitudes, et régler tous ses mouvements, ne perd aucun de ses efforts, tandis qu'un adversaire plus robuste que lui se fatigue et s'épuise en vain ; de même l'orateur qui sait ménager ses moyens, les diriger, en faire usage, finit par terrasser celui qui prodigue au hasard et sans réserve tous les siens.

On a dit que l'*éloquence* n'était jamais que momentanée ; c'est ce que je ne puis penser. Dans un écrit philosophique où la raison domine, et qui donne rarement lieu au langage du sentiment, plus rarement encore aux mouvements de l'ame, l'*éloquence* n'aura que des moments, j'en conviens. Il est vrai de même que, dans l'histoire, les traits, les morceaux d'*éloquence*, ne brillent que par intervalle, et comme des éclairs rapides et brûlants ; mais ces traits sont de l'*éloquence* et ne sont pas l'*éloquence*. Celle-ci est un art comme l'architecture, et son ouvrage est un édifice.

Un ligueur va tuer le cardinal de Retz d'un coup de pistolet. *Ah ! malheureux, si ton père te voyait !* lui dit le cardinal ; et ces mots, inspirés par le génie de la nécessité, désarment l'assassin. *Misérable ! oserais-tu bien tuer Caius Marius ?* dit d'un air et d'une voix terrible cet illustre proscrit au Gaulois qui va le frapper ; et le Gaulois épouvanté s'enfuit en criant, *Je ne puis tuer Caius Marius.* Ainsi lorsque l'effet de l'*éloquence* doit être soudain et rapide, elle réside dans quelques mots ; et c'est alors qu'elle est sublime.

Derar est mort! s'écriaient les Arabes éperdus de frayeur d'avoir vu tomber leur général. *Qu'importe que Derar soit mort?* leur dit Rafi, l'un de leurs capitaines; *Dieu est vivant et vous regarde*: et il les ramène au combat. *Mes enfants, les blancs vous regardent*, disait le marquis de Saint-Pern à Crevelt, en parcourant la ligne des grenadiers de France, exposés au feu du canon; et aucun d'eux ne remua.

Ce sont là sans doute des traits d'*éloquence*, des mots sublimes, si l'on veut; mais ces mots, ces traits *éloquents*, qui ont suffi quelquefois pour soulever un peuple, pour rallier une armée, pour faire tomber le poignard de la main d'un scélérat, n'auraient pas suffi à Cicéron pour amener le peuple romain à renoncer au partage des terres, ni à Démosthène pour soulever les Athéniens contre Philippe, ni à Massillon pour produire l'effet du sermon du pécheur mourant ou du petit nombre des élus.

Une passion violente se réprime par un mouvement de passion plus violent encore; et ce n'est pas ce que l'*éloquence* a de plus difficile à faire. C'est aux passions sourdes et lâches, comme l'envie et la peur, qu'elle a de la peine à opposer, ou des stimulants assez forts, ou des contrepoisons d'une vertu assez active. C'est pour ranimer des cœurs éteints, pour rendre l'espérance à des ames rebutées par le malheur, la résolution à des esprits glacés, le courage à des hommes abattus de mollesse; c'est pour faire sentir l'aiguillon de la honte et celui de la gloire à des peuples dont la seule ressource est l'audace et le désespoir; c'est pour tirer un auditoire, une multitude assemblée, d'un état d'indolence, de stupeur ou de léthargie, et la porter à l'instant à de grandes résolutions; c'est pour forcer l'orgueil jaloux à fléchir devant le mérite, et l'envie à lui pardonner, que l'*éloquence* même aura besoin de rassembler toutes ses forces; et ce n'est point avec quelques mots, mais par une longue suite de mouvements, et par une impulsion pareille à celle du torrent qui ébranle et ruine sa digue avant de la renverser, qu'elle peut parvenir à vaincre ces obstacles. Cependant elle n'est encore aux prises qu'avec la nature, que sera-ce lorsqu'elle aura, non-seulement les passions et les vices du cœur humain à combattre et à surmonter, mais une *éloquence* opposée, insidieuse ou véhémente, qui aura su captiver, ranger de son parti les affections du cœur humain, et ses passions et ses vices? Certes, il est impossible d'imaginer une épreuve où l'art (je ne dis pas assez, car aucun art n'y peut suffire), où le génie et l'art réunis au plus haut degré d'intelligence et de vigueur trouvent mieux à se signaler. Or telles sont dans leur plénitude les fonctions de l'*éloquence*. Et de là vient que l'orateur Antoine, après s'en être fait un modèle intellectuel aussi accompli qu'il avait pu le concevoir, disait n'avoir jamais connu d'hommes pleinement *éloquents*.

Il est donc vrai que dans l'œuvre oratoire, ce talent d'agir à-la-fois sur les esprits et sur les ames ne se réduit pas à quelques mots épars, à quelques élans passagers ; qu'il consiste à tout disposer pour produire un effet commun, à tout diriger vers un but et vers le but qu'on se propose. Ainsi, que le génie invente les moyens ; que l'art, qui n'est que le bon sens éclairé par l'expérience, les distribue et les emploie ; que l'esprit et l'ame s'accordent pour faire concourir ensemble tout ce que l'un a de lumières, tout ce que l'autre a de chaleur ; que l'insinuation se glisse dans la preuve ; que le pathétique l'anime ; que la preuve, à son tour et réciproquement, communique sa force au pathétique et donne plus d'accès à l'insinuation ; l'œuvre oratoire ne sera plus qu'une machine bien composée, dont toutes les pièces également finies, étroitement liées, et engrenées l'une dans l'autre, contribueront à exécuter une seule et même action.

Voyez Éloquence poétique, Orateur, Pathétique, Preuve, etc.

Éloquence poétique. Qui ne connaît pas le plaisir que nous avons à inspirer nos sentiments, à persuader nos opinions, à répandre nos lumières, à multiplier ainsi notre ame ? C'est un attrait qui, dans le moral, peut se comparer à celui de la reproduction physique, et peut-être l'un des premiers besoins de l'homme en société. La poésie, dont c'est là l'objet, a donc sa source dans la nature.

Les moyens d'instruire et de persuader sont les mêmes en philosophie, en *éloquence*, en poésie; et ce n'est pas ici le lieu de les examiner.

Il y a cependant un procédé que la philosophie ne connaît pas, que l'*éloquence* ne devrait pas connaître, et dans lequel la poésie excelle; c'est l'art de la séduction, l'art de rendre la feinte et le mensonge intéressants et vraisemblables. C'est donc en poésie que l'*éloquence* est une enchanteresse; et l'enchantement qu'elle opère c'est l'illusion et l'intérêt. Ailleurs elle ne cherche à plaire, à émouvoir, que pour persuader; ici le plus souvent elle ne persuade qu'afin de plaire et d'émouvoir. A cela près, ses moyens sont les mêmes et du côté de l'illusion et du côté de l'intérêt. La poésie n'est que l'*éloquence* dans toute sa force et avec tous ses charmes. Voyez, dans *l'Iliade*, la harangue de Priam aux pieds d'Achille; dans *l'Énéide*, celle de Sinon; dans Ovide, celle d'Ajax et d'Ulysse; dans Milton, celle de Satan; dans Corneille, les scènes d'Auguste et de Cinna; dans Racine, les discours de Burrhus et de Narcisse au jeune Néron; dans *la Henriade*, la harangue de Potier aux états; celle de Brutus au sénat, dans la tragédie de ce nom; dans *la Mort de César*, celle d'Antoine au peuple, etc. C'est tour-à-tour le langage de Démosthène, de Cicéron, de Massillon, de Bossuet, à quelques hardiesses près, que la poésie autorise, et que l'*éloquence* elle-même se permet quelquefois.

Si l'on m'accuse de confondre ici les genres, que l'on me dise en quoi diffèrent l'*éloquence* de Burrhus parlant à Néron, dans la tragédie de Racine, et celle de Cicéron parlant à César, dans la péroraison pour Ligarius?

Toute la différence que je vois ici entre l'*éloquence poétique* et l'*éloquence oratoire*, c'est que l'une doit être l'élixir de l'autre. L'importance de la vérité rend l'auditoire patient; au lieu que la fiction n'attache qu'autant qu'elle intéresse. L'*éloquence* du poëte doit donc être plus animée, plus rapide, plus soutenue, que celle de l'orateur. L'un est libre dans le choix, dans la forme de ses sujets, il les soumet à son génie; l'autre est commandé par ses sujets mêmes, et son génie en est dépendant : ainsi les détails épineux et languissants qu'on pardonne à l'orateur seraient justement reprochés au poëte.

L'*éloquence* du poëte n'est donc que l'*éloquence* exquise de l'orateur, appliquée à des sujets intéressants, féconds, sublimes; et les divers genres d'*éloquence* que les rhéteurs ont distingués, le délibératif, le démonstratif, le judiciaire, sont du ressort de l'art poétique, comme de l'art oratoire; mais les poëtes ont soin de choisir de grandes causes à discuter, de grands intérêts à débattre. Auguste doit-il abdiquer ou garder l'empire du monde? Ptolomée doit-il accorder ou refuser un asyle à Pompée; et s'il le reçoit, doit-il le défendre, doit-il le livrer à César vif ou mort? Attila doit-il s'allier au roi des Français ou à l'empereur des Romains, soutenir Rome chancelante sur le penchant de sa ruine, ou hâter les destins de l'empire français encore au berceau; écouter la gloire, ou l'ambition? Voilà de quoi il s'agit dans les délibérations de Corneille. Si la scène d'Attila est faiblement traitée, au moins est-elle grandement conçue, et l'idée seule en aurait dû imposer à Boileau. La scène délibérative qui mérite le mieux d'être placée à côté de celles que je viens de citer, est l'exposition de *Brutus*. Le sénat doit-il recevoir l'ambassadeur de Porsenna, et en l'écoutant, doit-il traiter avec l'envoyé du protecteur des Tarquins; ou bien doit-il le refuser, et le renvoyer sans l'entendre? Il n'est point de spectateur dont l'ame ne reste comme suspendue, tandis que de tels intérêts sont balancés et discutés avec chaleur. Ce qui rend encore plus théâtrales ces sortes de délibérations, c'est lorsque la cause publique se joint à l'intérêt capital d'un personnage intéressant, dont le sort dépend de ce qu'on va résoudre; car il faut bien se souvenir que l'intérêt individuel d'homme à homme est le seul qui nous touche vivement. Les termes collectifs de peuple, d'armée, de république, ne nous présentent que des idées vagues. Rome, Carthage, la Grèce, la

Phrygie, ne nous intéressent que par l'entremise des personnages dont le destin dépend du leur. C'était une belle chose, dans *Inès*, que la scène où l'on délibère si Alphonse doit punir ou pardonner la révolte de son fils; mais il fallait à ce jugement terrible un appareil imposant, et surtout dans les opinions un caractère majestueux et sombre, qui inspirât la crainte des lois et la pitié pour l'ame d'un père. Cette scène, j'ose le dire, était au-dessus des forces de La Motte; c'était à celui qui a peint l'ame d'Alvarez et l'ame de Brutus de traiter cette situation, qui, faute d'*éloquence* et de dignité, n'est ni touchante ni vraisemblable.

On a voulu, je ne sais pourquoi, distinguer en poésie le discours prémédité d'avec celui qui n'est pas censé l'être. L'expression n'a sa vraisemblance que lorsqu'elle est telle que la nature doit l'inspirer dans le moment. Toute la théorie de l'*éloquence* poétique se réduit donc à bien savoir quel est celui qui parle, quels sont ceux qui l'écoutent, ce qu'on veut que l'un persuade aux autres, et de régler sur ces rapports le langage qu'on lui fait tenir.

Mais quelquefois aussi celui qui parle ne veut que répandre et soulager son cœur. Par exemple, lorsque Andromaque fait à Céphise le tableau du massacre de Troie, ou qu'elle lui retrace les adieux d'Hector, son dessein n'est pas de l'instruire, de la persuader, de l'émouvoir : elle n'attend, ne veut rien d'elle. C'est un cœur déchiré qui gémit, et qui, trop plein de sa douleur, ne demande qu'à l'épancher. Rien de plus naturel, rien de plus favorable au développement des passions. Il est un degré où elles sont muettes; mais avant de parvenir à cet excès de sensibilité qui touche à l'insensibilité même, plus on est ému, moins on peut se suffire; et si l'on n'a pas un ami fidèle et sensible à qui se livrer, on espère en trouver un jour parmi les hommes : on grave ses peines ou ses plaisirs sur les arbres, sur les rochers; on les confie dans ses écrits aux siècles qui sont à naître, et qui les liront quand on ne sera plus : ainsi, par une illusion vaine, mais consolante, on se survit à soi-même, et l'on jouit en idée de l'intérêt qu'on inspirera. C'est ce qui fonde la vraisemblance de tous les genres de poésie, où l'ame, par un mouvement spontané, dépose ses sentiments les plus cachés, ses affections les plus intimes; et c'est là sur-tout que les mœurs sont naïvement exprimées : car dans toutes les autres scènes la nature est gênée et peut se déguiser.

Plus la passion tient de la faiblesse, plus il lui est nécessaire de se répandre au dehors : l'amour a plus de confidents que la haine et que l'ambition : celles-ci supposent dans l'ame une force qui lui sert à les renfermer. Achille, indigné contre Agamemnon, se retire seul sur le rivage de la mer; s'il avait aimé Briséis, il aurait eu besoin de Patrocle. Aussi l'élégie, qui n'est autre chose que le développement de l'ame, préfère-t-elle l'amour à des sentiments plus sérieux et plus profonds : aussi nos poëtes qui ont mis au théâtre cette passion, que les Grecs dédaignaient de peindre, ont-ils trouvé dans le trouble, dans les combats, dans les mouvements divers qu'elle excite, une source intarissable de la plus belle poésie. Dans combien de sens opposés le seul Racine n'a-t-il pas vu les plis et les replis du cœur d'une amante? avec combien de passions diverses il a mêlé celle de l'amour ! C'est sur-tout dans ces confidences intimes qu'il a eu l'art de ménager, c'est là, dis-je, qu'il expose ou prépare l'effet touchant des situations, et qu'il établit sur les mœurs la vraisemblance de la fable. Sans les trois scènes de Phèdre avec OEnone, ce rôle, qui nous attendrit jusqu'aux larmes, eût été révoltant pour nous. Qu'on se rappelle seulement ces vers :

> Je me connais, je sais toutes mes perfidies,
> OEnone, et ne suis point de ces femmes hardies,
> Qui, goûtant dans le crime une tranquille paix,
> Ont su se faire un front qui ne rougit jamais.
> Je connais mes fureurs, je les rappelle toutes :
> Il me semble déja que ces murs, que ces voûtes,
> Vont prendre la parole, et prêts à m'accuser,
> Attendent mon époux pour le désabuser.

C'est là de la vraie *éloquence*; c'est là ce qui gagne les esprits en faveur du coupable odieux à lui-même et tourmenté par ses remords. La fureur jalouse de Phèdre s'irrite par la comparaison qu'elle fait du bonheur d'Hippolyte et de son amante, avec les maux qu'elle-même a soufferts :

> Ils suivaient sans remords leur penchant amoureux ;
> Tous les jours se levaient clairs et sereins pour eux ;
> Et moi, triste rebut de la nature entière,
> Je me cachais au jour, je fuyais la lumière :
> La mort est le seul dieu que j'osais implorer.

Et de là cet égarement et ce désespoir qui rendent naturel et supportable le silence qu'elle a gardé sur l'innocence d'Hippolyte. Mais il n'en fallait pas moins pour obtenir grâce ; et la fable d'Euripide, sans l'art de Racine, n'était pas digne du théâtre français.

On a reproché à notre scène tragique d'avoir trop de discours et trop peu d'action : ce reproche bien entendu peut être juste. Nos poëtes se sont engagés quelquefois dans des analyses de sentiments aussi froides que superflues ; mais si le cœur ne s'épanche que parce qu'il est trop plein de sa passion, et lorsque la violence de ses mouvements ne lui permet pas de les retenir, l'effusion n'en sera jamais ni froide ni languissante. La passion porte avec elle, dans ses mouvements tumultueux, de quoi varier ceux du style ; et si le poëte est bien pénétré de ses situations, s'il se laisse guider par la nature, au lieu de vouloir la conduire à son gré, il placera ces mouvements où la nature les sollicite ; et laissant couler le sentiment à pleine source, il en saura prévenir à propos l'épuisement et la langueur.

Les réflexions, les affections de l'ame qui servent d'aliments à cette espèce de pathétique, peuvent se combiner, se varier à l'infini. Cependant comme elles ont pour base un caractère et une situation donnée, le poëte, en méditant sur les sentiments qu'il veut développer, peut y observer quelque méthode, et, dans les circonstances les plus marquées, se donner quelques points d'appui. Je suppose, par exemple, Ariane exhalant sa douleur sur l'infidélité de Thésée. Quel est celui qu'elle aime, à quel excès elle l'a aimé, ce qu'elle a fait pour lui, le prix qu'elle en reçoit, quels serments il trahit, quelle amante il abandonne, en quels lieux, dans quel moment, en quel état il la laisse, quel était son bonheur sans lui, dans quel malheur il l'a plongée, et de quel supplice il punit tant d'amour et tant de bienfaits ; voilà ce qui se présente au premier coup-d'œil. Que le poëte se plonge dans l'illusion ; à mesure que son ame s'échauffera, tous ces germes de sentiment vont se développer d'eux-mêmes.

Comme c'est là sur-tout que se manifestent les affections de l'ame, et que les traits les plus déliés, les nuances les plus délicates des caractères se font sentir ; cette sorte de scène exige et suppose une profonde étude des mœurs. Les commençants ne demandent pas mieux que de s'épargner cette étude; et l'exemple du théâtre anglais, encore barbare auprès du nôtre, leur fait donner tout aux mouvements, aux tableaux, et aux situations, c'est-à-dire au squelette de la tragédie. Ainsi, pour éviter la langueur et la mollesse qu'on nous reproche, nous tombons dans un excès contraire, la sécheresse et la dureté. Il est plus facile de sentir que d'indiquer précisément quel est, entre ces deux excès, le milieu que l'on devrait prendre; mais on le trouvera sans peine, si, renonçant à la folle vanité de briller par les détails, l'on se pénètre à fond du sentiment que l'on doit exprimer.

La douleur est de toutes les passions la plus *éloquente*, ou plutôt c'est elle qui rend *éloquentes* toutes les autres passions, et qui attendrit et rend pathétique toute espèce de caractère : douce et tendre, sombre et terrible, plaintive et déchirante, furieuse et atroce, elle prend toutes les couleurs. Du haut de la tribune et du haut de la chaire, elle remue tout un peuple; du théâtre où elle domine, elle trouble tous les esprits, elle transperce tous les cœurs. Celui qui sait la mettre en scène et faire entendre ces accents, n'a pas besoin d'autre langage. *Il ne sait ce qu'il dit*, répétait le philosophe Mairand, en écoutant l'oratorien Vinot, qui le faisait fondre en larmes. Ce n'est pourtant pas ce que j'appelle l'*éloquence* de la douleur : cette *éloquence* pure et sublime est celle que Sophocle, Euripide, Virgile, Ovide,

Racine, et Voltaire, ont possédée à un si haut point. Je nomme Ovide, parce qu'il est souvent aussi naturel et aussi pénétrant que tous ces grands poëtes. Voyez dans ses métamorphoses (fable de Polyxène) avec quelles gradations ces trois grands caractères de la douleur sont exprimés.

Polyxène, au moment d'être immolée aux mânes d'Achille.

Utque Neoptolemum stantem, ferrumque tenentem,
Utque suo vidit figentem lumina vultu;
Utere jamdudùm generoso sanguine, dixit :
Nulla mora est : aut tu jugulo, vel pectore telum
Conde meo. (Jugulumque simul pectusque retexit....)
Mors tantùm vellem matrem mea fallere posset.
Mater obest; minuitque necis mihi gaudia. Quamvis
Non mea mors illi, verùm sua vita gemenda est.
Vos modò, ne stygios adeam non libera manes,
Este procul, si justa peto; tactuque viriles
Virgineo removete manus. Acceptior illi,
Quisquis is est quem cæde meá placare paratis,
Liber erit sanguis. Si quos tamen ultima nostri
Vota movent oris, Priami vos filia regis,
Non captiva rogat : genitrici corpus inemptum
Reddite : neve auro redimat jus triste sepulchri,
Sed lacrymis. Tunc quum poterat, redimebat et auro (1).

---

(1) « Dès qu'elle vit Néoptolème debout, tenant en main le glaive, et les yeux attachés sur les siens : Mon sang est à vous, lui dit-elle; vous pouvez le verser; rien ne vous arrête : choisissez de frapper le sein ou la gorge de la victime.

Tel est le langage de la douleur noble et tranquille, d'autant plus touchante qu'elle est plus douce; et c'est le caractère que Cicéron lui donne dans la bouche de Milon.

Hécube, en se précipitant sur le corps sanglant de sa fille.

*Nata tuæ (quid enim superest ?) dolor ultima matris,
Nata jaces, videoque tuum, mea vulnera, vulnus.
En ne perdiderim quemquam, sine cæde, meorum?
Tu quoque vulnus habes! at te, quia fœmina, rebar
A ferro tutam : cecidisti, et fœmina, ferro !
Totque tuos idem fratres, te perdidit idem,
Exitium Trojæ, nostrique orbator, Achilles.
At postquam cecidit Paridis, Phœbique sagittis,
Nunc certè, dixi, non est metuendus Achilles.
Nunc etiam metuendus erat. Cinis ipse sepulti*

A ces mots, elle lui découvre et sa gorge et son sein. Je désirerais seulement, reprit-elle, qu'on pût cacher mon trépas à ma mère : elle seule retient mon ame, et m'ôte la douceur que j'aurais à mourir; quoiqu'elle ait à gémir, hélas! moins de ma mort que de sa vie. Pour vous, afin de laisser mes mânes descendre libres aux sombres bords, tenez-vous éloignés; défendez à vos mains de profaner une victime pure; elle en sera plus agréable à celui (quel qu'il soit) que vous voulez appaiser par mon sang. Si vous n'êtes pas insensibles aux derniers vœux d'une bouche expirante, c'est la fille du roi Priam, et non pas une esclave, qui vous supplie et vous conjure de livrer son corps à sa mère sans en exiger de rançon. Que ce soit assez de ses larmes pour obtenir de vous le triste droit d'ensevelir sa fille. Tant qu'elle a eu de l'or à vous donner, elle en a racheté les corps de ses enfants. »

In genus hoc sævit : tumulo quoque sentimus hostem.
AEcidæ fœcunda fui.... modò maxima rerum,
Tot generis, natisque potens, nuribusque, viroque,
Nunc trahor exul, inops, tumulis avulsa meorum,
Penelopæ munus : quæ me data pensa trahentem
Matribus ostendens ithacis, Hæc Hectoris illa est
Clara parens : hæc est, dicet, Priameia conjux.
Postque tot amissos, tu nunc, quæ sola levabas
Maternos luctus, hostilia busta piasti.
Inferias hosti peperi.... quis posse putaret
Felicem Priamum, post diruta Pergama, dici?
Felix morte suá est : nec te, mea nata, peremptam
Aspicit, et vitam pariter regnumque reliquit (1).

---

(1) « O ma fille! ô dernière douleur de ta mère! car enfin qu'ai-je encore à craindre et à souffrir? Ma chère fille, tu n'es plus! Je vois ta plaie, et je sens rouvrir toutes les plaies de mon cœur. Ai-je perdu quelqu'un des miens que ce n'ait été par le glaive? et toi aussi, c'est par le glaive que tu péris! j'espérais au moins que le fer épargnerait une fille timide et faible; et c'est encore par le fer que cette fille m'est ravie! Cet ennemi, ce fléau de Troie, cet Achille, qui a rempli notre maison de deuil, ce même Achille, après avoir donné la mort à tous tes frères, vient aussi te donner la mort. Hélas! après qu'il fut tombé sous les flèches de Pâris et d'Apollon, je disais : Achille enfin n'est plus à craindre. Achille était à craindre encore. Sa cendre même exerce, du fond de son tombeau, ses fureurs contre mes enfants. Je n'ai été féconde que pour lui. Moi qui, naguère me suis vue au comble des grandeurs, environnée d'une famille si nombreuse et si florissante, me voilà traînée en exil, pauvre, arrachée des tombeaux des miens, esclave destinée à cette Pénélope, qui, tandis que mes mains travailleront pour elle, dira aux femmes d'Ithaque : Cette esclave que vous voyez est la mère d'Hector, la veuve de Priam. Après tant de pertes cruelles,

Il semble impossible de réunir dans la douleur plus de traits déchirants; et cette image du malheur le plus accablant n'est rien encore en comparaison de ce qui va suivre.

Hécube, après avoir reconnu le corps de son fils Polydore percé de coups et flottant sur les eaux.

Troades exclamant. Obmutuit illa dolore;
Et pariter vocem lacrymasque introrsùs obortas
Devorat ipse dolor; duroque simillima saxo,
Torpet; et adversâ figit modò lumina terrâ;
Interdùm torvos sustollit ad æthera vultus.
Nunc positi spectat vultum; nunc vulnera nati,
Vulnera præcipuè; seque armat et instruit irâ.
Quâ simul exarsit, tanquam regina maneret,
Ulcisci statuit; pœnæque in imagine tota est.
Utque furit catulo lactante orbata leæna,
Signaque nacta pedum, sequitur quem non videt hostem;
Sic Hecube, postquam cum luctu miscuit iram,
Non oblita animorum, annorum oblita suorum,
Vadit ad artificem diræ Polymnestora cædis,
Colloquiumque petit : nam se monstrare relictum
Velle latens illi, quod nato redderet aurum.
Crédidit Odrysius, prædæque assuetus amore
In secreta venit. Cum blando callidus ore,

tu me restais, ma fille, et tu soulageais mes douleurs. Te voilà immolée à notre barbare ennemi. Je lui ai enfanté des victimes. Qui croirait, hélas! que Priam, après la ruine de Troie, pût s'appeler heureux? Il est heureux, il l'est, ma fille, d'être mort assez tôt pour ne pas te voir égorgée, et d'avoir perdu la vie et son empire en même temps.

Tolle moras, Hecube, dixit : da munera nato :
Omne fore illius quod das, quod et antè dedisti,
Per superos juro. Spectat truculenta loquentem
Falsaque jurantem, tumidáque exæstuat irâ;
Atque ita correptum captivarum agmine monstrum,
Involat, et digitos in perfida lumina condit,
Exspoliatque genas oculis. Facit ira potentem (1).

---

(1) « Les Troyennes jettent des cris ; mais Hécube demeure stupide et muette. La douleur dans son sein dévore en même temps ses larmes et sa voix ; et semblable à un dur rocher, elle est immobile et glacée. Tantôt les yeux attachés sur l'autre bord, tantôt levant au ciel un regard atroce et terrible, tantôt contemplant d'un œil fixe le corps et les blessures de son fils, et sur-tout ses blessures, elle s'arme de sa colère et en ramasse toutes les forces. Dès qu'elle se sent embrasée, comme si elle était reine encore, elle résout de se venger, et son ame entière s'attache à l'idée de sa vengeance. Semblable à la lionne à qui l'on a ravi le lionceau qu'elle allaitait, et qui découvre et suit la trace de son ennemi sans le voir ; Hécube, après avoir uni sa rage à sa douleur, oubliant ses années et ne se souvenant que de son courage, va trouver Polymnestor, l'artisan du meurtre de son fils. Elle demande à lui parler, et dit avoir à lui découvrir un trésor qu'elle destine à cet enfant. Polymnestor l'en croit : attiré par son avarice, il vient lui parler en secret ; et avec une douceur perfide : Ne tardez pas, lui dit-il, de me confier ce dépôt, et soyez sûre que ce nouveau bien, et tout celui que j'ai reçu de vous, lui sera fidèlement rendu. J'en prends à témoin tous les dieux. Comme il prononçait ce parjure, Hécube le regarde d'un œil atroce ; son cœur se gonfle, son sang bouillonne ; et avec les Troyennes qui l'accompagnent, se saisissant de lui, elle enfonce ses doigts dans ses yeux perfides, et ne les retire sanglants qu'après les lui avoir arrachés : tant la colère lui a donné de forces. »

L'antiquité n'a rien, à mon avis, de plus *éloquent* que ces trois scènes de douleur; et j'ai cru devoir les donner pour modèles de l'*éloquence poétique*.

EMBLÊME. On n'a pas assez nettement distingué le symbole, la devise, et l'*emblême*.

Le symbole est un signe relatif à l'objet dont on veut réveiller l'idée; et cette relation est tantôt réelle, tantôt fictive et de convention. La faucille est le symbole des moissons, la balance est le symbole de la justice. *Voyez* SYMBOLE.

La devise est l'expression simple ou figurée du caractère, du génie, de la conduite habituelle d'une personne, d'une famille, d'une nation, d'un corps politique, militaire, civil, littéraire, etc. et tantôt elle ne s'énonce que par des mots, comme celle du chevalier Bayard, *Sans peur et sans reproche;* tantôt elle joint à ces mots une figure allégorique dont elle exprime le rapport, comme celle du prince Eugène, un aigle regardant le soleil, avec ces mots, *Natus ad sublimia;* ou comme celle de Maximilien de Béthune, grand-maître de l'artillerie, inventée par Robert Étienne, et le chef-d'œuvre des devises, un aigle portant la foudre, avec ces mots, *Quo jussa Jovis. Voyez* DEVISE.

L'*emblême* est un petit tableau qui exprime allégoriquement une pensée morale ou politique, comme lorsqu'on a fait de la fortune une femme svelte et légère, un pied en l'air, touchant à peine du bout de l'autre pied un point d'une roue ou d'un globe, et tenant dans ses mains un voile enflé par le vent.

On voit par cet exemple, que, lorsque la pensée est clairement et distinctement exprimée par le tableau, elle peut se passer du secours des paroles, et c'est alors que *l'emblême* est parfait. Telles sont ces deux figures antiques de l'amour, l'une sur un centaure qu'il a dompté, l'autre sur un char attelé de deux lions qu'il a soumis au frein. Telle est encore, pour exprimer l'envie, l'image d'une femme sèche et hideuse qui ronge des serpents.

Mais lorsque le rapport de l'image à l'idée n'est pas assez sensible, on l'indique par quelques mots; et c'est ce qu'on appelle *lemme*. La figure de Janus à deux visages exprimera distinctement la réunion de la prévoyance et du souvenir, si sous *l'emblême* on met un mot qui éveille l'idée de la prudence. L'imprudence au contraire sera visiblement caractérisée dans l'image de la chèvre qui allaite un petit loup, et n'aura pas besoin de *lemme*.

Le mérite du *lemme* est d'être laconique, et de ne jeter qu'un seul trait de lumière sur la figure dont il s'agit d'éclairer le sens; de manière qu'on laisse encore à l'esprit le plaisir d'un travail léger, pour achever d'entendre cette espèce d'énigme ou d'apologue. En effet, *l'emblême* ne diffère de l'énigme qu'en ce qu'il est moins obscur, et ne diffère de l'apologue qu'en ce qu'il est moins développé. L'*embléme* est un apologue dont le sujet peut se peindre aux yeux dans une seule image. Ainsi, dès que l'action de l'apologue est simple et n'a qu'un instant, on peut le réduire en *embléme*. Telle est, par exemple, la fable du serpent qui ronge la lime. Il n'en est pas de même de la fable du lion et du rat, ou de la colombe et de la fourmi; parce que l'action a deux moments, et que, si l'on ne peint que l'un des deux, il n'y a plus aucun sens moral. Ainsi nulle action successive ne peut convenir à l'*embléme*; et de là vient qu'il est plus difficile de trouver pour l'*embléme* que pour l'apologue, des sujets dont un esprit juste et délicat soit satisfait. La grande difficulté de l'*embléme*, c'est qu'il doit dire quelque chose d'ingénieux, et ne le dire qu'à demi. Il n'aura plus rien de piquant, si la pensée est commune, ou complètement exprimée. Il doit présenter un rapport éloigné, mais juste, et qui mérite d'être aperçu. Rien de plus agréable, par exemple, pour exprimer les douceurs de la paix, que l'image de la colombe faisant son nid dans un casque, ou celle des abeilles y déposant leur miel. L'image du statuaire, le ciseau à la main, effrayé de son propre ouvrage, celle des enfants qui redoutent la chûte des boules de savon qu'ils ont soufflées en l'air, ont à-la-fois cette justesse et cette nouveauté piquante : le sens en est mystérieux, mais pourtant facile à saisir.

Plus l'objet de l'*emblême* sera noble, plus il donnera d'élévation et de grandeur à la pensée. Ainsi l'image du dragon qui, planant au milieu des airs, étouffe un serpent dans ses griffes, est l'expression la plus sublime du mérite vainqueur de l'envie.

Mais lors même que l'image est humble, elle doit avoir sa noblesse, et sur-tout ne rien présenter de rebutant pour l'imagination.

Une autre qualité très-désirable dans l'*emblême*, c'est que le tableau en soit facile à exécuter, non-seulement par le pinceau, mais par le ciseau et le burin; et pour cela il faut que l'objet en soit d'une forme distincte, indépendamment des couleurs. Cette règle est prise dans la destination des *emblêmes*, qu'on exécute le plus souvent en gravure ou en bas-relief. Ainsi rien de confus, de compliqué dans ce petit tableau, rien qu'un trait de crayon ne puisse rendre sensible aux yeux. C'est ce qu'on a le moins observé dans ce nombre infini d'*emblêmes* dont on nous a fait des recueils.

Enfin l'*emblême* n'est jamais qu'une métaphore qui parle aux yeux; et pour en bien connaître l'artifice et les règles, soit quant à la justesse, soit pour les convenances, *voyez* IMAGE.

On sait du reste que les anciens appelaient *emblêmes* les ornements qu'on ajoutait aux vases, aux lambris, aux colonnes, et qui pouvaient s'en détacher. Cicéron reproche à Verrès d'avoir enlevé les *emblêmes* des vases qu'il avait trouvés en Sicile. C'étaient des festons, des guirlandes, des bas-reliefs en or et en argent. Le sens du mot a été restreint aux figures allégoriques que l'imagination des artistes inventait pour ces ornements.

On appelle aussi, par extension, *emblêmes*, les figures allégoriques dont on fait le corps des devises; et en effet c'est la même espèce d'images, mais relatives dans la devise à un caractère particulier, et dans l'*emblême* à une idée générale. *Voyez* Devise.

Énigme et Logogriphe. L'une et l'autre indique son objet d'une manière obscure. Mais l'objet de l'*énigme* est une chose; celui du *logogriphe* est un mot.

On parle communément avec assez peu d'estime de cette espèce de jeu d'esprit; et il faut convenir que ce n'est pas le meilleur usage qu'on puisse faire de son intelligence. Mais il en est de exercices de l'ame, comme de ceux du corps; quoiqu'ils ne soient pas tous des travaux directement utiles, il n'en est aucun qui ne puisse contribuer à augmenter la souplesse, la vivacité, la force naturelle de l'organe de la pensée. L'esprit par excellence est la faculté d'apercevoir de loin avec promptitude et justesse les divers rapports des idées; or le jeu de l'*énigme* consiste à proposer, dans une certaine obscurité, un nombre de rapports d'idées à démêler et à saisir; et soit qu'il s'agisse de découvrir quelle est la chose, ou quel est le mot qu'enveloppe l'*énigme*, par cela seul qu'elle met en action la sagacité de l'esprit, elle en exerce l'activité et en aiguise la finesse. L'*énigme*, proprement dite, est une définition de choses en termes vagues et obscurs, mais qui, tous réunis, désignent exclusivement leur objet commun, et laissent à l'esprit le plaisir de le deviner.

La comparaison, la métaphore, l'allégorie, l'apologue, l'emblème, la devise, le symbole, exercent l'esprit, en lui donnant à saisir un rapport de la figure à l'objet figuré; mais cet exercice est facile. Celui que l'*énigme* propose à la curiosité, est plus laborieux; et il faut bien qu'il en soit plus piquant, puisque, sans autre fruit que le succès frivole d'une recherche assez pénible, il a eu de l'attrait pour les hommes les plus sensés.

L'*énigme*, ainsi que la définition philosophique ou oratoire, doit avoir un objet distinct et ne convenir qu'à lui seul. Mais dans la définition, chacun des traits doit avoir sa justesse, sa précision, sa clarté; au lieu que dans l'*énigme* aucun des traits n'a ou ne semble avoir cette relation directe. Ils présentent même à l'esprit des rapports différents, quelquefois opposés, et des idées incompatibles. L'adresse de ce jeu consiste à employer, dans la définition, des mots figurés ou équivoques, qui ne conviennent à une idée commune que par un de leurs sens, et par le plus imperceptible. Ce sont des pièces à plusieurs faces, qui peuvent s'ajuster et former un ensemble ; mais il s'agit d'apercevoir dans leurs surfaces bizarrement taillées le point qui doit les réunir. C'est cette ambiguité de rapports qui distingue l'*énigme* de la définition et de la description. Or le moyen de lever l'équivoque, c'est d'examiner dans quels sens tous les mots de l'*énigme* se rapportent les uns aux autres, et conviennent au même objet. Mais cette coïncidence une fois aperçue, la définition ou la description doit se trouver exacte et suffisante ; sans quoi le lecteur aura lieu de se plaindre qu'on lui a donné de faux indices, ou qu'on ne lui en a pas assez donné, et qu'on lui a fait chercher péniblement ce qu'il ne devait pas trouver. Il est bon d'avertir les faiseurs d'*énigmes* que leur obligation de définir ou de décrire avec justesse, est plus sérieuse qu'ils ne pensent. Nous avons vu tout Paris indigné de ce qu'une *énigme* du Mercure se trouvait n'avoir point de mot.

Afin donc que les règles d'un jeu, où la chose du monde la plus importante, la vanité, est compromise, soient bien connues, comparons une *énigme* avec une définition.

Cicéron a défini quelque chose, *Le témoin des*

temps, la lumière de la vérité, la vie de la mémoire, l'école de la vie, la messagère de l'antiquité. Testis temporum, lux veritatis, vita memoriæ, magistra vitæ, nuncia vetustatis. Est-ce-là une *énigme?* Non; parce que tous les traits de l'image sont analogues, et que, sans équivoque et sans ambiguité, ils s'accordent tous à exprimer la même chose. Quel est *le témoin des temps?* C'est l'histoire. Quelle est *la lumière de la vérité* dans le même sens? C'est l'histoire. Quelle est *l'école de la vie?* C'est l'expérience, et l'histoire qui la transmet. Quelle est *la messagère de l'antiquité?* C'est bien évidemment l'histoire.

Examinons à-présent l'*énigme*, qu'on dit être celle du Sphinx. *Quel est l'animal qui le matin marche sur quatre pieds?* Il y en a mille : *à midi sur deux pieds?* C'est l'homme : *sur trois, le soir?* On n'en connaît aucun. Il s'agit pourtant de trouver celui qui *le matin* est *quadrupède, à midi bipède,* et *tripède le soir;* cela paraît fort difficile. Mais qu'on pense à la métaphore du *matin*, du *midi*, et du *soir* de la vie; qu'on se souvienne que le *pied* d'une table est un bâton; l'*énigme* est devinée. OEdipe ne fut pas sorcier; et l'embarras des Béotiens confirme leur réputation.

Un tour ingénieux pour l'*énigme*, est de donner une définition, une description qui clairement convienne à une chose et semble ne convenir qu'à elle; et d'ajouter qu'il s'agit d'une autre chose que de celle qui se présente à l'esprit, comme dans cette jolie *énigme* de La Motte.

> J'ai vu, j'en suis témoin croyable,
> Un jeune enfant, armé d'un fer vainqueur,
> Le bandeau sur les yeux, tenter l'assaut d'un cœur
> Aussi peu sensible qu'aimable.
> Bientôt après, le front élevé dans les airs,
> L'enfant, tout fier de sa victoire,
> D'une voix triomphante en célébrait la gloire,
> Et semblait pour témoin vouloir tout l'univers.

Jusque-là il n'y a personne qui ne dise c'est l'*amour*; mais on lit à la fin,

> Quel est donc cet enfant dont j'admirai l'audace?
> Ce n'était pas l'Amour. Cela vous embarrasse.

Si ce n'est pas l'amour, qu'est-ce donc? C'est *le ramoneur;* et le portrait n'en est pas moins fidèle.

Il est aisé de voir que ce qui rend ici la surprise encore plus piquante, c'est de trouver tant de ressemblance entre l'amour et un ramoneur, qu'on ait pu prendre l'un pour l'autre.

Mais sans donner ainsi le change à l'imagination, l'*énigme* est encore agréable, lorsqu'après l'avoir mise en activité et promenée en divers sens, elle lui procure le plaisir de la découverte au bout de la recherche. Cette espèce de quête, comme celle du chien de chasse, est dirigée vers son objet par les idées qu'on sème sur la voie; en sorte que, si la première nous en détourne par l'équivoque ou l'ambiguité du rapport, la seconde nous y ramène; et que de ces erreurs, réciproquement corrigées l'une par l'autre, il se forme comme une route tortueuse qui arrive au but.

L'*énigme* suivante donne l'idée de cet artifice amusant.

> Nous sommes deux aimables sœurs,
> Qui portons la même livrée
> Et brillons des mêmes couleurs.
> Sans le secours de l'art l'une et l'autre est parée.
> La fraîcheur est dans nous ce qu'on aime le plus.

Voilà qui semble indiquer les deux pommes que les latins appelaient *sororiantes*; mais en français ce ne sont pas *deux sœurs*. Je dirai donc ces *deux sœurs* sont les *joues*; et dans une jeune et jolie femme tout cela leur convient. Mais en continuant de lire, je trouve une singularité qui m'arrête :

> Sans marquer entre nous la moindre jalousie,
> L'une de nous sans cesse a le dessous,
> Et plus souvent encor l'une à l'autre est unie.

Je pense aux mains; mais rien de tout cela ne serait juste à leur égard. Il faut donc achever de lire.

> Nous nous donnons toujours, dans ces heureux instants,
> De doux baisers très-innocents,
> Jusqu'au moment qui nous sépare.
> Alors, et cela n'est pas rare,
> On voit, pour un *oui*, pour un *non*,
> Se détruire notre union;
> Mais l'instant qui suit la répare.

Ici l'esprit est absolument détourné de tout ce qui n'est pas le vrai mot de l'*énigme*, et le seul objet auquel tous ces indices réunis puissent convenir, ce sont *les lèvres*.

Si un défaut insoutenable dans l'*énigme* est le manque d'exactitude et de justesse dans les rapports, un autre défaut moins choquant, mais qui émousse le plaisir d'une recherche curieuse, c'est le trop de clarté dans les indications; et par là pèche cette *énigme*, qui d'ailleurs serait très-bien faite.

>Je ne suis rien. J'existe cependant.
>Les lieux les plus cachés sont les lieux que j'habite.
>Le sage me connaît, et la folle m'évite.
>Personne ne me voit; jamais on ne m'entend.
>   Du sort qui m'a fait naître
>   La rigoureuse loi
>   Veut que je cesse d'être,
>Dès qu'on parle de moi.

Il est, ce me semble, un peu trop aisé d'y reconnaître *le silence*.

Il en est de même de celle-ci, dont la tournure est pourtant le modèle du langage mystérieux :

>Je suis le frère de mon père.
>Aux monstres des forêts d'abord abandonné,
>   J'en fus préservé par ma mère;
>Et reçu dans son sein, bientôt je lui donnai
>Un enfant à-la-fois, et mon fils, et mon frère,
>   Qui doit lui-même, s'il prospère,
>Rendre à son tour fécond le sein dont il est né.

Il est trop clair que cette race de nouveaux Œdipes ce sont *des glands*.

Le *Logogriphe* est, comme je l'ai dit, une *énigme* qui donne à deviner, non pas une chose, mais un mot, par l'analyse du mot lui-même.

L'analyse du *logogriphe* est proposée en termes figurés et mystérieux comme la description du sujet de l'*énigme*; et la curiosité s'y exerce à deviner d'abord chacun des éléments, et ensuite à les rassembler. Ces éléments sont ou les lettres ou les syllabes du mot caché, ou les mots que ce mot renferme, ou les mots que l'on peut former avec les lettres de ce mot, dont les nouvelles combinaisons sont légèrement indiquées.

Un bon *logogriphe* est celui dont le mot a peu d'éléments, qui les désigne sans équivoque, et qui cependant laisse à la pénétration une difficulté piquante.

> Pour aller me trouver il faut plus que ses pieds,
> Et souvent en chemin on dit sa *patenôtre* :
> Mon tout est séparé d'une de ses moitiés ;
> La moitié de mon tout sert à mesurer l'autre.
> (*Angle-terre*.)

Un *logogriphe* plat et maussade est celui dont les éléments sont faciles à deviner, mais en si grand nombre, que l'esprit se rebute du travail de les réunir.

Il semble que la langue latine se prête mieux que la nôtre à cette décomposition, qui est l'artifice du *logogriphe*.

Si quid dat pars prima mei, pars altera rodit.
(Do-mus.)

Nihil erimus, totas si vis existere partes;
Omnia (scinde caput), lector amice, sumus.
(S-omnia.)

Quem mea præteritis habuerunt mœnia sæclis,
Vatem, si vertas, hoc modo nomen habent.
(Maro, Roma.)

Primum tolle pedem, tibi fient omnia fausta;
Inversum, quid sim dicere nemo potest.
(N-omen.)

Celui-ci est d'autant plus heureux, que le mot *nemo* se présente lui-même en se donnant à deviner. Quelquefois, dans le *logogriphe*, on aide à la lettre, en désignant la chose; et alors il tient de l'*énigme*, comme celui-ci, par exemple :

Je fais presqu'en tous lieux le tourment de l'enfance,
Est-on jeune; on m'oublie : est-on vieux; on m'encense.
Je porte dans mon sein mon ennemi mortel :
Il veut m'anéantir; et mon malheur est tel,
Qu'en le perdant, je perds presque toute existence.
Déja, de mes dix pieds, huit sont en sa puissance;
Mais il m'en reste deux, qui, dans le même sens
L'un à l'autre accolés, seront pris pour deux cents.

Le mot est *cathéchisme*, qui renferme *athéisme;* et les deux *cc*, qui en chiffre romain expriment le nombre *deux cents*.

Mais écoutons sur le *logogriphe* un homme à qui rien d'inconnu n'était indifférent. C'est ce même la Condamine, qui, après avoir mesuré la méridienne de Quito sur les sommets des Cordilières, suivit le cours de la rivière des Amazones depuis sa source jusqu'à son embouchure, par mille lieues de pays désert; et à qui cette curiosité passionnée, qui lui avait fait escalader les murs du jardin du serrail au plus grand risque de sa vie, aurait fait passer une nuit laborieuse sur une *énigme* dont le mot lui aurait échappé.

C'était à un homme de ce caractère à nous donner la poétique du *logogriphe*. Voici ce qu'il en écrivait en 1758 à l'auteur du *Mercure* de France.

« Vous devriez bien, mon cher ami, purger le Mercure de ces *logogriphes* qui ne sont que la liste d'une partie des mots qui se trouvent dans un mot fort long, et qui ne présentent rien qui invite à les deviner. Si la chose en valait la peine et que je fusse assez désœuvré, je ferais une sortie contre les modernes qui ont avili ce genre, et fait tomber dans le mépris ce qui était en honneur chez les anciens. Voyez la gloire dont se couvrit OEdipe en devinant l'*énigme* du Sphinx; voyez le nom que se fit Ésope par les *énigmes* qu'il devina et celle qu'il fit pour le roi Necténabo.

« Une *énigme* se nomme en latin *griphus*, ou plutôt en grec γριφος; c'est le nom d'une *énigme* sur la chose. On a ensuite imaginé d'en faire une sur le mot, et on l'a nommé λογογριφος.

Mitto tibi NAVEM *prorâ puppique carentem*,

pour dire *ave*. Cela n'est-il pas bien ingénieux? Celle-là n'est qu'un embryon. Voici le modèle des *logogriphes* latins.

Sume caput, curram; ventrem conjunge, volabo;
Adde pedes, comedes; et sine ventre, bibes.

(Mus-ca-tum.)

« Le père Porée, mon régent de rhétorique, en faisait de fort ingénieux. Ses mots étaient heureusement choisis, c'est une partie de l'art; et il les rendait piquants par des contrastes. Les combinaisons étaient indiquées exactement, ce qui ne laisse pas d'avoir sa difficulté; et chaque combinaison fournissait une nouvelle *énigme*. Je me rappelle que le mot d'un de ses *logogriphes* était *muscipula*. Il y trouvait *mus, musca, mula, lupa;* et faisait d'une souricière l'arche de Noé.

« Mais comme tout va en dégénérant, on a depuis fait des *logogriphes* qui n'en ont que le nom. On s'est avisé de désigner les lettres par leur nombre ordinal 1, 2, 3, ce qui est fort maussade; et pour comble de platitude, au lieu d'une *énigme* sur chaque partie du mot dépecé, on désigne cette portion, ou vaguement, comme *un fruit, un oiseau, un élément, un saint*, etc.; ou on l'indique clairement, comme *le métal à qui tout cède*, pour dire l'*or; une maison en l'air artistement pendue*, pour dire *un nid;* le *favori de Jupiter*, pour dire *Ganymède; ce qu'abhorre l'église, sang*, etc.; en sorte qu'il n'y a qu'à rassembler les lettres, ayant toutes celles qui composent le mot, et puis avoir la patience d'un capucin, pour épuiser les combinaisons du nombre total des lettres. Quand il y a sept lettres, il n'y a que cinq mille quarante combinaisons. Il m'est arrivé souvent d'avoir toutes les lettres du mot, et jamais de me donner la peine d'en faire un mot. Voilà ce qui fait prendre les *logogriphes* en aversion à tout le monde; au lieu qu'un *logogriphe* bien fait est une *énigme* qui fait des petits. Vous voyez que je possède la matière à fond. Aussi en ai-je fait depuis trente ou quarante ans une étude sérieuse. »

A cette théorie de l'art, M. de la Condamine ajoutait ce *logogriphe* latin de sa façon, qui est véritablement le chef-d'œuvre d'un maître.

Cortice sub gelido reserant mea viscera flammam.
A capite ad calcem resecare ex ordine membra
Si libeat, varias assumam ex ordine formas :
Spissa viatori jam nunc protenditur umbra;
Nunc defendo bonos et amo terrere nocentes;
Mox intrare veto; sum denus deniquè et unus.
Unica si desit mihi cauda, silere jubebo.

Silex, qui, par le retranchement successif d'une lettre, donne *ilex*, *lex*, *ex*, *x*; et *sile*, en n'ôtant que la dernière lettre.

———

Enthousiasme. En parlant de l'imagination, j'ai donné une idée de l'*enthousiasme* poétique. Je ne ferai ici que la développer et l'étendre à toutes les productions de l'esprit, qui supposent, ou une illusion profonde du côté de l'imagination, ou une violente émotion du côté de l'ame. L'*enthousiasme*, dit Plutarque, *était l'effet de cet esprit divin qui s'emparait de la Pythonisse*; de là l'*enthousiasme* des poëtes qui se prétendaient inspirés.

C'était à l'ode que l'*enthousiasme* semblait appartenir; et cependant rien de plus rare, même chez les anciens, que des odes où l'imagination et l'ame du poëte soient frappées de ce délire. A peine en trouvons-nous un seul exemple dans Pindare; et les plus belles odes d'Horace, *Cœlo tonantem* etc., *Delicta majorum* etc., portent plutôt le caractère d'une éloquence véhémente, que de l'ivresse poétique. Il est bien vrai que les images et les mouvements de l'ame s'y succèdent rapidement, mais sans aucun désordre; et dans celles où le poëte affecte du délire, *Justum et tenacem* etc., *Descende cœlo* etc., c'est plutôt le délire d'une imagination exaltée, que celui d'une ame profondément émue. Or c'est ici l'espèce d'*enthousiasme* le plus favorable au génie et le plus fécond en beautés.

L'*enthousiasme*, dans l'écrivain, est donc un délire factice, ou une passion volontaire; un délire, lorsque par l'attention et la contention de l'esprit, on se frappe soi-même de l'image de son objet presque aussi vivement et aussi fortement qu'on le serait de la réalité; une passion, lorsqu'en se pénétrant de la situation, du caractère, des sentiments du personnage qu'on fait agir et parler, ou à la place duquel on se met soi-même, on parvient à lui ressembler, comme si on avait pris son ame.

J'ai entendu dire au fameux comédien Garrick, qu'à Londres, à l'hôpital des fous, il avait vu un malheureux père, dont toute la folie consistait à se retracer sans cesse le moment où du haut d'un balcon, en jouant avec son enfant qu'il tenait dans ses bras, il l'avait laissé tomber dans la rue, et l'avait vu écrasé sous ses yeux. Il croyait le tenir encore ; il le pressait contre son sein, le regardait de l'œil le plus tendre, lui souriait, le caressait, et tout-à-coup, par un tressaillement terrible, exprimant l'action de la chûte, il jetait un cri déchirant, et s'abymait dans sa douleur. Cette pantomime, que le malheureux répétait à toutes les heures, et que Garrick imitait si bien, qu'on n'en pouvait soutenir la vue, nous fait sentir combien l'*enthousiasme* peut ressembler à la folie. Car c'est presque ainsi que le poëte s'affecte de ce qu'il veut feindre ; et son *enthousiasme* est pour le moment une affection presque aussi profonde que si la cause en était véritable. Il est ému, saisi, tremblant ; son cœur se serre, ses larmes coulent, il frémit d'horreur, il s'enflamme ou de colère ou de vengeance, il se transporte d'indignation, il est suffoqué de douleur ; rien de tout ce qui l'environne ne le distrait, ne le détrompe; son ame est toute à son objet; et cette fixité d'idée, cette tension de tous les organes du sentiment, occupés d'un objet unique; cette situation, dis-je, si elle était continue et indépendante de sa volonté, ne serait autre chose que folie ou fureur.

Le peintre Vernet, sur un vaisseau battu d'une horrible tempête, s'étant fait attacher au mât, et tout occupé à dessiner le mouvement des vagues, leurs replis, leur écume, et les feux de la foudre, qui, à sillons redoublés, déchiraient le sein des nuages, ne cessait de crier à chaque instant, *Ah! que cela est beau!* tandis qu'autour de lui tout frémissait du danger qu'il ne voyait pas. Telle est la préoccupation de l'esprit dans l'*enthousiasme;* celle de l'ame est encore plus forte; et c'est de cette illusion profonde et absorbante que sortent ces grandes pensées, ces mouvements extraordinaires, et pourtant naturels, ces traits inouis et sublimes dont la vérité nous saisit et nous pénètre, en même temps que leur nouveauté nous étonne, et qui sont les prodiges du génie inventeur.

Telle devait être la situation de l'ame de Milton lorsqu'il faisait dire à Satan, parlant de Dieu: *Il nous a rendus si malheureux que nous n'avons plus à le craindre. Il est le Dieu du bien, et moi, je serai le Dieu du mal.* Il fallait être Satan lui-même par la pensée, pour inventer son imprécation au soleil; il fallait le voir, comme réellement sortir de l'abyme enflammé, pour le peindre *élevant son front cicatrisé par la foudre.*

Mais sans parler d'un merveilleux aussi transcendant et aussi rare, il fallait être Camille elle-même pour inventer ses imprécations; Orosmane, pour exprimer les transports de sa jalousie; Hermione, pour s'agiter de ces mouvements tumultueux d'amour, de dépit, de vengeance, et de douce compassion.

>Où suis-je? qu'ai-je fait? que dois-je faire encore?
>Quel transport me saisit? quel chagrin me dévore?
>Errante et sans dessein; je cours dans ce palais:
>Ah! ne puis-je savoir si j'aime ou si je hais?
>Le cruel! de quel œil il m'a congédiée!
>Sans pitié, sans douleur au moins étudiée.
>Ai-je vu ses regards se troubler un moment?
>En ai-je pu tirer un seul gémissement?
>Muet à mes soupirs, tranquille à mes alarmes,
>Semblait-il seulement qu'il eût part à mes larmes?
>Et je le plains encore! et pour comble d'ennui,
>Mon cœur, mon lâche cœur s'intéresse pour lui!
>Je tremble au seul penser du coup qui le menace;
>Et prête à me venger, je lui fais déja grâce!
>Non, ne révoquons point l'arrêt de mon courroux;
>Qu'il périsse : aussi-bien il ne vit plus pour nous.
>Le perfide triomphe et se rit de ma rage;
>Il pense voir en pleurs dissiper cet orage;
>Il croit que, toujours faible et d'un cœur incertain,
>Je parerai d'un bras les coups de l'autre main.
>Il juge encor de moi par mes bontés passées;
>Mais plutôt le perfide a bien d'autres pensées :
>Triomphant dans le temple, il ne s'informe pas
>Si l'on souhaite ailleurs sa vie ou son trépas;

> Il me laisse, l'ingrat! cet embarras funeste.
> Non, non, encore un coup, laissons agir Oreste.
> Qu'il meure, puisqu'enfin il a dû le prévoir,
> Et puisqu'il m'a forcée enfin à le vouloir.
> A le vouloir! Eh quoi! c'est donc moi qui l'ordonne?
> Sa mort sera l'effet de l'amour d'Hermione!
> Ce prince, dont mon cœur se faisait autrefois,
> Avec tant de plaisir redire les exploits,
> A qui même en secret je m'étais destinée
> Avant qu'on eût conclu ce fatal hyménée!
> Je n'ai donc traversé tant de mers, tant d'états,
> Que pour venir si loin préparer son trépas,
> L'assassiner, le perdre? etc.

On semble avoir dans tous les temps réservé l'*enthousiasme* à la poésie. Mais l'orateur n'a-t-il jamais lui-même aucune illusion à se faire, aucun personnage à revêtir qui ne soit pas le sien? Et lorsque chargé de la cause d'un malheureux, il va exciter en sa faveur l'indignation, la compassion, ou d'un juge, ou de tout un peuple, est-il naturellement assez ému, l'est-il comme il le veut paraître, et n'a-t-il jamais besoin lui-même de se transformer comme le poëte, pour se mettre à la place de son client? La péroraison pour Milon n'est-elle pas une scène aussi artificiellement conçue que celle de Priam aux pieds d'Achille? et pour l'écrire avec tant d'éloquence, n'a-t-il pas fallu que Cicéron ait su s'affecter, s'émouvoir, se passionner ainsi qu'Homère? éprouvait-il, dans l'état naturel de son esprit et de son ame, tous les mouvements qu'il exprime? et dans cette supposition si éloquente, où il introduit Milon, s'écriant : « Oui, citoyens, c'est moi qui ai tué Clodius : ses fureurs que nous n'avions pu réprimer ni par nos lois, ni par la sévérité de nos jugements, ce fer et cette main les ont écartées de vos têtes. C'est par moi que le droit, l'équité, les lois, la liberté, la pudeur, l'innocence, sont en sûreté dans notre ville, etc. » Lorsque, s'adressant aux choses saintes que Clodius avait violées, il s'écrie : « C'est vous que j'atteste et que j'implore, collines des Albains, bois sacrés, autels antiques et toujours révérés, que sa démence a renversés et détruits, pour élever sur vos ruines les monuments de son luxe insensé. » Lorsqu'il met en scène son client, et qu'il le fait parler avec une dignité si touchante, ou qu'il prend lui-même la place de Milon, et semble vouloir se dévouer pour lui : *Nunc me una consolatio sustentat, quod tibi T. Anni, nullum à me amoris, nullum studii, nullum pietatis officium defuit. Ego inimicitias potentium pro te appetivi: ego meum sæpe corpus et vitam objeci armis inimicorum tuorum : ego me plurimis pro te supplicem abjeci : bona, fortunas meas, ac liberorum meorum in communionem tuorum temporum contuli. Hoc denique ipso die, si qua vis est parata, si qua dimicatio capitis futura, deposco. Quid jam restat? quid habeo quod dicam, quod faciam pro tuis in me meritis, nisi ut eam fortunam, quæcumque erit tua, ducam meam? Non recuso, non abnuo; vosque obsecro, judices, ut vestra beneficia, quæ in me contulistis, aut in hujus salute augeatis, aut in ejusdem exitio occasura esse videatis.* Peut-on dans ces images et dans ces mouvements méconnaître cette action de l'ame sur elle-même, et cette faculté qu'elle a d'exalter ses sentiments et ses pensées, qui est le caractère de l'*enthousiasme*.

Il est bien vrai que dans le poëte il n'a qu'un objet fantastique, et qu'il suppose l'illusion ; au lieu que dans l'orateur c'est la réalité, c'est la vérité qui l'anime ; mais soit la vérité, soit la feinte, ni l'une ni l'autre ne produiraient dans la pensée et le sentiment ce degré d'énergie, de chaleur, et de véhémence, sans l'attention profonde que le génie et l'ame donnent à leur objet lorsqu'ils veulent s'en pénétrer.

L'*enthousiasme* est donc volontaire dans l'orateur comme dans le poëte ; et l'orateur lui-même a souvent besoin, pour se rendre présente la vérité dans toute sa force, de réaliser, comme le poëte, l'objet de sa pensée, de croire voir ce qu'il ne voit pas, d'animer ce qu'il ne peut l'être, de revêtir un caractère qui n'est pas le sien, d'emprunter une ame étrangère, en un mot, de se transformer, par un effort d'illusion qui ne diffère plus en rien de l'*enthousiasme* poétique.

Que si l'on veut, pour le mieux concevoir, s'en faire une image familière, on n'aura qu'à se rappeler ce qu'on a cent fois éprouvé soi-même au spectacle. Dans l'illusion où l'on est plongé, on oublie presque absolument tout ce qui pourrait la détruire; on est transporté en idée dans le lieu de la scène; on se croit présent à l'action : ce n'est plus l'actrice et l'acteur que l'on voit; c'est Cléopâtre, Antiochus, Rodogune : on croit même voir le poison dans la coupe; on frémit au moment où Antiochus l'approche de ses lèvres; et ceux qui, comme les enfants, ont l'imagination plus vive, sont prêts à lui crier que la coupe est empoisonnée. La même chose à peu près arrive autour de la chaire d'un orateur, lorsque, par des figures hardies et frappantes, il rend comme présent aux yeux quelque vérité redoutable. Lorsque Massillon prêcha pour la première fois son fameux sermon du petit nombre des élus, il y eut un endroit, dit Voltaire, où un transport de saisissement s'empara de tout l'auditoire; presque tout le monde se leva à moitié par un mouvement involontaire; le murmure d'acclamation et de surprise fut si fort, qu'il troubla l'orateur.

Or cette préoccupation presque absolue de la pensée, cette émotion profonde des esprits et de l'ame, que vous cause l'impression de la vérité que le poëte représente, ou de la vérité que l'orateur exprime, supposez-la dans le poëte, dans l'orateur lui-même, au moment qu'il compose et qu'il s'est pénétré de son objet; c'est ce dernier degré d'illusion que l'on appelle *enthousiasme;* et il s'opère à-peu-près de même. Car on peut alors considérer l'imagination de l'auteur comme le théâtre où le tableau se peint, où l'action se représente; et son ame, comme le spectateur qui se livre à l'illusion et qui s'affecte vivement des passions qui animent la scène. Ainsi, dans ces moments, l'homme de génie est comme double; et il ressemble au sculpteur de la fable, à-la-fois trompeur et trompé.

On appelle aussi *enthousiasme* le délire, ou la passion véritable qui se communique d'un homme à l'autre, et quelquefois à tout un peuple, lorsqu'une imagination exaltée se rend maîtresse des esprits, et qu'ils sont violemment émus des tableaux qu'elle leur présente; et on le dit également des effets de l'erreur, et de ceux de la vérité, plus souvent même de l'erreur, parce que le mensonge a plus souvent recours à l'éloquence passionnée. Mahomet a fait des enthousiastes, Socrate n'en fit point. De grands exemples ou de grandes leçons inspirent pourtant quelquefois l'*enthousiasme* de la vertu et de la gloire. L'esprit de la secte stoïque fut l'*enthousiasme* de la vertu. Le génie de l'ancienne Rome fut l'*enthousiasme* de la patrie.

ENTR'ACTE. On appelle ainsi l'intervalle qui dans la représentation d'une pièce de théâtre, en sépare les actes, et donne du relâche à l'attention des spectateurs.

Chez les Grecs, le théâtre n'était presque jamais vide : l'intervalle d'un acte à l'autre était occupé par les chœurs.

Un des plus précieux avantages du théâtre moderne, c'est le repos absolu de l'*entr'acte*. De toutes les licences qu'on est convenu d'accorder aux arts, pour leur faciliter les moyens de plaire, c'est peut-être la plus heureuse, et celle dont on est le mieux dédommagé.

Observons d'abord que l'*entr'acte* n'est un repos que pour les spectateurs, et n'en est pas un pour l'action. Les personnages sont censés agir dans l'intervalle d'un acte à l'autre; et tandis qu'en effet l'acteur va respirer dans la coulisse, il faut qu'on le croie occupé. Ainsi le poëte, dans le plan de la pièce, en divisant son action, doit la distribuer de façon qu'elle continue d'un acte à l'autre, et que l'on sache ou que l'on suppose ce qui se passe dans l'intervalle; à-peu-près comme un architecte dispose dans son plan les vides et les pleins, ou plutôt comme un peintre habile dessine tout le corps qui doit être à demi-voilé.

Rien de plus simple que cette règle; et on la néglige souvent.

Il est aisé de sentir à-présent quelle est la facilité que l'*entr'acte* donne à l'action, soit du côté de la vraisemblance, soit du côté de l'intérêt.

Il y a dans la nature une infinité de choses dont l'exécution est impossible sur la scène, et dont l'imitation manquée détruirait toute illusion. C'est dans l'*entr'acte* qu'elles se passent: le poëte le suppose, le spectateur le croit.

L'action théâtrale a souvent des longueurs inévitables, des détails froids et languissants, dont on ne peut la dégager; et le spectateur, qui veut être continuellement ému ou agréablement occupé, ne redoute rien tant que ces scènes stériles. Il veut pourtant que tout arrive comme dans la nature, et que la vraisemblance amène l'intérêt : or le poëte les concilie, en n'exposant aux yeux que les scènes intéressantes, et en dérobant dans l'*entr'acte* toutes celles qui languiraient.

Enfin, par la même raison que l'on doit présenter aux yeux tout ce qui peut contribuer à l'effet que l'on veut produire, lequel, soit dans le pathétique, soit dans le ridicule, est toujours le plaisir d'être ému ou d'être amusé, on doit dérober à la vue tout ce qui nous déplaît ou ce qui nous répugne; car l'impression du tableau, étant beaucoup plus forte que celle du récit, nous rend plus cher ce qui nous flatte, mais aussi plus odieux ce qui nous blesse. Or le poëte, qui doit prévoir et l'un et l'autre effet, jetera dans l'*entr'acte* ce qui a besoin d'être affaibli ou voilé par l'expression, et présentera sur la scène ce qui doit frapper vivement.

Un avantage encore attaché à l'*entr'acte*, c'est de donner aux événements qui se passent hors du théâtre un temps idéal un peu plus long que le temps réel du spectacle. Comme le mouvement mesure la durée, celle d'une action présente aux yeux ne peut nous échapper; au lieu que d'une action absente, et dont nous ne sommes plus occupés, nous ne comptons point les moments. Voilà pourquoi nous pouvons accorder à ce qui se passe hors de la scène un temps moral beaucoup plus long que l'intervalle d'un acte à l'autre; mais cette licence suppose ce que j'ai dit ailleurs, que l'on regardera l'*entr'acte* comme une absence totale de l'action, et même du lieu de l'action.

La première convention faite en faveur de l'art dramatique a été, que le spectateur serait censé absent; car imaginer que le public est assemblé dans une place, et qu'il voit de là ce qui se passe dans le cabinet d'Auguste ou dans le serrail du sultan, c'est une absurdité puérile; il faut pour cela supposer un des quatre murs abattus; et alors même, le moyen d'imaginer que l'acteur, étant vu, ne verrait pas de même, et agirait comme s'il était seul?

Le spectateur n'est donc présent à l'action que par la pensée, et le spectacle n'est supposé se passer que dans son esprit. Cette hypothèse était sans doute une chose hardie à proposer, si on l'eût proposée; mais comme elle était indispensable, on en est convenu même sans le savoir.

Ce n'est donc rien proposer de nouveau, que de vouloir qu'à la fin de chaque acte l'idée du lieu disparaisse, et que notre illusion détruite nous rende à nous-mêmes en un lieu totalement distinct de celui de l'action; en sorte, par exemple, qu'au spectacle de *Cinna*, quand les acteurs sont sur la scène, nous soyons en esprit à Rome, et que, l'acte fini, l'illusion cessante, nous nous retrouvions à Paris. Ces mouvements de la pensée sont aussi aisés que rapides; et l'instant de lever et de baisser la toile les produit naturellement.

Cela posé, la conséquence immédiate et nécessaire qu'on en doit tirer, c'est que la toile, qui détruit l'enchantement du spectacle, devrait tomber toutes les fois que le charme est interrompu. Ne fût-ce même que pour cacher le besoin qu'on a quelquefois de baisser la toile, il serait à souhaiter qu'on la baissât toujours dès qu'un acte serait fini; l'illusion y gagnerait; les moyens de la produire seraient plus simples et en plus grand nombre; on ne verrait plus ce jeu des machines, qui n'est plus étonnant, et qui devient risible quand le mouvement est manqué; on ne verrait plus des valets de théâtre venir ranger ou déranger les siéges du sénat romain; l'œil et l'oreille ne seraient pas en contradiction, comme lorsqu'on entend des violons jouer un menuet près des tentes d'Agamemnon ou à la porte du Capitole; et le coup-d'œil d'un changement subit de décoration serait réservé pour le spectacle du merveilleux. *Voy.* ACTE, UNITÉS.

Épigramme. Un mérite essentiel à presque tous les poëmes, c'est de ménager à l'esprit le plaisir de la surprise; et après avoir piqué sa curiosité et suspendu plus ou moins son attente, leur succès est de le laisser agréablement satisfait. Or, selon que l'objet de la curiosité est plus ou moins intéressant, l'attente peut être plus ou moins longue, et la solution plus ou moins éloignée : telle est, depuis l'épopée jusqu'à l'*épigramme*, la mesure commune de l'étendue que chaque poëme peut avoir.

Dans l'*épigramme*, la curiosité n'étant que de savoir où aboutira le récit d'un fait simple, ou l'énoncé d'une première idée, l'attention n'est susceptible que d'un moment de patience : ainsi l'*épigramme* est, de sa nature, le plus petit de tous les poëmes. Son cercle est à-peu-près celui que les anciens donnaient à la période, dont l'artifice était aussi de tenir l'esprit en suspens jusqu'à l'entière révolution qu'ils faisaient faire à la pensée.

L'*épigramme* a donc, comme les grands poëmes, une espèce de nœud et une espèce de dénouement, ou du moins un avant-propos qui excite l'attention, et une solution imprévue qui décide l'incertitude; et, comme les grands poëmes, tantôt elle se dénoue sans péripétie, c'est-à-dire par une suite naturelle de la pensée; tantôt avec péripétie, c'est-à-dire par une révolution inattendue dans le sens.

> Monsieur l'abbé et monsieur son valet
> Sont faits égaux tous deux comme de cire.
> L'un est grand fou, l'autre petit follet;
> L'un veut railler, l'autre gaudir et rire;
> L'un boit du bon, l'autre ne boit du pire.
> Mais un débat le soir entre eux s'émeut;
> Car maître abbé toute la nuit ne veut
> Être sans vin, que sans secours ne meure;
> Et son valet jamais dormir ne peut,
> Tandis qu'au pot une goutte en demeure. (Marot.)

Voilà une *épigramme* qui va droit à son but. En voici une qui se replie en sens contraire :

> De nos rentes, pour nos péchés,
> Si les quartiers sont retranchés,
> Pourquoi s'en émouvoir la bile?
> Nous n'aurons qu'à changer de lieu :
> Nous allions à l'Hôtel-de-Ville,
> Et nous irons à l'Hôtel-Dieu. (Callières.)

On sent que, lorsque l'*épigramme* vise d'un côté et tire de l'autre, par exemple, lorsqu'elle commence par la louange et finit par la satire, le trait en est plus imprévu. Mais l'*épigramme* directe a une autre ruse pour déguiser son intention; c'est de prendre un air sérieux, lorsqu'elle veut être plaisante; un air simple et naïf, lorsqu'elle veut être fine ou délicate; un air de bonté, de douceur, lorsqu'elle veut être maligne ou mordante.

> Petits auteurs d'un fort mauvais journal,
> Qui d'Apollon vous croyez les apôtres,
> Pour Dieu, tâchez d'écrire un peu moins mal,
> Ou taisez-vous sur les écrits des autres.
> Vous vous tuez à chercher dans les nôtres
> De quoi blâmer; et l'y trouvez très-bien :
> Nous, au rebours, nous cherchons dans les vôtres
> De quoi louer; et nous n'y trouvons rien.
>
> (ROUSSEAU.)

C'est le ton de modestie et de simplicité qui fait le sel de cette *épigramme*. Il en est de même de l'air de prud'homie et de réserve qui se montre dans celle-ci :

> Un doux nenni, avec un doux sourire,
> Est tant honnête! il le vous faut apprendre.
> Quand est d'oui, si veniez à le dire,
> D'avoir trop dit je voudrais vous reprendre :
> Non que je sois ennuyé d'entreprendre
> D'avoir le fruit dont le désir me poinct;
> Mais je voudrais qu'en le me laissant prendre,
> Vous me dissiez : Non, vous ne l'aurez point.
>
> (MAROT.)

C'est sur-tout par ce tour artificieux que l'*épigramme* diffère du madrigal, qui ne déguise rien, mais qui tout naturellement a l'air de ce qu'il est, galant, délicat, ingénieux; et qui, lors même qu'il est fin, ne dissimule point l'intention de l'être. Le même sujet traité des deux façons va faire sentir ces nuances.

> Amour trouva celle qui m'est amère;
> Et j'y étais, j'en sais bien mieux le conte.
> Bonjour, dit-il, bonjour, Vénus ma mère;

> Puis tout-à-coup il voit qu'il se mécompte,
> Dont la rougeur au visage lui monte,
> D'avoir failli honteux Dieu sait combien !
> Non, non, Amour, ce dis-je, n'ayez honte :
> Plus clair-voyants que vous s'y trompent bien.
>
> (Marot.)

C'est là, ce me semble, le sel le plus fin, le plus délicat de *l'épigramme*, mais sous une apparence de simplicité qui le rend plus piquant encore. Voici au contraire le tour galant et spirituel du madrigal.

> L'autre jour l'enfant de Cythère,
> Sous une treille à demi-gris,
> Disait en parlant à sa mère :
> Je bois à toi, ma chère Iris.
> Vénus le regarde en colère.
> Maman, calmez votre courroux :
> Si je vous prends pour ma bergère,
> J'ai pris cent fois Iris pour vous.

Mais, sans même employer la dissimulation, *l'épigramme* a souvent, dans l'adresse du tour et dans la finesse du trait, le moyen de causer une surprise agréable. Marot me semble à cet égard le plus ingénieux des poëtes *épigrammatiques*, tant par la singularité que par la variété de ses petits desseins :

> Anne, ma sœur, d'où me vient le songer
> Qui, toute nuit, par-devers vous me mène ?
> Quel nouvel hôte est venu se loger
> Dedans mon cœur, et toujours s'y pourmène ?
> Certes je crois, et ma foi n'est pas vaine,

Que c'est un dieu. Me vient-il consoler?
Ah! c'est l'Amour; je le sens bien voler.
Anne, ma sœur, vous l'avez fait mon hôte;
Et le sera, me dût-il affoler,
Si celle-là qui l'y mit, ne l'en ôte.

Dès que m'amie est un jour sans me voir,
Elle me dit que j'en ai tardé quatre.
Tardant deux jours, elle dit ne m'avoir
Vu de quatorze, et n'en veut rien rabattre;
Mais pour l'ardeur de mon amour abattre,
De ne la voir j'ai raison apparente.
Voyez, amants, notre amour différente :
Languir la fais, quand suis loin de ses yeux;
Mourir me fait, quand je la vois présente :
Jugez lequel vous semble aimer le mieux.

Voilà des modèles de la grâce la plus naïve et du naturel le plus fin; et c'est encore ce tour de finesse et de naïveté piquante qui aiguise en *épigramme* un madrigal, qui sans cela ne serait que galant :

Qui cuiderait déguiser Isabeau
D'un simple habit, ce serait grand' simplesse;
Car au visage a ne sais quoi de beau,
Qui fait juger toujours qu'elle est princesse.
Soit en habit de chambrière ou maîtresse,
Soit en drap d'or entier ou découpé,
Soit son gent corps de toile enveloppé;
Toujours sera sa beauté maintenue;
Mais il me semble (ou je suis bien trompé)
Qu'elle serait plus belle toute nue.

Cependant l'*épigramme* va souvent à son but avec tant de vîtesse, que le mot suit immédiatement l'énoncé; de manière que la flèche part aussitôt que l'arc est tendu :

> *Semper pauper eris, si pauper es, AEmiliane :*
> *Dantur opes nullis nunc, nisi divitibus.* (MART.)
>
> *Dimidium donare Lino quàm credere totum*
> *Qui mavult, mavult perdere dimidium.* (MART.)

Alors le trait n'est imprévu que par sa singularité ou par sa subtilité même.

Mais ce que l'*épigramme* a de piquant n'est pas toujours un trait d'esprit du poëte; c'est bien souvent un mot cité au bout d'un petit conte; et ce mot, au lieu d'être spirituel, est quelquefois une bêtise, mais une bêtise plaisante :

> Offrez à Dieu votre incrédulité;

ou une naïveté risible, comme de la jeune épousée :

> Je ne vous ai pas mords aussi;

ou du paysan à l'homme de cour :

> C'est que je les faisons nous-mêmes;

ou du cordelier de Rousseau :

> J'aimerais mieux pour le bien de mon ame, etc.;

ou de ce juge qu'étourdissait le bruit :

> Huissier, qu'on fasse silence,
> Dit en tenant audience
> Un président de Baugé :
> C'est un bruit à tête fendre.
> Nous avons déja jugé
> Dix causes sans les entendre.

Lorsque l'*épigramme* n'est qu'un trait de satire générale et sans allusion, elle est innocente :

> A voir la splendeur peu commune
> Dont un faquin est revêtu,
> Dirait-on pas que la fortune
> Veut faire enrager la vertu?

Lorsqu'elle est personnelle et ne fait que pincer le ridicule, elle est encore permise, sur-tout si on ne l'emploie qu'en arme défensive; car c'est l'aiguillon de l'abeille.

Lorsqu'elle est mordante, il est rare qu'elle ne soit pas odieuse; et si à la diffamation elle joint la calomnie, elle est atroce. L'écrivain qui en fait son talent ressemble trop à un chien enragé pour ne pas mériter d'être traité de même.

Autant le talent de tourner une *épigramme* injurieuse est commun, vil et méprisable; autant celui de rendre un éloge piquant, par un tour *épigrammatique*, est rare, exquis et précieux. Un chef-d'œuvre en ce genre est cette *épigramme* grecque, si bien traduite par Voltaire :

> Oui, je me montrai toute nue
> Au dieu Mars, au bel Adonis,
> A Vulcain même, et j'en rougis;
> Mais Praxitèle! où m'a-t-il vue?

Le plus naturel, le plus naïf de nos poëtes en ce genre, et par-là même celui de tous qui a mis le plus de sel et de finesse dans la louange, c'est encore le vieux Marot. Ce n'est pas qu'il ait fait un grand nombre de ces *épigrammes* heureuses; mais lorsqu'il y réussit, il y excelle; et lors même qu'il ne satisfait pas un goût délicat, il l'éclaire, en indiquant toujours comment on fera mieux que lui.

Une allusion juste, amenée par la ressemblance des noms, est dans le style une grâce de plus, sur-tout dans l'*épigramme.*

> Ce plaisant val que l'on nommait Tempé,
> Dont mainte histoire est encore embellie,
> Arrosé d'eau, si doux, si attrempé,
> Sachez que plus il n'est en Thessalie :
> Jupiter roi, qui les cœurs gagne et lie,
> L'a de Thessale en France remué,
> Et quelque peu son nom propre mué;
> Car, pour Tempé, veut qu'Estampes s'appelle.
> Ainsi lui plaît, ainsi l'a situé,
> Pour y loger de France la plus belle.

Et quoiqu'un simple jeu de mots ne soit jamais qu'un badinage assez frivole, il me semble que dans l'*épigramme* il est permis plus que par-tout ailleurs, s'il est aussi joliment employé que dans celle-ci, pour une demoiselle qui s'appelait *la Roue :*

> Peintres experts, votre façon commune
> Changer vous faut, plutôt hui que demain :
> Ne peignez plus une roue à fortune;
> Elle a d'Amour pris le dard inhumain.
> Amour aussi a pris la roue en main,
> Et des mortels par ce moyen se joue.
> O l'homme heureux, qui, de l'enfant humain,
> Sera poussé au-dessus de la Roue !

Rousseau, en imitant Marot, l'a surpassé du côté du goût, de la précision, de la correction du style; mais la facilité, la simplicité, la grâce naïve, qui est celle de ce style, sont des dons naturels qui ne s'imitent point. Après Marot, La Fontaine est le seul qui les ait eus dans un haut degré; et c'est dans un degré si haut, qu'en laissant son modèle loin au-dessous de lui, il a presque interdit à ses imitateurs toute espérance de l'atteindre.

ÉPITAPHE. C'est communément un trait de louange, ou de morale, ou de l'une et de l'autre.

L'*épitaphe* de cet homme si grand et si simple, si vaillant et si humain, si heureux et si sage, auquel l'antiquité pourrait tout au plus opposer Scipion et César, si le premier avait été plus modeste, et le second moins ambitieux; cette *épitaphe*, qui ne se trouve plus que dans les livres,

Turenne a son tombeau parmi ceux de nos rois, etc.

fait encore plus l'éloge de Louis XIV que celui de M. de Turenne.

Celle d'Alexandre, que gâte le second vers, et qu'il faut réduire au premier,

Sufficit huic tumulus, cui non suffecerat orbis,

est un trait de morale plein de force et de vérité : c'est dommage qu'Aristote ne l'ait pas faite par anticipation, et qu'Alexandre ne l'ait pas lue.

Le même contraste est vivement exprimé dans celle de Newton :

> *Isaacum Newton,*
> *Quem immortalem*
> *Testantur tempus, natura, cœlum,*
> *Mortalem hoc marmor*
> *Fatetur.*

Mais ce contraste, si humiliant pour le conquérant, n'ôte rien à la gloire du philosophe. Qu'un être avec des ressorts fragiles, des organes faibles et bornés, calcule les temps, mesure le ciel, sonde la nature; c'est un prodige. Qu'un être haut de cinq pieds, qui ne fait que de naître et qui va mourir, dépeuple la terre pour se loger, et s'y trouve encore à l'étroit; c'est un petit monstre.

Du reste cette idée a été cent fois employée par les poëtes. Voyez, dans les *Catalectes*, l'*épitaphe* de Scipion-l'Africain, celle de Cicéron, celle d'Anténor. Voyez Ovide sur la mort de Tibulle, Properce sur la mort d'Achille, etc.

Les Anglais n'ont mis sur le tombeau de Dryden que ce mot pour tout éloge :

> *Dryden.*

et les Italiens sur le tombeau du Tasse :

> Les os du Tasse.

Il n'y a guère que les hommes de génie qu'il soit possible de louer ainsi.

Parmi les *épitaphes* épigrammatiques, les unes ne sont que naïves et plaisantes, les autres sont mordantes et cruelles. Du nombre des premières est celle-ci, qu'on ne croirait jamais avoir été faite sérieusement, et qu'on a vue cependant gravée dans une de nos églises :

> Ci gît le vieux corps tout usé
> Du lieutenant civil rusé, etc.

Lorsque la plaisanterie ne porte que sur un léger ridicule, comme dans l'exemple précédent, et que l'objet en est indifférent, on la pardonne, l'on en peut rire; mais les *épitaphes* insultantes et calomnieuses, telles que la rage en inspire trop souvent, sont de tous les genres de satire le plus noir et le plus lâche. Il y a quelque chose de plus infâme que la calomnie; c'est la calomnie contre les morts. L'expression des anciens, *troubler la cendre des morts*, est trop faible. Le satirique qui outrage un homme qui n'est plus, ressemble à ces animaux carnassiers qui fouillent dans les tombeaux pour se repaître de cadavres. *Voyez* SATIRE.

Quelquefois l'*épitaphe* n'est que morale, et n'a rien de personnel : telle est celle de Jovianus Pontanus, qui n'a point été mise sur son tombeau :

> *Servire superbis dominis,*
> *Ferre jugum superstitionis,*
> *Quos habes caros sepelire,*
> *Condimenta vitæ sunt.*

L'*épitaphe* à la gloire d'un mort est de toutes les louanges la plus noble et la plus pure, surtout lorsqu'elle n'est que l'expression naïve du caractère et des actions d'un homme de bien. Les vertus privées ont droit à cet hommage, comme les vertus publiques; et les titres de *bon parent*, de *bon ami*, de *bon citoyen*, méritent bien d'être gravés sur le marbre. C'est un doux emploi du talent, que de graver sur la tombe d'un ami ou d'un bienfaiteur quelques mots d'éloge et de regrets; et si la plume d'un homme de lettres doit lui être bonne à quelque chose, c'est à ne pas mourir ingrat; mais la reconnaissance fait en eux, parce qu'elle est noble, ce que l'espoir des récompenses n'eût jamais fait, parce qu'il est bas et servile. On a remarqué que *le tombeau du duc de Marlboroug était encore sans épitaphe;* le prix proposé justifie et rend vraisemblable la stérilité des poëtes anglais. Devant une place assiégée, un officiers français fit proposer aux grenadiers une somme considérable pour celui qui le premier planterait une fascine dans un fossé exposé à tout le feu des ennemis; aucun des grenadiers ne se présenta. Le général étonné leur en fit des reproches. *Nous nous serions tous offerts*, lui dit l'un de ces braves soldats, *si l'on n'avait pas mis cette action à prix d'argent.* Il en est des bons vers comme des actions courageuses. *Voy.* Éloge.

Quelques auteurs ont fait eux-mêmes leur *épi-*

taphe. Celle de La Fontaine, modèle de naïveté, est connue de tout le monde. Il serait à souhaiter que chacun fît la sienne de bonne heure ; qu'il la fît la plus flatteuse qu'il serait possible, et qu'il employât toute sa vie à la mériter.

Lorsque, dans l'article ALLÉGORIE, j'ai cité l'*épitaphe* qu'un imprimeur de Boston avait faite pour lui-même, je ne savais pas que je parlais de l'illustre M. Franklin, de cet homme qui, heureusement pour sa patrie, a vécu assez pour être l'instrument de la grande révolution qui vient de la mettre en liberté.

ÉPITHÈTE. En éloquence et en poésie on appelle *épithète* un adjectif, sans lequel l'idée principale serait suffisamment exprimée, mais qui lui donne ou plus de force, ou plus de noblesse, ou plus d'élévation, ou quelque chose de plus fin, de plus délicat, de plus touchant, ou quelque singularité piquante, ou une couleur plus riante et plus vive, ou quelque trait de caractère plus sensible aux yeux de l'esprit.

Un adjectif, sans lequel l'idée serait confuse, incomplète, ou vague, et qui ne fait que l'éclaircir, la décider, la circonscrire, n'est donc pas ce qu'on entend par une *épithète*. Ainsi, lorsqu'on dit, par exemple, *l'homme juste est en paix avec lui-même et avec les autres ; l'homme sage est libre dans les fers : juste* et *sage* sont des adjectifs, mais ne sont pas des *épithètes*. Celles-ci sont dans le langage oratoire et poétique, comme sont, dans l'usage de la vie, ces biens surabondants, et dont Voltaire a dit :

<blockquote>Le superflu, chose très-nécessaire.</blockquote>

Mais ce luxe d'expression a ses bornes tout comme l'autre; et une *épithète* qui dans le style ne contribue à donner à la pensée, ni plus de beauté, ni plus de force, ni plus de grâce, est un mot parasite : *obstat quidquid non adjuvat;* c'est un principe universel qu'il ne faut jamais perdre de vue dans l'usage des *épithètes.* Lorsqu'elles sont froides ou surabondantes, elles ressemblent à ces bracelets et à ces colliers qu'un mauvais peintre avait mis aux Grâces.

Quelques exemples vont faire distinguer les *épithètes* bien ou mal employées.

Description du lit du trésorier de la Sainte-Chapelle, dans le Lutrin.

Dans le réduit *obscur* d'une alcove *enfoncée*,
S'élève un lit de plume *à grands frais amassée*.
Quatre rideaux *pompeux*, par un double contour,
En défendent l'entrée à la clarté du jour.
Là, parmi les douceurs d'un *tranquille* silence,
Règne sur le duvet une *heureuse* indolence.
C'est là que le prélat, muni d'un déjeûner,
Dormant d'un *léger* somme, attendait le dîner.
La jeunesse *en sa fleur* brille sur son visage :
Son menton sur son sein descend à double étage;
Et son corps *ramassé* dans sa *courte* grosseur,
Fait gémir les coussins sous sa *molle* épaisseur.

Dans ce modèle de la versification française, on voit qu'aucune des *épithètes* que j'indique n'était absolument nécessaire au sens, mais qu'il n'y en a pas une qui n'ajoute à l'image.

Récit de la mort d'Hippolyte, dans la tragédie de Phèdre.

> Ses *superbes* coursiers, qu'on voyait autrefois,
> Pleins d'une ardeur si noble, obéir à sa voix,
> *L'œil morne* maintenant *et la tête baissée*,
> Semblaient se conformer à sa *triste* pensée.
> Un *effroyable* cri, sorti du sein des flots,
> Des airs en ce moment a troublé le repos ;
> Et du sein de la terre une voix *formidable*,
> Répond, en gémissant, à ce cri *redoutable*.
> Jusqu'au fond de nos cœurs notre sang s'est glacé ;
> Des coursiers *attentifs* le crin s'est hérissé.
> Cependant sur le dos de la plaine *liquide*
> S'élève à gros bouillons une montagne *humide*.
> L'onde approche, se brise, et vomit à nos yeux
> Parmi des flots d'écume un monstre *furieux*.
> Son front *large* est armé de cornes *menaçantes*.
> Tout son corps est couvert d'écailles *jaunissantes*.
> *Indomptable* taureau, dragon *impétueux*,
> Sa croupe se recourbe en replis *tortueux*.

Parmi les *épithètes* dont ces vers sont remplis, les unes sont nécessaires, comme *liquide* et *humide*, sans lesquels *plaine* et *montagne* ne diraient rien ; ce ne sont là que des adjectifs ; les autres, moins indispensables, ne laissent pas de tenir encore au caractère de l'image et de la situation, comme *triste*, *pensif*, l'œil *morne*, la tête *baissée*, des coursiers *attentifs*, un monstre *furieux*; les autres sont surabondantes, comme *larges*, *menaçantes*, *jaunissantes*, *impétueux*, et *tortueux*. Mais celles-ci donnent encore plus de couleur et de force au tableau; et dans une description épique, il est incontestable qu'elles feraient beauté. C'est ainsi que Virgile a peint les deux serpents qui vont étouffer Laocoon et ses enfants :

> . . . . Immensis *orbibus angues*
> *Incumbunt pelago*, *pariterque ad littora tendunt :*
> *Pectora quorum inter fluctus* arrecta, *jubæque*
> Sanguineæ *exsuperant undas* ; pars cætera pontum
> Ponè legit, *sinuatque* immensa *volumine terga.*
> *Fit sonitus* spumante *salo : jamque arva tenebant,*
> Ardentesque *oculos*, suffecti sanguine et igni,
> Sibila *lambebant linguis* vibrantibus *ora.*

Et puisqu'il s'agit d'*épithètes*, on peut voir que dans ces vers inimitables il n'y en a pas une qui ne soit un coup de pinceau. Mais dans la bouche de Théramène, dans le langage de la douleur, et sur-tout dans la situation de Thésée, on peut douter que des détails si poétiques soient à leur place. En général, l'emploi des *épithètes* dépend des convenances; et celles qui seraient placées dans la bouche du poëte, ou de tel personnage dans telle situation, ne le seraient pas dans la bouche de tel autre, ou dans telle autre circonstance. L'à-propos en fait la beauté; et leur justesse est relative aux personnes, aux temps, à l'idée, à l'image, au sentiment que l'on exprime, au degré d'intérêt dont on est animé, à l'état de tranquillité ou d'agitation où se trouvent l'esprit et l'ame, ou de celui qui parle, ou de ceux qui l'écoutent.

Dans les écrits où l'imagination domine, tout ce qui donne à ses peintures plus d'éclat, de richesse, et de magnificence, est naturellement placé. Mais quand la passion vient se saisir de toutes les facultés de l'ame, et l'occuper de son objet unique, tout ce qui n'ajoute pas à l'intérêt de l'expression lui est étranger. Elle rebute les mots de pure ostentation, elle dédaigne le soin de plaire. Son unique soulagement est de se répandre au-dehors. L'*épithète* qui l'aide à s'exprimer, lui est précieuse; celle qui ne ferait que la distraire, la ralentir, la refroidir, la gênerait; et, comme Phèdre, la nature dirait alors :

Que ces vains ornements, que ces voiles me pèsent!

Il ne faut donc pas être surpris si la poésie dramatique, et singulièrement la poésie pathétique, admet moins d'*épithètes* que la poésie épique et que la poésie lyrique. Le génie de celle-ci est une imagination exaltée; le génie de l'autre est une ame profondément émue et absorbée dans son objet. L'une admet donc tout ce qui peint; l'autre n'admet que ce qui touche.

Mais lors même que le poëte livré à son imagination, n'a d'autre intérêt que de peindre, chaque *épithète* qu'il emploie doit être comme un trait qui ajoute à sa peinture une nuance, une beauté nouvelle. Si la touche en est inutile ou maladroite, elle y fait tache au lieu de l'embellir.

>Et des fleuves français les eaux *ensanglantées*
>Ne portaient que des morts aux mers *épouvantées*.

Rien de plus juste et de plus frappant que ces deux *épithètes*; et quoique l'image fut déjà terrible, simplement exprimée ainsi, Les eaux des fleuves français ne portaient aux deux mers que des morts; ces eaux *ensanglantées*, ces mers *épouvantées* font une image plus colorée, plus animée, et plus touchante. Mais dans cette comparaison, d'ailleurs si heureuse et si rare,

>Belle Aréthuse, ainsi ton onde *fortunée*
>Roule au sein furieux d'Amphitrite *étonnée*,
>Un crystal toujours *pur* et des flots toujours *clairs*,
>Que jamais ne corrompt l'amertume des mers.

quoique l'*épithète* d'*étonnée* présente une idée à l'esprit, on peut croire que le poëte l'aurait sacrifiée à la précision, s'il n'eût fallu l'accorder à la rime; et la même nécessité lui a fait répéter l'image *d'un crystal toujours pur* dans celle des *flots toujours clairs*.

Rousseau, dans ses odes, a fait de l'*épithète* l'un des plus riches ornements de son style, comme dans cette apostrophe à l'Avarice, qui, du reste, serait plus juste, si elle s'adressait à la Cupidité.

Oui, c'est toi, monstre *détestable*,
Superbe tyran des humains,
Qui seul du bonheur *véritable*
A l'homme as fermé les chemins.
Pour appaiser sa soif *ardente*,
La terre en *trésors abondante*
Ferait germer l'or sous ses pas ;
Il brûle d'un feu sans remède,
Moins *riche* de ce qu'il possède,
Que *pauvre* de ce qu'il n'a pas.

Mais la rime lui a souvent fait employer des *épithètes* surabondantes.

Comme un tigre *impitoyable*
Le mal a brisé mes os,
Et sa rage *insatiable*
Ne me laisse aucun repos.
Victime *faible* et *tremblante*,
A cette image *sanglante*,
Je soupire nuit et jour ;
Et dans ma crainte *mortelle*,
Je suis comme l'hirondelle
Sous les griffes du vautour.

L'on sent bien que la *rage insatiable* du *tigre impitoyable* fait une redondance de style ; que l'*image sanglante* n'est que pour la rime ; et que la crainte de l'hirondelle sous les griffes du vautour rend superflue l'*épithète* de *mortelle* que la rime seule exigeait.

Souvent, dans les vers de Rousseau, l'*épithète* n'est pas seulement oisive, elle est importune, et quelquefois à contre-sens. Dans l'ode à la Fortune :

> Jusques à quand, trompeuse idole,
> D'un culte *honteux* et *frivole*
> Honorerons-nous tes autels ?

frivole après *honteux* est pire que superflu.

> Mais au *moindre* revers *funeste*
> Le masque tombe, l'homme reste.

moindre affaiblit l'idée de revers, et il est placé : *funeste* fait tout le contraire.

Ce n'était pas ainsi qu'écrivait Horace. Dans le style si coloré, si harmonieux de ses odes, la précision et l'énergie font le désespoir de tous les traducteurs.

> *AEquam memento rebus in* arduis
> *Servare mentem, non secùs in* bonis,
> *Ab* insolenti *temperatam*
> *Lætitiâ,* moriture *Delli.*

Cela est riche et plein, mais précis ; il n'y a pas un mot qu'eût rejeté Tacite.

De même ici :

> *Eheu!* fugaces, *Posthume, Posthume,*
> *Labuntur anni : nec pietas moram*
> *Rugis et* instanti *senectæ*
> *Afferet,* indomitæque morti.

De même :

> *Aurum per medios ire satellites,*
> *Et perrumpere amat saxa,* potentiùs
> *Ictu fulmineo.*

De même :

> *Qualem ministrum fulminis alitem....*
> *Olim juventas, et patrius vigor*
> *Nido* laborum *propulit* inscium;...
> *Nunc in* reluctantes *dracones*
> *Egit amor dapis atque pugnæ.*

En général, la nécessité de la rime dans nos petits vers, et de la mesure dans les grands, l'effrayante difficulté d'y réunir la précision et l'harmonie, la négligence des écrivains, et l'ambition de paraître pompeux en expression, lorsqu'ils sont pauvres en idées, leur a fait porter à l'excès l'abus des *épithètes;* et l'une des causes qui rendent le vers dramatique infiniment plus difficile que le vers épique ou didactique, c'est que le naturel de la poésie pathétique n'admet pas autant de ces mots accessoires et pris de loin, que la liberté illimitée de la poésie descriptive. On trouve fréquemment dans Corneille cent beaux vers de suite, où il n'y a pas une *épithète;* et dans Racine, elles sont presque toujours si utilement employées, si artistement enchâssées, qu'on ne les aperçoit presque pas.

> Songe, songe, Céphise, à cette nuit cruelle,
> Qui fut pour tout un peuple une nuit éternelle.
> Figure-toi Pyrrhus les yeux étincelants,
> Entrant à la lueur de nos palais brûlants,
> Sur tous mes frères morts se faisant un passage,
> Et de sang tout couvert échauffant le carnage :
> Songe aux cris des vainqueurs, songe aux cris des mourants,
> Dans la flamme étouffés, sous le fer expirants.
> Peins-toi dans ces horreurs Andromaque éperdue.
> Voilà comme Pyrrhus vint s'offrir à ma vue.

On peut voir que dans ce tableau il n'y a pas un trait qu'un habile peintre voulût laisser échapper. Tel est l'heureux emploi des *épithètes;* en poésie comme en éloquence, leur véritable usage est de contribuer à l'effet de la pensée, de l'image, ou du sentiment; et si quelquefois la poésie a droit de demander qu'on lui passe une *épithète* faible ou froide, à cause de la rime ou de la mesure du vers; le poëte doit se souvenir que cette licence est une grâce, afin de n'en pas abuser.

Épître. On attache aujourd'hui à l'*épître* l'idée de la réflexion et du travail; et on ne lui permet point les négligences de la lettre. Le style de la lettre est simple, seulement plus ou moins léger, plus sérieux ou plus enjoué, plus libre, plus familier, ou plus réservé, plus modeste, plus respectueux, selon les convenances. L'*épître* n'a point de style déterminé, elle prend le ton de son sujet, et s'élève ou s'abaisse suivant le caractère des personnes. L'*épître* de Boileau à son jardinier exigeait le style le plus naturel; ainsi ces vers y sont déplacés, supposé même qu'ils ne fussent pas mauvais par-tout :

>Sans cesse poursuivant ces fugitives fées;
>On voit sous les lauriers haleter les Orphées.

Boileau avait oublié, en les composant, qu'Antoine devait les entendre.

L'*épître* au roi sur le passage du Rhin, exigeait

le style le plus héroïque; ainsi, l'image grotesque du fleuve *essuyant sa barbe*, y choque la décence. Virgile a dit d'un genre de poésie encore moins noble, *Sylvæ sint consule dignæ.*

Si dans un ouvrage adressé à une personne illustre on doit ennoblir les petites choses, à plus forte raison n'y doit-on pas avilir les grandes; et c'est ce que fait à tout moment, dans les *épîtres* de Boileau, le mélange de Cotin avec Louis-le-Grand, du *sucre* et de la *cannelle* avec la gloire de ce monarque. Un mot plaisant est à sa place dans une *épître* familière; dans une *épître* sérieuse et noble, il est du plus mauvais goût.

Boileau n'était pas de cet avis; il lui en coûta de retrancher la fable de l'huître, qu'il avait mise à la fin de sa première *épître* au roi, *pour délasser*, disait-il, *des lecteurs qu'un sublime trop sérieux peut enfin fatiguer.* Il ne fallut pas moins que le grand Condé pour vaincre la répugnance du poëte à sacrifier ce morceau. Il a dit dans son *Art poétique* :

> Heureux qui, dans ses vers, sait d'une voix légère,
> Passer du grave au doux, du plaisant au sévère !

Le passage *du grave au doux* est toujours placé; celui *du plaisant au sévère* est permis et presque toujours convenable; mais cela n'est pas réciproque; et pour un ouvrage sérieux, il ne me semble pas vrai de dire :

> On peut être à-la-fois et pompeux et plaisant.

En général, les défauts dominants des *épîtres* de Boileau sont la sécheresse et la stérilité, des plaisanteries parasites, des idées superficielles, des vues courtes, et de petits desseins. On lui a appliqué ce vers :

> Dans son génie étroit il est toujours captif.

Son mérite est dans le choix heureux des termes et des tours. Il se piquait sur-tout de rendre avec grâce et avec noblesse des idées communes, qui n'avaient point encore été rendues en poésie. Une des choses, par exemple, qui le flattaient le plus, comme il l'avoue lui-même, était d'avoir exprimé poétiquement sa perruque.

Au contraire, la bassesse et la bigarrure du style défigurent la plupart des *épîtres* de Rousseau. Autant il s'est élevé au-dessus de Boileau par ses odes, autant il s'est mis au-dessous de lui par ses *épîtres*.

Dans l'*épître* philosophique, la partie dominante doit être la justesse et la profondeur du raisonnement. C'est un préjugé dangereux pour les poëtes et injurieux pour la poésie, de croire qu'elle n'exige ni une vérité rigoureuse, ni une progression méthodique dans les idées. Je ferai voir ailleurs que les écarts même de l'enthousiasme ne sont que la marche régulière du sentiment et de la raison. *Voyez* IMAGINATION.

Il est encore plus incontestable que dans l'*épître* philosophique on doit pouvoir presser les idées sans y trouver le vide, et les creuser sans arriver au faux. Que serait-ce en effet qu'un ouvrage raisonné où l'on ne ferait qu'effleurer l'apparence superficielle des choses ? Un sophisme revêtu d'une expression brillante, n'est qu'une figure bien peinte et mal dessinée. Prétendre que la poésie n'ait pas besoin de l'exactitude philosophique, c'est donc vouloir que la peinture puisse se passer de la correction du dessin. Or qu'on mette à l'épreuve de l'application de ce principe, et les *épîtres* de Boileau, et celles de Rousseau, et celles de Pope lui-même. Boileau, dans son *épître* à M. Arnault, attribue tous les maux de l'humanité *à la honte du bien*. La mauvaise honte, ou plutôt la faiblesse en général, produit de grands maux :

Tyran qui cède au crime et détruit les vertus.
(*Henriade.*)

Voilà le vrai. Mais quand on ajoute, pour le prouver, qu'*Adam*, par exemple, *n'a été malheureux que pour n'avoir osé soupçonner sa femme;* voilà de la déclamation. Le désir de la louange et la crainte du blâme produisent tour-à-tour des hommes timides ou courageux dans le bien, faibles ou audacieux dans le mal; les grands crimes et les grandes vertus émanent souvent de la même source; *Quand? Et comment? Et pourquoi?* voilà ce qui serait de la philosophie.

Dans l'*épître* à M. de Seignelai, la plus estimée

de celles de Boileau, pour démasquer la flatterie, le poëte la suppose stupide et grossière, absurde et choquante, au point de louer un général d'armée sur sa défaite, et un ministre d'état sur ses exploits militaires; est-ce-là présenter le miroir aux flatteurs? Il ajoute que rien n'est beau que le vrai; mais confondant l'homme qui se corrige, avec l'homme qui se déguise, il conclut qu'il faut suivre la nature.

> C'est elle seule en tout qu'on admire et qu'on aime.
> Un esprit né chagrin plaît par son chagrin même.

Sur ce principe vague, un homme né grossier plairait donc par sa grossièreté? un impudent, par son impudence? etc.

Qu'aurait fait un poëte philosophe? qu'aurait fait, par exemple, l'auteur des Discours *sur l'égalité des conditions, et sur la modération dans les désirs?* Il aurait pris le naturel inculte et brut; il l'aurait comparé à l'arbre qu'il faut tailler, émonder, diriger, cultiver enfin, pour le rendre plus beau, plus fécond, plus utile. Il eût dit à l'homme: « Ne veuillez jamais paraître ce que vous n'êtes pas, mais tâchez de devenir ce que vous voulez paraître; quel que soit votre caractère, il est voisin d'un certain nombre de bonnes et de mauvaises qualités; si la nature a pu vous incliner aux mauvaises, ce qui est du moins très-douteux, ne vous découragez point; et opposez à ce penchant la contention de l'habitude. Socrate n'était pas né sage, et son naturel, en se *redressant*, ne s'était pas *estropié*. »

On n'a besoin que d'un peu de philosophie, pour n'en trouver aucune dans les *épitres* de Rousseau. Dans celle à Clément Marot, il avait à développer et à prouver ce principe des stoïciens, que *l'erreur est la source de tous les vices*, c'est-à-dire, qu'*on n'est méchant que par un intérêt mal entendu*. Que fait le poëte? Il établit qu'*un vaurien* est toujours *un sot sous le masque*; et au lieu de citer au tribunal de la raison un Aristophane, un Catilina, un Narcisse, qu'il aurait eu bien de la peine à faire passer pour d'honnêtes gens ou pour des sots; il prend un fat, mauvais plaisant, dont l'exemple ne conclut rien, et il dit de ce fat, plus sot encore:

> A sa vertu je n'ai plus grande foi
> Qu'à son esprit. Pourquoi cela? Pourquoi?
> Qu'est-ce qu'esprit? Raison assaisonnée.
> ....
> Qui dit esprit, dit sel de la raison :
> ....
> De tous les deux se forme esprit parfait,
> De l'un sans l'autre un monstre contrefait :
> Or quel vrai bien d'un monstre peut-il naître?
> Sans la raison puis-je vertu connaître?
> Et sans le sel dont il faut l'apprêter,
> Puis-je vertu faire aux autres goûter?

Passons sur le style; quelle logique! *La raison sans sel fait un monstre incapable de tout bien*: pourquoi? parce qu'elle est *fade nourriture, qu'elle n'assaisonne pas la vertu, et ne la fait pas goûter aux autres.* D'où il conclut qu'un homme qui n'a que de la raison, et qu'il appelle *un sot*, ne saurait être vertueux. Molière, le plus philosophe de tous les poëtes, a fait un honnête homme d'Orgon, quoiqu'il en ait fait un sot, et n'a pas fait un sot de Tartuffe, quoiqu'il en ait fait un méchant homme.

Rousseau, dans l'*épître* dont je viens de parler, débute ainsi :

> Ami Marot, l'honneur de mon pulpitre,
> Mon premier maître, acceptez cette *épître*.

Rousseau avait pris en effet de Marot son vieux langage, ce qui était facile; et dans l'épigramme, sa tournure et sa vivacité piquante, ce qui n'était pas si aisé. Mais dans l'*épître*, rien n'est plus éloigné du naturel et de la naïveté de Marot, que le style pénible et contraint de Rousseau. C'est La Fontaine qui avait pris de Marot sa grâce négligée et sa facilité naïve; c'est lui qui, dans un tas de mauvaises poésies qui forment le recueil des œuvres de ce vieux poëte, avait saisi avec un goût exquis, ou, si l'on veut, avec un instinct merveilleux, quelques traits d'un naturel aimable et digne de servir de modèle; c'est lui enfin, qui, en imitant Marot lorsqu'il est bon, a su presque toujours être meilleur que lui. Mais que dans les *épitres* de Rousseau on cherche quelques traces de la facilité, de la bonne plaisanterie, de la simplicité, qui caractérisent Marot; on n'y trouvera rien d'approchant, et l'on en va juger par quelques morceaux du vieux poëte.

Marot avait été volé par son valet. Dans cet accident, il implore les bontés du roi François Ier, et il lui dit,

Comment vint la besogne.

J'avais un jour un valet de Gascogne,
Gourmand, ivrogne, et assuré menteur,
Pipeur, larron, jureur, blasphémateur,
Sentant la hart de cent pas à la ronde ;
Au demeurant le meilleur fils du monde.
Prisé, loué, fort estimé des filles
Dans certains lieux, et beau joueur de quilles.
Ce vénérable Hillot fut averti
De quelque argent que m'aviez départi,
Et que ma bourse avait grosse apostume.
Si se leva plutôt que de coutume ;
Et me va prendre en tapinois icelle,
Puis la vous met très-bien sous son aisselle,
Argent et tout (cela se doit entendre);
Et ne crois point que ce fût pour la rendre,
Car oncq depuis n'en ai ouï parler.
Bref, le villain ne s'en voulut aller
Pour si petit.....
Finalement de ma chambre il s'en va
Droit à l'étable, où deux chevaux trouva ;
Laisse le pire, et sur le meilleur monte,
Pique et s'en va. Pour abréger le conte,
Soyez certain qu'au partir dudit lieu
N'oublia rien, fors de me dire adieu.

Dans ce récit, on croit entendre La Fontaine. On reconnaît aussi une ame analogue à la sienne,

dans cette *épitre* au roi, pour le poëte Papillon.
(Il faut y passer le jeu de mots, que La Fontaine ne se fût pas permis.)

>Me pourmenant dedans le parc des muses,
>Prince, sans qui elles seraient confuses,
>Je rencontrai sur un pré abattu
>Ton *papillon*, sans force ne vertu :
>Je l'ai trouvé encore avec ses ailes,
>Mais sans voler, comme s'il fût sans elles.
>.............................
>Lors de la couche où il était gisant
>Je m'approchai, en ami lui disant
>Ce que j'ai pu, pour lui donner courage
>De brièvement échapper cet orage,
>Et lui offrant tout ce que Dieu a mis
>En mon pouvoir pour aider mes amis,
>Dont il est un, tant pour l'amour du style
>Et du savoir de sa muse gentile,
>Que pour autant qu'en sa pleine santé
>A ta louange il a toujours chanté.
>
>M'ayant ouï, un bien peu séjourna :
>Puis l'œil terni, triste, vers moi tourna;
>Sa sèche main dedans la mienne a mise;
>Et, d'une voix fort débile et soumise,
>M'a répondu : Cher ami éprouvé,
>Le plus grand mal qu'en mes maux j'ai trouvé,
>C'est un désir qui sans fin m'importune,
>D'écrire au roi ma fâcheuse infortune.
>.............................
>Ami très-cher, ce lui réponds-je alors,
>De quoi te plains? jette ce soin dehors;
>Car sans ta peine aviendra ton désir,
>Si oncques muse à l'autre fit plaisir.
>Certes la tienne est du roi écoutée;

Mais de lui n'est la nôtre rebutée....
....

Ces mots finis, plus de cent et cent fois
Me mercia. Lors de là je m'en vois
Au mont Parnasse écrire cette lettre,
Pour témoignage à ta bonté transmettre
Que Papillon tenait en main la plume,
Et de tes faits faisait un beau volume,
Quand maladie extrême lui a fait
Son œuvre empris demeurer imparfait.
....

Si Thésée (ainsi comme on l'a dit)
Pour Pyrithée aux enfers descendit,
Pourquoi ne puis-je au Parnasse monter
Pour d'un ami le malheur te conter?
Et si Pluton, contre l'inimitié
Qu'il leur portait, loua leur amitié;
Dois-je penser que ton cœur tant humain
Trouve mauvais si je prête la main
A un ami, vu même que nous sommes,
Et lui et moi, du nombre de tes hommes?
Je crois plutôt qu'à l'un gré tu sauras,
Et que pitié de l'autre tu auras.

Pope, dans les *épîtres* qui composent son *Essai sur l'Homme*, a fait voir combien la poésie pouvait s'élever sur les ailes de la philosophie. C'est dommage que ce poëte n'ait pas autant de méthode que de profondeur. Mais il avait pris un système; il fallait le soutenir. Ce système lui offrait des difficultés épouvantables; il fallait ou les vaincre, ou les éviter : le dernier parti était le plus sûr et le plus commode; aussi, pour répondre aux plaintes de l'homme sur les malheurs de son état, lui donne-t-il le plus souvent des images pour des preuves, et des injures pour des raisons.

ÉPÎTRE DÉDICATOIRE. Il faut croire que l'estime et l'amitié ont inventé l'*épitre dédicatoire*; mais la bassesse et l'intérêt en ont bien avili l'usage. Les exemples de cet indigne abus sont trop honteux à la littérature pour en rappeler aucun; mais nous croyons devoir donner aux auteurs un avis qui peut leur être utile, c'est que tous les petits détours de la flatterie sont connus. Les marques de bonté qu'on se flatte d'avoir reçues, et que le Mécène ne se souvient pas d'avoir données; l'accueil favorable qu'il a fait sans s'en apercevoir; la reconnaissance dont on est si pénétré, et dont il devrait être si surpris; la part qu'on veut qu'il ait à un ouvrage dont la lecture l'a endormi; ses aïeux dont on lui fait l'histoire souvent chimérique; ses belles actions et ses sublimes vertus qu'on passe sous silence pour de bonnes raisons; sa générosité qu'on loue d'avance, etc.; toutes ces formules sont usées; et l'orgueil, qui est si peu délicat, en est lui-même dégoûté. *Monseigneur*, écrit M. de Voltaire à l'électeur palatin, *le style des dédicaces, les vertus du protecteur, et le mauvais livre du protégé ont souvent ennuyé le public.*

Il ne reste plus qu'une façon honnête de dédier un livre : c'est de fonder sur des faits la reconnaissance, l'estime, ou le respect, qui doivent justifier aux yeux du public l'hommage qu'on rend au mérite.

ÉPOPÉE. C'est l'imitation, en récit, d'une action intéressante et mémorable. Ainsi l'*épopée* diffère de l'histoire, qui raconte sans imiter, du poëme dramatique, qui peint en action; du poëme didactique, qui est un tissu de préceptes; et des fastes en vers, qui ne sont qu'une suite d'événements sans unité.

Je ne traite point ici de l'origine et des progrès de ce genre de poésie : la partie historique en a été développée par l'auteur de la Henriade, dans un essai qui n'est susceptible ni d'extrait ni de critique. Je ne réveille point la fameuse dispute sur Homère : les ouvrages que cette dispute a produits sont dans les mains de tout le monde; et j'en ai dit assez dans l'article ANCIEN.

Ici, sans disputer à Homère le titre de génie par excellence, de père de la poésie et des dieux; sans examiner s'il ne doit ses idées qu'à lui-même, ou s'il a pu les puiser dans les poëtes nombreux qui l'ont précédé, comme Virgile a pris de Pisandre et d'Appollonius l'aventure de Sinon, le sac de Troie, et les amours de Didon et d'Énée; enfin sans m'attacher à des personnalités inutiles, même à l'égard des vivants, et à plus forte raison à l'égard des morts, j'attribuerai, si l'on veut, tous les défauts d'Homère à son siècle, et toutes ses beautés à lui seul. Mais, après cette distinction, je crois pouvoir partir de ce principe, qu'il n'est pas plus raisonnable de donner pour modèle en poésie le plus ancien poëme connu, qu'il le serait de donner pour modèle en horlogerie la première machine à rouage et à ressort, quelque mérite qu'on doive attribuer aux inventeurs de l'un et de l'autre. C'est donc dans la nature même de l'*épopée* que je vais observer ce que les règles qu'on lui a prescrites ont d'essentiel ou d'arbitraire. Les unes regardent le choix du sujet; les autres, la composition.

Du choix du sujet. Le P. le Bossu veut que le sujet du poëme épique soit une vérité morale, présentée sous le voile de l'allégorie; en sorte qu'on n'invente la fable qu'après avoir choisi la moralité, et qu'on ne choisisse les personnages qu'après avoir inventé la fable. Cette idée creuse, présentée comme une règle générale, ne mérite pas même d'être combattue.

L'abbé Terrasson veut que, sans avoir égard à la moralité, on prenne pour sujet de l'*épopée* l'exécution d'un grand dessein; et en conséquence il condamne le sujet de l'Iliade, qu'il appelle une *inaction*. Mais la colère d'Achille ne produit-elle pas son effet, et l'effet le plus terrible par l'inaction même de ce héros ? Ce n'est pas la première fois qu'on a confondu, en poésie, l'action avec le mouvement. *Voyez* Action.

Il n'y a point de règle exclusive sur le choix

du sujet. Un voyage, une conquête, une guerre civile, un devoir, un projet, une passion, rien de tout cela ne se ressemble; et tous ces sujets ont produit de beaux poëmes : pourquoi? parce qu'ils donnent lieu à un problême intéressant, et qu'ils réunissent les deux grands points qu'exige Horace, l'agrément et l'utilité.

L'action d'un poëme est *une*, lorsque, du commencement à la fin, de l'entreprise à l'événement, c'et toujours la même cause qui tend au même effet. La colère d'Achille fatale aux Grecs, Ithaque délivrée par le retour d'Ulysse, l'établissement des Troyens dans l'Ausonie, la liberté romaine défendue par Pompée et succombant avec lui; toutes ces actions ont le caractère d'unité qui convient à l'*épopée;* et si les poëtes l'ont altéré dans la composition, c'est le vice de l'art, non du sujet.

Ces exemples ont fait regarder l'unité d'action comme une règle invariable; et je la crois telle en effet, mais moins rigoureusement dans l'*épopée* que dans la tragédie. Ceci a besoin d'être expliqué. Dans l'une et l'autre, le but et la tendance de l'action doit être unique. C'est Ulysse qui veut retourner à Ithaque; c'est Oreste qui veut enlever de la Tauride la statue de Diane. Mais dans la tragédie les obstacles ou les efforts qui s'opposent à l'événement sont ramassés comme en un point et dans un petit nombre d'incidents liés ensemble ou naissant l'un de l'autre. Dans l'*épopée* ces obstacles, ces incidents, sont moins étroitement unis; et tout ce qu'on peut exiger du poëte, c'est qu'il leur donne une cause commune, par exemple la colère d'un Dieu qui poursuit le héros, comme Neptune dans l'Odyssée, Junon dans l'Énéide, etc. Voilà, selon moi, toute la différence de l'une et de l'autre action. *Voyez* Action.

On a pris quelquefois pour sujet d'un poëme épique tout le cours de la vie d'un homme, comme dans *l'Achilléide*, *l'Héracléide*, *la Théséide*, etc. La Motte prétend meme que l'unité de personnage suffit à l'*épopée*, par la raison, dit-il, qu'elle suffit à l'intérêt : j'ose penser différemment.

Quoi qu'il en soit, l'unité de l'action n'en détermine ni la durée ni l'étendue. Ceux qui ont voulu lui prescrire un temps, n'ont pas fait attention qu'on peut franchir des années en un seul vers, et que les événements de quelques jours peuvent remplir un long poëme. Quant au nombre des incidents, on peut les multiplier sans crainte; ils formeront un tout régulier, pourvu qu'ils naissent les uns des autres, ou que du moins ils tendent tous, ou à produire l'événement final, ou à y mettre obstacle. Ainsi, quoiqu'Homère, pour éviter la confusion, n'ait pris pour sujet de l'Iliade que l'incident de la colère d'Achille; l'enlèvement d'Hélène, vengé par la ruine de Troie, n'en serait pas moins une action unique, et telle que l'admet l'*épopée* dans sa plus grande simplicité.

Une action vaste a l'avantage de la fécondité, d'où résulte celui du choix : elle laisse à l'homme de goût et de génie la liberté de reculer dans l'enfoncement du tableau ce qui n'a rien d'intéressant, et de présenter sur les premiers plans les objets capables d'émouvoir l'ame. Si Homère avait embrassé dans l'Iliade l'enlèvement d'Hélène vengé par la ruine de Troie, il n'aurait eu ni le loisir ni la pensée de décrire des tapis, des casques, des boucliers, etc. Achille dans la cour de Déidamie, Philoctète à Lemnos, et tant d'autres incidents pleins de noblesse et d'intérêt, parties essentielles de son action, l'auraient suffisamment remplie; peut-être même n'aurait-il pas trouvé place pour les querelles de ses dieux, et il y aurait perdu peu de chose.

Le poëme épique n'est pas borné, comme la tragédie, aux unités de lieux et de temps : il a sur elle le même avantage que la poésie sur la peinture. La tragédie n'est qu'un tableau; l'*épopée* est une suite de tableaux qui peuvent se multiplier sans se confondre. Aristote veut avec raison que la mémoire les embrasse : ce n'est pas mettre le génie à l'étroit, que de lui permettre de s'étendre aussi loin que la mémoire.

L'action de l'*épopée* doit être mémorable et intéressante, c'est-à-dire digne d'être présentée aux hommes comme un objet d'admiration, de terreur, ou de pitié. Ceci demande quelque détail.

Un poëte qui choisit pour sujet une action dont l'importance n'est fondée que sur des opinions particulières à certains peuples, se condamne, par son choix, à n'intéresser que ces peuples, et à voir tomber avec leurs opinions toute la grandeur de son sujet. Celui de l'Énéide, tel que Virgile pouvait le présenter, était beau pour tous les hommes; mais dans le point de vue sous lequel le poëte l'a envisagé, il n'a plus, ce me semble, cette beauté universelle : aussi le sujet de l'Odyssée, comme l'a conçu Homère (abstraction faite des détails), est-il bien supérieur à celui de l'Énéide. Les devoirs de roi, de père, et d'époux, appellent Ulysse à Ithaque; la superstition seule appelle Énée en Italie. Qu'un héros, échappé à la ruine de sa patrie avec un petit nombre de ses concitoyens, surmonte tous les obstacles, pour aller donner une patrie nouvelle à ses malheureux compagnons; rien de plus intéressant ni de plus héroïque. Mais que, par un caprice du destin, il lui soit ordonné d'aller s'établir dans tel coin de la terre, plutôt que dans tel autre; de trahir une reine qui s'est livrée à lui, et qui l'a comblé de bienfaits, pour aller enlever à un jeune prince une femme qui lui est promise; voilà ce qui a pu intéresser les dévots de la cour d'Auguste, et flatter un peuple enivré de sa fabuleuse origine; mais ce qui ne peut nous paraître, à la réflexion, que chimérique ou révoltant. Pour justifier Énée, on ne cesse de dire qu'il était pieux; et c'est en quoi nous le trouvons pusillanime : la piété envers des dieux injustes ne peut être reçue que comme une fiction puérile, ou comme une vérité méprisable; et c'est toujours un mauvais exemple. Ainsi, ce que l'action de l'Énéide a de grand est pris dans la nature, ce qu'elle a de petit est pris dans le préjugé.

L'action de l'*épopée* doit avoir une grandeur et une importance universelles, c'est-à-dire indépendantes de tout intérêt, de tout système, de tout préjugé national, et fondées sur les sentiments et les lumières invariables de la nature.

Des passions des rois les peuples sont punis.

Cette leçon intéressante pour tous les peuples et pour tous les princes, est l'abrégé de l'Iliade; et c'est le seul objet moral qu'ait pu se proposer Homère; car prétendre que l'Iliade soit l'éloge d'Achille, c'est vouloir que le paradis perdu soit l'éloge de satan. Un panégyrique peint les hommes comme ils devraient être; Homère les peint comme ils étaient. Achille et la plupart de ses héros sont un mélange de vices et de vertus; et l'Iliade est plutôt la satire que l'apologie de la Grèce.

Lucain est sur-tout recommandable par la hardiesse avec laquelle il a choisi et traité son sujet, aux yeux des Romains devenus esclaves, et dans la cour de leur tyran :

Proxima quid soboles, aut quid meruere nepotes
In regnum nasci? Pavidè num gessimus arma?
Teximus an jugulos? Alieni pœna timoris
In nostrâ cervice sedet (1).

Ce génie audacieux avait senti qu'il était naturel à tous les hommes d'aimer la liberté, de détester qui l'opprime, d'admirer qui la défend : il a écrit pour tous les siècles; et sans l'éloge de Néron, qu'il fit dans le temps que le tigre était encore docile et doux, et qui est la tache de son poëme, on le croirait d'un ami de Caton.

La grandeur et l'importance de l'action de *l'épopée* dépendent de l'importance et de la grandeur de l'exemple qu'elle contient : exemple d'une passion pernicieuse à l'humanité; sujet de *l'Iliade :* exemple d'une vertu constante dans ses projets, ferme dans les revers, et fidèle à elle-même; sujet de *l'Odyssée*, etc. Dans les exemples vertueux, les principes, les moyens, la fin, tout doit être noble et digne; la vertu n'admet rien de bas. Dans les exemples vicieux, un mélange de force et de faiblesse, loin de dégrader le tableau, ne fait que le rendre plus naturel et plus frap-

---

(1) O Romains! par où vos enfants, par où vos neveux ont-ils mérité de naître pour la servitude? est-ce nous qui avons combattu lâchement à Pharsale? est-ce nous qui avons reculé devant les glaives de César? Hélas! ce joug, qui fut la peine de la frayeur de nos aïeux, s'est appesanti sur nos têtes.

pant. Que d'un intérêt puissant naissent des divisions cruelles; on a dû s'y attendre, et l'exemple est infructueux. Mais que l'infidélité d'une femme et l'imprudence d'un jeune insensé dépeuplent la Grèce et embrasent la Phrygie; cet incendie, allumé par une étincelle, inspire une crainte salutaire : l'exemple instruit en étonnant.

Quoique la vertu heureuse soit un exemple encourageant pour les hommes, il ne s'ensuit pas que la vertu infortunée soit un exemple dangereux; qu'on la présente telle qu'elle est dans le malheur, sa situation ne découragera point ceux qui l'aiment. Caton n'était pas heureux après la défaite de Pompée; et qui n'envierait le sort de Caton tel que nous le peint Sénèque, seul debout au milieu des ruines de sa patrie.

L'action de l'*épopée* semble quelquefois tirer son importance de la qualité des personnages; il est certain que la querelle d'Agamemnon avec Achille n'aurait rien de grand si elle se passait entre deux soldats; pourquoi? parce que les suites n'en seraient pas les mêmes. Mais qu'un plébéien comme Marius, qu'un homme privé comme Cromwel, Fernand-Cortès, etc., entreprenne, exécute de grandes choses, soit pour le bonheur, soit pour le malheur de l'humanité, son action aura toute l'importance qu'exige la dignité de l'*épopée*. On a dit : *Il n'est pas besoin que l'action de l'*épopée *soit grande en elle-même, pourvu que les personnages soient d'un rang élevé,* il fallait dire : *Il n'est pas besoin que les personnages soient d'un rang élevé, pourvu que l'action soit grande en elle-même.*

Il semble que l'intérêt de l'*épopée* doive être un intérêt public; et en effet, l'action en a plus de grandeur, d'importance, et d'utilité. Cependant je ne pense pas que l'on puisse en faire une règle. Un fils dont le père gémirait dans les fers, et qui tenterait, pour le délivrer, tout ce que la nature et la vertu, la valeur et la piété, peuvent entreprendre de courageux et de pénible; ce fils, de quelque condition qu'on le suppose, serait un héros digne de l'*épopée*, et son action mériterait un Voltaire ou un Fénélon. On éprouve même qu'un intérêt particulier est plus sensible qu'un intérêt public; et la raison en est prise dans la nature (*Voyez* INTÉRÊT). Néanmoins comme le poëme épique est sur-tout l'école des maîtres du monde, ce sont les intérêts qu'ils ont en main qu'il doit leur apprendre à respecter. Or ces intérêts ne sont pas ceux de tel ou de tel homme, mais ceux de l'humanité en général, le plus grand et le plus digne objet du plus noble de tous les poëmes.

Nous n'avons considéré jusqu'ici le sujet de l'*épopée* qu'en lui-même; mais quelle qu'en soit la beauté naturelle, ce n'est encore qu'un marbre informe que le ciseau doit animer.

De la composition. La composition de l'*épopée* embrasse trois points principaux, le plan, les caractères, et le style. On distingue dans le plan l'exposition, le nœud, et le dénouement : dans les caractères, les passions et la morale : dans le style, les qualités analogues à ce genre de poésie, et que nous réduirons à un très-petit nombre.

Du plan. L'exposition a trois parties, le début, l'invocation, et l'avant-scène.

Le début n'est que le titre du poëme plus développé; il doit être noble et simple.

L'invocation n'est une partie essentielle de l'*épopée*, qu'en supposant que le poëte ait à révéler des secrets inconnus aux hommes. Lucain, qui ne devait être que trop instruit des malheurs de sa patrie, au lieu d'invoquer un dieu pour l'inspirer, se transporte tout-à-coup au temps où s'alluma la guerre civile. Il frémit, il s'écrie :

« Citoyens, arrêtez. Quelle est votre fureur !
« L'habitant solitaire est errant dans vos villes ;
« La main du laboureur manque à vos champs stériles.

Ce mouvement est plein de chaleur; une invocation eût été froide à sa place.

L'avant-scène est le développement de la situation des personnages au moment où commence le poëme, et le tableau des intérêts opposés, dont la complication va former le nœud de l'intrigue.

Dans l'avant-scène, ou le poëte suit l'ordre des événements, et la fable se nomme *simple;* ou il laisse derrière lui une partie de l'action pour se replier sur le passé, et la fable se nomme *implexe*. Celle-ci a un grand avantage; non-seulement elle anime la narration, en introduisant un personnage plus intéressé et plus intéressant que le poëte, comme Henri IV, Ulysse, Énée, etc.; mais encore, en prenant le sujet par le centre, elle fait refluer sur l'avant-scène l'intérêt de la situation présente des acteurs, par l'impatience où l'on est d'apprendre ce qui les y a conduits.

Toutefois de grands événements, des tableaux variés, des situations pathétiques ne laissent pas de former le tissu d'un beau poëme, quoique présentés dans leur ordre naturel. Boileau traite de *maigres historiens*, les poëtes *qui suivent l'ordre des temps;* mais, n'en déplaise à Boileau, que la forme du poëme soit simple ou implexe, et cela est très-indifférent à la beauté de la poésie; c'est la chaleur de la narration, la force des peintures, l'intérêt de l'intrigue, le contraste des caractères, le combat des passions, la vérité et la noblesse des mœurs, qui sont l'ame de l'*épopée*, et qui feront du morceau d'histoire le plus directement suivi, un poëme épique admirable.

L'intrigue a été jusqu'ici la partie la plus négligée du poëme épique, tandis que dans la tragédie elle s'est perfectionnée de plus en plus. On a osé se détacher de Sophocle et d'Euripide; mais on a craint d'abandonner les traces d'Homère : Virgile l'a imité, et l'on a imité Virgile.

Aristote a touché au principe le plus lumineux

de l'*épopée*, lorsqu'il a dit que ce poëme devait être *une tragédie en récit*. Suivons ce principe dans ses conséquences.

Dans la tragédie, tout concourt au nœud ou au dénouement; tout devrait donc y concourir dans l'*épopée*. Dans la tragédie, un incident naît d'un incident, une situation en produit une autre; dans le poëme épique, les incidents et les situations devraient donc s'enchaîner de même. Dans la tragédie, l'intérêt croît d'acte en acte, et le péril devient plus pressant; le péril et l'intérêt devraient donc avoir les mêmes progrès dans l'*épopée*. Enfin le pathétique est l'ame de la tragédie; il devrait donc être l'ame de l'*épopée*, et prendre sa source dans les divers caractères et les intérêts opposés. Qu'on examine après cela quel est le plan des poëmes anciens. *L'Iliade* a deux espèces de nœud; la division des dieux, qui est froide et choquante; et celle des chefs, qui ne fait qu'une situation. La colère d'Achille prolonge ce tissu de périls et de combats qui forment l'action de *l'Iliade;* mais cette colère, toute fatale qu'elle est, ne se manifeste que par l'absence d'Achille; et les passions n'agissent sur nous que par leurs développements. L'amour et la douleur d'Andromaque ne produisent qu'un intérêt momentané; presque tout le reste du poëme se passe en assauts et en batailles; tableaux qui ne frappent guère que l'imagination, et dont l'intérêt ne va presque jamais jusqu'à l'ame.

Le plan de *l'Odyssée* et celui de *l'Énéide* sont plus variés; mais comment les situations y sont-elles amenées? un coup de vent fait un épisode; et les aventures d'Ulysse et d'Énée ressemblent aussi peu à l'intrigue d'une tragédie, que le voyage d'Anson.

S'il restait encore des Daciers, il ne manqueraient pas de dire qu'on risque tout à s'écarter de la route qu'Homère a tracée et que Virgile a suivie; qu'il en est de la poésie comme de la médecine; et nous citeraient Hippocrate pour prouver qu'il est dangereux d'innover dans l'*épopée*. Mais pourquoi ne ferait-on pas, à l'égard d'Homère et de Virgile, ce qu'on a fait à l'égard de Sophocle et d'Euripide? On a distingué leurs beautés de leurs défauts; on a pris l'art où ils l'ont laissé; on a essayé de faire toujours comme ils avaient fait quelquefois; et c'est sur-tout dans la partie de l'intrigue que Corneille et Racine se sont élevés au-dessus d'eux. Supposons que tout le poëme de *l'Énéide* fût tissu comme le quatrième livre; que les incidents, naissant les uns des autres, pussent produire et entretenir jusqu'à la fin cette variété de sentiments et d'images, ce mélange d'épique et de dramatique, cette alternative pressante d'inquiétude et de surprise, de terreur et de pitié, *l'Énéide* ne serait-elle pas supérieure à ce qu'elle est?

L'*épopée*, pour remplir l'idée d'Aristote, devrait donc être une tragédie composée d'un nombre de scènes indéterminé, dont les intervalles seraient occupés par le poëte : tel est ce principe dans la spéculation; c'est au génie seul à juger s'il est praticable.

La tragédie, dès son origine, a eu trois parties, la scène, le récit et le chœur; et de là trois sortes de rôles, les acteurs, les confidents et les témoins. Dans l'*épopée*, le premier de ces rôles est celui des héros, le poëte est chargé des deux autres. *Pleurez*, dit Horace, *si vous voulez que je pleure.* Qu'un poëte raconte sans s'émouvoir des choses terribles ou touchantes, on l'écoute sans être ému, on voit qu'il récite des fables; mais qu'il tremble, qu'il gémisse, qu'il verse des larmes, ce n'est plus un poëte, c'est un spectateur attendri, dont la situation nous pénètre. Le chœur fait partie des mœurs de la tragédie ancienne; les réflexions et les sentiments du poëte font partie des mœurs de l'*épopée*:

> *Ille bonis faveatque, et consilietur amicis,*
> *Et regat iratos, et amet peccare timentes.* (Horat.)

Tel est l'emploi qu'Horace attribue au chœur, et tel est le rôle que fait Lucain dans tout le cours de son poëme. Qu'on ne dédaigne pas l'exemple de ce poëte. Ceux qui n'ont lu que Boileau méprisent Lucain; mais ceux qui lisent Lucain sont bien tentés de croire que Boileau ne l'avait pas lu. On reproche avec raison à Lucain d'avoir donné dans la déclamation; mais combien il est éloquent lorsqu'il n'est pas déclamateur ! combien les mouvements qu'excite en lui-même ce qu'il raconte communiquent à ses récits de chaleur et de véhémence !

César, après s'être emparé de Rome sans aucun obstacle, veut piller les trésors du temple de Saturne, et un citoyen s'y oppose. *L'avarice*, dit le poëte, *est donc le seul sentiment qui brave le fer et la mort ?*

> Les lois n'ont plus d'appui contre leur oppresseur ;
> Et le plus vil des biens, l'or, trouve un défenseur !

Les deux armées sont en présence ; les soldats de César et de Pompée se reconnaissent : ils franchissent le fossé qui les sépare ; ils se mêlent, ils s'attendrissent, ils s'embrassent. Le poëte saisit ce moment pour reprocher à ceux de César leur coupable obéissance :

> Lâches, pourquoi gémir ? pourquoi verser des larmes ?
> Qui vous force à porter ces parricides armes ?
> Vous craignez un tyran dont vous êtes l'appui !
> Soyez sourds au signal qui vous rappelle à lui.
> Seul avec ses drapeaux, César n'est plus qu'un homme :
> Vous l'allez voir l'ami de Pompée et de Rome.

César, au milieu d'une nuit orageuse, frappe à la porte d'un pêcheur. Celui-ci demande : *Quel est ce malheureux échappé du naufrage ?* Le poëte ajoute :

> Il est sans crainte ; il sait qu'une cabane vile
> Ne peut être un appât pour la guerre civile.

César frappe à la porte ; il n'en est point troublé.
Quel rempart ou quel temple à ce bruit n'eût tremblé ?
Tranquille pauvreté, etc.

Pompée offre aux dieux un sacrifice ; le poëte s'adresse à César :

Toi, quels dieux des forfaits et quelles Euménides
Implores-tu, César, pour tant de parricides?

Sur le point de décrire la bataille de Pharsale, saisi d'horreur il s'écrie :

O Rome ! où sont tes dieux ? Les siècles enchaînés
Par l'aveugle hasard sont sans doute entraînés.
S'il est un Jupiter, s'il porte le tonnerre,
Peut-il voir les forfaits qui vont souiller la terre ?
A foudroyer les monts sa main va s'occuper,
Et laisse à Cassius cette tête à frapper.
Il refusa le jour au festin de Thyeste,
Et répand sur Pharsale une clarté funeste,
Pharsale, où les Romains, ardents à s'égorger,
Frères, pères, enfants, dans leur sang vont nager !

Ces mouvements sont rares dans *l'Énéide*; mais avec quel plaisir ne lit-on pas, à la mort d'Euryale et de Nisus, cette réflexion du poëte :

Fortunati ambo, si quid mea carmina possunt!

C'en est assez pour indiquer le mélange de dramatique et d'épique que le poëte peut employer, même dans sa narration directe, pourvu que ce soit sobrement et à-propos, c'est-à-dire dans les moments où la réflexion, les mouvements de l'ame, sont assez naturels pour paraître indélibérés.

Mais, dira-t-on, si le rôle du chœur rempli par le poëte était une beauté dans l'*épopée*, pourquoi Lucain serait-il le seul des poëtes anciens qui l'aurait fait? Pourquoi? parce qu'il est le seul que le sujet de son poëme ait intéressé vivement. Il était romain, il voyait encore les traces sanglantes de la guerre civile : ce n'est ni l'art, ni la réflexion, qui lui a fait prendre le ton dramatique, c'est son ame, c'est la nature même ; et le seul moyen de l'imiter dans cette partie, c'est de s'affecter comme lui.

La scène est la même dans la tragédie et dans l'*épopée* pour le style, le dialogue, et le smœurs : ainsi pour savoir si la dispute d'Achille avec Agamemnon, l'entretien d'Ajax avec Idoménée, etc., sont tels qu'ils doivent être, au moins à notre égard, on n'a qu'à les supposer au théâtre. *Voy.* Tragédie.

Cependant, comme l'action de l'*épopée* est moins serrée et moins rapide que celle de la tragédie, la scène y peut avoir plus d'étendue et moins de véhémence. C'est là que seraient merveilleusement placées ces belles conférences politiques dont les tragédies de Corneille abondent ; mais, dans sa tranquillité même, la scène épique doit être intéressante : rien d'oisif, rien de superflu. Encore est-ce peu que chaque scène ait son intérêt particulier ; il faut qu'elle concoure à l'intérêt général de l'action, que ce qui la suit en dépende, et qu'elle dépende de ce qui la précède. A ces conditions, on ne peut trop multiplier les morceaux dramatiques dans l'*épopée*; ils y répandent la chaleur et la vie. Qu'on se rappelle les adieux d'Hector et d'Andromaque; l'ambassade d'Ulysse, d'Ajax et de Phénix; Priam aux pieds d'Achille, dans *l'Iliade*; les amours de Didon, Euryale et Nisus, les regrets d'Évandre, dans *l'Énéide*; Armide et Clorinde, dans le Tasse; le conseil infernal, Adam et Ève, dans Milton, etc.

Qu'est-ce qui manque à *la Henriade* pour être le plus beau de tous les poëmes connus? Quelle importance dans l'action! quel intérêt dans le héros! quelle sagesse dans le dessein! quelle décence dans le style! quelle couleur! quelle harmonie! quel poëme enfin que *la Henriade*, si le poëte eût connu toutes ses forces lorsqu'il en a formé le plan; s'il y eût déployé la partie dominante de son talent et de son génie, le pathétique de *Mérope* et d'*Alzire*, l'art de l'intrigue et des situations! En général, si la plupart des poëmes manquent d'intérêt, c'est parce qu'il y a trop d'incidents et trop peu de situations, trop de récits et trop peu de scènes.

Les poëmes où, par la disposition de la fable, les personnages se succèdent comme les incidents, et disparaissent pour ne plus revenir, ces poëmes, qu'on peut appeler *épisodiques*, ne sont pas susceptibles d'intrigue. Je ne prétends pas en condamner l'ordonnance; je dis seulement que ce ne sont pas des tragédies en récit. Cette définition ne convient qu'aux poëmes dans lesquels des personnages permanents, annoncés dès l'exposition, peuvent occuper alternativement la scène, et, par des combats de passions et d'intérêt, nouer et soutenir l'action. Telle était la forme de *l'Iliade* et de *la Pharsale*, si les poëtes avaient eu l'art ou l'intention de profiter de cet avantage.

L'Iliade a été plus que suffisamment analysée par les critiques de ces derniers temps; mais prenons *la Pharsale* pour exemple de la négligence du poëte dans la contexture de l'intrigue. D'où vient qu'avec le plus beau sujet et le plus beau génie, Lucain n'a pas fait un beau poëme? Est-ce pour avoir observé l'ordre des temps et l'exactitude des faits? J'ai prévenu cette critique. Est-ce pour n'avoir pas employé le merveilleux? Nous verrons dans la suite combien l'entremise des dieux est peu essentielle à l'*épopée*. Est-ce pour avoir manqué de peindre en poëte ou les personnages, ou les tableaux que lui présentait son action? Les caractères de Pompée et de César, de Brutus et de Caton, de Marcie et de Cornélie, d'Afranius, de Vultéius et de Scéva, sont dessinés avec une vigueur qui n'aurait eu besoin que d'être modérée. Le deuil de Rome à l'approche de César (*erravit sine voce dolor*), les proscriptions de Sylla, la forêt de Marseille et le combat sur mer, l'inondation du camp de César, la réunion des deux armées, le camp de Pompée consumé par la soif, la mort de Vultéius et des siens, la tempête que César essuie, l'assaut soutenu par Scéva, les approches et l'action de la journée de Pharsale ; tous ces tableaux et une infinité d'autres répandus dans ce poëme ne sont peints qu'avec trop de force, de hardiesse et de chaleur. Les discours répondent à la beauté des peintures ; et si, dans l'un et l'autre genre, Lucain se laisse emporter au-delà des bornes du grand et du vrai, ce n'est qu'après y avoir atteint, et pour vouloir renchérir sur lui-même : le plus souvent le dernier vers est ampoulé, et le précédent est sublime. Qu'on retranche de *la Pharsale* les hyperboles et les longueurs, défauts d'une imagination vive et féconde, correction qui n'exige qu'un trait de plume, il restera des beautés dignes des plus grands maîtres, et que l'auteur des *Horaces*, de *Cinna*, de *la Mort de Pompée*, ne trouvait pas au-dessous de lui. Cependant, avec tant de beautés, *la Pharsale* n'est que l'ébauche d'un beau poëme, non-seulement par le style, qui en est inculte et raboteux ; non-seulement par le défaut de variété dans les tons et dans les couleurs, vice du sujet plutôt que du poëte ; mais sur-tout par le manque d'ordonnance et d'ensemble dans la partie dramatique. L'entretien de Caton avec Brutus, le mariage de Caton et de Marcie, les adieux de Cornélie et de Pompée, la capitulation d'Afranius avec César, l'entrevue de Pompée et de Cornélie après la bataille ; toutes ces scènes, à quelques longueurs près, sont si intéressantes et si nobles! Pourquoi ne les avoir pas multipliées? pourquoi Caton, cet homme divin, si dignement annoncé, ne reparaît-il qu'au neuvième livre? pourquoi ne voit-on pas Brutus en scène avec César? pourquoi Cornélie est-elle oubliée à Lesbos? pourquoi Marcie ne va-t-elle pas l'y joindre, et Caton l'y retrouver en même temps que Pompée? Quelle entrevue! quels sentiments! quels adieux! Le beau contraste de caractères vertueux, si le poëte les eût rapprochés! Ce n'est point à moi à tracer un tel plan, et j'en sens les difficultés; mais je m'en rapporte aux hommes de génie.

Des caractères. Je ne m'étendrai point ici sur les caractères, dans le dessein de traiter en son lieu cette partie du poëme dramatique (*voyez* Tragédie); mais je proposerai quelques observations plus spécialement relatives à l'*épopée*.

Rien n'est plus inutile, à mon avis, que le mélange des êtres surnaturels avec les hommes : tout ce que le poëte peut se promettre, c'est de faire de grands hommes de ses dieux, *en les habillant de nos pièces*, suivant l'expression de Montaigne. Et ne vaut-il pas mieux employer les efforts de la poésie à rapprocher les hommes des dieux, qu'à rapprocher les dieux des hommes? *Humana ad deos transtulerunt*, dit Ciceron en parlant des philosophes mythologues, *divina mallem ad nos*.

Ce que j'y vois de plus certain, dit Pope au sujet des dieux d'Homère, *c'est qu'ayant à parler de la divinité sans la connaître, il en a pris une image dans l'homme; il contempla dans une onde inconstante et fangeuse l'astre qu'il y voyait réfléchi.*

On peut m'opposer que l'imagination ne raisonne point; que le merveilleux l'enivre; qu'il emporte l'ame hors d'elle-même, sans lui donner le temps de se replier sur les idées qui détruiraient l'illusion : tout cela est vrai, et c'est ce qui m'empêche de bannir le merveilleux de l'*épopée*, et même du poëme dramatique; mais dans l'un et l'autre de ces poëmes il est encore moins raisonnable de l'exiger que de l'interdire. *Voyez* Merveilleux.

Cependant comment suppléer aux personnages surnaturels dans l'*épopée?* Par les vertus et les passions, non pas allégoriquement personnifiées (l'allégorie anime le physique et refroidit le moral); mais rendues sensibles par leurs effets, comme elles le sont dans la nature, et comme la tragédie les présente. L'*épopée* n'exige donc pour personnages que des hommes, et les mêmes hommes que la tragédie; avec cette différence, que celle-ci demande plus d'unité dans les caractères, comme étant resserrée dans un moindre espace de temps.

Il n'est point de caractère simple. *L'homme,* dit Charron, *est un sujet merveilleusement divers et ondoyant*. Mais comme la tragédie n'est qu'un moment de la vie d'un homme, que dans ce moment même il est violemment agité d'un intérêt principal et d'une passion dominante, il doit, dans un si court espace, suivre une même impulsion, ou du moins n'essuyer que le flux et reflux de la passion qui le domine; au lieu que l'action du poëme épique étant d'une longue durée, la passion peut avoir ses relâches, et l'intérêt ses diversions : c'est un champ libre et vaste pour *l'inconstance et l'instabilité, qui est le plus commun et apparent vice de la nature humaine* (Charron). La sagesse et la vertu seules sont au-dessus des révolutions; et c'est un genre de merveilleux qu'il est bon de réserver pour elles.

Ainsi, quoique chacun des personnages employés dans l'*épopée*, doive avoir un fond de caractère et d'intérêt déterminé, les orages qui s'y élèvent ne laissent pas d'en troubler la surface, au moins pour quelques moments. Mais il faut observer aussi qu'on ne change jamais, sans cause, d'inclination, de sentiment, ou de dessein; ces changements ne s'opèrent, s'il est permis de le dire, qu'au moyen des contrepoids : alors tout l'art consiste à savoir charger la balance; et ce genre de mécanisme exige une connaissance profonde de la nature. Voyez dans *Britannicus* avec quel art les contre-poids sont ménagés dans les scènes de Burrhus avec Néron, de Néron avec

Narcisse; et au contraire prenons le dernier livre de *l'Iliade.* Achille a porté la vengeance de la mort de Patrocle jusqu'à la barbarie : Priam vient se jeter à ses pieds, pour lui demander le corps de son fils : Achille s'émeut, se laisse fléchir; et jusques-là cette scène est sublime. Achille invite Priam à prendre du repos. « Fils de Jupiter (lui répond le divin Priam), ne me forcez point à m'asseoir, pendant que mon cher Hector est étendu sur la terre sans sépulture. » Quoi de plus pathétique et de moins offensant que cette réponse ? Qui croirait que c'est à ces mots qu'Achille redevient furieux ? Il s'appaise de nouveau; il fait laisser sur le chariot de Priam une tunique et deux voiles pour envelopper le corps, avant de le rendre à ce père affligé : il le prend entre ses bras, le met sur un lit, et place ce lit sur le chariot. Alors il se met à jeter de grands cris; et s'adressant à Patrocle : « Mon cher Patrocle s'écrie-t-il, ne sois pas irrité contre moi. » Ce retour est encore admirable; mais achevons. « Mon cher Patrocle, ne sois pas irrité contre moi, si on te porte jusques dans les enfers la nouvelle que j'ai rendu le corps d'Hector à son père; car (on s'attend qu'il va dire, *je n'ai pu résister aux larmes de ce père infortuné;* mais non) car il m'a apporté une rançon digne de moi. » Ces disparates prouvent que, dans les temps appelés héroïques, on n'avait pas encore une idée bien distincte et bien pure de l'héroïsme.

Du style. En attendant que je traite ailleurs des qualités du style en général, appliquons en peu de mots au style de l'*épopée* celles de ces qualités qui lui conviennent spécialement. La première est la majesté : c'est une manière d'exprimer dignement des idées nobles et grandes, et des sentiments élevés. Mais ce haut style a sa souplesse et ses inflexions, sans lesquelles il est tendu et monotone; et c'est dans la première disposition du plan que le poëte doit établir cette variété, comme le peintre, dans son dessein ou dans son esquisse, établit ses masses de lumière et d'ombre, et distribue ses couleurs. La majesté du style, comme celle de la personne, a sa grâce, son naturel, et même sa simplicité. Dans le dramatique, c'est la diversité des mœurs qui donne lieu à ce mélange harmonieux des divers tons du style noble. Dans l'épique, c'est la diversité des peintures et des récits. Si le poëme n'est qu'une suite de tableaux et de scènes d'un caractère grave et sombre, il sera impossible d'en varier les tons. C'est le plus grand défaut de *la Pharsale*. Si le poëte, dans le choix et dans l'ordonnance de son sujet, s'est ménagé des épisodes, des incidents, des sites, et des scènes d'un caractère doux, d'un naturel aimable; le style, pour les exprimer, se détendra et s'abaissera de lui-même. Il sera toujours noble, mais avec moins de faste, de hauteur, et de gravité. C'est là le charme du style de Virgile; et c'est par-là que l'Arioste a été préféré au Tasse. Mais l'exemple de l'Arioste n'est pas celui qu'on doit se proposer. Il est facile de varier les tons et les couleurs du style dans un poëme héroï-comique, où l'imagination du poëte se livre à ses caprices, et ne cherche qu'à s'égayer; mais ce n'est point là l'*épopée*. Celle-ci a pour première règle la décence et la dignité : tout y doit être sérieux; et c'est au sérieux qu'il est difficile de donner des grâces. Or quoique le Tasse n'ait pas ce mérite au même degré que Virgile, il ne laisse pas de l'avoir à un plus haut degré que tous les poëtes héroïques modernes, sur-tout dans les peintures; car dans la scène son expression manque souvent de naturel : son imagination l'a servi plus fidèlement que son ame.

Une autre qualité essentielle au style de l'*épopée* est une chaleur continue. C'est l'intérêt qui en est la source; et le moyen de l'entretenir, c'est de n'admettre dans les récits rien de froid ni de languissant. L'action du poëme n'est pas toujours rapide, mais elle ne doit jamais être indolente; son style n'est pas toujours brûlant, mais il doit toujours être animé. *Voyez* ÉLOQUENCE POÉTIQUE et MOUVEMENTS DU STYLE.

L'harmonie et le coloris distinguent sur-tout le style de l'*épopée*. Il y a deux sortes d'harmonie dans le style, l'harmonie contrainte, et l'harmonie libre : l'harmonie contrainte, qui est celle des vers, résulte d'une division symétrique et d'une mesure prescrite dans le nombre des temps, ou dans le nombre des syllabes : dans le nombre des temps pour la poésie ancienne, où la mesure était prosodique ; et dans le nombre des syllabes pour la poésie moderne, où l'on ne fait que les compter.

Les anciens avaient consacré à l'*épopée* le plus régulier, le plus harmonieux, le plus varié, le plus beau de leurs vers, l'*hexamètre*.

Nous y avons affecté le vers *alexandrin*, le plus nombreux, le plus majestueux, le plus imposant de nos vers.

Mais l'*hexamètre*, dans sa variété, gardait une mesure égale ; et quel qu'en fût le mouvement, le nombre des syllabes, et la combinaison des deux pieds qui le composaient, ils ne formaient jamais ensemble que vingt-quatre temps, divisés en six pieds chroniquement égaux ; en sorte que deux vers, l'un de treize syllabes, et l'autre de dix-sept, ne laissaient pas d'avoir une même somme de temps.

Prona petit maria, et pelago decurrit aperto.
Consurgunt nautæ, et magno clamore morantur.

Tout au contraire, notre vers héroïque toujours composé du même nombre de syllabes, n'est jamais d'égale mesure, ni dans les nombres qui le composent, ni dans la somme de ses temps.

Rien n'est donc plus rare dans nos vers qu'une harmonie qui nous rappelle l'harmonie des vers latins. Ils en ont une cependant qui leur est propre, et qui, du moins pour notre oreille, est très-sensible dans nos bons poëtes, mais dont les avantages ne me semblent pas tels qu'il ne fût possible à une belle prose de nous en faire oublier le charme.

L'harmonie libre ou celle de la prose n'a point de mesure prescrite. Elle se forme, non de tel nombre de syllabes divisées par des repos, mais d'un mélange varié de syllabes faciles, coulantes, et sonores, tour-à-tour lentes et rapides, au gré de l'oreille, qui prend soin de les assortir. Là, tous les nombres se succèdent avec une variété qui n'a pour règle que l'analogie de l'expression avec la pensée, et s'il nous est possible d'approcher quelquefois de cette harmonie imitative, ou plutôt de cette harmonie analogue qui nous enchante dans la poésie des anciens, ce sera, je crois, dans la prose plus aisément que dans les vers. *Voyez* HARMONIE, NOMBRE, RIME, VERS, etc.

Cependant, s'il faut céder à l'habitude où nous sommes de voir nos poëmes écrits en vers rimés, n'y aurait-il pas un moyen d'en rompre la monotonie, et d'en rendre jusqu'à un certain point l'harmonie analogue et imitative? Ce serait d'y employer des vers de différente mesure, non pas mêlés au hasard, comme dans nos poésies libres, mais appliqués aux différents genres auxquels leur cadence est le plus convenable : par exemple, le vers de dix syllabes, comme le plus simple, aux morceaux pathétiques; le vers de douze, aux morceaux tranquilles et majestueux; les vers de huit aux harangues véhémentes, etc.

Toute réflexion faite sur cette innovation, je sens que notre oreille s'y prêterait mal-aisément; mais je ne puis dissimuler que, ni dans l'*épopée*, ni dans la tragédie, des vers de douze et de huit syllabes, aussi heureusement entrelacés qu'ils le sont ici, ne me sembleraient déplacés.

Cérès, dans l'opéra de Proserpine.

Les superbes géants, armés contre les dieux,
    Ne nous donnent plus d'épouvante.
Ils sont ensevelis sous la masse pesante
Des monts qu'ils entassaient pour attaquer les cieux.
Nous avons vu tomber leur chef audacieux
    Sous une montagne brûlante.
Jupiter le contraint de vomir à nos yeux
Les restes enflammés de sa rage mourante.
    Jupiter est victorieux;
Et tout cède à l'effort de sa main foudroyante.

De même ces vers de Médée :

Mon frère et mes deux fils ont été les victimes
    De mon implacable fureur;
    J'ai rempli l'univers d'horreur :
Mais le cruel amour a fait seul tous mes crimes.

Et je ne vois aucun genre de poésie dont la noblesse, la majesté, l'élévation, la gravité même se refusât à ce mélange harmonieux.

Le coloris du style est une suite du coloris de

l'imagination; et comme il en est inséparable, j'ai cru devoir les réunir sous un même point de vue. *Voyez* IMAGE.

Le style de la tragédie est commun à toute la partie dramatique de l'*épopée*. (*Voyez* TRAGÉDIE.) Mais la partie épique permet, exige même des peintures plus fréquentes et plus vives. Ou ces peintures présentent l'objet sous ses propres traits, et on les appelle *descriptions;* ou elles le présentent revêtu de couleurs étrangères, et on les appelle *images.*

Les descriptions exigent non-seulement une imagination vive, forte, étendue, pour saisir à-la-fois l'ensemble et les détails d'un tableau vaste, mais encore un goût délicat et sûr pour choisir les tableaux, et dans chaque tableau, des circonstances et des détails dignes du poëme héroïque. La chaleur des descriptions est la partie brillante et peut-être inimitable d'Homère; c'est par-là qu'on a comparé son génie *à l'essieu d'un char qui s'embrase par sa rapidité. Ce feu*, dit-on, *n'a qu'à paraître dans les endroits où manque tout le reste, et fût-il environné d'absurdités, on ne les verra plus.* (*Préface de l'Homère anglais de Pope.*) C'est par-là qu'Homère a fait tant de fanatiques parmi les savants, et tant d'enthousiastes parmi les hommes de génie; c'est par-là qu'on l'a regardé comme une source intarissable où s'abreuvaient les poëtes :

*A quo, ceu fonte perenni,
Vatum pieriis ora rigantur aquis.* (Ovid.)

Et, en effet, non-seulement la poésie, mais tous les arts sont pleins d'Homère, comme d'un dieu qui les anime.

Mais ce n'est point assez de bien peindre, il faut bien choisir ce qu'on peint; toute peinture vraie a sa beauté; mais chaque beauté a sa place. Tout ce qui est bas, commun, incapable d'exciter la surprise et l'admiration, d'attendrir ou d'élever l'ame, est déplacé dans l'*épopée*.

Il faut, dit-on, des peintures simples et familières, pour préparer l'imagination à se prêter au merveilleux. Oui, sans doute; mais le simple et le familier ont leur intérêt et leur noblesse. Le repas d'Henri IV chez le solitaire de Jersey, n'est pas moins naturel que le repas d'Énée sur la côte d'Afrique; cependant l'un est intéressant, et l'autre ne l'est pas. Pourquoi? parce que l'un renferme les idées accessoires d'une vie tranquille et pure, et l'autre ne présente que l'idée toute nue d'un repas de voyageurs.

Les poëtes doivent supposer tous les détails qui n'ont rien d'intéressant, et auxquels la réflexion du lecteur peut suppléer sans peine; ils seraient d'autant moins excusables de puiser dans ces sources stériles, que la philosophie leur en a ouvert de très-fécondes. Pope compare le génie d'Homère à *un astre qui attire en son tourbillon*

tout ce qu'il trouve à la portée de ses mouvements;
et il est vrai qu'Homère est de tous les poëtes
celui qui a le plus enrichi la poésie des connaissances de son siècle. Mais s'il revenait aujourd'hui avec ce feu divin, quelles couleurs, quelles
images ne tirerait-il pas des grands effets de la
nature, si savamment développés, des grands effets de l'industrie humaine, que l'expérience et
l'intérêt ont portée si loin depuis trois mille ans?
La gravitation des corps, l'instinct des animaux,
les développements du feu, les métamorphoses
de l'air, les phénomènes de l'électricité, les mécaniques, l'astronomie, la navigation, etc.; voilà
des mines à peine ouvertes, où le génie peut
s'enrichir. C'est de là qu'il peut tirer des peintures dignes de remplir les intervalles d'une action héroïque; encore doit-il être avare de l'espace qu'elles occupent, et ne perdre jamais de
vue un spectateur impatient, qui veut être délassé sans être refroidi, et dont la curiosité se
rebute par une longue attente, sur-tout lorsqu'il
s'aperçoit qu'on le distrait hors de propos. C'est
ce qui ne manquerait pas d'arriver, si, par exemple, dans l'un des intervalles de l'action, l'on employait mille vers à ne décrire que des jeux.
(*Énéide*, *l. V.*) Le grand art de ménager les descriptions est donc de les présenter dans le cours
de l'action principale, ou comme circonstance
de l'action même, ou comme incidents et passages d'une situation à l'autre, ou comme décoration qui forme le fond du tableau.

Je n'ai pu donner ici que le sommaire d'un long traité; les exemples sur-tout, qui appuient et développent si bien les principes, n'ont pu trouver place dans les bornes de cet article; mais en parcourant les poëtes, un lecteur intelligent peut aisément y suppléer. D'ailleurs, comme on l'a dit souvent, l'auteur qui, pour composer un poëme, a besoin d'une longue étude des préceptes, peut s'en épargner le travail.

———

Esquisse. On appelle ainsi en peinture un tableau qui n'est pas fini, mais où les figures, les traits, les effets de lumière et d'ombre, sont indiqués par des touches légères. La même expression s'applique à la poésie; mais à l'égard de celle-ci, elle exprime réellement la grande manière de peindre; car la description poétique n'est presque jamais un tableau fini, et rarement elle doit l'être.

Sur la toile du peintre on ne voit guère que ce que l'artiste y a mis, au lieu que dans une peinture poétique chacun voit ce qu'il imagine; c'est le spectateur qui, d'après quelques touches du poëte, se peint lui-même l'objet indiqué. Réunissez tous les peintres célèbres, et demandez-leur de copier Hélène d'après Homère, Armide d'après le Tasse, Ève d'après Milton, Corine et Délie d'après Ovide et Tibulle, l'esclave d'Anacréon, même d'après le portrait détaillé qu'en a fait ce poëte voluptueux; toutes ces copies auront quelque chose d'analogue entre elles; mais de mille il n'y en aura pas deux qui se ressemblent, au point de faire deviner que l'original est le même. Chacun se fait une Ève, une Armide, une Hélène; et c'est l'un des charmes de la poésie de nous laisser le plaisir de créer. *Incessu patuit dea*, me dit Virgile. C'est à moi à me peindre Vénus.

Stat sonipes, ac fræna ferox spumantia mandit.

C'est à moi à tirer de là l'image d'un coursier superbe.

Mille trahens varios adverso sole colores.

Ne crois-je pas voir l'arc-en-ciel?

Hic gelidi fontes, hic mollia prata, Lycori,
Hic nemus; hic ipso tecum consumerer ævo.

Il n'en faut pas davantage pour se représenter un paysage délicieux. *Nunc seges ubi Troja fuit. In classem cadit omne nemus.* Voilà des tableaux esquissés d'un seul trait.

Le Tasse parle en maître sur l'art de peindre en poésie avec plus ou moins de détail, selon le plus ou le moins de gravité du style, en quoi il compare Virgile et Pétrarque.

Dederatque comas diffundere ventis.

dit Virgile en parlant de Vénus déguisée en chasseresse. Pétrarque dit la même chose, mais d'un style plus fleuri:

> *Erano i capei d'oro à l'aura sparsi,*
> *Ch' in mille dolci nodi gli avolgea.*
>
> *Ambrosiæque comæ divinum vertice odorem*
> *Spiravére.............* (Virgile.)
>
> *E tuto il ciel, cantando il suo bel nome,*
> *Sparser di rose i pargoletti amori.* (Pétrarque.)

E l'uno, et l'altro, conobbe il convenevole nelle sua poesia. Perche Virgilio superò tutti poete heroïci di gravità, il Petrarca tutti gli antichi lirici di vaghezza. Le Tasse.

Le poëte ne peut ni ne doit finir la peinture de la beauté physique; il ne le peut, manque de moyens pour en exprimer tous les traits avec la correction, la délicatesse que la nature y a mise, et pour les accorder avec cette harmonie, cette unité, d'où dépend l'effet de l'ensemble; il ne le doit pas, en eût-il les moyens, par la raison que plus il détaille son objet, plus il assujétit notre imagination à la sienne. Or quelle est l'intention du poëte? Que chacun de nous se peigne vivement ce qu'il lui présente. Le soin qui doit l'occuper est donc de nous mettre sur la voie; et il n'a besoin pour cela que de quelques traits vivement touchés.

> Belle sans ornement, dans le simple appareil
> D'une beauté qu'on vient d'arracher au sommeil.

Qui de nous, à ces mots, ne voit pas Junie, comme Néron vient de la voir? Mais il faut que ces traits, qui nous indiquent le tableau que nous avons à finir, soient tels que nous n'ayons aucune peine à remplir les vides. L'art du poëte consiste alors à marquer ce qui ne tombe pas sous les sens du commun des hommes, ou ce qu'ils ne saisissent pas d'eux-mêmes avec assez de délicatesse ou de force; et à passer sous silence ce qu'il est facile d'imaginer; c'est ce que dans l'art du dessin on appelle toucher avec esprit.

EXORDE. Rien n'est plus important pour l'orateur, dit Cicéron, que de se rendre l'auditeur favorable : *Nihil est in dicendo majus, quàm ut faveat oratori is qui audiet.* (De Or. l. 2.) Or quoique cet objet soit commun à toutes les parties du discours, c'est plus spécialement l'office de l'*exorde*.

Cependant, comme toutes les causes n'ont pas besoin de la même faveur; qu'il en est d'évidemment justes; qu'il en est dont l'honnêteté se recommande d'elle-même; qu'il en est dont l'importance ne peut manquer de captiver l'attention; qu'il en est dont l'intérêt est si pressant, que l'impatience même de l'auditoire commande à l'orateur d'aller au fait sans préambule; qu'il en est enfin de si minces, que tout appareil d'éloquence y serait aussi déplacé qu'un vestibule décoré devant une cabane; il s'ensuit que toute éspèce de harangue ou de plaidoyer ne demande pas un *exorde. Oportet, ut œdibus ac templis ves-*

tibula et aditus, sic causis principia proportione rerum præponere. Itaque in parvis atque in frequentibus causis ab ipsâ re est exordiri *sæpe com modius.* (De Or. l. 2.)

C'est donc à l'orateur de voir si la cause est susceptible d'*exorde*, et quel *exorde* lui convient. Il ne peut s'y tromper, s'il ne pense à l'*exorde* que lorsque le discours est fait. C'était la méthode d'Antoine. *Tum denique id quod primum est dicendum, postremum soleo cogitare, quo utar* exordio. *Nam si quando id primum invenire volui, nullum mihi occurrit, aut nugatorium, aut vulgare, atque commune.* Et qui n'a pas éprouvé, comme lui, cette stérilité d'idées, lorqu'avant d'avoir pénétré dans l'intérieur de son sujet, on en a cherché le début? C'est des entrailles même de la cause, qu'après l'avoir bien méditée, on tirera un *exorde* éloquent. *Hæc autem in dicendo non extrinsecùs aliundè quærenda, sed ex ipsis visceribus causæ sumenda sunt. Idcircò, totâ causâ pertentatâ atque perspectâ, locis omnibus inventis atque instructis, considerandum est quo principio sit utendum.* (De Or. l. 2.)

Dans toutes les causes vulgaires l'apparat serait ridicule. Dans des causes plus importantes, mais où l'on est sûr de trouver l'auditoire favorablement disposé, l'*exorde* sera, si l'on veut, un moyen de plus de fixer son attention, ou de gagner sa bienveillance ; mais si l'on voit que le temps presse, que l'auditoire est inquiet, impatient, ou déja fatigué, il faut aller au fait : l'*exorde* serait importun.

Les causes où il est nécessaire, sont celles où l'on craint que les esprits ne soient aliénés ou prévenus par l'adverse partie; celles qui ne semblent pas dignes d'une application sérieuse; celles enfin qui exigent inévitablement une discussion pénible, et auxquelles des esprits légers ou paresseux ne donneraient peut-être pas une attention suivie et soutenue. Aristote ne voulait point d'*exorde*, lorsqu'on serait sûr de l'impartialité et de l'intégrité des juges; mais l'esprit le plus droit et le plus équitable peut être un esprit dissipé.

Selon le genre de la cause, Cicéron distingue deux espèces d'*exorde*, le début simple, et l'insinuation; et il définit celle-ci, « un discours qui, par une sorte de dissimulation et de détour, s'insinue insensiblement et adroitement dans les esprits. »

Le début simple et direct a lieu toutes les fois que la cause, au premier coup-d'œil, se montre honnête et irréprochable, ou qu'il n'y a que de légers nuages d'opinion à dissiper. Si les esprits sont en balance, il faut, dit Cicéron, annoncer que bientôt l'incertitude cessera, et l'attaquer en débutant. S'il n'y a contre la cause que de vagues soupçons, il faut se hâter de les détruire, tirer l'*exorde* de ce que l'adversaire aura dit de plus fort, et commencer par où il aura fini, en attaquant son dernier moyen, comme celui dont l'impression est la plus récente et la plus vive. Mais si l'orateur s'aperçoit d'un éloignement trop marqué, soit dans l'opinion, soit dans l'inclination des juges, il emploiera l'insinuation; car demander d'abord à des gens indignés une attention favorable, c'est les irriter encore plus. *Voyez* Insinuation.

Dans les affaires peu considérables en apparence, ce qu'il faut éviter, c'est le mépris de l'auditoire et la négligence qui en est la suite. Ici l'*exorde* se réduit à donner à la cause tout l'intérêt qu'elle peut avoir, et si c'est le pauvre ou le faible, la veuve ou l'orphelin que l'on défend, il est aisé d'agrandir de petits objets par des motifs d'humanité. L'attention suit la bienveillance, et la docilité accompagne l'attention : *Nam is maximè docilis est, qui attentissimè est paratus audire.* Cic. de Inv.

Or dans les petites causes comme dans les grandes, on se concilie la bienveillance par quatre sortes de moyens; et ces moyens sont relatifs ou à soi-même, ou à ses adversaires, ou à ses juges, ou à sa cause.

A soi-même, si, par exemple, en rappelant ce qu'on a fait pour mériter la bienveillance, on se plaint de l'indignité de l'accusation dont on est chargé, ou du traitement qu'on éprouve. Ici les mœurs sont un puissant moyen à faire valoir pour et contre : *Valet multum ad vincendum probari mores, instituta, et facta, et vitam eorum qui agunt causas et eorum pro quibus; et item improbari adversariorum; animosque eorum apud quos agitur conciliari quàm maximè ad benevolentiam, quum erga oratorem, tum erga illum pro quo dicet orator.* Un grand caractère de probité dans l'avocat, lorsqu'il est bien connu, peut lui tenir lieu d'éloquence.

Les orateurs, en parlant d'eux-mêmes ou pour eux-mêmes, n'ont pas toujours été modestes. Mais si, dans la chaleur de leur défense et au moment où la violence et l'atrocité de l'injure excitent leur indignation, ils se permettent un noble orgueil, il n'en est pas de même dans l'*exorde*; l'orateur, l'auditoire, sont encore de sang froid; et l'un doit être d'autant plus réservé que l'autre est plus sévère.

On a fait une loi de se montrer timide dans l'*exorde*; cette règle mérite une distinction. Devant un peuple aussi fier que le peuple romain, la timidité de l'*exorde*, soit qu'elle fût naturelle ou feinte, était flatteuse et intéressante; elle devait contribuer à bien disposer les esprits; et comme par-tout les juges sont des hommes, elle sera toujours placée, et favorable à l'orateur, lorsqu'elle sera personnelle. Ainsi l'on doit, selon les circonstances, savoir *exagérer*, comme le veut Quintilien, *la supériorité du talent de son adversaire et sa propre faiblesse;* on peut *feindre d'être alarmé du crédit de la partie adverse, ou de l'éloquence de son avocat;* on peut même à propos témoigner de l'inquiétude sur les dispositions où l'on trouve son auditoire, sur les préventions de ses juges, sur sa propre situation. Mais lorsqu'il s'agit de sa cause et du droit qu'on défend, on ne saurait marquer trop d'assurance.

La sécurité est toujours odieuse dans un plaideur, nous dit Quintilien; *et les juges, qui connaissent l'étendue de leur pouvoir, ne sont pas fâchés au fond de l'ame, que, par un respect qui tient de la crainte, on rende une sorte d'hommage à leur autorité.*

Cela suppose un tribunal ou arbitraire ou corrompu; et en défendant une cause juste devant des hommes justes, leur marquer de la crainte c'est leur faire un outrage.

La timidité de l'orateur annoncera donc la défiance de soi-même, mais jamais de sa cause: c'est ce que les hommes éloquents ont parfaitement distingué; et lorsqu'ils ont eu leur honneur ou leur dignité à défendre, ils ont su, en parlant d'eux-mêmes, garder une sage modération entre le timide respect qu'un accusé doit à ses juges, et la confiance qu'il doit aussi à leur intégrité et à son innocence. On voit ce mélange de modestie et de sécurité dans l'*exorde* de la harangue de Démosthène pour la couronne, où la nécessité de se défendre lui imposait celle de se louer.

Cicéron, le plus adroit des hommes, le plus insinuant lorsqu'il faut l'être, n'a pas toujours été modeste dans ses *exordes*, où il parle souvent de lui; et le début de sa défense, dans la seconde des *Philippiques*, est bien différent de celui de Démosthène dans la harangue que je viens de citer. *Quonam meo fato, patres conscripti, fieri dicam ut nemo, his annis viginti, reipublicæ hostis fuerit, qui non bellum eodem tempore mihi quoque indixerit? Nec verò necesse est à me quemquam nominari vobis, quum ipsi recordemini. Mihi pœnarum illi plus quàm optarem dederunt. Te miror, Antoni, quorum facta imitere, eorum exitus non perhorrescere..... Quid putem? contemptumne me? non video, nec in vitá, nec in gratiá, nec in rebus gestis, nec in hác meá mediocritate ingenii, quid despicere possit Antonius. An in senatu facillimè de me detrahi posse credidit, qui ordo clarissimis civibus bene gestæ reipublicæ testimonium multis, mihi uni conservatæ dedit?* Philip. 2. (1).

---

(1) « Par quelle fatalité singulière est-il arrivé, pères conscrits, que depuis vingt ans la république n'ait pas eu un seul ennemi qui en même temps ne se soit déclaré le mien? Je n'ai pas besoin de vous les nommer; vous les connaissez tous. Leur fin malheureuse m'en a vengé plus que je ne l'aurais voulu. Toi, je t'admire, Antoine, de ne pas redouter le sort de ceux dont tu imites les actions. Qu'en penserai-je? Est-ce mépris pour moi? Je ne vois pourtant ni dans ma vie, ni dans mon crédit, ni dans ma conduite passée, ni dans le peu de génie dont je suis doué, ce que peut mépriser Antoine. Croit-il donc qu'il lui soit facile d'être mon détracteur dans le sénat, dans cet ordre qui a rendu souvent à

Mais Cicéron avait vieilli dans la tribune; il était chargé d'honneurs; il était en vénération parmi le peuple; il était l'oracle du sénat; et celui qui avait été proclamé *père de la patrie*, avait droit de prendre, en répondant à un homme qui l'insultait, un ton plus haut que Démosthène, qui n'avait, chez les Athéniens, ni le même crédit, ni le même caractère de grandeur et de dignité.

On reprochait à Cicéron de se vanter d'avoir sauvé la république; louange, disait-on, que Brutus lui-même ne se donnait pas. Mais quoiqu'assassiner soit *le plus sûr*, ce n'est pas le plus glorieux; et un coup de poignard à donner est plus facile et peut-être aussi moins courageux, qu'une belle harangue à faire. Enfin Démosthène répondait à une accusation juridique; et Cicéron, à un outrage; l'un parlait à un peuple facile et variable; l'autre, à un sénat dont il était sûr : l'un voyait devant lui ses juges; et l'autre, ses vengeurs.

Au reste, en parlant de soi-même ou de ceux qu'on défend, il est un art de dire, sans ostentation et avec modestie, ce qui peut influer de la personne sur la cause. Il y faut plus de délicatesse, si c'est de soi-même qu'on parle; mais

---

d'illustres citoyens le témoignage d'avoir bien gouverné la république, mais qui n'a jamais attribué qu'à moi la gloire de l'avoir sauvée. »

d'un autre, on peut faire valoir, non-seulement le malheur, l'innocence, l'âge, la situation, la droiture, la bonne foi, mais la dignité, les services, les mœurs, les talents, les vertus. Les seuls avantages dont il ne faut jamais parler, sont le crédit et la fortune.

L'*exorde* pris de la personne de l'adversaire exigeait autrefois peu de ménagements ; et tout ce qui pouvait contribuer à le rendre odieux ou à l'avilir, était permis à l'éloquence.

On peut attirer sur ses adversaires, disait Cicéron, la haine, l'envie, ou le mépris ; la haine, en faisant voir qu'ils ont agi avec insolence, avec orgueil, avec méchanceté : l'envie, en montrant leur puissance, leurs richesses, et leur crédit, l'usage arrogant et intolérable qu'ils en ont fait, la confiance qu'ils y ont mise bien plus que dans la bonté de leur cause : le mépris, si l'on met au jour leur inertie, leur lâcheté, leur mollesse, leur indolence, leur vie honteusement plongée dans le luxe et l'oisiveté (les plus grands des vices, selon les mœurs romaines) ; « et il ne suffit pas de le dire, ajoute Quintilien, il faut savoir l'exagérer. »

Ainsi l'on voit que, dans ces plaidoyers, la satire personnelle pouvait se donner toute licence. Mais en cela même peut-être elle avait moins de force ; et comme elle attaquait réciproquement et indistinctement tous les états, on était convenu sans doute de regarder l'invective comme une figure oratoire.

L'*exorde* relatif à l'auditoire ou à la personne des juges intéresse leur vanité, leur gloire, leur honneur. On rappelle, dit Cicéron, ce qu'ils ont fait de courageux, de sage, d'humain, de généreux; et en observant que dans l'éloge la complaisance et l'adulation ne se fassent pas trop sentir, on témoigne pour eux autant d'estime personnelle, que de confiance en leurs jugements et de respect pour leur autorité. « Si nous parlons, ajoute Quintilien, pour des personnes considérables, nous faisons valoir la dignité du juge; pour des gens obscurs, sa justice; pour des malheureux, sa compassion; pour des opprimés, sa sévérité envers les oppresseurs. » Il veut aussi qu'on lui présente, soit comme un frein, soit comme un aiguillon, l'opinion commune, l'attente du public, la réputation des ses jugements, son honneur, comme Cicéron aux chevaliers romains, dans la première des Verrines : *Quod erat optandum maximè, judices, et quod unum ad invidiam vestri ordinis, infamiamque judiciorum sedandam maximè pertinebat; id, non humano consilio, sed propè divinitùs datum atque oblatum vobis, summo reipublicæ tempore, videtur.* Il veut que l'on expose le tort qu'on a souffert ou que l'on souffrirait, et l'état déplorable où l'on serait réduit, en perdant un procès si juste; l'orgueil et l'insolence de la partie adverse, si elle venait à gagner le sien.

Dans ces préceptes, l'orateur et le rhéteur

n'ont vu que Rome. Mais le caractère de l'*exorde* et de l'éloquence en général, change selon les lieux, et les temps, et les mœurs. A Rome, il y aurait eu de l'imprudence et du danger à censurer son auditoire. Il n'en était pas de même à Athènes; et Démosthène, dans le peu d'*exordes* qu'il a mis à la tête des Philippiques et des Olynthiennes, ne fait rien moins assurément que flatter les Athéniens : jamais un ami courageux n'a parlé à son ami avec plus de franchise.

L'*exorde* tiré du fond même de la cause, dit Cicéron, en doit relever l'importance et l'équité, en même temps qu'il dégradera la cause de l'adversaire, et qu'il l'annoncera comme injuste ou comme odieuse. Nous captiverons l'attention, ajoute-t-il, en promettant de dire des choses nouvelles et grandes, qui intéressent l'auditoire, ou des hommes recommandables, ou l'humanité, ou la religion; et ces moyens, il les employa lui-même plus d'une fois, à l'exemple de Démosthène, comme lorsqu'il voulut relever l'importance de la guerre contre Mithridate. « Il s'agit, dit-il, de la gloire du peuple romain, de cette gloire que vos aïeux vous ont transmise..... Il s'agit du salut de vos alliés et de vos amis..... Il s'agit des revenus du peuple romain les plus solides, les plus considérables, et sans lesquels la paix serait privée de ses ornements, et la guerre de ses subsides... Il s'agit de la fortune d'un grand nombre de citoyens, au secours desquels vous devez aller pour l'amour d'eux-mêmes, et sur-tout pour l'amour de la république. »

Mais revenons à ces préceptes.

Lorsque la cause est défavorable, sur-tout lorsqu'elle a quelque chose d'odieux et de révoltant, l'insinuation est nécessaire; et il y a, dit Cicéron, plusieurs manières d'en user : ou en mettant à la place de la personne contre laquelle l'auditoire est aigri une personne qui l'intéresse, le père, par exemple, à la place du fils; ou en substituant à une chose odieuse une chose recommandable, comme serait une action vertueuse du même homme que l'on défend, etc. Pour donner le change à l'auditeur, et pour faire passer son ame de l'objet qui la blesse à l'objet qui peut l'adoucir, cachez-lui d'abord, s'il est possible, ce que vous avez dessein de lui persuader, dit l'orateur : paraissez donner dans son sens, en annonçant que ce qui excite son indignation, excite aussi la vôtre; que ce qui lui paraît injuste et odieux, vous le tenez pour tel; et après l'avoir appaisé, après l'avoir rendu attentif et docile; démontrez-lui que dans votre cause il n'y a rien de tout cela. Assurez-lui pourtant que vous n'imputez rien de semblable à vos adversaires; évitez sur-tout de blesser des gens à qui l'on s'intéresse : mais ne laissez pas d'employer tout votre art à diminuer leur crédit.

Cicéron, qui était jeune encore lorsqu'il recueillait ces préceptes, semble avoir oublié ici qu'il ne s'agit que de l'*exorde*, où tout cet artifice ne saurait avoir lieu ; et lorsqu'il l'employa lui-même avec une adresse inimitable, ce ne fut pas dans le début, mais dans le fort de la discussion, comme pour Muréna, lorsqu'il s'agissait d'infirmer l'autorité de Caton, c'est-à-dire au moment critique et décisif de sa défense. C'est là qu'il faut étudier l'art, si on veut savoir jusqu'où il peut aller.

Il peut arriver que l'adversaire ait donné prise au ridicule, ou que l'auditoire ait besoin d'être délassé ; et dans ces deux cas les anciens se permettaient de débuter par un bon mot, par une raillerie, ou par quelque récit plaisant ou merveilleux. *Nam ut tibi satietas et fastidium, aut amará aliquá re relevatur, aut dulci mitigatur; sic animus defessus audiendo, aut admiratione reintegratur, aut risu renovatur.* De inv.

Mais ces moyens ne peuvent guère convenir qu'à l'éloquence populaire ; et Cicéron, qui quelquefois s'est permis la raillerie dans ses harangues, ne laisse pas de demander que l'*exorde* soit grave et sentencieux. Tout doit y avoir, le plus qu'il est possible, un caractère de dignité ; parce qu'il importe sur toute chose à l'orateur de commencer par se rendre imposant. Mais en même temps que l'éloquence de l'*exorde* doit être noble, elle doit être simple : peu d'éclat et peu d'ornements, nulle parure étudiée : tout cela ferait soupçonner un artifice trop soigneusement préparé; et ce soupçon ferait perdre beaucoup à l'orateur de son autorité, et au discours de l'air de bonne foi qui seul gagne la confiance.

Pour la même raison, il est rare que la véhémence y soit placée. *Neque est dubium quin* exordium *dicendi vehemens et pugnax non sæpè esse debeat.* De Orat. l. 2. Il faut pour cela que l'impatience et l'indignation semblent avoir fait violence au caractère de l'orateur. Alors même il est encore mieux qu'il paraisse se contenir; que la chaleur et l'énergie soient dans les paroles plus que dans la prononciation; et je présume, par exemple, que ce début tant de fois cité, *Quo usquè tandem abutere, Catilina, patientiâ nostrâ?* fut prononcé plutôt avec l'austérité d'un juge, qu'avec l'emportement d'un accusateur indigné.

Enfin l'on doit se souvenir que l'*exorde* ne fait qu'introduire, annoncer, promettre; et que ce n'est le lieu de déployer ni les forces du raisonnement, ni les ressorts du pathétique, ni les voiles de l'éloquence. *Tantum impelli primo judicem leviter, ut jam inclinato reliqua incumbat oratio.* De Orat. l. 2. Quintilien avertit sagement de n'y hasarder aucune de ces expressions hardies qui échappent dans les mouvements impétueux; parce que la chaleur qui les inspire et qui les fait passer, n'est pas encore dans les esprits.

Un architecte est maladroit, lorsqu'il épuise les richesses de son art à décorer un vestibule. Un orateur doit ménager celles du sien aussi bien que ses forces, et former son plan de manière que l'étonnement, l'intérêt, l'émotion, la persuasion, aillent en croissant : *Nihil est in naturâ rerum omnium quod se universum profundat, et quod totum repentè evolet. Sic omnia quæ fiunt, quæque aguntur acerrimè, lenioribus principiis natura ipsa prætexuit.* De Orat. l. 2.

Un bel *exorde* même serait un beau défaut, si par son éclat il offusquait le reste du discours, s'il en épuisait la substance, ou si, par des promesses trop exagérées, il prenait des engagements au dessus des forces de l'orateur : car il faut bien qu'il se souvienne qu'il doit pouvoir tenir ce qu'il promet; et que, s'il ne passe l'attente de l'auditoire, au moins doit-il être en état de la remplir.

L'*exorde* est comme le front de l'armée : il doit être ferme ; mais il faut réserver pour la péroraison ce qu'il y a de meilleur : *Firmissimum sit quodque primum; ea quæ excellent serventur ad perorandum. Si quæ erunt mediocria, in mediam turbam atque in gregem conjiciantur.* (De Orat. l. 2.)

Les autres défauts de l'*exorde* seraient d'être *vulgaire*, *commun*, *commuable*, *inutile*, *trop long*, *hors d'œuvre*, *déplacé*, ou *à contre-sens*.

Cicéron entend par *vulgaire* un *exorde* qui peut s'accommoder à plusieurs causes indifféremment. Quintilien le permet, je ne sais pourquoi; mais Cicéron l'exclut et le rejette.

Il appelle *commun* celui qui conviendrait tout aussi-bien à la cause de l'adversaire; il l'interdit de même, et veut un *exorde propre* à la cause : *Principia autem dicendi semper, quum accurata, et acuta, et instructa sententiis, apta verbis; tum verò propria esse debent.* De Orat. l. 2.

Par *commuable* il entend celui qui peut se rétorquer avec de légers changements; par *inutile*, celui qui ne fait rien à la cause et qui n'est qu'un prélude oiseux : *Atque ejusmodi illa prolusio debet esse, non ut samnitum qui vibrant hastas ante pugnam quibus in pugnando nihil utuntur; sed ut ipsis sententiis quibus proluserunt, vel pugnare possint.* De Orat. l. 2.

Un *exorde long* est celui qui contient plus de pensées et de paroles qu'il ne fallait; *hors-d'œuvre*, celui qui n'est pas tiré du fond de l'affaire et qui semble y être ajouté; *déplacé*, celui qui ne va pas au but que l'orateur a dû se proposer; *à contre-sens*, celui qui va contre l'intérêt de la cause et l'intention de l'orateur. Tel serait, ce me semble, l'*exorde* où l'orateur alléguerait, comme le veut Quintilien, qu'il ne se serait engagé à défendre une cause *que pour satisfaire aux devoirs de la parenté ou de l'amitié;* car dès ce moment il se rendrait suspect de partialité, et donnerait mauvaise opinion de sa cause. César fut plus adroit, en parlant pour Catilina : *Omnes homines qui de rebus dubiis consultant,* dit-il au sénat, *ab odio, amicitiâ, irâ, atque misericordiâ vacuos esse decet.* SALLUST. (1).

Il est vrai cependant que lorsque l'orateur se voit chargé d'une cause odieuse au premier aspect, et qu'il s'agit pour lui d'être odieux lui-même, ou de paraître obligé par état, ou par devoir, de la défendre, il doit courir au plus pressé, et commencer par appaiser l'indignation de l'auditoire; mais ce qui ne peut avoir d'excuse, c'est cet *exorde* d'Isocrate, dans la harangue où, faisant l'éloge d'Athènes, il l'élevait au-dessus de Sparte, et dans laquelle il débutait ainsi : *Puisque le discours a naturellement la vertu de rendre les grandes choses petites, et les petites grandes; qu'il sait donner les grâces de la nouveauté aux choses les plus vieilles, et qu'il fait paraître vieilles celles qui sont nouvellement faites*, etc. Quoi de plus maladroit que d'annoncer comme une charlatanerie l'art qu'on va soi-même employer? « Est-ce ainsi, dira quelqu'un, ô Isocrate, que vous allez changer toutes choses à l'égard d'Athènes et de Lacédémone? » (LONGIN, *du Subl.*)

La plaidoirie moderne donne rarement lieu à l'appareil de la haute éloquence : les causes politiques, les causes criminelles, sont écartées du barreau; mais il ne laisse pas d'y en avoir encore

---

(1) « Tous les hommes qui délibèrent sur des affaires douteuses doivent être libres de haine, d'amitié, de colère et de compassion. »

d'assez importantes pour mériter qu'on y emploie tous les moyens de l'art. Un fils qui plaide contre son père, une femme contre son mari, une mère contre ses enfants, un redevable contre son bienfaiteur, un homme obscur et faible contre un homme illustre et puissant, ont besoin que leur défenseur écarte de leur cause ce qu'elle a de défavorable. Mais comme il n'y a plus rien d'arbitraire dans les arrêts, que les tribunaux ne sont plus ou ne doivent plus être que la loi vivante, et que c'est faire aux juges une insulte publique que de chercher ouvertement à les séduire ou à émouvoir leurs passions; l'art de les gagner doit avoir plus de réserve et plus d'adresse; et dans le commun des procès, l'*exorde* n'est guère que l'exposé de la nature de la cause, ou de la situation de celui qu'on défend.

Dans les états où l'éloquence politique et républicaine se fait encore entendre, la discussion des affaires lui permet rarement de se développer : l'*exorde* y tiendrait trop d'espace; et quant aux formes, ses modèles sont plutôt dans Thucydide et Tite-Live, que dans Démosthène et Cicéron.

Un mot comme celui de M. Fox, pour justifier une révolte dont on poursuivait les auteurs : *Souvenons-nous, Montgomeri, que c'est à de pareils rebelles que nous devons l'honneur d'être assemblés à Westminster*; ce mot, dis-je, vaut seul la plus belle harangue.

Le grand appareil de l'*exorde* paraît réservé aujourd'hui à l'éloquence de la chaire; c'est en effet là qu'il se montre avec l'éclat qu'il eut dans la tribune, mais par des moyens différents : le personnel en est exclu; ses relations son du ciel à la terre, de l'homme à Dieu, de la morale à la religion, et du sujet à l'auditoire, avec une austérité sainte, et sans aucun mélange d'artifice et d'adulation. L'orateur s'y attache sur-tout au développement du texte, et à son application, soit au sujet qu'il veut approfondir, soit à la personne qu'il doit louer et qu'il présente pour modèle. Deux des plus beaux *exordes* connus dans ces deux genres, sont celui du sermon de Bourdaloue pour le jour de Pâques, *Surrexit, non est hìc;* et celui de Fléchier dans l'oraison funèbre de Turenne; *exorde* qu'on a dit être pris de Lingende, et qui ressemble à celui de l'oraison funèbre d'Emmanuel de Savoie, comme la *Phèdre* de Racine ressemble à celle de Pradon.

EXPOSITION. Le premier soin qu'on doit avoir en écrivant, c'est d'*exposer* le sujet que l'on traite. Ainsi, des parties de quantité d'un poëme, l'*exposition* est la première. Aristote l'appelle *prologue* dans le poëme dramatique; et dans l'épopée, c'est la même chose que le *début* ou la *proposition.*

Comme le poëte épique annonce lui-même

son sujet, cette *exposition* directe ne demande pas beaucoup d'art; elle doit être simple, majestueuse, claire et précise; assez intéressante pour fixer l'attention, mais sans orgueil et sans aucune emphase, en sorte qu'au lieu de promettre de grandes choses, elle en fasse espérer. « Muse, dis-moi la colère d'Achille, cette colère si fatale aux Grecs, et qui précipita dans le noir empire de Pluton les ames de tant de héros. » Voilà le modèle du début ou de l'*exposition* épique. Elle est comme la pierre de touche du sujet du poëme. Si l'action en est simple, grande, intéressante, il sera facile de l'annoncer, et deux mots en feront sentir l'unité, la grandeur, l'importance. Si au contraire le sujet se présente vaguement ou confusément, ou ne promet rien qui d'avance nous intéresse et nous attache, c'est une marque qu'il est ingrat, et un avis pour l'abandonner.

Dans le poëme dramatique, l'*exposition* est plus difficile, parce qu'elle doit être en action, et que les personnages eux-mêmes, occupés de leurs intérêts et de l'état présent des choses, doivent en instruire les spectateurs, sans autre intention apparente que de se dire l'un à l'autre ce qu'ils se diraient s'ils étaient sans témoins.

L'art de l'*exposition* dramatique consiste donc à la rendre si naturelle, qu'il n'y ait pas même le soupçon de l'art : pour cela, il faut qu'elle réunisse les trois convenances du lieu, du temps, et des personnes.

Eschyle, inventeur de la tragédie, est peut-être de tous les poëtes grecs, celui qui *expose* ses sujets de la manière la plus simple et la plus frappante. Quoi de plus imposant en effet, que de voir dans *les Euménides*, à l'ouverture de la scène, Oreste environné des furies endormies par Apollon; de le voir, la tête ceinte du bandeau des suppliants, tenant une branche d'olivier d'une main, et de l'autre une épée encore teinte du sang de sa mère? Quoi de plus imposant, que de voir dans *les Perses* une assemblée de vieillards attendre avec inquiétude des nouvelles de leur roi et de cette armée innombrable qu'il a menée dans la Grèce, et s'entretenir de la grandeur et des hasards de cette entreprise? Dans la tragédie des *sept Chefs*, le début est encore plus en action. Étéocle, au moment de voir sa ville assiégée, paraît entouré de son peuple, hommes, femmes, enfants; il leur annonce l'arrivée d'une armée nombreuse qui les menace, et il exhorte les uns à bien défendre la ville, les autres à faire des sacrifices et des prières aux dieux. Arrive un de ses espions, qui a reconnu l'armée des Argiens : « Témoin, dit-il, de ce que je viens vous raconter, j'ai vu leurs sept chefs immoler un taureau sur un bouclier, tremper leurs mains dans le sang, et faire d'horribles serments par le dieu Mars et par Bellone, ou qu'ils détruiront de fond en comble la ville de Cadmus, ou qu'ils périront sous ses murs; la pitié est bannie de leur bouche et de leur cœur; leur courage s'enflamme comme celui des lions à l'approche du combat. »

Sophocle avait pris la manière d'Eschyle dans l'art d'*exposer* en action : les deux *OEdipes*, l'*Électre*, l'*Antigone*, en sont des exemples. Euripide expose aussi quelquefois avec le même art que Sophocle : ainsi dans l'*Andromaque* on voit cette princesse au pied d'un autel, ouvrir la scène en rappelant et en déplorant ses malheurs : ainsi dans l'*Oreste* on voit Électre assise à côté du lit de son frère endormi, et pour un moment délivré du tourment de ses remords; on la voit, dis-je, verser des larmes, et se retracer, depuis Tantale jusqu'à Oreste, tous les désastres de sa famille, tous les crimes de ses parents. L'*exposition* de l'*Iphigénie en Aulide* est la même que dans Racine; et par ces exemples l'on voit que si Euripide a trop souvent négligé l'art des *expositions*, comme dans l'*Hippolyte*, l'*Électre*, l'*Iphigénie en Tauride*, l'*Hécube*, les *Phéniciennes*, la *Médée*, les *Troyennes*, les *Héraclides*, l'*Hercule furieux*, etc., ce n'était pas qu'il ne connût bien cet art où Sophocle excellait; mais, soit que les spectateurs en tinssent peu de compte, soit que le poëte lui-même se fût persuadé qu'il était inutile, il est certain qu'il en a laissé presque toute la gloire à Sophocle; et c'est avec raison la manière de celui-ci que nos poëtes ont préférée.

Le théâtre moderne a peu d'*expositions* aussi

touchantes que celles que je viens de citer pour modèles; mais en cela même qu'elles sont moins pathétiques, elles sont plus adroites; car une des premières règles du théâtre est que l'intérêt aille en croissant; et après une *exposition* qui arracherait des larmes ou qui saisirait de terreur, il serait difficile, durant cinq actes, de graduer les situations. Ainsi nos poëtes, au lieu de jeter l'intérêt dans l'*exposition*, se contentent de l'y annoncer et de l'y faire pressentir.

Racine, en imitant l'*exposition* d'Euripide dans *Iphigénie*, laisse entrevoir ce qui se passe dans l'ame d'Agamemnon:

Non, tu ne mourras point; je n'y puis consentir.

Mais les mouvements de la nature sont encore retenus; ses efforts déchirants sont réservés pour le moment où il embrassera sa fille, où il ordonnera qu'elle soit arrachée des bras d'une mère et conduite à l'autel.

L'*exposition* se fait ou tout d'un coup ou successivement, selon que le sujet l'exige : tantôt le voile qui dérobe au spectateur l'état présent des choses se lève en un instant; tantôt il est, de scène en scène, insensiblement soulevé. C'est ainsi que, dans *Héraclius*, le secret de l'action se développe d'acte en acte, et n'est pleinement éclairci qu'au moment de la catastrophe; au lieu que dans *le Cid*, dès la première scène tout est connu.

Dans les tragédies à double intrigue, l'*exposition* est nécessairement double; et Racine est assez dans l'usage d'en réserver une partie pour le second acte; formule qui a mis dans ses fables un peu trop d'uniformité.

Les fables dont le fond est un intérêt public donnent communément lieu à de belles *expositions*; parce que l'intérêt public ne devant pas être la source du pathétique, on peut l'employer sans ménagement, dès la première scène, à donner de l'importance et de la majesté à l'action : ainsi deux des plus beaux modèles d'*exposition* sur notre théâtre sont la première scène de *la Mort de Pompée* et le premier acte de *Brutus*; bien entendu que, du discours de Ptolomée, Corneille aurait dû retrancher l'emphase et la déclamation.

La plus froide, la plus pénible, la plus longue, et en même temps la plus obscure de toutes les *expositions*, est celle de *Rodogune*; elle est longue, obscure et pénible, parce que le trait d'histoire dont il s'agit n'étant pas connu, il a fallu tout dire, que les faits en sont compliqués et les noms mêmes inouïs pour le plus grand nombre des spectateurs; elle est froide, non-seulement par sa lenteur laborieuse, mais par l'indifférence réciproque des deux personnages qui sont en scène, lesquels ne sont, ni l'un ni l'autre, intéressés dans l'action, que comme simples confidents. C'est quelque chose d'inconcevable que la négligence qu'a mise le grand Corneille dans l'*exposition* d'une pièce qu'il regardait comme son chef-d'œuvre : supérieur à tout dans les choses de génie, il est toujours au-dessous de lui-même dans tout ce qui n'est que de l'art.

La célébrité d'un sujet en rend l'*exposition* infiniment plus simple et plus facile ; aux noms d'Iphigénie, d'OEdipe, de Didon, de César, de Brutus, on sait d'avance, non-seulement quels sont les caractères, mais quels sont les antécédents et les rapports de l'action. Voyez de combien de détails Racine a été dispensé dans l'*exposition* de l'*Iphigénie*, par la connaissance qu'on avait déja de l'enlèvement d'Hélène, du serment fait de venger son époux, de ce qu'étaient Achille, Ulysse, Agamemnon, de ce qu'étaient Pâris et Troie ; et supposé que cette fable eût été de l'invention du poëte, ou qu'il en eût pris le sujet dans quelque historien obscur, concevez dans quel embarras l'eût mis cet *exposé* de l'avant-scène. Lorsqu'une action n'est pas célèbre, il faut qu'elle soit claire et frappante par elle-même, et que les personnages qu'on y emploie aient un caractère si marqué, qu'à la première vue ils laissent leur empreinte dans les esprits.

L'action comique ne saurait avoir des rapports éloignés : c'est communément dans le cercle d'une société, d'une famille, qu'elle se passe ; et par conséquent l'*exposition* n'en est jamais bien difficile. Les intérêts domestiques, les qualités, les affections, les inclinations particulières, qui en sont les mobiles et les ressorts, nous sont tous familiers; un seul mot les indique, une scène nous met au fait. Dans le comique même cependant on voit peu d'*expositions* ingénieuses : on cite avec raison comme un modèle rare celle du *Tartuffe*, à côté de laquelle on peut mettre celle du *Misanthrope*, celle de *l'École des Maris*, et celle du *Malade imaginaire*, plus originale peut-être encore et plus comique.

Dans cette partie, comme dans toutes les autres, il faut avouer que Molière est bien supérieur aux anciens : ceux-ci n'employaient aucun art dans l'*exposition* de leurs comédies; tantôt c'était un monologue oiseux, tantôt un prologue adressé au parterre, comme dans les *Guêpes* d'Aristophane, où l'un des acteurs annonçait au public ce qu'il allait voir. Cette manière, la plus commode sans doute, mais la moins adroite, fut apparemment celle de Cratinus et de Ménandre, puisque Plaute et Térence, leurs imitateurs, l'adoptèrent. Nos poëtes comiques, à leur exemple, firent usage du prologue avant d'avoir appris à faire mieux; et Molière, en traitant l'un des sujets de Plaute, n'a pas dédaigné de prendre de lui cette manière d'*exposer* : mais que l'on compare le dialogue de Mercure et de la Nuit, dans le comique français, avec le simple récit de Mercure dans le comique latin; et du côté de l'imitateur on reconnaîtra, n'en déplaise à Boileau, la supériorité du maître.

Extrait. On a calculé qu'à lire quatorze heures par jour, il faudrait huit cents ans pour épuiser ce que la Bibliothèque du roi contient seulement sur l'histoire ; cela seul prouverait la nécessité des *extraits*. On sent de plus que ce travail, bien dirigé, serait un moyen d'occuper utilement une multitude de plumes que l'oisiveté rend nuisibles ; et bien des gens qui n'ont pas le talent de produire, auraient assez d'intelligence pour réussir à faire des *extraits* précieux. Ce serait, en littérature, un atelier public, où les désœuvrés trouveraient à subsister en travaillant ; les jeunes gens commenceraient par-là ; et de cet atelier il sortirait des hommes instruits, et formés de bonne heure dans l'art de penser et d'écrire.

L'*extrait* d'un ouvrage historique, philosophique, didactique, n'exige, pour être fidèle, que de la netteté et de la justesse d'esprit. Des *extraits* raisonnés demanderaient un mérite plus rare. (*Voyez* Critique.) Mais les écrivains dont je parle seraient dispensés de cette discussion qui suppose tant de lumières : en désirant de retrouver un Bayle, on n'a pas droit de l'espérer.

Il n'en est pas des belles-lettres comme des sciences : l'*extrait* d'un ouvrage d'esprit, s'il n'est que froidement exact, n'en donnera qu'une fausse idée. Supposez même, ce qui n'est pas toujours, qu'il embrasse et qu'il développe le plan et le dessein de l'ouvrage, l'analyse la plus exacte et la mieux détaillée n'en sera que l'anatomie. Rappelons-nous ce mot de Racine : Ce qui me distingue de Pradon, c'est que je sais écrire. Cet aveu est assurément trop modeste; mais il apprend du moins que les bons auteurs diffèrent encore plus des mauvais par les détails et par l'éloquence du style, que par le fond et l'ordonnance.

Combien de situations, combien de traits de caractère, que les détails préparent, tempèrent, adoucissent, et qui révoltent dans un *extrait?* Il n'est point de couleurs qui ne se marient; tout l'art consiste à les bien nuancer; et ce sont ces nuances qu'on néglige de faire apercevoir dans les linéaments d'une esquisse. Le mérite le plus général des ouvrages de peinture, de sculpture, de poésie, est dans l'exécution. Un plan géométral ne suffit pas pour bien juger de l'architecture d'un palais, et l'on ne jugerait pas mieux d'un ouvrage de littérature d'après une simple analyse.

Supposons que l'on eût à faire l'*extrait* de la tragédie de Phèdre; croirait-on avoir bien instruit le public, si, par exemple, on avait dit de la déclaration de Phèdre à Hippolyte :

« Phèdre vient implorer la protection d'Hippolyte pour ses enfants; mais elle oublie le dessein qui l'amène, et le cœur plein de son amour elle en laisse échapper quelques marques. Hippolyte lui parle de Thésée; Phèdre croit le revoir dans son fils; elle se sert de ce détour pour exprimer la passion qui la domine. Hippolyte rougit et veut se retirer; Phèdre le retient, cesse de dissimuler, et lui avoue en même temps l'amour qu'elle a pour lui, et l'horreur qu'elle a d'elle-même. »

Croirait-on de bonne foi trouver dans ses lecteurs une imagination assez vive pour suppléer aux détails qui font de cette scène un prodige de l'art? Croirait-on les avoir mis à portée de donner à Racine les éloges qui lui sont dus?

La netteté, la justesse d'esprit qui suffirait pour l'analyse d'un ouvrage philosophique, ne suffirait donc pas pour l'*extrait* d'un ouvrage d'agrément et de goût; et ceux qui se font un métier de l'art de la critique littéraire, présument souvent trop d'eux-mêmes et trop peu des difficultés de cet art qu'ils ont avili.

Quand un journaliste fait à un homme de lettres l'honneur de parler de lui, il lui doit les éloges qu'il mérite; il doit au public les critiques dont l'ouvrage est susceptible; il se doit à lui-même un usage honorable de l'emploi qui lui est confié : cet usage consiste à s'établir médiateur entre les auteurs et le public; à éclairer poliment l'aveugle vanité des uns, et à rectifier les jugements précipités de l'autre. C'est une tâche pénible et difficile; mais avec des talents, de l'exercice, et du zèle, on peut faire beaucoup pour le progrès des lettres, du goût, et de la raison.

Dans ce qu'on appelle le public, la partie du sentiment a beaucoup de juges; la partie de l'art en a peu; la partie de l'esprit en a trop.

Si chacun de ces juges se renfermait dans les bornes qui lui sont prescrites, tout serait dans l'ordre; mais celui qui n'a que de l'esprit, trouve insipide tout ce qui n'est que senti; celui qui n'est que sensible, trouve froid tout ce qui n'est que pensé; et celui qui ne connaît que l'art, ne fait grâce ni aux pensées ni aux sentiments, dès qu'on a pris quelque licence : voilà pour la plupart des juges. Les auteurs, de leur côté, ne sont pas plus équitables; ils traitent de bornés ceux qui n'ont pas été frappés de leurs idées, d'insensibles ceux qu'ils n'ont pas émus, et de pédants ceux qui leur parlent des règles. Le journaliste est témoin de cette dissension; c'est à lui d'en être le conciliateur. Il faut de l'autorité, dira-t-il. Oui, sans doute; mais il lui est facile d'en acquérir. Qu'il se donne la peine de faire quelques *extraits*, où il examine les caractères et les mœurs en philosophe, le plan et la contexture de l'intrigue en homme de l'art, les détails et le style en homme de goût; à ces conditions, qu'il doit être en état de remplir, nous lui sommes garants de la confiance générale.

Mais par malheur il en est rarement ainsi. Il

n'y a point de si mauvais livre dont on ne puisse tirer de bonnes choses, disent tous les gens d'esprit et de goût. Il n'y a pas non plus de si bon livre dont on ne puisse faire un *extrait* malignement tourné, qui défigure l'ouvrage et l'avilisse ; ou un *extrait* sec, froid et plat, qui avec une apparence de bonne foi et d'impartialité, donne à juger d'un corps vivant par un misérable squélette. Qu'on me livre l'ouvrage le mieux pensé, le mieux écrit, le plus intéressant par les détails, le plus animé par la couleur et par le tour de l'expression, je l'anéantirai, avec cette méthode de tout ternir et de tout glacer. C'est le méprisable talent de ceux qui n'en ont aucun ; c'est l'industrie de la basse malignité, et l'aliment le plus savoureux de l'envie ; c'est par cette lecture que les sots se vengent de l'homme d'esprit qui les humilie, et qu'ils goûtent le plaisir secret de le voir humilié à son tour. C'est là qu'ils prennent l'opinion qu'ils doivent avoir des productions du génie, le droit de le juger eux-mêmes, et des armes pour l'attaquer. De là vient que, dans un certain monde, les plus chéris de tous les écrivains, quoique les plus méprisés, sont ces journaliers qui travaillent les uns honteusement et clandestinement, et les autres à découvert avec une fière impudence, à dénaturer par leurs *extraits* les productions du talent. On reproche à Bayle d'avoir fait d'excellents *extraits* de mauvais livres, et d'avoir trompé les lecteurs par l'intérêt qu'il savait prêter aux ouvrages les plus arides; les critiques dont nous parlons ont trouvé plus facile de dépouiller que d'enrichir; et le reproche qu'on fait à Bayle est le seul qu'ils ne méritent pas.

Suggon l'istesso fior, ne prati Hiblei,
Ape benigna e vipera crudele;
E secondo gl'instinti, o buoni, o rei,
L'una in tosto il converte, et l'altra in melle (1).

Les plus modestes et les plus décents des journalistes pensent que leur tâche est remplie lorsqu'ils ont rendu compte de ce qu'ils appellent l'opinion et le jugement du public; mais en cela même ils sont quelquefois très-injustes sans le savoir.

La partie du sentiment est du ressort de toute personne bien organisée : il n'est besoin ni de combiner, ni de réfléchir; et le suffrage du cœur est un mouvement subit et rapide. Le public est donc un excellent juge dans cette partie; mais des circonstances accidentelles ont cent fois altéré, sur-tout dans nos spectacles, l'équité de ses jugements; la légèreté française, si contraire à l'illusion; ce caractère enjoué qui nous distrait de la situation la plus pathétique, pour saisir une

---

(1) « Dans les prairies d'Hybla; la douce abeille et la cruelle vipère hument le suc des mêmes fleurs, et, selon leur naturel bienfaisant ou nuisible, l'une en compose son miel, et l'autre son venin. »

allusion ou une équivoque plaisante; la figure, le ton, le geste d'un acteur susceptible de ridicule; un bon mot placé à propos, ou tel incident plus étrange encore à la pièce, ont quelquefois fait rire où l'on eût dû pleurer. Il est bien vrai que si le pathétique de l'action est soutenu, la plaisanterie ne se soutient point : on rougit d'avoir ri, et l'on s'abandonne au plaisir plus décent de verser des larmes. Mais ces révolutions ne se font pas toujours d'un moment à l'autre; et le public, pour se livrer ingénuement à sa sensibilité naturelle, a besoin d'être calme ou désintéressé. Ainsi le journaliste qui se presse de rendre compte de l'impression du moment, risque de se voir démenti par ce public dont il se croit l'organe, et qui demain peut-être ne sera plus le même. Son devoir eût été d'attendre que l'opinion se fût rectifiée, ou qu'elle se fût affermie; à moins que, plus équitable encore, il n'eût osé modestement plaider la cause du talent méconnu, et en appeler pour l'auteur,

Du parterre en tumulte au parterre attentif.

Ce fut pour l'académie française une triste nécessité, que celle d'avoir à prononcer entre un Scudéri et Corneille; encore dans l'examen du *Cid* fut elle assujétie à la méthode de Scudéri, pour le suivre dans sa critique. Cependant, et malgré la gêne où la retint l'ascendant de son fondateur, sans même avoir la liberté de rendre gloire aux beautés de l'ouvrage qu'on la forçait d'examiner, l'académie ne laissa pas de se montrer juge éclairé, impartial, honnête; peu de personnes l'ont imitée. Scudéri fut un censeur malin, pointilleux, insolent, sans lumières, sans goût; il a eu trop d'imitateurs.

En général, les *extraits* littéraires, si commodes pour les esprits qui veulent s'épargner la peine de lire et de penser, ont trois effets également nuisibles aux progrès du goût et des lettres. L'un d'ôter par des préventions, au jugement de la multitude, sa liberté, son ingénuité, son activité naturelle; l'autre, de contrarier, d'affaiblir l'influence du petit nombre des esprits cultivés, sur le grand nombre qui ne l'est pas; l'autre enfin d'humilier, de décourager les talents, en leur faisant sentir une autre espèce de domination que celle du public, de qui doivent dépendre les bons et les mauvais succès. Ces inconvénients seraient moindres et seraient compensés, si la balance de la critique était confiée à des gens de lettres qui auraient fait au moins preuve de connaissances et de goût, et dont l'intégrité, l'impartialité reconnue justifierait l'autorité. Les préventions données au public seraient justes; le critique, d'accord avec les bons esprits, ne ferait que les seconder; et les auteurs auraient du moins la consolation d'être appréciés par leurs pairs.

Mais il est plus que difficile que cela soit constamment ainsi. Il arrivera trop souvent que cet emploi sera la ressource des écrivains qui n'en ont pas d'autre. Alors au mérite réel d'une critique judicieuse, éclairée, impartiale, qui supposerait un goût sain et des connaissances acquises, on sera obligé, pour être lu, de substituer l'appât de la malignité; et comme il n'est pas amusant de voir rabaisser ce que l'on méprise, mais bien ce qu'on estime et ce qu'on admire à regret, le critique aura soin de choisir les talents les plus distingués, pour les immoler aux plaisirs de la malice et de l'envie. On a vu deux listes imprimées des écrivains qu'un journaliste avait déchirés et loués. L'une, celle de la satire, était composée de presque tous les écrivains célèbres; et l'autre, d'une foule d'hommes obscurs, dont le plus grand nombre était inconnu, et dont le reste n'avait échappé à l'oubli que par le ridicule.

La même chose arrivera toujours quand le métier de journaliste sera permis à ces écrivains dont Voltaire a dit : *Ils sont, parmi les gens de lettres, ce que les escarbots sont parmi les oiseaux.* Et ce sera, j'ose le prédire, une des causes de la ruine dont les lettres sont menacées. On les lira, parce qu'on est secrètement envieux et malin; on les croira, parce qu'en se donnant le plaisir de penser comme eux, on n'aura pas la peine de s'instruire pour avoir un avis à soi; et insensiblement on s'accoutumera à ne plus voir que par leurs yeux.

Qu'importent, direz-vous, ces opinions éphémères, si le public finit par être juste? Il finit par-là, j'en conviens; mais l'époque du changement est incertaine, et souvent éloignée. Or il y a pour les talents deux succès et deux récompenses : le succès du moment, et le succès de l'avenir. Le plus glorieux sans doute est celui-ci, parce qu'il est le plus durable; mais l'autre est le plus attrayant, parce que l'on aime à jouir. J'ai vu parmi les gens de lettres ceux que je savais être les plus amoureux de la gloire, et qui la méritaient le mieux, je les ai vus indignés, rebutés, découragés jusqu'à l'abattement par l'insolence des écrits où l'on déchirait leurs ouvrages. Ils avaient eu sans doute, en écrivant, la perspective de la postérité; mais ils avaient plus présent encore le siècle et le public aux yeux duquel ils étaient insultés par des hommes chargés d'opprobre, mais soufferts et autorisés. Ils regardaient ceux qui toléraient cette licence, comme les ennemis des lettres, comme leurs propres ennemis; et cette pensée accablante, qu'on se plaisait à les voir outrager, glaçait leurs ames et leurs esprits. Ils ne pouvaient supporter l'idée que tous les mois, toutes les semaines, deux ou trois de ces écrivains faméliques pussent impunément décrier leurs travaux, et que pour faire avorter, au moins pour le moment, le succès le mieux mérité, cette bande de détracteurs n'eussent qu'à se liguer ensemble.

Or supposons que ces temps reviennent, et que la licence une fois autorisée aille en croissant; où se trouvera l'homme doué d'une ame noble, d'un esprit élevé, qui veuille prostituer les dons qu'il a reçus, jusqu'à subir la condition imposée à l'homme de lettres? s'il arrivait un nouvel Omar, et qu'il voulût étouffer au berceau tous les talents littéraires, il n'aurait qu'à donner toute liberté à la presse de les insulter journellement. On leur permettra de répondre; ce sera leur permettre de se déshonorer. Je ne dispute pas, disait Malebranche, contre des gens qui font un livre tous les mois. Que serait-ce donc si un Zoïle donnait des feuilles tous les jours?

Je sais bien qu'on peut m'opposer quelques intérêts de négoce; mais tandis que nos souverains répandent avec magnificence les récompenses et les grâces, pour encourager les talents qui décorent la nation, qui l'éclairent et qui l'honorent, je demande si un misérable trafic de librairie doit rendre infructueuse cette magnificence, et tarir ou empoisonner les sources de l'émulation?

Mais la critique n'est-elle pas utile aux talents mêmes? Oui, si on l'oblige à être éclairée, juste, et décente. Ce serait là, me dira-t-on, l'arrêt de mort de bien des journaux. Oui, des journaux qui seraient faits sans goût, sans esprit, et sans style, où le manque d'étude et le vide absolu de connaissances et d'idées ne laisseraient à l'écrivain, pour tout mérite et pour tout agrément, qu'une basse malignité.

Mais qu'un journal littéraire soit composé par de vrais gens de lettres, il sera lu, quoique juste et modeste, sur-tout lorsqu'un goût dépravé n'aura plus pour pâture ce vil amas d'écrits accumulés depuis un demi-siècle, et dont l'épigraphe devait être ce que Virgile a dit des Harpies :

Contactuque omnia fœdant.

F.

Fable, *apologue*. On a fait consister l'artifice de la *fable* à *citer les hommes au tribunal des animaux*; c'est comme si l'on prétendait que la comédie citât les spectateurs au tribunal de ses personnages, les hypocrites au tribunal de Tartuffe, les avares au tribunal d'Harpagon, etc. Dans l'*apologue, les animaux sont quelquefois les précepteurs des hommes*; La Fontaine l'a dit; mais ce n'est que dans les exemples où la *fable* les représente meilleurs et plus sages que nous.

Dans le discours que La Motte a mis à la tête de ses *fables*, il démêle en philosophe l'artifice caché dans ce genre de fiction; il en a bien vu le principe et la fin; les moyens seuls lui ont échappé. Il traite, en bon critique, de la justesse et de l'unité de l'allégorie, de la vraisemblance des mœurs et des caractères, du choix de la moralité et des images qui l'enveloppent; mais toutes ces qualités réunies ne font qu'une *fable* régulière; et un poëme qui n'est que régulier, est bien loin d'être un bon poëme.

C'est peu que dans la *fable* une vérité utile et peu commune se déguise sous le voile d'une allégorie ingénieuse; que cette allégorie, par la justesse et l'unité de ses rapports, conduise directement au sens moral qu'elle se propose; que les personnages qu'on y emploie remplissent l'idée qu'on a d'eux. La Motte a observé toutes ces règles dans quelques-unes de ses *fables*; il reproche avec raison à La Fontaine de les avoir négligées dans quelques-unes des siennes. D'où vient donc que les plus défectueuses de La Fontaine ont un charme et un intérêt que n'ont pas les plus régulières de La Motte?

Ce charme et cet intérêt prennent leur source, non-seulement dans le tour naturel et facile des vers, dans l'originalité piquante et heureuse de l'expression, dans le coloris des images, dans la justesse et la précision du dialogue, dans la variété, la richesse, la rapidité des peintures, en un mot, dans le génie poétique, don précieux et rare, auquel tout l'excellent esprit de La Motte n'a pu jamais bien suppléer; mais encore dans la naïveté du récit et du style, caractère dominant du génie de La Fontaine.

On a dit : *Le style de la* fable *doit être simple, familier, riant, gracieux, naturel, et même naïf.* Il fallait dire, *et sur-tout naïf.*

Essayons de rendre sensible l'idée que j'attache à ce mot *naïveté*, qu'on a si souvent employé sans l'entendre.

La Motte distingue le naïf du naturel; mais il fait consister le naïf dans l'expression fidèle et non réfléchie de ce qu'on sent; et d'après cette idée vague, il appelle naïf le *qu'il mourût* du vieil Horace. Il me semble qu'il faut aller plus loin, pour trouver le vrai caractère de naïveté qui est essentiel et propre à la *fable.*

La vérité de caractère a plusieurs nuances qui la distinguent d'elle-même : ou elle observe les ménagements qu'on se doit et qu'on doit aux autres; et on l'appelle sincérité: ou elle franchit, dès qu'on la presse, la barrière des égards; et on la nomme *franchise* : ou elle n'attend pas même, pour se montrer à découvert, que les circonstances l'y engagent et que les décences l'y autorisent; et elle devient imprudence, indiscrétion, témérité, suivant qu'elle est plus ou moins offensante ou dangereuse. Si elle découle de l'ame par un penchant naturel et non réfléchi; elle est simplicité : si la simplicité prend sa source dans cette pureté de mœurs qui n'a rien à dissimuler ni à feindre; elle est candeur : si à la candeur se joint une innocence peu éclairée, qui croit que tout ce qui est naturel est bien; c'est ingénuité : si l'ingénuité se caractérise par des traits qu'on aurait eu soi-même intérêt à déguiser, et qui nous donnent quelque avantage sur celui auquel ils échappent; on la nomme *naïveté* ou *ingénuité naïve.* Ainsi la simplicité ingénue est un caractère absolu et indépendant des circonstances; au lieu que la naïveté est relative.

Hors les puces qui m'ont la nuit inquiétée,

ne serait dans Agnès qu'un trait de simplicité, si elle parlait à ses compagnes.

> Jamais je ne m'ennuie,

ne serait qu'ingénu, si elle ne fesait pas cet aveu à un homme qui doit s'en offenser. Il en est de même de

> L'argent qu'en ont reçu notre Alain et Georgette, etc.

Par conséquent, ce qui est compatible avec le caractère naïf dans tel temps, dans tel lieu, dans tel état, ne le serait pas dans tel autre. Georgette est naïve autrement qu'Agnès; Agnès, autrement que ne doit l'être une jeune fille élevée à la cour ou dans le monde : celle-ci peut dire et penser ingénument des choses que l'éducation lui a rendues familières, et qui paraîtraient réfléchies et recherchées dans la première. Ainsi la naïveté est susceptible de tous les tons. Joas est naïf dans sa scène avec Athalie, mais d'une naïveté noble, qui fait frémir pour les jours de ce précieux enfant; et lorsque M. de Fontenelle a dit que le *naïf* était *une nuance du bas*, il a prouvé qu'il n'avait pas le sentiment de la naïveté. Cela posé, voyons ce qui constitue la naïveté dans la *fable*, et l'effet qu'elle y produira.

La Motte a observé que le succès constant et universel de la *fable* venait de ce que l'allégorie y ménageait et flattait l'amour-propre : rien n'est plus vrai ni mieux senti; mais cet art de ménager et de flatter l'amour-propre, au lieu de le blesser, n'est autre chose que l'éloquence naïve, l'éloquence d'Ésope chez les anciens, et de La Fontaine chez les modernes.

De toutes les prétentions des hommes, la plus générale et la plus décidée regarde la sagesse et les mœurs : rien n'est donc plus capable de nous indisposer, que des préceptes de morale et de sagesse présentés comme des leçons. Je ne parle point de la satire; le succès en est assuré : si elle en blesse un, elle en flatte mille. Je parle d'une philosophie sévère, mais honnête, sans amertume et sans poison, qui n'insulte personne, et qui s'adresse à tous : c'est précisément de celle-là qu'on s'offense. Les poëtes l'ont déguisée au théâtre et dans l'épopée en forme d'action; et ce ménagement l'a fait recevoir sans répugnance. Mais toute vérité ne peut pas avoir au théâtre son tableau particulier : chaque pièce ne peut aboutir qu'à une moralité principale; et les préceptes répandus dans le cours de l'action passent trop rapidement pour ne pas s'effacer l'un l'autre : l'intérêt même les absorbe, et ne nous laisse pas la liberté d'y réfléchir. D'ailleurs l'instruction théâtrale exige un appareil qui n'est ni de tous les lieux ni de tous les temps : c'est un miroir public qu'on n'élève qu'à grands frais et à force de machines. Il en est à-peu-près de même de l'épopée. On a donc voulu nous donner des glaces portatives, aussi fidèles et plus commodes, où chaque vérité isolée eût son image distincte; et de là l'invention des petits poëmes allégoriques.

Dans ces tableaux, on pouvait nous peindre à nos yeux sous trois symboles différents : ou sous les traits de nos semblables, comme dans la *fable* du savetier et du financier, dans celle du berger et du roi, dans celle du meûnier et de son fils, etc.; ou sous le nom des êtres surnaturels et allégoriques, comme dans la *fable* d'Apollon et Borée, dans celle de la Discorde, dans les fictions poétiques, dans les contes de fées; ou sous la figure des animaux et des êtres matériels, que le poëte fait agir et parler à notre manière. C'est ici le genre le plus étendu, et peut-être le seul vrai genre de la *fable*, par la raison même qu'il est le plus dépourvu de vraisemblance à notre égard.

Il s'agit de ménager la répugnance que chacun sent à être corrigé par son égal. On s'apprivoise aux leçons des morts, parce qu'on n'a rien à démêler avec eux, et qu'ils ne se prévaudront jamais de l'avantage qu'on leur donne. On ne s'offense point du ton d'un misanthrope solitaire et farouche, qu'on ne voit point : il est au rang des morts; et notre imagination en fait un être d'une espèce étrangère. Mais le sage qui vit simplement et familièrement avec nous, et qui, sans chaleur et sans violence, ne nous parle que le langage de la vérité et de la vertu, nous laisse toutes nos prétentions à l'égalité : c'est donc à lui à nous persuader, par une illusion passagère, qu'il est, non pas au-dessus de nous (il y aurait de l'imprudence à le tenter), mais au contraire si fort au-dessous, qu'on ne daigne pas même se piquer d'émulation à son égard, et qu'on reçoive les vérités qui semblent lui échapper, comme autant de traits de naïveté sans conséquence.

Si cette observation est fondée, voilà le prestige de la *fable* rendu sensible, et l'art réduit à un point déterminé. Or on va voir que tout ce qui concourt à nous persuader la simplicité et la crédulité du poëte, rend la *fable* plus intéressante; au lieu que tout ce qui nous fait douter de la bonne foi de son récit, en affaiblit l'intérêt.

Quintilien pensait que les *fables* avaient surtout du pouvoir sur les esprits *bruts et ignorants*; il parlait sans doute des *fables* où la vérité se cache sous une enveloppe grossière; mais le goût, le sentiment, les grâces, que La Fontaine y a répandus, en ont fait la nourriture et les délices des esprits les plus délicats, les plus cultivés, et les plus profonds.

Or l'intérêt qu'ils y prennent, n'est certainement pas le vain plaisir d'en pénétrer le sens; la beauté de cette allégorie est d'être simple et transparente; et il n'y a guère que les sots qui puissent s'applaudir d'en avoir percé le voile.

Le mérite de prévoir la moralité que La Motte veut qu'on ménage aux lecteurs, parmi lesquels il compte les sages eux-mêmes, se réduit donc à bien peu de chose : aussi La Fontaine, à l'exemple des anciens, ne s'est-il guère mis en peine de la donner à deviner; il l'a placée tantôt au commencement, tantôt à la fin de la *fable*; ce qui ne lui aurait pas été indifférent, s'il eût regardé la *fable* comme une énigme.

Quelle est donc l'espèce d'illusion qui rend la *fable* si séduisante? On croit entendre un homme assez simple et assez crédule pour répéter sérieusement les contes puérils qu'on lui a faits; et c'est dans cet air de bonne foi que consiste la naïveté du récit et du style.

On reconnaît la bonne foi d'un historien à l'attention qu'il a de saisir et de marquer les circonstances, aux réflexions qu'il y mêle, à l'éloquence qu'il emploie à exprimer ce qu'il sent : c'est là sur-tout ce qui met La Fontaine au-dessus de tous ses modèles. Ésope raconte simplement, mais en peu de mots; il semble répéter fidèlement ce qu'on lui a dit. Phèdre y met plus de délicatesse et d'élégance, mais aussi moins de vérité. On croirait en effet que rien ne dût mieux caractériser la naïveté, qu'un style dénué d'ornements; cependant La Fontaine a répandu dans le sien tous les trésors de la poésie, et il n'en est que plus naïf : ces couleurs si variées et si brillantes sont elles-mêmes les traits dont la nature vient se peindre, dans les écrits de ce poëte, avec tant de grâce et de simplicité. Ce prestige de l'art paraît d'abord inconcevable ; mais dès qu'on remonte à la cause, on n'est plus surpris de l'effet.

Non-seulement La Fontaine a ouï dire ce qu'il raconte, mais il l'a vu, il croit le voir encore. Ce n'est pas un poëte qui imagine, ce n'est pas un conteur qui plaisante ; c'est un témoin présent à l'action, et qui veut vous y rendre présent vous-même ; son érudition, son éloquence, sa philosophie, sa politique, tout ce qu'il a d'imagination, de mémoire, et de sentiment, il met tout en œuvre, de la meilleure foi du monde, pour vous persuader ; et c'est cet air de bonne foi, c'est le sérieux avec lequel il mêle les plus grandes choses avec les plus petites, c'est l'importance qu'il attache à des jeux d'enfants, c'est l'intérêt qu'il prend pour un lapin et une belette, qui font qu'on est tenté de s'écrier à chaque instant, *Le bon homme!* On le disait de lui dans la société ; son caractère n'a fait que passer dans ses *fables*. C'est du fond de ce caractère que sont émanés ces tours si naturels, ces expressions si naïves, ces images si fidèles ; et quand La Motte a dit,

> Du fond de sa *cervelle* un trait naïf s'arrache,

ce n'est pas le travail de La Fontaine qu'il a peint dans un vers si dur.

La Fontaine raconte la guerre des vautours; son génie s'élève : *Il plut du sang*. Cette image lui paraît encore faible; il ajoute, pour exprimer la dépopulation,

> Et sur son roc Prométhée espéra
> De voir bientôt une fin à sa peine.

La querelle de deux coqs pour une poule, lui rappelle ce que l'amour a produit de plus funeste :

> Amour, tu perdis Troie.

Deux chèvres se rencontrent sur un pont trop étroit pour y passer ensemble; aucune des deux ne veut reculer; il s'imagine voir,

> Avec Louis-le-Grand
> Philippe quatre qui s'avance
> Dans l'île de la Conférence.

Un renard est entré la nuit dans un poulailler; comment exprimer ce désastre ?

> Les marques de sa cruauté
> Parurent avec l'aube. On vit un étalage
> De corps sanglants et de carnage.
> Peu s'en fallut que le soleil
> Ne rebroussât d'horreur vers le manoir liquide, etc.

La Motte a fait, à mon avis, une étrange méprise, en employant à tout propos, pour avoir l'air naturel, des expressions populaires et proverbiales : tantôt c'est Morphée qui fait *litière de pavots*; tantôt c'est la lune qui est *empêchée* par les charmes d'une magicienne; ici le lynx, attendant le gibier, prépare ses dents *à l'ouvrage;* là le jeune Achille *est fort bien morigéné* par Chiron. La Motte avait dit lui-même : *Mais prenons garde à la bassesse, trop voisine du familier.* Qu'était-ce donc, à son avis, que *faire litière de pavots?* La Fontaine a toujours le style de la chose.

> Un mal qui répand la terreur,
> Mal que le Ciel en sa fureur
> Inventa pour punir les crimes de la terre.
> . . . .
> Les tourterelles se fuyaient :
> Plus d'amour, partant plus de joie.

Ce n'est jamais la qualité des personnages qui le décide. Jupiter n'est qu'un homme dans les choses familières; le moucheron est un héros lorsqu'il combat le lion : rien de plus philosophique, et en même temps rien de plus naïf que ces contrastes. La Fontaine est peut-être celui de tous les poëtes qui passe d'un extrême à l'autre avec le plus de justesse et de rapidité. La Motte a pris ces passages pour de la gaieté philosophique; et il les regarde comme *une source du riant;* mais La Fontaine n'a pas dessein de faire croire qu'il s'égaie à rapprocher le grand du petit; il veut que l'on pense, au contraire, que le sérieux qu'il met aux petites choses, les lui fait mêler et confondre de bonne foi avec les grandes; et il réussit en effet à produire cette illusion. De là vient qu'il n'est jamais contraint ni dans le style familier, ni dans le haut style. Si ses réflexions et ses peintures l'emportent vers l'un, ses sujets le ramènent à l'autre, et toujours si à propos, que le lecteur n'a pas le temps de désirer qu'il prenne l'essor ou qu'il se modère : en lui chaque idée réveille soudain l'image et le sentiment qui lui est propre ; on peut le voir dans ses peintures, dans son dialogue, dans ses harangues. Qu'on lise, pour les peintures, la fable d'*Apollon* et de *Borée*, celle du *Chêne* et du *Roseau*; pour le dialogue, celle de *la Mouche* et de *la Fourmi*, celle des *Compagnons d'Ulysse*; pour les monologues et les harangues, celle du *Loup* et des *Bergers*, celle du *Berger* et du *Roi*, celle de *l'Homme* et de *la Couleuvre*, modèles à-la-fois de philosophie et de poésie. On a dit souvent que l'une nuisait à l'autre; qu'on nous cite, ou parmi les anciens, ou parmi les modernes, quelque poëte plus riant, plus fécond, plus varié, quelque moraliste plus sage.

Mais ni sa philosophie ni sa poésie ne nuisent à sa naïveté; au contraire, plus il met de l'une et de l'autre dans ses récits, dans ses réflexions, dans ses peintures, plus il semble persuadé, pénétré de ce qu'il raconte, et plus par conséquent il nous paraît simple et crédule.

Le premier soin du fabuliste doit donc être de paraître persuadé; le second, de rendre sa persuasion amusante; le troisième, de rendre cet amusement utile.

>   ....*Pueris dant crustula blandi*
>   *Doctores, elementa velint ut discere prima.* (HORAT.)

On vient de voir de quel artifice La Fontaine s'est servi pour paraître persuadé; je n'ai plus que quelques réflexions à ajouter sur ce qui détruit ou favorise cette espèce d'illusion.

Tous les caractères d'esprit se concilient avec la naïveté, hors l'affectation et l'air de la finesse. D'où vient que *Janot lapin*, *Robin mouton*, *carpillon Fretin*, *la gent trotte-menu*, etc., ont tant de grâce et de naturel? d'où vient que *dom Jugement*, *dame Mémoire*, et *demoiselle Imagination*, quoique très-bien caractérisés, sont si déplacés dans la *fable?* Ceux-là sont du bonhomme; ceux-ci du bel-esprit.

On peut supposer tel pays ou tel siècle dans lequel ces figures se concilieraient avec la naïveté: par exemple, si on avait élevé des autels au jugement, à l'imagination, à la mémoire, comme à la paix, à la sagesse, à la justice, etc., les attributs de ces divinités seraient des idées populaires, et il n'y aurait aucune finesse, aucune affectation à dire, *le dieu Jugement, la déesse Mémoire, la nymphe Imagination;* mais le premier qui s'avise de réaliser, de caractériser ces abstractions par des épithètes recherchées, paraît trop fin pour être naïf. Qu'on réfléchisse à ces dénominations, *dom, dame, demoiselle;* il est certain que la première peint la lenteur, la gravité, le recueillement, la méditation, qui caractérisent le jugement; que la seconde exprime la pompe, le faste et l'orgueil, qu'aime à étaler la mémoire; que la troisième réunit en un seul mot la vivacité, la légèreté, le coloris, les grâces, et, si l'on veut, le caprice et les écarts de l'imagition. Or peut-on se persuader que ce soit un homme naïf qui le premier ait vu et senti ces relations et ces nuances?

Si La Fontaine emploie des personnages allégoriques, ce n'est pas lui qui les invente; on est déja familiarisé avec eux : la Fortune, la Mort, le Temps, tout cela est reçu. Si quelquefois il en introduit de sa façon, c'est toujours en homme simple; c'est *Que-si-que-non*, frère de la Discorde; c'est *Tien et Mien*, son père, etc.

La Motte au contraire met toute la finesse qu'il peut à personnifier des êtres moraux et métaphysiques : *Personnifions*, dit-il, *les vertus et les vices; animons, selon nos besoins, tous les êtres;* et suivant ce système, il introduit la Vertu, le Talent et la Réputation, pour faire faire à celle-ci un jeu de mots à la fin de la *fable*. C'est encore pis, lorsque *l'Ignorance*, *grosse d'enfant*, accouche *d'Admiration*, *de demoiselle Opinion*, et qu'*on fait venir l'Orgueil et la Paresse* pour nommer l'*enfant*, qu'*ils appellent la Vérité*. La Motte a beau dire qu'il se trace *un nouveau chemin*, ce chemin l'éloigne du but.

Encore une fois, le poëte doit jouer dans la *fable* le rôle d'un homme simple et crédule; et celui qui personnifie des abstractions métaphysiques avec tant de subtilité, n'est pas le même qui nous dit sérieusement que *Jean lapin*, plaidant contre *dame Belette*, *allégua la coutume et l'usage.*

Mais comme la crédulité du poëte n'est jamais plus naïve, ni par conséquent plus amusante, que dans des sujets dépourvus de vraisemblance à notre égard, ces sujets vont beaucoup plus droit au but de l'apologue, que ceux qui sont naturels et dans l'ordre des possibles. La Motte, après avoir dit,

> Nous pouvons, s'il nous plaît, donner pour véritables
> Les chimères des temps passés ;

ajoute,

> Mais quoi, des vérités modernes
> Ne pouvons-nous user aussi dans nos besoins?
> Qui peut le plus, ne peut-il pas le moins?

Ce raisonnement, du *plus au moins*, n'est pas concevable dans un homme qui avait l'esprit juste, et qui avait long-temps réfléchi sur la nature de l'apologue. La *fable* des *deux Amis*, le *Paysan du Danube*, *Philémon et Baucis*, ont leur charme et leur intérêt particulier; mais qu'on y prenne garde, ce n'est là ni le charme ni l'intérêt de l'apologue; ce n'est point ce doux sourire, cette complaisance intérieure qu'excitent en nous *Rominagrobis*, *Janot lapin*, *la Mouche du Coche*, etc. Dans les premières, la simplicité du poëte n'est qu'ingénieuse, et n'a rien de ridicule; dans les dernières, elle est naïve, et nous amuse à ses dépens.

Ce n'est pas que dans celles-ci même il n'y ait une sorte de vraisemblance à garder; mais elle est relative au poëte. Son caractère de naïveté une fois établi, nous devons trouver possible qu'il ajoute foi à ce qu'il raconte; et de là vient la règle de suivre les mœurs, ou réelles ou supposées. Son dessein n'est pas de nous persuader que le lion, l'âne, et le renard, ont parlé, mais d'en paraître persuadé lui-même; et pour cela il faut qu'il observe les convenances, c'est-à-dire qu'il fasse parler et agir le lion, l'âne et le renard, chacun suivant le caractère et les intérêts qu'il est supposé leur attribuer : ainsi la règle de suivre les mœurs dans la *fable* est une suite de ce principe, que tout doit y concourir à nous persuader la crédulité du poëte. La Fontaine a quelquefois lui-même oublié cette règle, comme dans la *fable* du *Lion*, de la *Chèvre* et de la *Génisse*.

Il faut de plus que la crédulité du conteur soit amusante, et c'est encore un des points où La Motte s'est trompé : on voit que dans ses *fables* il vise à être plaisant; et rien n'est si contraire au génie de ce poëme.

> Un homme avait perdu sa femme;
> Il veut avoir un perroquet.
> Se console qui peut. Plein de la bonne dame,
> Il veut du moins chez lui remplacer son caquet.

La Fontaine évite avec soin tout ce qui a l'air de la plaisanterie; et s'il lui en échappe quelque trait, il a grand soin de l'émousser.

> À ces mots, l'animal pervers,
> C'est le serpent que je veux dire,

Voilà une excellente épigramme; et le poëte s'en serait tenu là, s'il avait voulu être fin; mais il voulait être ou plutôt il était naïf; il a donc achevé :

> C'est le serpent que je veux dire,
> Et non l'homme; on pourrait aisément s'y tromper.

De même dans ces vers qui terminent la *fable* du *Rat solitaire* :

> Qui désigné-je, à votre avis,
> Par ce rat si peu secourable?
> Un moine? non, mais un dervis.

il ajoute :

> Je suppose qu'un moine est toujours charitable.

La finesse du style consiste à se laisser deviner; la naïveté, à dire tout ce qu'on pense.

La Fontaine nous fait rire, mais à ses dépens, et c'est sur lui-même qu'il fait tomber le ridicule. Quand, pour rendre raison de la maigreur d'une belette, il observe qu'*elle sortait de maladie*; quand, pour expliquer comment un cerf ignorait une maxime de Salomon, il se croit obligé de nous avertir que *ce cerf n'avait pas accoutumé de lire*; quand, pour nous prouver l'expérience d'un vieux rat et les dangers qu'il avait courus, il remarque qu'*il avait même perdu sa queue à la bataille;* quand, pour nous peindre la bonne intelligence des chiens et des chats, il nous dit,

> Ces animaux vivaient entre eux comme cousins :
> Cette union si douce, et presque fraternelle,
> Édifiait tous les voisins ;

nous rions, mais de la naïveté du poëte, et c'est à ce piége si délicat que se prend notre vanité.

L'oracle de Delphes avait, dit-on, conseillé à Ésope de prouver des vérités importantes par des contes ridicules. Ésope aurait mal entendu l'oracle, si, au lieu d'être risible, il s'était piqué d'être plaisant.

Cependant comme ce n'est pas uniquement à nous amuser, mais sur-tout à nous instruire, que la *fable* est destinée, l'illusion doit se terminer au développement de quelque vérité utile : je dis *au développement*, et non pas *à la preuve;* car il faut bien observer que la *fable* ne prouve rien. Quelque bien adapté que soit l'exemple à la moralité, l'exemple est un fait particulier, la moralité une maxime générale; et l'on sait que du particulier au général il n'y a rien à conclure. Il faut donc que la moralité soit une vérité connue par elle-même, et à laquelle on n'ait besoin que de réfléchir pour en être persuadé. L'exemple contenu dans la *fable* en est l'indication, et non la preuve : son but est d'avertir, et non pas de convaincre; et son office est de rendre sensible à l'imagination ce qui est avoué par la raison; mais pour cela il faut que l'exemple mène droit à la moralité, sans diversion, sans équivoque; et c'est ce que les plus grands maîtres semblent avoir oublié quelquefois.

La vérité doit naître de la *fable*.

La Motte l'a dit et l'a pratiqué; il ne le cède même à personne dans cette partie : comme elle dépend de la justesse et de la sagacité de l'esprit, et que La Motte avait supérieurement l'une et l'autre, le sens moral de ses *fables* est presque toujours bien saisi, bien déduit, bien préparé. J'en excepterai quelques-unes, comme celle de *l'Estomac*, celle de *l'Araignée* et du *Pélican*. L'estomac pâtit de ses fautes; mais s'ensuit-il que chacun soit puni des siennes? Le même auteur a fait voir le contraire dans la *fable* du *Chat* et du *Rat*. Entre le pélican et l'araignée, entre Codrus et Néron, l'alternative est-elle si pressante, qu'*hésiter ce fût choisir?* et à la question, *lequel des deux voudrez-vous imiter?* n'est-on pas fondé à répondre *ni l'un ni l'autre?* Dans ces deux *fables*, la moralité n'est vraie que par les circonstances; elle est fausse dès qu'on la donne pour un principe général.

La Fontaine s'est plus négligé que La Motte sur le choix de la moralité; il semble quelquefois la chercher après avoir composé sa *fable* :

soit qu'il affecte cette incertitude pour cacher jusqu'au bout le dessein qu'il avait d'instruire; soit qu'en effet il se soit livré d'abord à l'attrait d'un tableau favorable à peindre, bien sûr que d'un sujet moral il est facile de tirer une réflexion morale. Cependant sa conclusion n'est pas toujours également heureuse; le plus souvent profonde, lumineuse, intéressante, et amenée par un chemin de fleurs; mais quelquefois aussi commune, fausse, ou mal déduite. Par exemple, de ce qu'un gland, et non pas une citrouille, tombe sur le nez de Garo, s'ensuit-il que tout soit bien?

>Jupin pour chaque état mit deux tables au monde :
>L'adroit, le vigilant, et le fort, sont assis
>   A la première; et les petits
>   Mangent leur reste à la seconde.

Rien n'est plus vrai, mais cela ne suit point de l'exemple de l'araignée et de l'hirondelle; car l'araignée, quoique adroite et vigilante, ne laisse pas de mourir de faim. Ne serait-ce point pour déguiser ce défaut de justesse, que, dans les vers que je viens de citer, La Fontaine n'oppose que les *petits* à l'*adroit*, au *vigilant* et au *fort?* S'il eût dit, *le faible, le négligent* et *le maladroit*, on eût senti que les deux dernières de ces qualités ne convenaient point à l'araignée. Dans la *fable* des *Poissons* et du *Berger*, il conseille aux rois d'user de violence; dans celle du *Loup déguisé en Berger*, il conclut :

Quiconque est loup, agisse en loup.

Si ce sont là des vérités, elles ne sont rien moins qu'utiles à répandre. En général le respect de La Fontaine pour les anciens ne lui a pas laissé la liberté du choix dans les sujets qu'il en a pris; presque toutes ses beautés sont de lui, presque tous ses défauts sont des autres : ajoutons que ses défauts sont rares et tous faciles à éviter, et que ses beautés sans nombre sont peut-être inimitables.

J'aurais beaucoup à dire sur sa versification, où les pédants n'ont su relever que des négligences, et dont les beautés ravissent d'admiration les hommes de l'art les plus exercés et les hommes de goût les plus délicats; mais la richesse, la vérité, l'originalité, l'heureuse hardiesse de son langage, ne sont pas des qualités qu'on puisse rendre sensibles en les définissant. Pour en avoir l'idée et le sentiment, il faut le lire, et le lire encore; c'est un plaisir qui ne s'épuise point.

Du reste, sans aucun dessein de louer ni de critiquer, ayant à rendre sensibles, par des exemples, les perfections et les défauts de l'art, je crois devoir puiser ces exemples dans les auteurs les plus estimables, pour deux raisons, leur célébrité et leur autorité. Je sais tous les égards que je leur dois; mais ces égards consistent à parler de leurs ouvrages avec une impartialité sérieuse et décente, sans fiel et sans dérision : méprisable recours des esprits vides et des ames basses. J'ai donc reconnu dans La Motte une invention ingénieuse, une composition régulière, beaucoup de justesse et de sagacité ; j'ai profité de quelques-unes de ses réflexions sur la *fable*; mais avec la même sincérité, j'ai cru devoir observer ses erreurs dans la théorie, et ses fautes dans la pratique, du moins ce qui m'a paru tel.

Comme La Fontaine a pris d'Ésope, de Phèdre, de Pilpay, ce qu'ils ont de plus remarquable, et que deux exemples me suffisaient pour développer mes principes, j'ai cru pouvoir m'en tenir aux deux fabulistes français.

FABLE, *composition poétique.*

Dans les poëmes épique et dramatique, la *fable*, l'action, le sujet, sont communément pris pour synonymes; mais dans une acception plus étroite, le sujet du poëme est l'idée substantielle de l'action; l'action par conséquent est le développement du sujet; la *fable* est cette même disposition considérée du côté des incidents qui composent l'intrigue, et servent à nouer et à dénouer l'action.

Tantôt la *fable* renferme une vérité cachée, comme dans *l'Iliade*; tantôt elle présente directement des exemples personnels et des vérités toutes nues, comme dans le *Télémaque* et dans la plupart de nos tragédies. Il n'est donc pas de l'essence de la *fable* d'être allégorique ; il suffit qu'elle soit morale ; et c'est ce que le P. le Bossu n'a pas vu assez nettement.

Comme le but de la poésie est de rendre, s'il est possible, les hommes meilleurs et plus heureux, un poëte doit sans doute avoir égard, dans le choix de son action, à l'influence qu'elle peut avoir sur les mœurs ; et, suivant ce principe, on n'aurait jamais dû nous présenter le tableau de la fatalité qui entraîne OEdipe dans le crime, ni celui d'Électre criant au parricide Oreste : *Frappe, frappe, elle a tué notre père.*

Mais cette attention générale à éviter les exemples qui favorisent les méchants, et à choisir ceux qui peuvent encourager les bons, n'a rien de commun avec la règle chimérique de n'inventer la *fable* et les personnages d'un poëme qu'après la moralité ; méthode servile et impraticable, si ce n'est dans de petits poëmes, comme l'apologue, où l'on n'a ni les grands ressorts du pathétique à mouvoir, ni une longue suite de tableaux à peindre, ni le tissu d'une intrigue vaste à former. *Voyez* ÉPOPÉE.

Il est certain que *l'Iliade* renferme la même vérité que l'une des *fables* d'Ésope, et que l'action qui conduit au développement de cette vérité, est la même au fond dans l'une et dans l'autre ; mais qu'Homère, ainsi qu'Ésope, ait commencé par se proposer cette vérité ; qu'ensuite il ait choisi une action et des personnages convenables ; et qu'il n'ait jeté les yeux sur l'événement de la guerre de Troie, qu'après s'être décidé sur les caractères fictifs d'Agamemnon, d'Achille, d'Hector, etc.; c'est ce qui n'a pu tomber que dans l'esprit d'un spéculateur qui veut mener, s'il est permis de le dire, le génie à la lisière. Un sculpteur détermine d'abord l'expression qu'il veut rendre, puis il dessine sa figure, et il choisit enfin le marbre propre à l'exécuter ; mais les événements historiques ou fabuleux, qui sont la matière du poëme héroïque, ne se taillent point comme le marbre ; chacun d'eux a sa forme essentielle, qu'il n'est permis que d'embellir ; et c'est par le plus ou le moins de beautés qu'elle présente ou dont elle est susceptible, que se décide le choix du poëte ; Homère lui-même en est un exemple.

L'action de *l'Odyssée* prouve, si l'on veut, qu'un état ou qu'une famille souffre de l'absence de son chef ; mais elle prouve encore mieux qu'il ne faut point abandonner ses intérêts domestiques, pour se mêler des intérêts publics, ce qu'Homère certainement n'a pas eu dessein de faire voir.

De même on peut conclure de l'action de *l'Énéide*, que la valeur et la piété réunies sont capables des plus grandes choses ; mais on en peut conclure aussi qu'on fait quelquefois sagement d'abandonner une femme après l'avoir séduite.

et de s'emparer du bien d'autrui quand on le trouve à sa bienséance; maxime que Virgile était bien éloigné de vouloir établir.

Si Homère et Virgile n'avaient inventé la *fable* de leurs poëmes qu'en vue de la moralité, toute l'action n'aboutirait qu'à un seul point; le dénouement serait comme un foyer où se réuniraient tous les traits de lumière répandus dans le poëme; ce qui n'est pas. Ainsi l'opinion du P. le Bossu est démentie par les exemples mêmes dont il prétend l'autoriser.

La *fable* doit avoir différentes qualités, les unes particulières à certains genres, les autres communes à la poésie en général. *Voyez*, pour les qualités communes, les *articles* Fiction, Intérêt, Intrigue, Unité, etc. *Voyez*, pour les qualités particulières, les divers genres de poésie à leurs *articles*.

Sur-tout, comme il y a une vraisemblance absolue et une vraisemblance hypothétique ou de convention, et que toutes sortes de poëmes ne sont pas indifféremment susceptibles de l'une et de l'autre; *voyez*, pour les distinguer, les *articles* Fiction, Merveilleux, Vérité relative.

Familier. J'ai observé, en parlant de l'Analogie du style, que dans la langue usuelle on devait distinguer le langage du peuple, et celui d'un monde cultivé et poli. C'est du premier qu'est pris le style bas; c'est du second qu'est pris le style *familier* noble, au-dessus duquel sont les différents tons du style élevé, depuis le ton sévère et majestueux de l'histoire, jusqu'au ton exalté de l'épopée, et jusqu'au ton prophétique de l'ode.

Entre le populaire et l'héroïque, entre le bas et le sublime, il y a cette ressemblance, que l'un et l'autre abondent en expressions figurées, hyperboliques, pleines de force et de chaleur; parce que le langage passionné du bas peuple, comme celui des héros, est l'expression immodérée ou des mouvements de l'ame, ou des impressions faites sur l'imagination. Du côté du peuple, la nature est franche et libre; du côté des héros, elle est fière et hardie : ainsi l'homme inculte et grossier, l'homme altier et indépendant, laissent aller leur pensée et leur ame; l'un, parce qu'il ignore la mesure prescrite par l'usage et les convenances; et l'autre, parce qu'il dédaigne et néglige de la garder.

Entre ces deux extrêmes, le langage *familier* noble tient le milieu; et c'est à lui qu'appartiennent les ménagements, les réserves, les détours du sentiment et de la pensée, les demi-teintes, les nuances, les reflets de l'expression.

Dans le commerce d'un monde poli jusqu'au raffinement, où il ne s'agit pas d'instruire, d'étonner, d'émouvoir, mais de flatter, de plaire et de séduire; où la persuasion doit être insinuante, la raison modeste, la passion retenue et déguisée; où toutes les rivalités de l'amour-propre s'observent réciproquement, et sont comme sur le *qui vive;* où les combats d'opinions et d'affections personnelles se passent en légères atteintes et à la pointe de l'esprit; où l'arme de la raillerie et de la médisance est, comme les flèches des sauvages, souvent trempée dans du poison, mais si subtilement aiguisée que la piqûre en est imperceptible; dans ce monde, dis-je, le langage usuel doit être rempli de finesses, d'allusions, d'expressions à double face, de tours adroits, de traits délicats ou subtils; et plus il y a de société et de communication entre les esprits, plus la galanterie et le point-d'honneur ont rendu la politesse recommandable, et plus aussi la langue sociale doit être maniée et façonnée par l'usage.

Il s'ensuit, 1° que dans aucun pays du monde le langage *familier* noble ne doit être plus cultivé, plus élégant, que parmi nous.

2° Que dans les ouvrages destinés à instruire et à plaire, c'est le style qui convient le mieux; parce qu'il est le plus insinuant, le plus séduisant pour l'amour-propre, et qu'il a toutes les adresses dont il faut user avec des hommes vains, soit pour adoucir la censure, soit pour assaisonner la louange, soit pour déguiser la leçon.

3° Que dans les ouvrages de ce genre les femmes doivent exceller; parce que dans la lice de la conversation elles sont sans cesse exercées aux artifices de la parole; que la surveillance réciproque de leur malice et de leurs jalousies doit les rendre plus attentives à choisir, à placer les mots; que l'une de leurs grâces est celle du langage, et qu'un désir inné de plaire leur défend de la négliger; que faibles, elles ont besoin d'adresse, et quelquefois de ruse; qu'il ne leur est permis de se montrer sensibles qu'avec délicatesse, instruites qu'avec modestie, passionnées qu'avec pudeur, malicieuses qu'avec l'air d'un badinage innocent et léger; qu'ainsi leur sincérité même est toujours accompagnée d'un peu de dissimulation; et qu'enfin ambitieuses de dominer par la persuasion, leur naturel les porte dès l'enfance à en étudier tous les moyens : de là sur nous leur avantage pour la facilité, la grâce, la légèreté, l'élégance, les nuances fines ou délicates du style, soit dans leurs lettres, soit dans les ouvrages d'agrément qui sont les fruits de leurs loisirs.

4º Que dans les compositions d'un style relevé, comme dans la poésie héroïque et dans la plus haute éloquence, un art essentiel à l'écrivain est de savoir du moins entremêler quelques traits du *familier* noble, de le choisir avec goût, et de le placer à propos. Ce mélange a trois avantages: l'un, de détendre le haut style, de l'assouplir, d'en varier les tons, sans quoi il serait roide, guindé et monotone; l'autre, de lui donner un air de naturel et de vérité; car si jamais le héros qu'on nous fait entendre ne parle comme nous, si jamais l'orateur ne prend notre langage, nous admirerons peut-être l'art de l'orateur et du poëte, mais nous ne l'oublierons jamais; et l'art doit se faire oublier. Un troisième avantage de ce mélange du *familier* et du sublime, est de prêter à celui-ci des nuances qu'il n'aurait pas; son caractère est l'élévation, la majesté, la force, la hardiesse des figures, l'éclat des images, la véhémence et la rapidité des mouvements; mais les souplesses de l'expression, ses délicatesses, ses demi-jours, sont du langage *familier*; et c'est de là que le poëte et l'orateur doivent les prendre : Racine, Bossuet, Massillon, n'y manquent jamais. Quelquefois même l'expression d'usage est la plus énergique; elle est sublime dans sa simplicité; et une image, une métaphore, une hyperbole, un mot étrange ou pris de loin, gâterait tout. *Madame se meurt, madame est morte:*

> Je ne t'ai point aimé, cruel! qu'ai-je donc fait?
> Quand vous me haïriez, je ne m'en plaindrais pas.

Voilà l'expression naturelle, et on le dirait de même sans étude et sans art.

Il est bien vrai que dans le langage de la conversation tout n'est pas digne de passer dans le style sublime; mais à cet égard le goût consiste à n'être ni trop indulgent, ni trop sévère dans le choix. Il est bien vrai aussi qu'après s'être rapproché du ton de la conversation, l'orateur et le poëte doivent se relever; mais c'est en cela que consistent ces belles ondulations du style, qui, comme je l'ai dit, lui donnent de la souplesse, de la variété et du naturel, sans en dégrader la majesté; car la dignité du langage, comme celle de la personne, consiste à savoir s'abaisser avec noblesse, et se relever sans orgueil.

L'art d'enchâsser les mots *familiers* dans le style noble est non-seulement l'art de les associer, comme je l'ai dit souvent, avec des mots qui les relèvent, mais de les placer de manière que ni l'esprit ni l'oreille ne s'y reposent. Il en est de la construction du langage (qu'on me pardonne la comparaison) comme de celle de ces murs dont les faces présentent des pierres artistement taillées, et dont les milieux sont remplis d'une pierre brute et commune. Or les endroits ostensibles du style, comme Cicéron nous l'enseigne, sont le début, les repos, et sur-tout la clôture des périodes. C'est là que les mots nobles et d'appareil doivent être placés; et dans les intervalles, les mots *familiers* et communs. Quelques exemples feront sentir cette industrie du langage. On lit dans l'*Athalie* de Racine :

> Où courez-vous ainsi, tout pâle et hors d'haleine?
> Je commence à voir clair dans cet avis des cieux.
> Eh quoi! vous n'avez point de passe-temps plus doux?
> Que des chiens dévorants se disputaient entre eux.

et rien de tout cela ne blesse, mais supposons que le poëte eût dit :

Où courez-vous ainsi hors d'haleine et tout pâle.
Dans cet avis des cieux je commence à voir clair.
Eh quoi! vous n'avez point de plus doux passe-temps?
Des lambeaux que des chiens se disputaient entre eux.

Ces mots *tout pâle*, *voir clair*, *passe-temps et chiens*, mis en évidence au repos du vers et à l'endroit sensible pour l'oreille, auraient été insoutenables.

Des caractères propres au style *familier*, on doit inférer que les ouvrages bien écrits dans ce style sont les plus difficiles à traduire; qu'il est même impossible qu'ils passent d'une langue à une autre sans une extrême altération; et la raison en est sensible. Le haut style est par-tout le même, parce qu'il est par-tout étranger à l'usage, et qu'il est pris dans l'analogie des images avec les idées, laquelle est à-peu-près la même dans tous les pays et dans tous les temps : au lieu que les propriétés, les singularités, les finesses, les grâces, les délicatesses de chaque langue, son esprit, son génie enfin, sont consignés dans le langage de la société; puisque c'est là que le naturel, les mœurs, les usages d'une nation, déposent leur couleur locale : de là vient, par exemple, que Racine est plus difficile à bien traduire que Corneille; et que dans aucune langue il n'est possible de traduire La Fontaine et madame de Sévigné.

Quant au choix des locutions qui peuvent passer du langage *familier* dans le style héroïque, il me semble qu'il est aisé de les reconnaître aux signes que voici : nulle affinité avec les idées et les images auxquelles l'opinion attache le caractère de bassesse ; rien que l'usage ait avili ; de la clarté, de la justesse, de l'analogie dans les termes ; et pour l'oreille, l'agrément qui résulte de la liaison des mots, du mélange des sons, des nombres, qu'ils forment ensemble. Ce choix était le secret de Racine : toutes ses pièces, sans en excepter *Athalie*, présentent mille façons de parler prises dans le *familier* noble ; et ceux qui veulent qu'on les évite dans le langage des héros n'ont pas l'idée de ce qui fait la grâce et le naturel de la poésie dramatique.

Dans le genre de poésie dont l'hypothèse est l'inspiration, et où le poëte parle lui-même, il peut s'élever, autant qu'il lui plaît, au-dessus du langage *familier* : le sien n'est obligé d'avoir que sa vérité relative ; et le Dieu qui l'instruit, comme dans l'épopée, ou qui le possède, comme dans l'ode, peut et doit lui faire parler une langue extraordinaire ; son style fait partie du merveilleux de son poëme ; mais dans le genre dramatique, tout est supposé naturel : le style, ainsi que l'action, y doit donc avoir avec la nature une ressemblance embellie.

Je soumets ce que je vais dire à l'examen des gens versés dans la langue de Sophocle et de Démosthène ; mais je crois entrevoir que rien n'est plus rare dans l'un et dans l'autre, que les expressions éloignées du langage *familier* noble. Par-tout où la véhémence du sentiment, et l'énergie qu'il veut se donner, ne demandent pas une figure hardie, rien ne me semble plus naturel que l'éloquence de Démosthène et que la poésie de Sophocle : peu de métaphores, presque point d'épithètes; dans l'un, c'est la raison dans toute sa force et presque dans sa nudité; dans l'autre, c'est le sentiment approfondi, mais rarement orné par l'expression poétique, et d'autant plus énergique et touchant, que le langage en est plus naturel. *Voyez* STYLE.

FARCE. Espèce de comique grossier, où toutes les règles de la bienséance, de la vraisemblance, et du bon sens, sont également violées. L'absurde et l'obscène sont à la *farce*, ce que le ridicule est à la comédie.

Or on demande s'il est bon que ce genre de spectacle ait, dans un État bien policé, des théâtres réguliers et décents. Ceux qui protègent la *farce*, en donnent pour raison, que, puisqu'on y va, on s'y amuse; que tout le monde n'est pas en état de goûter le bon comique; et qu'il faut laisser au public le choix de ses amusements.

Que l'on s'amuse au spectacle de la *farce*, c'est un fait qu'on ne peut nier. Le peuple romain désertait le théâtre de Térence, pour courir aux bateleurs; et, de nos jours, *Mérope* et *le Méchant*, dans leur nouveauté, ont à peine attiré la multitude pendant deux mois, tandis que la *farce* la plus grossière a soutenu son spectacle pendant deux saisons entières.

Il est donc certain que la partie du public dont le goût est invariablement décidé pour le vrai, l'utile, et le beau, n'a fait dans tous les temps que le très-petit nombre, et que la foule se décide pour l'extravagant et l'absurde. Ainsi, loin de disputer à la *farce* les succès dont elle jouit, j'ajouterai que, dès qu'on aime ce spectacle, on n'aime plus que celui-là; et qu'il serait aussi surprenant qu'un homme qui fait habituellement ses délices de ces grossières absurdités, fût vivement touché des beautés du *Misanthrope* et d'*Athalie*, qu'il le serait de voir un homme nourri dans la débauche se plaire à la société des honnêtes femmes.

On va, dit-on, se délasser à la *farce* : un spectacle raisonnable applique et fatigue l'esprit; la *farce* amuse, fait rire, et n'occupe point. Oui, je conviens qu'il est des esprits qu'une chaîne régulière d'idées et de sentiments doit fatiguer. L'esprit a son libertinage et son désordre; il doit se plaire naturellement où il est le plus à son aise; et le plaisir machinal et grossier qu'il y prend sans réflexion, émousse en lui le goût des choses simples et décentes. On perd l'habitude de réfléchir comme celle de marcher; et l'ame s'engourdit et s'énerve, comme le corps, dans une stupide indolence. La *farce* n'exerce ni le goût ni la raison : de là vient qu'elle plaît à des ames paresseuses ; et c'est pour cela même que ce spectacle est pernicieux. S'il n'avait rien d'attrayant, il ne serait que mauvais.

Mais qu'importe, dit-on encore, que le public ait raison de s'amuser? ne suffit-il pas qu'il s'amuse? C'est ainsi que tranchent sur tout, ceux qui n'ont réfléchi sur rien. C'est comme si on disait : Qu'importe la qualité des aliments dont on nourrit un enfant, pourvu qu'il mange avec plaisir? Le public comprend trois classes : le bas peuple, dont le goût et l'esprit ne sont point cultivés et n'ont pas besoin de l'être, mais qui dans ses mœurs n'est déja que trop corrompu, et n'a pas besoin de l'être encore par la licence des spectacles ; le monde honnête et poli, qui joint à la décence des mœurs une intelligence épurée et un sentiment délicat de bonnes choses, mais qui lui-même n'a que trop de pente pour des plaisirs avilissants ; l'état mitoyen, plus étendu qu'on ne pense, qui tâche de s'approcher par vanité de la classe des honnêtes gens, mais qui est entraîné vers le bas peuple par une pente naturelle. Il s'agit sur-tout de savoir de quel côté il est le plus avantageux de décider cette classe moyenne et mixte. Sous les tyrans et parmi les esclaves, la question n'est pas douteuse : il est de la politique de rapprocher l'homme des bêtes, puisque leur condition doit être la même, et qu'elle exige également une patiente stupidité. Mais, dans une constitution de choses fondées sur la justice et la raison, pourquoi craindre d'étendre les lumières et d'ennoblir les sentiments d'une multitude de citoyens, dont la profession même exige le plus souvent des vues nobles, des sentiments honnêtes, un esprit cultivé? On n'a donc nul intérêt politique à entretenir dans cette classe du public l'amour dépravé des mauvaises choses.

La *farce* est le spectacle de la grossière populace; et c'est un plaisir qu'il faut lui laisser, mais dans la forme qui lui convient, c'est-à-dire avec une grossièreté innocente, des tréteaux pour théâtres, et pour salles des carrefours : par-là, il se trouve à la bienséance des seuls spectateurs qu'il convienne d'y attirer. Lui donner des salles décentes et une forme régulière, l'orner de musique, de danses, de décorations agréables, et y souffrir des mœurs obscènes et dépravées, c'est dorer les bords de la coupe où le public va boire le poison du vice et du mauvais goût. Admettre la *farce* sur les grands théâtres, en faire le spectacle de prédilection, de faveur, de magnificence, c'est afficher le projet ouvert d'avilir, de corrompre, d'abrutir une nation. Mais ce sont les spectacles qui rapportent le plus. Ils rapporteront davantage, s'ils sont plus indécents encore. Et avec ce calcul que ne verrait-on pas introduire et autoriser?

Dans le temps que le spectacle français était composé de *moralités* et de *sottises*, la petite pièce était une *farce*, ou comédie populaire, très-simple et très-courte, destinée à délasser le spectateur du sérieux de la grande pièce. Le modèle de la *farce* est *l'Avocat Patelin*, non pas telle que Brueys la remise au théâtre, mais avec autant de naïveté et de vrai comique. Toutes ces scènes, qui dans la copie nous font rire de si bon cœur, se trouvent dans l'original facilement écrites en vers de huit syllabes, et très-plaisamment dialoguées. Un morceau de la scène de Patelin avec le berger, suffit pour en donner l'idée.

PATELIN.

Or viens çà, parle..... qui es-tu?
Ou demandeur, ou défendeur?

LE BERGER.

J'ai à faire à un entendeur,
Entendez-vous bien, mon doux maître?
A qui j'ai long-temps mené paistre
Les brebis, et les lui gardoye.
Par mon serment, je regardoye
Qu'il me payait petitement.
Dirai-je tout?

PATELIN.

Dea, sûrement,
A son conseil doit-on tout dire.

LE BERGER.

Il est vrai et vérité, sire,
Que je les lui ai assommées,

Tant que plusieurs se sont pâmées
Maintefois, et sont cheutes mortes,
Tant fussent-elles saines et fortes;
Et puis je lui faisais entendre,
Afin qu'il ne m'en peust reprendre,
Qu'ils mouraient de la clavelée :
Las! fait-il, ne soit plus meslée
Avec les autres, gette-là.
Volontiers fais-je; mais cela
Se faisait par une autre voie;
Car par saint Jehan, je les mangeoye,
Qui savoye bien la maladie.
Que voulez-vous que je vous die?
J'ai ceci tant continué,
J'en ai assommé et tué
Tant, qu'il s'en est bien aperçu;
Et quand il s'est trouvé déçu
M'aist Dieu, il m'a fait espier,
Car on les ouist bien crier.....
Je sais bien qu'il a bonne cause;
Mais vous trouverez bien la clause,
Se voulez, qu'il l'aura mauvaise.

PATELIN.

Par ta foi, seras-tu bien aise?
Que donras-tu, si je renverse
Le droit de ta partie adverse,
Et si je te renvoie absouz?

LE BERGER.

Je ne vous payerai point en soulz,
Mais en bel or à la couronne.

PATELIN.

Donc, tu auras ta cause bonne.
. . . .
Si tu parles, on te prendra

> Coup à coup aux positions ;
> En un tel cas, confessions
> Sont si très-préjudiciables,
> Et nuisent tant, que ce sont diables.
> Pour ce, vecy que tu feras,
> J'a tost, quand on t'appellera
> Pour comparoir en jugement,
> Tu ne répondras nullement
> Fors *bé*, pour rien que l'on te die.

Ce petit prodige de l'art, où le secret du comique de caractère et du comique de situation était découvert, eut la plus grande célébrité. Après l'avoir traduit en vers français (car il était d'abord écrit en prose), on le traduisit en vers latins pour les étrangers qui n'entendaient pas notre langue. Il semblerait donc que dès-lors on avait reconnu la bonne comédie; mais jusqu'au *Menteur* et aux *Précieuses ridicules*, c'est-à-dire durant près de deux siècles, cette leçon fut inutile.

Dans les *farces* du même temps, il y avait peu d'intrigue et de comique, mais quelquefois des naïvetés plaisantes, comme dans celle du savetier qui demande à Dieu cent écus, et qui lui dit de se mettre à sa place.

> Beau sire, imaginez le cas,
> Et que vous fussiez devenu
> Ainsi que moi pauvre et tout nu,
> Et que je fusse Dieu, pour voir :
> Vous les voudriez bien avoir.

Au bas comique de la *farce*, avait succédé le

genre insipide et plat des comédies romanesques et des pastorales ; et celui-ci, plus mauvais encore, faisait regretter le premier. On y revenait quelquefois : Adrien de Montluc donna une *farce* en 1616, sous le nom de *Comédie des Proverbes,* où il avait réuni tous les quolibets de son temps, lesquels sont presque tous encore usités parmi le bas peuple; et en cela, cette *farce* est un monument curieux. En voici des échantillons.

« La fortune m'a bien tourné le dos, moi qui avais feu et lieu, pignon sur rue, et une fille belle comme le jour! A qui vendez-vous vos coquilles? à ceux qui viennent de Saint-Michel? Patience passe science. Marchand qui perd ne peut rire; qui perd son bien perd son sang. Il n'y songea non plus qu'à sa première chemise. Il est bien loin, s'il court toujours. Il vaut mieux se taire que de trop parler. Tu es bien heureux d'être fait, on n'en fait plus de si sot. Je n'aime point le bruit, si je ne le fais. Je veux que vous cessiez vos riottes, et que vous soyez comme les deux doigts de la main; que vous vous embrassiez comme frères; que vous vous accordiez comme deux larrons en foire; et que vous soyez camarades comme cochons. Je ne sais comment mon père est si coiffé de cet avaleur de charrettes ferrées : quelques-uns disent qu'il est assez avenant; mais pour moi je le trouve plus sot qu'un panier percé, plus effronté qu'un page de cour, plus fantasque qu'une mule, méchant comme un âne rouge, au reste plus poltron qu'une poule, et menteur comme un arracheur de dents... Vous dites-là bien des vers à sa louange ! etc. »

Cette plaisanterie d'un homme de qualité semble avoir été faite sur le modèle du rôle de Sancho Pança; elle parut la même année que mourut Michel Cervantes, le célèbre auteur de don Quichotte.

Que le succès de la *farce* se soit soutenu jusqu'alors, on ne doit pas en être surpris; mais que la bonne comédie ayant été connue et portée au plus haut degré de perfection, les *farces* de Scarron aient réussi à côté des chefs-d'œuvre de Molière, c'est ce qu'on aurait de la peine à croire, si l'on ne savait pas que, dans tous les temps, le rire est une convulsion douce, que le plus grand nombre des hommes préfère, autant qu'il le peut sans rougir, aux plaisirs les plus délicats du sentiment et de la pensée.

FICTION. Production des arts, qui n'a point de modèle complet dans la nature.

L'imagination compose et ne crée point; ses tableaux les plus originaux ne sont eux-mêmes que des copies en détail; et c'est le plus ou le moins d'analogie entre les différents traits qu'elle assemble, qui constitue les quatre genres de *fiction* que nous allons distinguer, savoir, le parfait, l'exagéré, le monstrueux, et le fantastique.

La *fiction* qui tend au parfait, ou la *fiction* en beau, est l'assemblage régulier des plus belles parties dont un composé naturel soit susceptible; et dans ce sens étendu, la *fiction* est essentielle à tous les arts d'imitation. En peinture, les Vierges de Raphaël et les Hercules du Guide n'ont point dans la nature de modèle individuel; il en est de même, en sculpture, de la Vénus pudique et de l'Apollon du Vatican; il en est de même, en poésie, des caractères d'Andromaque, de Didon, d'Orosmane, etc. Qu'ont fait les artistes? ils ont recueilli les beautés éparses des modèles existants, et en ont composé un tout plus ou moins parfait, suivant le choix plus ou moins heureux de ces beautés réunies. Voyez, dans l'*article* CRITIQUE, la formation du modèle intellectuel, d'après lequel l'imitation doit corriger la nature.

Ce que je dis d'un caractère ou d'une figure, doit s'entendre de toute composition artificielle et imitative.

Cependant la beauté idéale n'est pas toujours un assemblage de beautés particulières; elle est relative à l'effet qu'on se propose, et consiste dans le choix des moyens les plus capables d'émouvoir l'ame, de l'étonner, de l'attendrir, etc. Ainsi la furie qui poursuit Oreste doit être effrayante à la vue; ainsi le gardien d'un serrail doit être hideux : la perfidie et la noirceur peuvent de même concourir à la beauté d'un tableau héroïque. Dans la tragédie de *La Mort de Pom-*

pée, la composition est belle, autant par les vices de Ptolomée, d'Achillas, et de Septime, que par les vertus de Cornélie et de César; dans la tragédie de *Britannicus*, Néron, Agrippine, et Narcisse ont leur beauté poétique. Un même caractère a aussi ses traits d'ombre et de lumière, qui s'embellissent par leur mélange; les sentiments bas et lâches de Félix achèvent de peindre un politique. Mais il faut que les traits opposés contrastent ensemble, et ne détonnent pas. Narcisse est du même ton que Burrhus; Thersite n'est pas du même ton qu'Achille.

C'est sur-tout dans ces compositions morales que le peintre a besoin de l'étude la plus profonde, non-seulement de la nature en tant que modèle, pour l'imiter, mais de la nature spectatrice pour l'intéresser et l'émouvoir.

Horace, dans la peinture des mœurs, laisse le choix, ou de suivre l'opinion, ou d'observer les convenances; mais le dernier parti a cet avantage sur le premier, que dans tous les temps les convenances suffisent à la persuasion et à l'intérêt. On n'a besoin de recourir ni aux mœurs, ni aux usages du siècle d'Homère, pour fonder les caractères d'Ulysse et d'Achille; le premier est dissimulé, le poëte lui donne pour vertu la prudence; le second est colère, il lui donne la valeur. Ces convenances sont invariables comme les essences des choses; au lieu que l'autorité de l'opinion tombe avec elle. Tout ce qui est faux est passager; la vérité seule, ou ce qui lui ressemble, est de tous les pays et de tous les siècles.

La *fiction* doit donc être la peinture de la vérité, mais de la vérité embellie par le choix et par le mélange des couleurs et des traits qu'elle puise dans la nature. Il n'y a point de tableau si parfait dans la disposition naturelle des choses, auquel l'imagination n'ait pas encore à retoucher. La nature, dans ses opérations, ne pense à rien moins qu'à être pittoresque : ici, elle étend des plaines, où l'œil demande des collines; là, elle resserre l'horizon par des montagnes où l'œil aimerait à s'égarer dans le lointain. Il en est du moral comme du physique; l'histoire a peu de sujets que la poésie ne soit obligée de corriger et d'embellir, pour les adapter à ses vues. C'est donc au peintre à composer des productions et des accidents de la nature un mélange plus vivant, plus varié, plus attachant que ses modèles. Et quel est le mérite de les copier servilement? Combien ces copies sont froides et monotones, auprès des compositions hardies du génie en liberté! Pour voir le monde tel qu'il est, nous n'avons qu'à le voir en lui-même; c'est un monde nouveau qu'on demande aux arts, un monde tel qu'il devrait être, s'il n'était fait que pour nos plaisirs. C'est donc à l'artiste à se mettre à la place de la nature, et à disposer les choses suivant l'espèce d'émotion qu'il a dessein de nous causer, comme la nature les eût disposées elle-même, si elle avait eu pour premier objet de nous donner un spectacle riant, gracieux, ou touchant, ou terrible.

On a prétendu que ce genre de *fiction* n'avait point de règle constante, par la raison que l'idée du beau, soit en morale soit en physique, n'était ni absolue ni invariable. Quoi qu'il en soit de la beauté physique, sur laquelle du moins les nations éclairées et polies sont d'accord depuis trois mille ans, la beauté morale est la même chez tous les peuples de la terre. Les Européens ont trouvé une égale vénération pour la justice, la générosité, la constance; une égale horreur pour l'iniquité, la lâcheté, la trahison, chez les sauvages du nouveau monde, que chez les peuples les plus vertueux.

Le mot du cacique Gatimosin, *Et moi, suis-je sur un lit de roses?* aurait été beau dans l'ancienne Rome; et la réponse de l'un des proscrits de Néron au licteur, *Utinam tu tam fortiter ferias,* aurait été admirée dans la cour de Montésuma.

Mais plus l'idée et le sentiment de la belle nature sont déterminés et unanimes, moins le choix en est arbitraire, et plus par conséquent l'imitation en est difficile, et la comparaison dangereuse du modèle à l'imitation. C'est là ce qui rend si glissante la carrière du génie dans la *fiction* qui s'élève au parfait; car c'est sur-tout dans la partie morale que nos idées se sont étendues. Je ne parle point de cette anatomie subtile, qui recherche, s'il est permis de s'exprimer ainsi, jusqu'aux fibres les plus déliées de l'ame ; je parle de ces idées grandes et justes, qui embrassent le système des passions, des vices, et des vertus dans leurs rapports les plus invariables. Jamais la couleur, le dessein, les nuances d'un caractère, jamais le contraste des sentiments et le combat des intérêts n'ont eu des juges plus éclairés ni plus rigoureux ; jamais par conséquent on n'a eu besoin de plus de talents et d'étude pour réussir, aux yeux de son siècle, dans la *fiction* morale en beau. Mais en même temps que les idées des juges se sont épurées, étendues, élevées, le goût et les lumières des peintres ont dû s'épurer, s'élever, et s'étendre. Homère serait mal reçu aujourd'hui à nous peindre un sage comme Nestor ; mais aussi ne le peindrait-il pas de même. Ne voit-on pas l'exemple des progrès de la poésie philosophique dans les tragédies de Voltaire ?

Les premiers maîtres du théâtre semblaient avoir épuisé les combinaisons des caractères, des intérêts, et des passions ; la philosophie lui a ouvert de nouvelles routes ; Mahomet, Alzire, Idamé, sont du siècle de l'*Esprit des lois*. Dans cette partie même, le génie n'est donc pas sans ressource ; et la *fiction* peut encore y trouver, quoiqu'avec peine, de nouveaux tableaux à former.

La nature physique est plus féconde et moins épuisée; et sans me mêler de pressentir ce que peuvent le travail et le génie, je crois entrevoir des veines profondes, et jusqu'ici peu connues, où la *fiction* peut s'étendre et l'imagination s'enrichir. *Voyez* Épopée.

Il est des arts sur-tout pour lesquels la nature est toute neuve. La poésie, dans sa course rapide, semble avoir tout moissonné; mais la peinture, dont la carrière est à-peu-près la même, en est encore aux premiers pas. Homère, lui seul, a fait plus de tableaux que tous les peintres ensemble. Il faut que les difficultés mécaniques de la peinture donnent à l'imagination des entraves bien gênantes, pour l'avoir retenue si long-temps dans le cercle étroit qu'elle s'est prescrit.

Cependant dès qu'un génie audacieux et mâle a conduit le pinceau, on a vu éclore des morceaux sublimes; les difficultés de l'art n'ont pas empêché Raphaël de peindre la transfiguration; Rubens, le massacre des innocents; Poussin, les horreurs de la peste et le déluge, etc. Et combien ces grandes compositions laissent au-dessous d'elles tous ces morceaux d'une invention froide et commune, dans lesquels on admire sans émotion des beautés inanimées! Qu'on ne dise point que les sujets pathétiques et pittoresques sont rares: l'histoire en est semée, et la poésie encore plus. Les grands poëtes semblent n'avoir écrit que pour les grands peintres. C'est bien dommage que le premier qui, parmi nous, a tenté de rendre les sujets de nos tragédies, Coypel, n'ait pas eu autant de talent que de goût, autant de génie que d'esprit! C'est là que la *fiction* en beau, l'art de réunir les plus grands traits de la nature, trouverait à se déployer. Qu'on s'imagine voir exprimés sur la toile Clytemnestre, Iphigénie, Achille, Éryphile, et Arcas, dans le moment où celui-ci leur dit :

> Gardez-vous d'envoyer la princesse à son père ;
> Il l'attend à l'autel pour la sacrifier.

Les talents vulgaires se persuadent que la *fiction* par excellence consiste à employer dans la composition les divinités de la fable, et que hors de la mythologie il n'y a point d'invention. Sur ce principe, ils couvrent leurs toiles de cuisses de nymphes et d'épaules de tritons. Mais que les hommes de génie se nourrissent de l'histoire ; qu'ils étudient la vérité noble et touchante de la nature dans ses moments passionnés ; qu'au lieu de s'épuiser sur des sujets vagues, qui sont des énigmes pour l'esprit, et des symboles muets pour l'ame, ils recueillent, pour exprimer la mort de Socrate, le jugement de Brutus, la clémence d'Auguste, les traits sublimes et touchants qui doivent former ces tableaux; ils seront surpris de se sentir élever au-dessus d'eux-mêmes, et plus surpris encore d'avoir consumé des années précieuses et de rares talents à peindre des sujets stériles, tandis que mille objets, d'une fécondité merveilleuse et d'un intérêt universel, offraient à leur pinceau de quoi enflammer leur génie. Se peut-il, par exemple, que ce vers de Corneille,

> Cinna, tu t'en souviens, et veux m'assassiner !

n'excite pas l'émulation de tous les artistes sensibles? qu'on me dise pourquoi les peintres, qui ont fait souvent une galerie de la vie d'un homme, n'en feraient pas d'une seule action? Un tableau n'a qu'un moment; une action en aurait plusieurs, où l'on verrait l'intérêt croître par gradation sur la toile. Les *Horaces, Cinna, Phèdre, Britannicus, Zaïre, Mahomet, Sémiramis,* quelle école pour un artiste !

On a senti dans tous les arts combien peu intéressante devait être l'imitation servile d'une nature défectueuse et commune; mais on a trouvé plus facile de l'exagérer que de l'embellir; de là le second genre de *fiction* que je viens d'annoncer.

L'exagération fait ce qu'on appelle le merveilleux de la plupart des poëmes, et ne consiste guère que dans des additions arithmétiques, de masse, de force, et de vîtesse. Ce sont des géants qui entassent les montagnes, Polyphème et Cacus qui roulent des rochers, Camille qui court sur la pointe des épis, etc. On voit que le génie le plus faible va renchérir aisément dans cette partie sur Homère et sur Virgile. Dès qu'on a secoué le joug de la vraisemblance et qu'on s'est affranchi des règles et de l'ensemble et de l'accord, l'exagéré ne coûte plus rien. Mais si, dans le physique, il observe les rapports de la force avec l'action; si, dans le moral, il observe les gradations des idées; si, dans l'un et l'autre, il présente les plus belles proportions de la nature, ou fictive ou réelle, qu'il se propose d'imiter; il n'est plus distingué du parfait que par un mérite de plus : et alors ce n'est pas la nature exagérée, c'est la nature réduite à ses dimensions par le lointain. Ainsi les statues colossales d'Apollon, de Jupiter, de Neptune, etc., pouvaient être des ouvrages ou merveilleux ou méprisables : merveilleux, si dans leur point de vue ils rendaient la belle nature; méprisables, s'ils n'avaient pour mérite que leur monstrueuse grandeur. Le Cacus de Virgile est le chef-d'œuvre de ce genre.

Le sculpteur Bouchardon disait : *Depuis que j'ai lu Homère, les hommes me semblent avoir vingt pieds de haut.* Ce mot, qu'on a tant répété, ne s'entend pas. L'artiste, la tête remplie de figures gigantesques, aurait dû trouver au contraire les hommes plus petits dans la réalité; et il aurait bien plus gagné à la lecture d'Homère, si elle lui avait donné, de la beauté des formes, une idée encore plus parfaite que celle qu'il en avait prise dans l'étude de la nature, et des chefs-d'œuvre de son art.

Mais c'est dans le moral, plus que dans le physique, qu'il est difficile de passer les bornes de la nature sans altérer les proportions. On a fait des dieux qui soulevaient les flots, qui enchaînaient les vents, qui lançaient la foudre, qui ébranlaient l'olympe d'un mouvement de leur sourcil; et tout cela était facile. Mais il a fallu proportionner des ames à ces corps; et c'est en quoi Homère et presque tous ceux qui l'ont suivi ont échoué. Nous ne connaissons dans le merveilleux que le Satan de Milton, dont l'ame et le corps soient faits l'un pour l'autre. Et comment observer constamment, dans ces composés surnaturels, la gradation des essences? Il est bien aisé à l'homme d'imaginer des corps plus étendus, plus forts, plus agiles que le sien; la nature lui en a fourni les matériaux et les modèles : mais l'homme ne connaît d'ame que la sienne; il ne peut donner que ses facultés, ses sentiments et ses idées, ses passions, ses vices et ses vertus, au colosse qu'il anime. Un ancien a dit d'Homère, au rapport de Strabon : *Il est le seul qui ait vu les dieux, ou qui les ait fait voir*. Mais de bonne foi, les a-t-il entendus? les a-t-il fait entendre? Or c'était là le grand point; et c'est ce défaut de proportion du physique au moral, dans le merveilleux d'Homère, qui a donné tant d'avantage aux philosophes qui l'ont attaqué.

On ne cesse de dire que la philosophie est un mauvais juge en fait de *fiction*, comme si l'étude de la nature desséchait l'esprit et refroidissait l'ame. Qu'on ne confonde pas l'esprit métaphysique avec l'esprit philosophique : le premier veut voir ses idées toutes nues; le second n'exige de la *fiction* que de les vêtir décemment : l'un réduit tout à la précision rigoureuse de l'analyse et de l'abstraction; l'autre n'assujétit les arts qu'à leur vérité hypothétique. Il se met à leur place, il donne dans leur sens, il se pénètre de leur objet, et n'examine leurs moyens que relativement à leurs vues. S'ils franchissent les bornes de la nature, il les franchit avec eux; ce n'est que dans l'extravagant et l'absurde qu'il refuse de les suivre. Il veut, pour parler le langage d'un philosophe (l'abbé Terrasson), que la *fiction* et le merveilleux *suivent le fil de la nature*, c'est-à-dire qu'ils agrandissent les proportions sans les altérer, qu'ils augmentent les forces, sans déranger le mécanisme, qu'ils élèvent les sentiments et qu'ils étendent les idées sans en renverser l'ordre, la progression, ni les rapports. L'usage de l'esprit philosophique, dans la poésie et dans les beaux-arts, consiste à en bannir les disparates, les contrariétés, les dissonnances; à vouloir que les peintres et les poëtes ne bâtissent pas en l'air des palais de marbre avec des voûtes massives, de lourdes colonnes et des nuages pour fondements; à vouloir que le char qui enlève Hercule dans l'olympe ne soit pas fait comme pour rouler sur des rochers; que les démons, pour tenir leur conseil, ne se changent pas en pygmées; qu'ils ne fondent pas du canon pour tirer sur les anges; et quand toutes ces absurdités auront été bannies de la poésie et de la peinture, le génie et l'art n'auront rien perdu. En un mot, l'esprit qui condamne ces *fictions* extravagantes est le même qui observe, pénètre, développe la nature; et c'est là véritablement l'esprit philosophique, le seul capable d'apprécier l'imitation, puisqu'il connaît seul le modèle.

Mais, me dira-t-on, s'il n'est possible à l'homme de faire penser et parler ses dieux qu'en hommes, que reprochez-vous aux poëtes? D'avoir voulu faire des dieux, comme je vais leur reprocher d'avoir voulu faire des monstres.

Il n'est rien que les peintres et les poëtes n'aient imaginé pour intéresser par la surprise : la même stérilité qui leur a fait exagérer la nature au lieu de l'embellir, la leur a fait défigurer en décomposant les espèces; mais ils n'ont pas été plus heureux à imiter ses erreurs qu'à étendre ses limites. La *fiction* qui produit le monstrueux semble avoir eu la superstition pour principe, les écarts de la nature pour exemple, et l'allégorie pour objet. On croyait aux sphinx, aux syrènes, aux satyres; on voyait que la nature elle-même confondait quelquefois dans ses productions les formes et les facultés des espèces différentes; et, en imitant ce mélange, on rendait sensibles par une seule image les rapports de plusieurs idées. C'est du moins ainsi que les savants ont expliqué la *fiction* des syrènes, de la chimère, des centaures, etc.; et de là le genre monstrueux. Il est à présumer que les premiers hommes qui ont dompté les chevaux ont donné l'idée des centaures; que les hommes sauvages ont donné l'idée des satyres; les plongeurs, l'idée des tritons, etc. Considéré comme symbole, ce genre de *fiction* a sa justesse et sa vraisemblance; mais il a aussi ses difficultés; et l'imagination n'y est pas affranchie des règles des proportions et de l'ensemble, toujours prises dans la nature.

Il a donc fallu que, dans l'assemblage monstrueux de deux espèces, chacune d'elles eût sa beauté, sa régularité spécifique, et formât de plus avec l'autre un tout que l'imagination pût réaliser, sans déranger les lois du mouvement et les procédés de la nature. Il a fallu proportionner les mobiles aux masses et les supports aux fardeaux; que dans le centaure, par exemple, les épaules de l'homme fussent en proportion avec la croupe du cheval; dans les syrènes, le dos du poisson avec le buste de la femme; dans le sphinx, les ailes et les serres de l'aigle avec la tête de la femme et avec le corps du lion.

On demande quelles doivent être ces proportions; et c'est peut-être le problême de dessin le plus difficile à résoudre. Il est certain que ces proportions ne sont point arbitraires; et que si, dans le centaure du Guide, la partie de l'homme ou celle du cheval était plus forte ou plus faible, l'œil et l'imagination ne s'y reposeraient pas avec cette satisfaction pleine et tranquille que leur cause un tout régulier. Il n'est pas moins vrai que la régularité de cet ensemble ne consiste pas dans les grandeurs naturelles de chacune de ses parties : on serait choqué de voir dans le sphinx la tête délicate et le cou délié d'une femme sur le corps d'un énorme lion ; c'est donc au peintre à rapprocher les proportions des deux espèces ; mais quelle est pour les rapprocher la règle qu'il doit se prescrire ? Celle qu'aurait suivie la nature elle-même, si elle eût formé ce composé ; et cette supposition demande une étude profonde et réfléchie, un œil juste, et bien exercé à saisir les rapports et à balancer les masses.

Mais ce n'est pas seulement dans le choix des proportions que le peintre doit se mettre à la place de la nature ; c'est sur-tout dans la liaison des parties, dans leur correspondance mutuelle, et dans leur action réciproque ; et c'est à quoi les plus grands peintres eux-mêmes semblent n'avoir jamais pensé. Qu'on examine les muscles du corps de Pégase, de la Renommée et des amours, et qu'on y cherche les attaches et les mobiles des ailes. Qu'on observe la structure du centaure, on y verra deux poitrines, deux estomacs, deux places pour les intestins. La nature l'aurait-elle ainsi fait ? Le Guide, entraîné par l'exemple, n'a pas corrigé cette absurde composition dans l'enlèvement de Déjanire, le chef-d'œuvre de ce grand maître.

Pour passer du monstrueux au fantastique, le déréglement de l'imagination, ou, si l'on veut, la débauche du génie, n'a eu que la barrière des convenances à franchir. Le premier était le mélange des espèces voisines; le second est l'assemblage des genres les plus éloignés et des formes les plus disparates, sans progressions, sans proportions et sans nuances.

Lorsque Horace a dit :

*Humano capiti cervicem pictor equinam
Jungere si velit*, etc.

il a cru avec raison former un composé bien ridicule; mais ce composé n'est encore que dans le genre monstrueux; c'est bien pis dans le fantastique. On en voit mille exemples en sculpture et en peinture : c'est une palme terminée en tête de cheval, c'est le corps d'une femme prolongé en console ou en pyramide, c'est le cou d'un aigle replié en limaçon, c'est une tête de vieillard qui a pour barbe des feuilles d'acanthe, c'est tout ce que le délire d'un malade lui fait voir de plus bizarre.

Que les dessinateurs se soient égayés quelquefois à laisser aller leur crayon pour voir ce qui résulterait d'un assemblage de traits jetés au hasard, on leur pardonne ce badinage. Les arabesques de Raphaël, imités de l'antique, excusent par leur élégance la bizarrerie de leur composition : on voit même ces caprices de l'art avec une sorte de curiosité, comme les accidents de la nature ; et en cela quelques poëtes de nos jours ont imité les dessinateurs et les peintres. Ils ont laissé couler leur plume, sans se prescrire d'autres règles que celles de la versification et de la langue, ne comptant pour rien le bon sens : c'est ce que les Français ont appelé *amphigouri*.

Mais ce que les poëtes n'ont jamais fait, et que les dessinateurs et les peintres n'ont pas dédaigné de faire, a été d'employer ce genre extravagant à la décoration des édifices les plus nobles. Je n'en donnerai pour exemple que ces mêmes dessins de Raphaël au Vatican, où l'on voit une tête d'homme qui naît du milieu d'une fleur, un dauphin qui se termine en feuillage, un ours perché sur un parasol, un sphinx qui sort d'un rameau, un sanglier qui court sur des filets de pampre, etc. Ce genre n'a pas été inventé par les modernes ; il était à la mode du temps de Vitruve ; et voici comme il en fait le détail et la critique, livre 7.

Item candelabra, ædicularum substinentia figuras; supra fastigia earum surgentes ex radicibus, cum volutis, coliculi teneri plures, habentes in se, sine ratione, sedentia sigilla; nec minùs etiam ex coliculis flores, dimidia habentes ex se exeuntia sigilla, alia humanis, alia bestiarum capitibus similia : hæc autem nec sunt, nec fieri possunt, nec fuerunt...... Ad hæc falsa ridentes homines, non reprehendunt, sed delectantur; neque animadvertunt si quid eorum fieri potest, necne.

De ce que je viens de dire des quatre genres de *fiction* que j'avais distingués, il résulte que le fantastique n'est supportable que dans un moment de folie, et qu'un artiste qui n'aurait que ce talent n'en aurait aucun; que le monstrueux ne peut avoir que le mérite de l'allégorie, et qu'il a, du côté de l'ensemble et de la correction du dessin, des difficultés invincibles; que l'exagéré n'est rien dans le physique seul, et que dans l'assemblage du physique et du moral, il tombe dans des disproportions choquantes et inévitables; qu'en un mot la *fiction* qui se dirige au parfait, ou la *fiction* en beau, est le seul genre satisfaisant pour le goût, intéressant pour la raison, et digne d'exercer le génie.

Jusqu'à-présent je ne l'ai considérée que dans ce qu'on peut appeler en poésie les tableaux d'histoire; mais elle règne aussi dans les peintures des poëtes paysagistes, et il n'est point de description où elle n'entre, au moins dans les détails.

Ici la *fiction* consiste, 1° à donner une forme sensible à des êtres intellectuels, à personnifier des idées, *voyez* IMAGE, ALLÉGORIE; 2° à donner une ame à des corps auxquels la nature n'a donné que la vie ou que le mouvement; 3° à former dans la nature même des compositions idéales dont chaque partie a son modèle, mais dont l'ensemble n'en a point.

Les deux premières de ces espèces de *fiction* furent les sources de la poésie de style; et il n'y a point de genre, depuis le plus sublime jusqu'au plus familier, qu'elles ne doivent animer.

En poésie, l'organe intérieur de la pensée c'est l'imagination; tout ce qui peut se concevoir doit pouvoir se peindre; c'est là sur-tout à quoi l'on reconnaît ce qui est poétique et ce qui ne l'est pas; et c'est aussi au plus ou moins de vivacité, de variété, de force, de brillant, de vérité, dans le coloris, que se distinguent les hommes plus ou moins doués du talent de la poésie descriptive.

Ainsi le style figuré est une *fiction* perpétuelle, mais qui ne prend de la consistance que lorsque, de la métaphore, on tire des allégories données et reçues pour des réalités. De là s'est formé le système de la mythologie, celui de la féerie, celui de la magie; et dans ce genre, l'imagination épuisée semble n'avoir plus guère rien de nouveau à enfanter. Tout son jeu se réduit désormais à varier les combinaisons de ces pièces de la machine poétique; encore n'a-t-elle pas la liberté de les employer à son gré, et la *fiction* même est soumise à la règle des convenances : *Convenientia finge. Voyez* MERVEILLEUX.

Mais où l'on peut dire avec La Fontaine, que *la feinte est un pays plein de terres désertes*, c'est dans les tableaux composés d'après la nature elle-même ; car la nature est mille fois plus riche, plus féconde et plus inépuisable que l'imagination. L'imagination même n'en est que le copiste ; ses créations ne sont que des singeries de ce que la nature a fait en se jouant. Voyez si aucun poëte a su faire un olympe, un ciel passable au-delà du nôtre. Voyez si Virgile a su trouver autre chose dans les enfers qu'un volcan, des fleuves, des ruisseaux, des bocages ; et si, pour éclairer cet autre monde, il ne lui a pas fallu emprunter notre soleil et nos étoiles :

Solemque suum, sua sidera norunt.

Ce n'est donc que de la nature même qu'on peut tirer les moyens de renchérir sur elle, de l'embellir, et de la surpasser, en formant des ensembles qu'elle n'a pas formé. Or composer ainsi, c'est feindre : c'est même, en dernière analyse, la seule *fiction* possible ; car la plus bizarre est encore une sorte de mosaïque, dont la nature a fourni toutes les pièces de rapport.

Feindre, ce n'est donc autre chose qu'imaginer un composé qui n'existe point, afin de rendre le tableau que l'on peint, plus beau, plus animé, plus intéressant qu'aucun de ses modèles. Quant aux moyens de former cet ensemble idéal, *voyez* Beau, Intérêt, Invention, Pathétique, etc.

Sur la question tant de fois agitée, si la *fiction* est essentielle à la poésie, *voyez* Didactique, Épopée, Image, Invention et Merveilleux.

Figures. Presque tout est figuré dans la partie morale et métaphysique des langues; et comme le Bourgeois Gentilhomme faisait de la prose sans le savoir, sans le savoir aussi, et sans nous en apercevoir, nous faisons continuellement des *figures* de mots et des *figures* de pensées.

Le moyen, par exemple, de parler de l'action, des facultés, des qualités de l'ame, de ses affections, sans y employer des mots primitivement inventés pour exprimer les objets sensibles? Lorsqu'on s'est fait des idées abstraites, et que d'une foule de perceptions transmises par les sens et isolées à leur naissance, on a formé successivement le système de la pensée; on ne s'est pas fait une nouvelle langue pour exprimer chacune de ces conceptions. On a pris au besoin, et par analogie, l'expression de l'objet qui tombait sous les sens, et l'on en a revêtu l'idée pour laquelle on manquait de terme. Cet usage des *métaphores* ou translation de mots, est devenu si familier, si naturel par l'habitude, que Rollin, en recommandant de ne pas s'en servir trop fréquemment, en a fait une à chaque ligne. Il est vrai qu'il ne comptait pas celles qui avaient passé dans la langue usuelle; et en effet celles-ci sont au nombre des mots simples et primitifs.

L'indigence a donc été la première cause de ces translations de mots, dont on a fait un ornement de luxe. *Voyez* Image.

La négligence et la commodité ont fait prendre un mot pour un autre, comme la cause pour l'effet, le signe pour la chose, l'instrument pour l'ouvrage, etc. Ainsi l'on dit qu'un homme est dans *le vin* pour dire qu'il est *dans l'ivresse;* on dit *la plume* et *le pinceau*, pour *l'écriture* et *la peinture;* on dit *la charrue* et *l'épée*, pour *le labourage* et *la guerre;* on dit *des voiles*, pour *des vaisseaux;* et cela s'appelle *métonymie.* On fait donc une *métonymie* en disant, tant *par téte*, tant *par homme*, tant *par feu*, tant *par maison*, tant de *charrues* pour *tant de terre*, car *métonymie*, en français, veut dire changement de nom.

Est venue ensuite la délicatesse, qui, pour adoucir des idées indécentes ou déplaisantes, a évité le mot obscène, le mot dur et choquant, et a pris un détour. C'est ainsi qu'on a dit *avoir vécu*, pour *être mort; n'être pas jeune*, pour *être vieux;* qu'on dit d'un homme qu'il *a* Églé, qu'il *vit* avec Glicère, qu'il *est bien* avec Sempronie, qu'il a *séduit, charmé* Lucrèce, qu'il a *désarmé sa rigueur*, qu'il *en a triomphé*, etc. C'est ce qu'on appelle *euphémisme*, ou vulgairement *beau langage.*

La paresse ou l'impatience de s'exprimer en peu de mots, a introduit *l'ellipse.* Elle a fait aussi qu'on est convenu de s'entendre lorsqu'on dirait, en parlant des espèces collectivement prises, *l'homme, le cheval, le lion, le chêne, la vigne, l'ormeau;* lorsqu'on dirait, en parlant des peuples, *le Français, l'Anglais, le Germain, la Seine, le Tibre*, *l'Euphrate*, ou lorsqu'en parlant des armées, on ne ferait que nommer leur général, ou l'État, ou le roi qu'elles auraient servi. *César défit Pompée : Rome conquit le monde : Louis XIV prit Namur.* Ce tour s'appelle *synecdoque*, réunion de tous en un seul.

Les *figures* de pensées ne sont guère moins familières : ce sont, pour ainsi dire, les attitudes, les mouvements de l'esprit et de l'ame ; et comme l'ame et l'esprit en action, varient, sans s'en apercevoir, leurs mouvements et leurs attitudes, et d'autant plus qu'ils sont plus libres et plus vivement affectés, il a dû naturellement arriver ce que le philosophe Dumarsais a observé dans son livre des *Tropes*, que les *figures* de rhétorique ne sont nulle part si communes que dans les querelles des halles. Essayons de les réunir toutes dans le langage d'un homme du peuple ; et pour l'animer, supposons qu'il est en colère contre sa femme.

« Si je dis oui, elle dit non ; soir et matin, nuit et jour elle gronde (*antithèse*). Jamais, jamais de repos avec elle (*répétition*). C'est une furie, un démon (*hyperbole*). Mais, malheureuse, dis-moi donc (*apostrophe*). Que t'ai-je fait (*interrogation*)? O ciel ! quelle fut ma folie en t'épousant (*exclamation*)! Que ne me suis-je plutôt noyé (*optation*)! Je ne te reproche ni ce que tu me coûtes, ni les peines que je me donne pour y suffire (*prétérition*). Mais, je t'en prie, je t'en conjure, laisse-moi travailler en paix (*obsécration*). Ou que je meure si..... tremble de me pousser à bout (*imprécation* et *réticence*). Elle pleure! ah, la bonne ame! vous allez voir que c'est moi qui ai tort (*ironie*). Eh bien, je suppose que cela soit. Oui, je suis trop vif, trop sensible. (*Concession*). J'ai souhaité cent fois que tu fusses laide. J'ai maudit, détesté ces yeux perfides, cette mine trompeuse qui m'avait affolé (*astéïsme*, ou louange en reproche). Mais dis-moi si par la douceur il ne vaudrait pas mieux me ramener (*communication*)? Nos enfants, nos amis, nos voisins, tout le monde nous voit faire mauvais ménage (*énumération*). Ils entendent tes cris, tes plaintes, les injures dont tu m'accables (*accumulation*). Ils t'ont vue, les yeux égarés, le visage en feu, la tête échevelée, me poursuivre, me menacer (*description*). Ils en parlent avec frayeur : la voisine arrive, on le lui raconte : le passant écoute, et va le répéter (*hypotypose*). Ils croiront que je suis un méchant, un brutal, que je te laisse manquer de tout, que je te bats, que je t'assomme (*gradation*). Mais non, ils savent bien que je t'aime, que j'ai bon cœur, que je désire de te voir tranquille et contente (*correction*). Va, le monde n'est pas injuste : le tort reste à celui qui l'a (*sentence*). Hélas! ta pauvre mère m'avait tant promis que tu lui ressemblerais. Que dirait-elle? que dit-elle? car elle voit ce qui se passe. Oui, j'espère qu'elle m'écoute, et je l'entends qui te reproche de me rendre si malheureux. Ah ! mon pauvre gendre, dit-elle, tu méritais un meilleur sort (*prosopopée.*). »

Voilà toute la théorie des rhéteurs, sur les *figures* de pensées, mise en pratique sans aucun art; et ni Aristote, ni Carnéade, ni Quintilien, ni Cicéron lui-même, n'en savaient davantage. Ce sont des armes que la nature nous a mises dans les mains pour l'attaque et pour la défense. L'homme passionné s'en sert aveuglément et par instinct; le déclamateur s'en escrime; l'homme éloquent a l'avantage de les manier avec force, adresse et prudence, et de s'en servir à propos.

***

Finesse. C'est la faculté d'apercevoir dans les objets de l'entendement ce que n'y aperçoit pas le commun des hommes. La *finesse* de l'ouïe et celle de la vue donnent l'idée de celle de l'esprit.

La *finesse* diffère de la pénétration, en ce que la pénétration fait voir en grand, et la *finesse* en petits détails. L'homme pénétrant voit loin; l'homme *fin* voit clair, mais de près : ces deux facultés peuvent se comparer au télescope et au microscope. Un homme pénétrant, voyant Brutus immobile et pensif devant la statue de Caton, et combinant le caractère de Caton, celui de Brutus, l'état de Rome, le rang usurpé par César, le mécontentement des patriciens, etc., aurait pu dire, *Brutus médite quelque chose d'extraordinaire.* Un homme *fin* aurait dit : *Voilà Brutus qui se complait à voir les honneurs rendus à son oncle*, et aurait fait une épigramme sur la vanité de Brutus. Un *fin* courtisan, voyant le désavantage du camp de M. de Turenne, aurait dit en lui-même, *Turenne se blouse;* un grenadier pénétrant néglige de travailler à son logement, et répond au général : *Je vous connais, nous ne coucherons pas ici.*

La *finesse* ne peut suivre la pénétration, mais quelquefois aussi elle lui échappe. Un homme profond est impénétrable à un homme qui n'est que *fin;* car celui-ci ne combine que des points superficiels : mais l'homme profond est quelquefois surpris par l'homme *fin;* sa vue hardie, vaste, et rapide, dédaigne ou néglige d'apercevoir les petits moyens; c'est Hercule qui court, et qu'un insecte pique au talon.

La délicatesse est la *finesse* du sentiment, qui ne réfléchit point : c'est une perception vive et rapide de ce qui intéresse l'ame.

Malo me Galatea petit, lasciva puella,
Et fugit ad salices, et se cupit antè videri.

Si la délicatesse est jointe à beaucoup de sensibilité, elle ressemble encore plus à la sagacité qu'à la *finesse.*

La sagacité diffère de la *finesse*, 1° en ce qu'elle est dans le tact de l'esprit, comme la délicatesse est dans le tact de l'ame; en ce que la *finesse* est superficielle, et la sagacité pénétrante; ce n'est point une pénétration progressive, mais soudaine, qui franchit le milieu des idées et touche au but dès le premier pas. C'est le coup-d'œil du grand Condé. Bossuet l'appelle *illumination*; elle ressemble en effet à l'illumination dans les grandes choses.

La ruse se distingue de la *finesse*, en ce qu'elle emploie la fausseté. La ruse exige la *finesse*, pour s'envelopper plus adroitement, et pour rendre plus subtils les piéges de l'artifice et du mensonge. La *finesse* ne sert quelquefois qu'à découvrir et à rompre ces piéges; car la ruse est toujours offensive, et la *finesse* peut ne pas l'être. Un honnête homme peut être *fin*, mais il ne peut être rusé. Cependant il est si facile et si dangereux de passer de l'un à l'autre, que peu d'honnêtes gens se piquent d'être *fins*; le bon homme et le grand homme ont cela de commun, qu'ils ne peuvent se résoudre à l'être.

L'astuce est une *finesse* pratique dans le mal, mais en petit; c'est la *finesse* qui nuit ou qui veut nuire. Dans l'astuce, la *finesse* est jointe à la méchanceté, comme à la fausseté dans la ruse. Ce mot, qui n'est plus d'usage que dans le familier, a pourtant sa nuance; il mériterait d'être conservé.

La perfidie suppose plus que de la *finesse*; c'est une fausseté noire et profonde, qui emploie des moyens plus puissants, qui meut des ressorts plus cachés que l'astuce et la ruse. Celles-ci, pour être dirigées, n'ont besoin que de la *finesse*, et la *finesse* suffit pour leur échapper; mais pour observer et démasquer la perfidie, il faut la pénétration même. La perfidie est un abus de la confiance, fondée sur des garants inviolables, tels que l'humanité, la bonne foi, la sainteté des lois, la reconnaissance, l'amitié, les droits du sang, etc.; plus ces droits sont sacrés, plus la confiance est tranquille, et plus par conséquent la perfidie est à couvert. On se défie moins d'un concitoyen que d'un étranger, d'un ami que d'un concitoyen, etc.; ainsi par degrés, la perfidie est plus noire, à mesure que la confiance violée était mieux établie.

Je démêle ces synonymes, moins pour prévenir l'abus des termes dans la langue, que pour faire sentir l'abus des idées dans les mœurs; car il n'est pas sans exemple qu'un perfide, qui a surpris ou arraché un secret pour le trahir, s'applaudisse d'avoir été *fin*.

On appelle *finesses* d'une langue, ses élégances les plus exquises, ses nuances les plus délicates, les tours, les ellipses, les licences qui lui sont propres, les tons variés dont elle est susceptible, les caractères qu'elle donne à la pensée, par le choix, le mélange, l'assortiment des mots. Pascal, La Bruyère, Racine, La Fontaine, madame de Sévigné, ont connu les *finesses* de notre langue.

On dit dans le même sens les *finesses* du style, du langage d'un écrivain. Les *finesses* du style de La Fontaine se cachent sous l'air du naturel le plus naïf. Les *finesses* du langage de Racine n'ont jamais rien de maniéré ni d'affecté : c'est la grâce unie à la noblesse; c'est la plus élégante facilité; la hardiesse même en est sage; rien n'y décèle l'art, rien n'y marque l'effort.

Dans une phrase particulière, la *finesse* est tantôt celle de la pensée, tantôt celle de l'expression, quelquefois de l'une et de l'autre.

La Bruyère a dit : *L'indulgence pour soi et la dureté pour les autres n'est qu'un seul et même vice.* Il a dit : *Une femme oublie, d'un homme qu'elle a aimé, jusqu'aux faveurs qu'il en a reçues.* Il a dit : *Un homme est plus fidèle au secret d'autrui qu'au sien propre : une femme au contraire garde mieux son secret que celui d'autrui.* Là, l'expression n'a rien que de simple; la *finesse* est dans le coup-d'œil. Mais lorsqu'il a dit : *Il n'y a point de vice qui n'ait une fausse ressemblance avec quelque vertu, et qui ne s'en aide*; ce dernier trait, jeté légèrement, ajoute la *finesse* de l'expression à la *finesse* de la pensée. Il en est de même de cette différence si *finement* saisie et si *finement* exprimée : *L'on confie son secret dans l'amitié, mais il échappe dans l'amour.*

Fontenelle disait d'une vieille femme qui avait encore de la grâce et de la sensibilité : *On voit que l'amour a passé par-là.* Ce mot simple, *a passé par-là,* rend la *finesse* de perception plus piquante en la déguisant; car le talent d'un esprit *fin,* c'est de persuader qu'il ne tend pas à l'être; et cet artifice est au comble, quand la *finesse* a l'air de la naïveté, comme dans la réponse de cette seconde femme à qui son mari faisait sans cesse l'éloge de la première : *Helas! monsieur, qui la regrette plus que moi?*

César avait rempli le sénat de ses plus indignes créatures. Un protégé de Cicéron lui demanda pour son fils une place de sénateur dans une des villes associées. Il répondit : *A Rome il l'aura quand il vous plaira; mais à Pompeia cela n'est pas aisé.* Un de ses amis de Laodicée ayant été député à Rome, Je viens, lui dit-il, solliciter la liberté de mon pays. *Fort bien*, répondit Cicéron, *si vous réussissez, nous vous ferons notre ambassadeur.*

Il y a des mots naïfs, auxquels, pour être *fins,* il n'a manqué que l'intention. Tel est celui de cette femme à qui l'on demandait des nouvelles de sa petite-fille, qui avait la fièvre : *La pauvre enfant a déraisonné toute la nuit comme une grande personne.* Tel est celui de ce mourant, à qui son confesseur, jésuite, criait : « Mon frère, en arrivant en paradis, vous direz à saint Ignace que son ordre prospère : » *Si je l'y trouve, je le lui dirai.*

La *finesse* doit se trahir, et se laisser apercevoir sous l'air de la simplicité, comme dans ce mot de Piron à un évêque qui lui demandait s'il avait lu son mandement. *Non, monseigneur; et vous ? Et fugit,* comme Galatée, *et se cupit antè videri.*

Souvent elle consiste à se ménager le faux-fuyant d'une équivoque, dont l'un des deux sens est malin, et l'autre simple et innocent. Une femme de qualité en passant à Bordeaux, y trouva les femmes de robe un peu trop fières : « Monsieur, dit-elle au président de G..., vos femmes font les duchesses. » *Madame*, lui répondit le président, *elles ne sont pas assez impertinentes pour cela.*

La malice et l'adulation se donnent également l'air de simplicité, pour reprendre ou flatter avec plus de *finesse*. Une de nos dames voyant à un Anglais des manchettes de point en été, lui en demanda la raison : *C'est, madame*, lui dit l'Anglais, *que je suis un peu enrhumé.* Louis XIV faisant observer sur la carte à l'un de ses courtisans quel petit espace la France occupait dans le monde : *Vraiment, sire*, lui dit le courtisan, *tant vaut l'homme, tant vaut sa terre.*

C'est cette application détournée et ingénieuse des proverbes et des expressions populaires, qui fait la *finesse* de tant de bons mots.

Fontenelle employait fréquemment ce tour plaisant et fin. Mais ce qu'il appelait *finesse* par excellence, c'est une espèce d'obliquité dans l'expression, qui donne à la pensée un air de fausseté, lorsqu'on dit autre chose que ce qu'on fait entendre, et, s'il m'est permis d'employer cette image, lorsque, sans regarder la vérité en face, on l'indique du coin de l'œil. C'est ainsi que dans une société bruyante, il dit un jour : *Messieurs, si vous voulez m'en croire, nous ferons une loi, par laquelle il sera défendu de parler plus de quatre à-la-fois.*

Cette tournure d'expression est en effet très-*fine*, lorsqu'elle est employée avec esprit. Les Lacédémoniens s'en servirent dans leur édit pour l'apothéose d'Alexandre : *Puisque Alexandre veut être dieu, qu'il soit dieu.* Un créancier, dont le débiteur déniait la dette, et venait en justice de s'en libérer par serment, cria, dans le temps que son homme avait encore la main levée : *N'y a-t-il pas encore ici quelque créancier de monsieur, pendant qu'il a la main à la bourse ?* Une femme à qui un homme faisait froidement une déclaration d'amour très-passionnée dans les termes, et qu'il semblait réciter par cœur, lui demanda tranquillement : *Qui est-ce qui disait cela ?*

La reine Élisabeth demandait à Cécill : « Que s'est-il passé au conseil ? » *Quatre heures, madame*, répondit le ministre. Dans *le Diable boiteux*, Asmodée montre un honnête ecclésiastique qui a eu quatre procès, pour dépôts à lui confiés, *et qui les a gagnés tous quatre.* Je n'ai pas besoin d'observer que si les Lacédémoniens avaient dit, *Puisque Alexandre veut passer pour un dieu*; si le créancier avait dit, *Pendant qu'il a la main levée;* si la femme avait dit, *Où avez-vous appris cela?* si l'Anglais avait dit, *Quatre heures à ne rien faire;* si le diable boiteux avait dit, *Que le dépositaire avait perdu les procès*, il n'y avait plus de *finesse*.

Mais lorsque la contre-vérité est grossière, ou que la plaisanterie est déplacée et froide, comme dans ce qu'on appelle aujourd'hui *persiflage*, c'est un tour d'adresse manqué, c'est de l'ironie sans *finesse;* et l'on a eu raison de dire que le persiflage était l'esprit des sots.

La sorte de *finesse* dont il me semble qu'on doit faire le plus de cas, est celle qui n'exige dans l'expression que la vivacité du trait, la légèreté de la touche, et qui consiste essentiellement dans la sagacité de la perception, dans la subtilité et la justesse de la pensée. Une femme demandait au P. Bourdaloue si c'était un mal d'aller au spectacle : *C'est à vous, madame, à me le dire*, lui répondit le directeur. Voilà de la *finesse* sans artifice.

Elle tient quelquefois au tour de l'expression, et consiste à ne dire qu'à demi-mot et comme incidemment ce qu'on veut faire entendre. Des jeunes gens à table avaient dit du mal de Pyrrhus, et on le lui avait rapporté. Il leur demanda s'il était vrai. *Oui, seigneur,* lui répondit l'un d'eux, *et nous en aurions bien dit davantage, si le vin ne nous eût manqué.* Il ne pouvait plus adroitement prendre l'ivresse pour excuse. Le mot de Saint-Aulaire au lit de la mort à son curé : *Monsieur, ne vous suis-je plus bon à rien?* a ce tour fin et piquant dont je parle.

Mais je n'ai donné jusqu'ici des exemples de *finesse* que dans les mots. Je finis par en donner un de la *finesse* dans le style, et je vais le prendre au hasard de La Bruyère, qui en est rempli.

« Glycère n'aime pas les femmes; elle hait leur commerce et leurs visites, se fait celer pour elles, et souvent pour ses amis, dont le nombre est petit, à qui elle est sévère, qu'elle resserre dans leur ordre, sans leur permettre rien de ce qui passe l'amitié; elle est distraite avec eux, leur répond par des monosyllabes, et semble chercher à s'en défaire; elle est solitaire et farouche dans sa maison; sa porte est mieux gardée et sa chambre plus inaccessible que celles de Monthoron et d'Hémery. Une seule Coryne y est attendue, y est reçue, et à toutes les heures. On l'embrasse à plusieurs reprises; on croit l'aimer, on lui parle à l'oreille dans un cabinet où elles sont seules. On voit quelquefois Glycère à la porte de Canidie, qui a de si beaux secrets, qui promet aux jeunes femmes de secondes noces, qui en dit le temps et les circonstances. Elle paraît ordinairement avec une coiffure plate, et négligée, en simple déshabillé, sans corps, et avec des mules; elle est belle en cet équipage, et il ne lui manque que de la fraîcheur. On remarque néanmoins sur elle une riche attache qu'elle dérobe avec soin aux yeux de son mari : elle le flatte, elle le caresse, elle invente tous les jours pour lui de nouveaux noms; elle n'a pas d'autre lit que celui de ce cher époux, et elle ne veut pas découcher. Le matin elle se partage entre sa toilette et quelques billets qu'il faut écrire. Un affranchi vient lui parler en secret : c'est Parmenon qui est le favori, qu'elle soutient contre l'antipathie du maître et la jalousie des domestiques. Qui à la vérité sait mieux connaître des intentions, et rapporter mieux une réponse que Parmenon? qui parle moins de ce qu'il faut taire? qui sait ouvrir une porte secrète avec moins de bruit? qui conduit plus adroitement par le petit escalier? qui fait mieux sortir par où l'on est entré? » Ce que je retranche de ce caractère, me paraît trop marqué, et en altère la *finesse*.

Lorsqu'elle est employée à exprimer un sentiment, elle s'appelle *délicatesse*. Tel est ce mot de madame de Sévigné à sa fille : *J'ai mal à votre poitrine;* expression de génie, si l'on peut appeler ainsi ce que le cœur a inventé. Cette expression m'en rappelle une plus naturelle encore et plus touchante. Un paysan, après avoir donné tout son bien à ses quatre enfants qu'il avait établis, allait vivre chez eux successivement les quatre saisons de l'année : « Et vous traitent-ils bien? lui demanda quelqu'un. » *Ils me trai-*

tent, répondit le bon homme, *comme si j'étais leur enfant*. Y a-t-il rien de plus délicat et de plus sensible que ce mot-là dans la bouche d'un père ?

G.

Génie. On demande en quoi le *génie* diffère du talent : le voici, ce me semble. Le talent est une disposition particulière et habituelle à réussir dans une chose : à l'égard des lettres, il consiste dans l'aptitude à donner aux sujets que l'on traite et aux idées qu'on exprime, une forme que l'art approuve et dont le goût soit satisfait; l'ordre, la clarté, l'elégance, la facilité, le naturel, la correction, la grâce même, sont le partage du talent. Le *génie* est une sorte d'inspiration fréquente, mais passagère; et son attribut est le don de créer. Il s'ensuit que l'homme de *génie* s'élève et s'abaisse tour-à-tour, selon que l'inspiration l'anime ou l'abandonne. Il est souvent inculte, parce qu'il ne se donne pas le temps de perfectionner; il est grand dans les grandes choses, parce qu'elles sont propres à réveiller cet instinct sublime, et à le mettre en activité; il est négligé dans les choses communes, parce qu'elles sont au-dessous de lui, et n'ont pas de quoi l'émouvoir. Si cependant il s'en occupe avec une attention forte, il les rend nouvelles et fécondes, parce que cette attention qui couve les idées, les pénètre, si j'ose le dire, d'une chaleur qui les vivifie et les fait germer, comme le soleil fait germer l'or dans les veines du rocher.

Ce qu'il y aurait de plus rare et de plus étonnant dans la nature, ce serait un homme que son *génie* n'abandonnerait jamais; et celui de tous les écrivains qui approche le plus de ce prodige, c'est Homère dans *l'Iliade*.

Si l'on demande à-présent quelle est la différence de la création du *génie* et de la production du talent; l'homme éclairé, sensible, versé dans l'étude de l'art, n'a pas besoin qu'on le lui dise; et le grand nombre même des hommes cultivés est en état de le sentir. La production du talent consiste à donner la forme; et la création du *génie*, à donner l'être; le mérite de l'une est dans l'industrie; le mérite de l'autre est dans l'invention; le talent veut être apprécié par les détails; le *génie* nous frappe en masse. Pour admirer le cinquième livre de *l'Énéide*, il faut le lire; pour admirer le second et le quatrième, il suffit de s'en souvenir, même confusément. L'homme de talent pense et dit les choses qu'une foule d'hommes aurait pensées et dites; mais il les présente avec plus d'avantage, il les choisit avec plus de goût, il les dispose avec plus d'art, il les exprime avec plus de finesse ou de grâce: l'homme de *génie*, au contraire, a une façon de voir, de sentir, de penser, qui lui est propre. Si c'est un plan qu'il a conçu, l'ordonnance en est surprenante et ne ressemble à rien de ce qu'on a fait avant lui. S'il dessine des caractères, leur singularité frappante, leur étonnante nouveauté, la force avec laquelle il en exprime tous les traits, la rapidité et la hardiesse dont il en trace les contours, l'ensemble et l'accord qui se rencontrent dans ses conceptions soudaines, font dire qu'il a créé des hommes; et s'il les groupe, leurs contrastes, leurs rapports, leur action, leur réaction mutuelle, sont encore, par leur vérité rare, une sorte de création; dans les détails, il semble dérober à la nature des secrets qu'elle n'a révélés qu'à lui; il pénètre plus avant dans notre cœur que nous n'y pénétrions nous-mêmes avant qu'il nous eût éclairés; il nous fait découvrir, en nous et hors de nous, comme de nouveaux phénomènes. S'il veut agir sur la pensée et subjuguer l'entendement, il donne à ses raisons un poids, une force d'impulsion, à laquelle rien ne résiste. S'il veut agir sur l'ame, il l'attaque, il l'ébranle, il l'agite en tous sens avec tant de vigueur et de violence, il la tourmente si impérieusement, soit du frein, soit de l'aiguillon, qu'il vient à bout de la dompter. S'il peint les passions, il donne à leurs ressorts une force qui nous étonne, à leurs mouvements des retours dont le naturel nous confond; dans le moment où nous croyons leur force et leur véhémence épuisée, son souffle y ajoute des degrés de chaleur dont le cœur humain est surpris d'être susceptible; c'est la colère, la vengeance, l'ambition, l'amour, la douleur exaltée à son plus haut point, mais jamais au-delà; tout est vrai dans cette peinture, quoique tout y soit surprenant. S'il décrit les objets sensibles, il y fait remarquer des traits frappants qui jusqu'à lui nous avaient échappé, des accidents et des rapports sur lesquels nos regards ont glissé mille fois. Le commun des hommes regarde sans voir; l'homme de *génie* voit si rapidement, que c'est presque sans regarder. S'il creuse le premier dans une mine, il en épuise les grandes veines, et il ne laisse que des filons. S'il se saisit d'un sujet connu, il le pénètre si profondément, que ce champ, que l'on croyait usé, devient une terre féconde. Il fait sortir un fleuve de la même source d'où le talent ne tirait qu'un ruisseau. S'il s'enfonce dans les possibles, il y découvre des combinaisons à-la-fois si nouvelles et si vraisemblables, qu'à la surprise qu'elles causent, se mêle en secret le plaisir de penser qu'on a vu ce qu'il feint, ou du moins qu'on a pu l'imaginer sans peine.

Il y a donc en première classe le *génie* de l'invention, de la composition en grand; c'est ainsi que chez les anciens, *l'Iliade*, *l'OEdipe*, les deux *Iphigénies*; et chez nous, *Polyeucte*, *Héraclius*, *Britannicus*, *Mahomet*, *Sémiramis*, *le Tartuffe*, *le Misanthrope*, sont des ouvrages de *génie*. Il y a de plus, dans les compositions même que le *génie* n'a pas inventées, des détails qui ne sont qu'à lui; ce sont des caractères créés, comme celui de Didon ; des descriptions d'une beauté inouïe, comme celle de l'incendie de Troie ; des scènes sublimes dans leur genre, comme la reconnaissance d'OEdipe et de Jocaste dans l'OEdipe français; la rencontre de l'avare et de son fils dans Molière, quand l'un va prêter à usure, et que l'autre vient emprunter. Enfin ce sont des traits de lumière et de force qui ressemblent à des inspirations, et qui étonnent l'entendement, pénètrent l'ame, ou subjuguent la volonté. De ces traits, il y en a sans nombre dans les écrits de tous les poëtes et de tous les hommes éloquents; mais dans tout cela le style est pour fort peu de chose; c'est la conception qui nous frappe, c'est la pensée qui nous reste, et dont le souvenir confus est, si je l'ose dire, un long ébranlement d'admiration. On se souvient que dans *l'Iliade* Priam vient se jeter aux pieds d'Achille et baiser la main meurtrière, la main encore fumante du sang de son fils ; on se souvient que dans *le Tartuffe*, l'hypocrite accusé se jette aux pieds d'Orgon et lui impose encore en s'accusant lui-même ; on se souvient de même de tous les grands traits d'éloquence de Démosthène, de Cicéron, de Bossuet ; ces peintures, ces mouvements, ces évolutions imprévues, ces ressources inespérées, ces heureuses témérités qui ressemblent à celles d'un grand capitaine au moment critique d'une bataille, tout cela, dis-je, nous est présent ; mais les paroles sont oubliées, l'impression profonde qui nous reste est l'impression des choses, et non celle des mots. Voilà le *génie* de la pensée. Presque tous les traits en sont à-la-fois rares et simples, naturels et inattendus.

Mais il y a aussi l'expression de *génie*, c'est-à-dire l'expression que l'on paraît avoir créée pour rendre avec une force ou une grâce inouïe la pensée ou le sentiment. Et celui qui a lu Tacite, Montaigne, Pascal, Bossuet, La Fontaine, sait mieux que je ne puis le définir, ce que c'est que cette espèce de création. Ce serait au *génie* à parler de lui-même; mais les faibles traits que je viens d'indiquer suffisent pour le reconnaître et le distinguer du talent.

Du reste, on a vu plus d'un exemple de l'union et de l'accord du talent avec le *génie*. Lorsque cet heureux ensemble se rencontre, il n'y a plus d'inégalités choquantes dans les productions de l'esprit; les intervalles du *génie* sont occupés par le talent; quand l'un s'endort, l'autre veille; quand l'un s'est négligé, l'autre vient après lui et perfectionne son ouvrage. A peine on s'aperçoit des intermittences du *génie*, parce qu'on est préoccupé par l'illusion que le talent sait faire; car c'est à lui qu'appartiennent l'adresse, et la continuelle vigilance à nous faire oublier l'absence du *génie*, en semant de fleurs l'intervalle et le passage d'une beauté à l'autre, en amusant l'esprit et l'imagination par des détails d'agrément et de goût, jusqu'au moment où le *génie* reviendra se saisir du cœur, le tourmenter, le déchirer, ou s'emparer de l'ame, l'émouvoir, l'étonner, la troubler, la confondre, la transporter et l'agrandir. Pour voir ces deux fonctions du *génie* et du talent également remplies, on n'a qu'à lire ou Virgile ou Racine; on distinguera aisément le *génie* qui les élève, d'avec le talent qui les soutient et qui ne les quitte jamais.

GRACIEUX. Le sens de ce mot n'est pas toujours absolument analogue à celui de *grâce*. On dit bien : *Un pinceau gracieux, un style gracieux, un tour gracieux* dans l'expression; et cela signifie un pinceau, un style, un tour qui a de la grâce. Mais on dit aussi : *Un objet gracieux*, et *des images gracieuses;* et alors *gracieux* signifie ce qui porte à l'esprit, à l'imagination, à l'ame, des idées, des peintures, des sentiments doux et agréables. Le *gracieux* se compose de l'élégant, du riant, et du noble. Un tableau de l'Albane, du Corrège, de Claude Lorrain, est *gracieux;* un tableau de Téniers, de Rembrandt, de Michel-Ange, ne l'est pas. Une scène du *Pastor-Fido* ou de l'*Aminte*, est *gracieuse*, une scène de Molière est plaisante, une scène de Corneille est sublime. On trouve dans l'Arioste, dans le Tasse, dans le Télémaque, des peintures *gracieuses*. On en voit peu dans Homère, si ce n'est l'*allégorie de la ceinture de Vénus*.

GRAVE. On se méprendrait au sens de ce mot, si l'on croyait que, dans notre langue, les voyelles *graves* ont un son plus bas que les voyelles claires. Le caractère de nos voyelles *graves* n'est pas l'abaissement, mais le volume, la qualité du son : par exemple, dans *repásser, détrôner, goûter,* l'*a*, l'*o*, et l'*ou* sont plus renflés et plus sourds que dans *placer, raisonner, douter,* mais l'intonnation est la même.

Les sons *graves*, pour la même cause, sont naturellement longs ; mais ce caractère ne les distingue pas des sons clairs qui peuvent aussi s'allonger, et c'est à quoi l'on s'est mépris : le son *grave* ne peut pas être bref à cause de son renflement ; mais le son clair peut être long. Par exemple, l'*o* de *voler, dérober,* est long, et n'est point *grave;* et, soit dans la prononciation naturelle, soit dans le chant, rien n'empêche la voix d'appuyer sur l'*a* de *bocage* et sur l'*o* de *couronne*. Le son clair, en se prolongeant, ne devient pas pour cela plus *grave,* parce que l'émission en est toujours égale, et que sa durée n'ajoute rien à son volume naturel. Ainsi en donnant la même durée au son clair et au son *grave,* à l'*a* de *sage* et à celui d'*âge*, à l'*o* de *couronne*, et à celui de *trône*, à l'*é* de *tête*, et à l'*é* de *musette*, on les distinguera toujours.

FIN DU SECOND VOLUME.

TABLE

DES ARTICLES CONTENUS DANS CE DEUXIÈME VOLUME.

Dactyle................................Page 1
Déclamation oratoire...................... 2
Déclamation (*rhétorique*).................. 11
Déclamation théâtrale..................... 17
Décoration............................... 47
Définition................................ 54
Délibératif............................... 67
Délicatesse............................... 82
Démonstratif.............................. 87
Dénouement............................... 101
Descriptif................................ 115
Description............................... 118
Devise.................................... 129
Dialogue philosophique ou littéraire....... 140
Dialogue poétique......................... 144
Didactique................................ 152
Diffus.................................... 158
Direct.................................... 162
Distique.................................. 165
Dithyrambe................................ 166
Division.................................. 168
Drame..................................... 176
Duo....................................... 191
École..................................... 196
Églogue................................... 205
Élégance.................................. 221

Élém. de Littér. II.

Élégiaque．．．．．．．．．．．．．．．．．．．．．．．．．．．．Page	226
Élégie．．．．．．．．．．．．．．．．．．．．．．．．．．．．．．．．．．．．	230
Éloquence．．．．．．．．．．．．．．．．．．．．．．．．．．．．．．．．	245
Éloquence poétique．．．．．．．．．．．．．．．．．．．．．．．．	271
Emblême．．．．．．．．．．．．．．．．．．．．．．．．．．．．．．．．．．	286
Énigme et logogriphe．．．．．．．．．．．．．．．．．．．．．．	290
Enthousiasme．．．．．．．．．．．．．．．．．．．．．．．．．．．．．．	301
Entr'acte．．．．．．．．．．．．．．．．．．．．．．．．．．．．．．．．．．	310
Épigramme．．．．．．．．．．．．．．．．．．．．．．．．．．．．．．．．	315
Épitaphe．．．．．．．．．．．．．．．．．．．．．．．．．．．．．．．．．．	323
Épithète．．．．．．．．．．．．．．．．．．．．．．．．．．．．．．．．．．	327
Épitre．．．．．．．．．．．．．．．．．．．．．．．．．．．．．．．．．．．．	336
Épitre dédicatoire．．．．．．．．．．．．．．．．．．．．．．．．．．	346
Épopée．．．．．．．．．．．．．．．．．．．．．．．．．．．．．．．．．．．．	347
Esquisse．．．．．．．．．．．．．．．．．．．．．．．．．．．．．．．．．．	380
Exorde．．．．．．．．．．．．．．．．．．．．．．．．．．．．．．．．．．．．	383
Exposition．．．．．．．．．．．．．．．．．．．．．．．．．．．．．．．．	401
Extrait．．．．．．．．．．．．．．．．．．．．．．．．．．．．．．．．．．．．	409
Fable, *apologue*．．．．．．．．．．．．．．．．．．．．．．．．．．	421
Fable, *composition poétique*．．．．．．．．．．．．．．．．	442
Familier．．．．．．．．．．．．．．．．．．．．．．．．．．．．．．．．．．	445
Farce．．．．．．．．．．．．．．．．．．．．．．．．．．．．．．．．．．．．．	453
Fiction．．．．．．．．．．．．．．．．．．．．．．．．．．．．．．．．．．．．	461
Figures．．．．．．．．．．．．．．．．．．．．．．．．．．．．．．．．．．．．	481
Finesse．．．．．．．．．．．．．．．．．．．．．．．．．．．．．．．．．．．．	485
Génie．．．．．．．．．．．．．．．．．．．．．．．．．．．．．．．．．．．．．	497
Gracieux．．．．．．．．．．．．．．．．．．．．．．．．．．．．．．．．．．	503
Grave．．．．．．．．．．．．．．．．．．．．．．．．．．．．．．．．．．．．．	504

www.ingramcontent.com/pod-product-compliance
Lightning Source LLC
Chambersburg PA
CBHW071716230426
43670CB00008B/1022